高职高专物流管理专业"十四五"规划理论与实践结合型系列教材

校企合作优秀教材

物流成本核算与控制

WULIU CHENGBEN HESUAN YU KONGZHI

主编 郭建 魏晓兰

华中科技大学出版社
http://www.HUSTP.com
中国·武汉

内 容 简 介

本书以工作过程为导向,围绕物流成本核算与管理的工作过程进行知识的组织,按照工作过程来序化知识,将物流成本分为物流企业成本和企业物流成本两个大类分别进行阐释,分别对应物流成本范围和物流成本项目,同时融入了物流职业技能培训1+X的培训内容。全书包括物流成本核算的会计基础、物流企业成本核算和企业物流成本的核算与控制3个部分,并分为16个模块进行讲解,在模块后面相应设计了有针对性的技能训练。

本书适用于高职高专教学,也可用于物流职业技能培训,还可供物流行业及其他相关企业从业人员参考使用。

图书在版编目(CIP)数据

物流成本核算与控制/郭建,魏晓兰 主编.—武汉:华中科技大学出版社,2022.1
ISBN 978-7-5680-7666-1

Ⅰ.①物… Ⅱ.①郭… ②魏… Ⅲ.①物流管理-成本管理 Ⅳ.①F253.7

中国版本图书馆 CIP 数据核字(2021)第 238511 号

物流成本核算与控制 郭 建 魏晓兰 主编
Wuliu Chengben Hesuan yu Kongzhi

策划编辑:	彭中军
责任编辑:	段亚萍
封面设计:	孢 子
责任监印:	朱 玢
出版发行:	华中科技大学出版社(中国·武汉) 电话:(027)81321913
	武汉市东湖新技术开发区华工科技园 邮编:430223
录 排:	武汉创易图文工作室
印 刷:	武汉市洪林印务有限公司
开 本:	787mm×1092mm 1/16
印 张:	19
字 数:	511 千字
版 次:	2022 年 1 月第 1 版第 1 次印刷
定 价:	49.00 元

本书若有印装质量问题,请向出版社营销中心调换
全国免费服务热线:400-6679-118 竭诚为您服务
版权所有 侵权必究

前　言

物流成本核算与控制是物流专业的核心基础课程，也是各行业企业在日常经营活动中的一项重要管理活动。物流成本核算与控制的前提条件是采用专门会计方法计算并获得各项成本数据资料，负责物流成本核算的部门通常是企业财务部或财务处，但目前国内绝大多数的物流成本核算与控制教材完全不涉及会计核算基础的内容，而且忽视了物流成本核算的具体岗位属性，因此在教学和学生就业两个方面都出现了一些问题。

本书的编写结合多年来相关高职院校的教学情况，既突出体现了企业的实际作业要求，又保证了理论知识的适度、够用。全书以工作过程为导向，围绕物流成本核算与管理的工作过程进行知识的组织，按照工作过程来序化知识，以工作过程为参照系，以过程性知识为主、陈述性知识为辅，充分考虑到物流企业及生产企业的物流部门的具体实践，对企业的物流成本核算作业的工作过程进行了具体化，同时考虑到不同企业物流作业过程的差别而进行相应处理。本书既体现了以工作过程为导向的教学要求，又保证了知识体系的完整性，能同时满足不同学习需要的人员学习与参考之用。

本书的主要特点：

第一，结合大多数高职院校物流专业教学计划的设置，将会计基础、财务会计、物流成本核算融合在一起，更能体现物流成本核算的系统性，也更有利于学生掌握物流成本核算的来龙去脉和明确就业的岗位属性，使学生就业时可以对口相应的工作岗位，学以致用。

第二，打破财务核算教材按会计要素进行分类讲解的传统顺序，将资产、负债、所有者权益、损益等会计科目中与物流成本核算相关的科目按物流实际工作过程进行重新组合，更有利于学生理解物流成本形成的脉络，加深对物流成本形成过程的认识。

第三，将物流成本分为物流企业成本和企业物流成本两个大类分别进行阐释，分别对应物流成本范围和物流成本项目，这在目前国内相关教材编写体例中也是一种新的尝试和探索。这种分类，更能充分揭示物流企业和非物流企业在物流成本核算和管理中的泾渭，厘清同一物流名词概念下完全不同的内涵。

第四，本书根据近几年用人单位需求的新变化，进一步强化岗位作业能力的培养。本书对于培养既懂会计岗位知识，又懂物流成本知识，掌握两种不同技能而又相互融合的应用型人才，以及促进学生就业有积极意义。

第五，本书融入了物流职业技能培训1+X的培训内容，将教学内容与物流管理职业技能等级证书的物流成本核算和控制部分的考核要求进行有机整合，有利于学生顺利取得相关证书。

本书主要适用于高职高专教学，也可用于物流职业技能培训项目。在本书编写过程中，参阅和采用了业内较权威和典型的相关教材、专著、期刊和网络文献资料，在此向各编写单位、编写人员和著作者表示衷心的感谢。由于时间和作者水平有限，本书还存在较多不足，在以后使用过程中将逐步完善，并欢迎读者批评指正。

目 录

第一部分 物流成本核算的会计基础 …………………………………………… (1)

模块一 物流成本及其分类 ……………………………………………………… (2)
- 单元一 物流成本的性质与特点 ……………………………………………… (2)
- 单元二 企业物流成本的构成及分类 ………………………………………… (4)

模块二 物流成本核算的会计方法 ……………………………………………… (9)
- 单元一 会计方法 ……………………………………………………………… (9)
- 单元二 会计核算的基本前提 ………………………………………………… (11)
- 单元三 会计核算的基础制度 ………………………………………………… (13)

模块三 会计要素与会计等式 …………………………………………………… (15)
- 单元一 会计对象 ……………………………………………………………… (15)
- 单元二 会计要素 ……………………………………………………………… (16)
- 单元三 会计等式 ……………………………………………………………… (22)

模块四 会计科目与会计账户 …………………………………………………… (26)
- 单元一 会计科目 ……………………………………………………………… (26)
- 单元二 会计账户 ……………………………………………………………… (30)

模块五 复式记账 ………………………………………………………………… (37)
- 单元一 记账方法概述 ………………………………………………………… (37)
- 单元二 借贷记账法 …………………………………………………………… (38)
- 单元三 会计分录 ……………………………………………………………… (43)
- 单元四 总分类账户和明细分类账户的平行登记 …………………………… (49)

模块六 会计凭证 ………………………………………………………………… (56)
- 单元一 会计凭证概述 ………………………………………………………… (56)
- 单元二 原始凭证 ……………………………………………………………… (57)
- 单元三 记账凭证 ……………………………………………………………… (63)

模块七 会计账簿 ………………………………………………………………… (77)
- 单元一 会计账簿种类 ………………………………………………………… (77)
- 单元二 账簿的基本内容和登记规则 ………………………………………… (79)

单元三　账簿的设置与登记方法 ……………………………………………… (81)

模块八　财务报告 …………………………………………………………………… (87)
　　单元一　财务报告概述 ……………………………………………………… (87)
　　单元二　资产负债表 ………………………………………………………… (90)
　　单元三　利润表 ……………………………………………………………… (93)
　　单元四　现金流量表 ………………………………………………………… (95)

第二部分　物流企业成本核算 …………………………………………………… (103)

模块九　物流企业资金成本 ……………………………………………………… (104)
　　单元一　库存现金的核算 ………………………………………………… (104)
　　单元二　银行存款的核算 ………………………………………………… (108)
　　单元三　其他货币资金的核算 …………………………………………… (115)
　　单元四　买入返售金融资产的核算 ……………………………………… (118)

模块十　供应物流成本的核算 …………………………………………………… (123)
　　单元一　存货及存货成本 ………………………………………………… (123)
　　单元二　供应物流成本核算涉及的往来科目 …………………………… (126)
　　单元三　实际成本法下原材料的核算 …………………………………… (136)
　　单元四　计划成本法下原材料的核算 …………………………………… (142)
　　单元五　其他存货的核算 ………………………………………………… (147)
　　单元六　存货清查 ………………………………………………………… (151)

模块十一　企业内物流成本的核算 ……………………………………………… (155)
　　单元一　企业内物流成本核算的程序和账户设置 ……………………… (155)
　　单元二　生产费用的核算 ………………………………………………… (157)
　　单元三　生产费用在完工产品与在产品之间的分配与归集 …………… (166)

模块十二　物流成本中维护费的核算 …………………………………………… (176)
　　单元一　固定资产核算 …………………………………………………… (176)
　　单元二　固定资产的初始计量 …………………………………………… (178)
　　单元三　固定资产的折旧及后续支出 …………………………………… (181)
　　单元四　固定资产的清查 ………………………………………………… (188)
　　单元五　固定资产的处置 ………………………………………………… (189)

模块十三　销售物流成本及利润核算 …………………………………………… (193)
　　单元一　销售物流成本核算中的会计往来科目 ………………………… (193)
　　单元二　物流企业成本费用核算 ………………………………………… (199)

单元三　物流企业利润核算 ……………………………………………… (206)

第三部分　企业物流成本的核算与控制 ………………………………… (213)

模块十四　物流功能成本核算面临的问题及解决思路 …………………… (214)
　　单元一　企业物流成本归集核算 ………………………………………… (214)
　　单元二　作业成本法 ……………………………………………………… (218)
　　单元三　企业物流成本表 ………………………………………………… (223)

模块十五　功能成本和存货相关成本的特点与优化 ………………………… (229)
　　单元一　采购成本的计算与优化 ………………………………………… (229)
　　单元二　运输成本的计算与优化 ………………………………………… (234)
　　单元三　仓储成本的计算与优化 ………………………………………… (242)
　　单元四　配送成本的计算与优化 ………………………………………… (248)
　　单元五　装卸搬运成本的计算与优化 …………………………………… (252)
　　单元六　包装成本的计算与优化 ………………………………………… (256)
　　单元七　流通加工成本的计算与优化 …………………………………… (258)
　　单元八　其他物流成本 …………………………………………………… (263)

模块十六　物流成本控制 …………………………………………………… (270)
　　单元一　物流成本预算与编制 …………………………………………… (270)
　　单元二　物流成本控制方法 ……………………………………………… (278)

参考文献 ……………………………………………………………………… (296)

第一部分

物流成本核算的会计基础

模块一
物流成本及其分类

单元一 物流成本的性质与特点

一、物流成本的性质

(一) 成本的含义

成本是商品经济的价值范畴,是商品价值的组成部分。人们要进行生产经营活动或实现某种目标,就必须耗费一定的资源,其所耗费资源的货币表现及其对象化称之为成本。中国成本协会发布的《成本管理体系术语》中对成本术语的定义是:为过程增值或结果有效已付出或应付出的资源代价。

成本是与支出、费用、损失相关联的概念,有些成本最终转化为资产,有些成本转化为费用,有些成本转化为损失。会计学对成本的一般定义是生产和销售一定种类与数量产品而耗费的资源用货币计量的经济价值。企业进行产品生产需要消耗生产资料和劳动力,这些消耗在成本中用货币计量就表现为材料费用、折旧费用、工资费用等。企业的经营活动不仅包括生产,也包括销售活动,因此在销售活动中所发生的费用,也应计入成本。同时,为了管理生产所发生的费用,也应计入成本,通常称之为制造费用和管理费用。

(二) 物流成本

物流是供应链运作中,以满足客户要求为目的,对货物、服务和相关信息在产出地和销售地之间实现高效率和低成本的正向和反向的流动和储存所进行的计划、执行和控制的过程。它包括运输、仓储、包装、装卸、配送、流通加工、信息处理等诸多活动,涉及企业经济活动的每一个领域。在物流活动中,为了提供有关的物流服务,所消耗的一切活劳动和物化劳动的货币表现,即为物流成本。

我国在 2006 年颁布实施的国家标准《企业物流成本构成与计算》中指出:企业物流成本是"企业物流活动中所消耗的物化劳动和活劳动的货币表现,包括货物在运输、储存、包装、装卸搬运、流通加工、物流信息、物流管理等过程中所耗费的人力、物力和财力的总和以及与存货有关的流动资金占用成本、存货风险成本和存货保险成本。"该定义的企业物流成本包含两方面的内容:一方面是直接在物流环节产生的支付给劳动力的成本、耗费在机器设备上的成本以及支付给外部第三方的成本;另一方面包括在物流环节中因持有存货等所潜在的成本,如占有资金成本、保险费等。

由于物流有狭义和广义之分,物流成本也有狭义和广义之别。狭义的物流成本仅指商品被生产出来以后,经过销售进入最终消费的过程中,商品在空间的移动而产生的运输、包装、装卸等费用。物品在包装、运输、仓储、装卸搬运、流通加工等物流活动中所产生的费用,一般在企业财务会计账簿中以包装费、运输费、仓储费、装卸搬运费、加工费等形式体现出来。广义的物流成本除包括狭义的显性物流成本外,还包括隐性的客户服务成本。

总之,物流成本是指伴随企业的物流过程而发生的各项费用。现代物流成本指的是产品空间位移(包括静止)的过程中所消耗的各种资源的货币表现,是物品在实物运动过程中,如包装、装卸搬运、运输、存储、流通加工、物流信息等各个环节所支出的人力、物力、财力的总和。

二、物流成本的特点

物流成本与产品成本相比具有如下特点。

(一)物流成本是以顾客服务需求为基准的

物流管理必须在物流服务成本和客户服务要求之间进行技术经济权衡,因此,物流成本不是面向企业产出,而是面向客户服务的过程,物流成本的大小就具有了以客户服务需求为基准的相对性特点。这是物流成本与企业其他成本在性质上的根本区别。

(二)物流成本的隐含性

由于物流成本没有被列入企业的财务会计制度,也没有专门的会计科目来核算物流成本,制造企业习惯将物流费用计入产品成本,流通企业则将物流费用包括在商品流通费用中,因此,无论是制造企业还是流通企业,不仅难以按照物流成本的内涵完整地计算出物流成本,而且连已经被生产领域或流通领域分割开来的物流成本,也不能单独真实地计算并反映出来。任何人都无法看到物流成本真实的全貌,了解其可观的支出。

物流成本的隐含性表现在两个方面:一是在现行会计核算制度中并没有单独核算物流成本的项目,而是把物流成本分解到其他成本中,因此很难全面地了解物流成本的真实情况;二是大量的物流成本被疏漏掉了,在物流成本中,比如运输费用、材料费用、保管费用、装卸搬运费等一些物流费用支出可以依据单证和计算的显性成本反映出来,但是还有大量的隐性物流成本并不能直接反映出来,如库存商品占用资金利息费用、物流设施设备的闲置损耗等都不能很清楚地体现出来,在进行物流成本核算时容易将这些隐性成本漏掉。物流成本核算项目的这种隐性特点,造成了物流成本核算的不准确、不全面。

(三)物流成本的效益背反

"背反"现象常称为"交替损益"现象,即改变系统中任何一个要素,会影响其他要素的改变。物流的若干功能要素之间存在着损益的矛盾,某一个功能要素的优化和利益发生的同时,必然会存在另一个或另几个功能要素的利益损失,反之也如此。这是一种此长彼消、此盈彼亏的现象,在物流领域中,这个问题尤其严重。

物流成本是一个总成本的概念,具有效益背反规律。物流的效益背反主要包括物流成本与服务水平的背反和物流各功能活动的效益背反。如提高物流服务水平与降低物流成本的背反;物流中运输、包装、仓储、装卸及配送等功能要素处在一个相互矛盾的系统中,一两个功能要素的改善,必然会使另外一些要素的实现受损失,存在着各物流活动的各功能要素的效益背反。如减少仓储必然带来运输费用的增加,减少包装必然带来商品损坏的加大。因此,在进行物流成本管理时,要求物流系统总成本的最优,而不是物流系统各功能成本的最优。在物流活动过程中,在现行的会计和财务控制的管理方法下,只是把注意力集中于尽可能使每个物流功能达到最低的成本,而很少或没有人注意到总成本,这会割裂系统各环节的相互关联,难以实现整个物流系统的服务目标。由于各种费用互相关联,必须考虑系统整体的最佳成本,这就决定了物流成本是一个总成本的概念,物流管理的目标就是在尽可能使总成本最低的情况下,实现既定的物流服务水平。

(四)物流成本界定和核算的复杂性

由于物流活动是伴随着企业生产和销售活动而发生的,涉及面广、关联性强,导致很多成本项目都无法准确地区分物流成本的内容。而且企业现行的会计核算制度是按照劳动力和产品来分摊成本的,物流成本被列入不同的成本费用项目中,如在"材料采购"、"管理费用"、"销售费用"及"财务费用"等账户中进行核算,没有单独的成本项目,因此很难全面地了解物流成本的信息及构成。比如按照现行会计核算制度,购买原材料所支付的各项物流费用,如运输费用、采购费用等都归集在原材料成本中,与物流有关的利息计入财务费用,厂内运输成本通常被计入生产成本等,因此要分门别类核算物流成本的工作非常复杂。这就要求物流成本管理人员,除掌握物流专门知识外,还必须熟悉企业的财务核算制度和会计核算方法。

单元二 企业物流成本的构成及分类

一、物流成本构成

为了准确核算物流成本,有必要研究物流成本的构成与分类,为不同企业、不同范围的物流成本核算提供依据。

物流成本构成包括物流成本项目构成、物流成本范围构成和物流成本支付形态构成三种类型。

(一)物流成本项目构成

按成本项目划分,物流成本由物流功能成本和存货相关成本构成。其中物流功能成本包括物流活动过程中所发生的运输成本、仓储成本、包装成本、装卸搬运成本、流通加工成本、物流信息成本和物流管理成本;存货相关成本包括企业在物流活动过程中所发生的与存货有关的资金占用成本、存货风险成本、存货保险成本。

(1)运输成本是指一定时期内,企业为完成货物运输业务而发生的全部费用,包括从事货物运输业务的人员费用,车辆(包括其他运输工具)的燃料费、折旧费、维修保养费、租赁费、养路费、过路费、年检费,事故损失费,相关税金等。

(2)仓储成本是指一定时期内,企业为完成货物储存业务而发生的全部费用,包括仓储业务的人员费用,仓储设施的折旧费、维修保养费,水电费,燃料与动力消耗费等。

(3)包装成本是指一定时期内,企业为完成货物包装业务而发生的全部费用,包括包装业务的人员费用,包装材料消耗,包装设施折旧费、维修保养费,包装技术设计、实施费用以及包装标记的设计、印刷等辅助费用。

(4)装卸搬运成本是指一定时期内,企业为完成装卸搬运业务而发生的全部费用,包括装卸搬运业务的人员费用,装卸搬运设施的折旧费、维修保养费,燃料与动力消耗费等。

(5)流通加工成本是指一定时期内,企业为完成货物流通加工业务而发生的全部费用,包括流通加工业务的人员费用,流通加工材料消耗,流通加工设施的折旧费、维修保养费,燃料与动力消耗费等。

(6)物流信息成本是指一定时期内,企业为采集、传输、处理物流信息而发生的全部费用,指与订货处理、储存管理、客户服务有关的费用,具体包括物流信息人员费用,软硬件折旧费、维护保养费,通信费等。

(7)物流管理成本是指一定时期内,企业物流管理部门及物流作业现场所发生的管理费用,具体包括管理人员费用、差旅费、办公费、会议费等。

(8)资金占用成本是指一定时期内,企业在物流活动过程中负债融资所发生的利息支出(显性成本)和占用内部资金所发生的机会成本(隐性成本)。

(9)存货风险成本是指一定时期内,企业在物流活动过程中所发生的物品跌价、损耗、毁损、盘亏等损失。

(10)存货保险成本是指一定时期内,企业支付的与存货相关的财产保险费以及因购进和销售物品应缴纳的税金支出。

(二)物流成本范围构成

按物流成本产生的范围划分,物流成本由供应物流成本、企业内物流成本、销售物流成本、回收物流成本以及废弃物物流成本构成。

(1)供应物流成本是指经过采购活动,将企业所需原材料(生产资料)从供给者的仓库运回企业仓库为止的物流过程中所发生的物流费用。

(2)企业内物流成本是指从原材料进入企业仓库开始,经过出库、制造形成产品以及产品进入成品库,直到产品从成品库出库为止的物流过程中所发生的物流费用。

(3)销售物流成本是指为了进行销售,产品从成品仓库运动开始,经过流通环节的加工制造,直到运输至中间商的仓库或消费者手中的物流活动过程中所发生的物流费用。

(4)回收物流成本是指退货、返修物品和周转使用的包装容器等从需方返回供方的物流活动过程中所发生的物流费用。

(5)废弃物物流成本是指将经济活动中失去原有使用价值的物品,根据实际需要进行收集、分类、加工、包装、搬运、储存等,并分送到专门处理场所的物流活动过程中所发生的物流费用。

(三)物流成本支付形态构成

按物流成本支付形态划分,企业物流总成本由委托物流成本和内部物流成本构成。其中内部物流成本按支付形态分为材料费、人工费、维护费、一般经费和特别经费。委托物流成本是指向第三方物流企业所支付的各项费用,包括支付的包装费、运输费、保管费、出入库手续费、装卸费等。

(1)材料费是指因物料的消耗而发生的费用,具体包括资材费、工具费、器具费、低值易耗品摊销以及其他物料消耗费等。

(2)人工费是指因人力劳务的消耗而发生的费用,具体包括职工工资、福利、奖金、津贴、补贴、住房公积金、职工劳动保护费、人员保险费、按规定提取的福利基金、职工教育培训费等。

(3)维护费是指土地、建筑物及各种设施设备等固定资产的使用、运转和维护保养所产生的费用,具体包括折旧费、维护维修费、租赁费、保险费、税金、燃料与动力消耗费等。

(4)一般经费是物流成本支付形态中的公益费和一般经费的合并,涵盖了各种物流功能成本在材料费、人工费和维护费三种支付形态之外反映的费用项目,主要包括办公费、差旅费、会议费、通信费、水电费、煤气费等。

(5)特别经费是指与存货有关物流成本费用支付形态,包括存货占用资金所产生的利息支出、存货保险费用和存货风险损失等,主要包括存货资金占用费、物品损耗费、存货保险费和税费,主要用于反映物流功能成本之外的物流费用支出。

二、企业物流成本分类

(一)按物流成本计入成本对象的方式分类

企业物流成本按物流成本计入成本对象的方式分为直接物流成本和间接物流成本。这种分类的目的是经济合理地将物流成本归属于不同的物流成本对象。

成本对象是指需要对成本进行单独测定的一项活动。物流成本对象可以是物流功能、物流活动范围以及物流成本支付形态等。

直接物流成本是直接计入物流范围、物流功能和物流支付形态等成本对象的成本。一种成本是否属于直接物流成本,取决于它与成本对象是否存在直接的关系,并且是否便于直接计入。因此,直接物流成本也可以说是与物流成本对象直接相关的成本中可以用经济合理的方式追溯到成本对象的那一部分成本。

间接物流成本是指与物流成本对象相关联的成本中不能用一种经济合理的方式追溯到物流成本对象的那一部分成本。例如,若以物流范围作为物流成本计算对象,不能直接计入特定物流范围的物流管理成本、物流信息成本都属于间接成本。

一项物流成本可能是直接成本,也可能是间接成本,要根据物流成本对象的选择而定。例如,对于从事运输业务的司机的工资支出,若以物流功能和物流成本支付形态作为成本计算对象,上述支出为直接成本;若以物流范围作为成本计算对象,上述支出则为间接成本。再如供应物流阶段发生的物流成本支出,若以物流范围作为成本计算对象,则为直接成本;但若以物流功能或物流成本支付形态作为成本计算对象,则为间接成本。所以,一项物流成本是直接成本还是间接成本,不是一成不变的,通常要随物流成本计算对象的变化而变化。

(二)按物流活动的成本项目分类

企业物流成本按照物流活动的成本项目可划分为物流功能成本和存货相关成本。

按物流活动的成本项目分类,可以了解在物流总成本中,物流功能成本和存货相关成本各自所占的比重,明确物流成本改善的取向;还可以了解物流功能成本内部不同功能成本的结构,了解各功能所承担的物流费用,在做纵向和横向的比较分析后,明确降低物流成本的功能环节;另外还可以了解存货相关成本中流动资金占用成本及存货其他成本所占的比重,促进企业加快存货资金周转速度,减少存货风险损失,探索物流功能活动之外的物流成本降低渠道。

(三)按物流活动发生的范围分类

企业物流成本按物流活动发生的范围分为供应物流成本、企业内物流成本、销售物流成本、回收物流成本和废弃物物流成本。

按物流范围对物流成本进行分类,可以了解每个物流范围阶段所发生的成本支出,了解哪个或哪些物流范围阶段是成本发生的集聚点,并通过趋势分析和与其他企业的横向比较,把握成本改善的阶段取向。同时,可进一步明确企业内供、产、销链条上不同部门的职责和要求,为确定成本控制和降低的责任部门提供依据。

(四)按物流成本的支付形态分类

企业物流成本按物流成本的支付形态分为企业本身发生的物流费和物流业务外包支付的委托物流费。企业本身发生的物流费又有不同的支付形态,分为材料费、人工费、维护费、一般经费和特别经费。

(五)按物流成本是否具有可控性分类

企业物流成本按物流成本是否具有可控性分为可控物流成本与不可控物流成本。

可控物流成本是指在特定时期内,特定责任中心能够直接控制其发生的物流成本。其对称概念是不可控物流成本。

可控物流成本总是针对特定责任中心而言的。一项物流成本,对某个责任中心来说是可控的,对另外的责任中心则是不可控的,例如,物流管理部门所发生的管理费,物流管理部门可以控制,但物流信息部门则不能控制;有些物流成本,对下级单位来说是不可控的,而对于上级单位来说则是可控的,例如从事运输业务的司机不能控制自己的工资,但他的上级则可以控制。

从整个企业的空间范围和很长的时间范围来观察,所有成本都是某种决策或行为的结果,都是可控的,但是对于特定的责任中心或时间来说,则有些是可控的,有些是不可控的。

从管理的角度看,将物流成本分为可控物流成本与不可控物流成本对于加强物流成本管理,持续降低物流成本具有重要的意义。可控物流成本对于特定责任中心而言既然是可以控制的,该责任中心就理应成为控制和降低这部分成本支出的责任单位,这有利于明确责任,明确成本改进对象。同时,从整个企业看,既然所有的成本都是可控成本,就应调动企业经营者及物流管理人员,发挥其主观能动性,进一步降低物流成本。

(六)按物流成本习性进行分类

物流成本习性是指物流成本总额与物流业务总量之间的依存关系。物流成本总额与物流业务总量之间的关系是客观存在的,而且具有一定的规律性。企业的物流业务量水平提高或降低时,会影响到各项物流活动,进而影响到各项物流成本,使之增减。在一定范围内,一项特定的物流成本可能随着业务量的变化而增加、减少或不变,这就是不同的物流成本所表现出的不同的成本习性。

物流成本按成本习性进行分类,可分为变动物流成本、固定物流成本和混合物流成本。

变动物流成本指其发生总额随物流业务量的增减变化而近似成比例增减变化的成本,例如材料消耗、燃料消耗、与业务量挂钩的物流业务人员的工资支出等。这类成本的最大特点是成本总额随业务量的变动而变动,但单位成本保持原有的水平。

固定物流成本指物流成本总额不随物流业务量的变化而变化,其主要特点是物流成本总额保持不变,但单位物流成本与物流业务量成反比关系。固定物流成本按其支出数额是否受管理当局短期决策行为的影响,又可细分为酌量性固定物流成本和约束性固定物流成本。

酌量性固定物流成本指通过管理当局的短期决策行为可以改变其支出数额的成本项目,例如物流管理人员的培训费等。这类费用的支出与管理当局的短期决策密切相关,即管理当局可以根据企业的实际情况和财务状况,考虑这部分费用的支出数额。

约束性固定物流成本指通过管理当局的短期决策行为不能改变其支出数额的成本项目,例如仓库、设备的折旧费、租赁费、税金及存货保险费等。这部分费用是与管理当局的长期决策密切相关的,具有很大的约束性,一经形成,长期存在,短期内难以发生重大改变。

混合物流成本指全部物流成本介于固定物流成本和变动物流成本之间,既随物流业务量变动又不与其成正比例变动的那部分成本。在实务中,有很多物流成本项目不能简单地归类为固定物流成本或变动物流成本,很多物流成本项目兼有变动物流成本和固定物流成本两种不同的特性。按照其随物流业务量变动趋势的不同特点,混合物流成本又可分为半变动物流成本、半固定物流成本和延期变动物流成本。

(七)按物流成本是否在会计核算中反映分类

物流成本按是否在会计核算中反映,分为显性成本和隐性成本。显性成本是物流成本在管理会计和财务会计两大领域中的共性成本,这部分成本支出是企业实际发生的,既在财务会计核算中反映，又为物流成本管理决策所需要的成本支出。在物流活动过程中实际发生的人工费、材料费、水电费、折旧费、保险费等都属于显性成本。这部分物流成本的计算是以会计核算资料为依据，是对会计核算资料的分析和信息提取的过程。所有显性物流成本的数据均来源于财务会计资料。

隐性成本是财务会计核算中没有反映，但在物流成本管理决策中需要考虑的成本支出，它是管理会计领域的成本。隐性物流成本的含义较为宽泛，例如，存货占用自有资金所产生的机会成本，由于物流服务不到位所造成的缺货损失、存货的贬值损失、回程空载损失等，这些成本支出和损失确实客观存在，但由于不符合会计核算的确认原则、难以准确量化和缺少科学的计量规则等原因，这部分支出没有在财务会计中反映。但是在管理会计领域，为了保证管理决策的科学合理性，又要求将这部分成本支出纳入物流总成本范围予以考虑。

(八) 按企业性质分类

企业物流成本按企业性质来划分，可分为流通企业物流成本、生产企业物流成本和物流服务企业物流成本。对于物流服务企业而言，企业物流成本和物流企业成本是两个不同的成本概念。

物流服务企业是第三产业服务业的重要构成部分，是通过为生产企业或销售企业提供专业的物流服务来赚取利润的。物流服务企业利润的来源是通过专业的物流服务降低生产或销售企业的物流成本，并从中获得利润。可以说，物流服务企业的整个营运成本和费用实际上就是货主企业物流成本的转移。物流服务企业包括第三方物流服务企业、仓储公司、运输公司、货代公司等。

模块二 物流成本核算的会计方法

单元一 会计方法

物流成本核算与分析必须采用专门的会计方法进行,实际工作中,对物流成本进行核算的主要部门是财务部门而不是物流部门,因此熟悉和掌握物流成本核算的会计方法是进行物流核算、物流分析和物流控制的前提。

一、会计方法的含义

会计方法是用来核算和监督会计内容、实现会计目标的手段。会计方法包括会计核算方法、会计分析方法和会计检查方法等。会计核算是会计的基本环节,会计分析、会计预测和决策都是在会计核算的基础上进行的。本书主要介绍会计核算方法,这是物流成本管理者必须掌握的基本方法。

二、会计核算方法

会计核算方法是对会计对象进行连续、系统、全面的核算和监督所应用的方法。会计核算方法是会计的基本方法,主要包括设置会计科目和账户、复式记账、填制和审核会计凭证、登记账簿、成本计算、财产清查、编制会计报表七种专门方法,其中,复式记账是会计核算方法的核心。在实际运用中,它们相互配合、相互衔接,形成一个完整的会计核算方法体系。

(一)设置会计科目和账户

设置会计科目和账户,是对会计对象具体内容进行分类核算和监督的一种专门方法。

会计对象包含的内容纷繁复杂,如财产物资就有各种存在的形态,比如货币资金、机器设备、厂房建筑物、各种材料、产成品、半成品等,而企业取得这些财产物资所需要的资金又来自不同的渠道,有银行贷款、投资者投入等。设置会计科目和账户就是根据会计对象具体内容的不同特点和经济管理的不同要求,选择一定的标准进行分类,并事先规定分类核算项目,在账簿中开设相应的账户,以取得所需要的核算指标。正确、科学地设置会计科目及账户,细化会计对象,提供会计核算的具体内容,是满足经营管理需要、完成会计核算任务的基础。

(二)复式记账

复式记账是指对每一项经济业务都要在两个或两个以上的相互联系的账户中进行登记的

一种方法。复式记账一方面能全面、系统地反映经济业务引起资金运动增减变化的来龙去脉,另一方面可以通过账户之间的一种平衡关系来检查会计记录的正确性。例如,用现金5 000元购买材料,采用复式记账法就要同时在"原材料"账户和"库存现金"账户分别反映材料增加了5 000元,库存现金减少了5 000元。这样就能在账户中全面核算并监督会计对象。

(三)填制和审核会计凭证

任何经济组织发生的任何会计事项都必须取得原始凭证,证明其经济业务的发生或完成。原始凭证要送交会计人员进行审核,审核其填制内容是否完备、手续是否齐全、业务的发生是否合理合法等,经审核无误后,才能编制记账凭证。记账凭证是记账的依据,原始凭证和记账凭证统称为会计凭证。填制和审核会计凭证是会计核算的一种专门方法,它能保证会计记录的完整、可靠,提高会计核算质量。

(四)登记账簿

账簿是具有一定格式、用来记账的簿记。登记账簿就是根据会计凭证,采用复式记账法,把经济业务分门别类、内容连续地在有关账簿中进行登记的方法。借助于账簿,就能将分散的经济业务进行分类汇总,系统地提供每一类经济活动的完整资料,了解一类或全部经济活动发展变化的全过程,更加适应经济管理的需要。账簿记录的各种数据资料,也是编制财务报表的重要依据。所以,登记账簿是会计核算的主要方法。

(五)成本计算

成本计算是按照一定对象归集和分配生产经营过程中发生的各种费用,以便确定各对象的总成本和单位成本的一种专门方法。例如工业企业要计算生产产品的成本,就要把企业进行生产活动所耗用的材料、支付的工资以及发生的其他费用加以归集,并计算产品的总成本和单位成本。产品成本是综合反映企业生产经营活动的一项重要指标。正确地进行成本计算,可以考核生产经营过程的费用支出水平,同时又是确定企业盈亏和制定产品价格的基础,并为企业进行经营决策提供重要数据。物流成本的计算和工业产品成本的计算虽然在具体的核算科目和具体计算方法上不同,但成本核算原理是完全一样的。

(六)财产清查

财产清查就是通过对各项财产物资、货币资金进行实物盘点,对往来款项进行核对,以查明实存数同账存数是否相符的一种专门方法。财产清查中发现有财产、资金账面数额与实存数额不符的情况,应该及时调整账簿记录,使账存数与实存数一致,并查明账实不符的原因,明确责任。通过财产清查,可以查明各项财产物资、债权债务、所有者权益的情况,可以促进企业加强物资管理,保证财产的完整,并能为编制会计报表提供真实、准确的资料。

(七)编制会计报表

编制会计报表是根据账簿记录的数据资料,采用一定的表格形式,概括、综合地反映各单位在一定时期内经济活动过程和结果的一种方法。编制会计报表是对日常核算工作的总结,是在账簿记录的基础上对会计核算资料的进一步加工整理。会计报表提供的资料是进行会计分析、会计检查的重要依据。

会计核算的方法体系如图2-1所示。

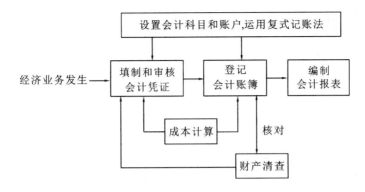

图 2-1　会计核算的方法体系

单元二　会计核算的基本前提

会计基本假设又称会计核算的基本前提,是对会计核算所处的时间、空间环境所做的合理设定。会计核算的基本前提,是为了保证会计工作的正常进行和会计信息的质量,对会计核算的范围、内容、基本程序和方法所做的假定,并在此基础上建立会计原则。国内外会计界公认的会计核算的基本前提有以下四个。

一、会计主体假设

会计主体是指会计信息所反映的特定单位或者组织,是会计确认、计量和报告的空间范围,也称为会计实体、会计个体。会计所要反映的总是特定的对象,只有明确规定会计核算的对象,将会计所要反映的对象与其他经济实体区别开来,才能保证会计核算工作的正常开展,实现会计目标。

《企业会计准则——基本准则》第五条规定:"企业应当对其本身发生的交易或者事项进行会计确认、计量和报告。"这是我国对会计主体假设的制度规范。

会计主体作为会计工作的基本前提之一,为日常的会计处理提供了空间依据。第一,明确会计主体,才能划定会计所要处理的经济业务事项的范围和立场。比如把顺风物流公司作为会计主体的话,只有那些能够以货币计量的影响顺风物流公司经济利益的经济业务事项才能加以确认和计量(注:本教材假定以顺风物流公司作为会计主体)。第二,明确会计主体,将会计主体的经济活动与会计主体所有者的经济活动区分开来。无论是会计主体的经济活动还是会计主体所有者的经济活动,都最终影响所有者的经济利益,但是,为了真实反映会计主体的财务状况、经营成果和现金流量,必须将会计主体的经济活动与会计主体所有者的经济活动区别开来。

会计主体不同于法律主体。一般来说,法律主体往往是一个会计主体,例如,一个企业作为一个法律主体,应当建立会计核算体系,独立反映其财务状况、经营成果和现金流量。但是,会计主体不一定是法律主体,比如在企业集团里,一个母公司拥有若干个子公司,在企业集团母公司的统一领导下开展经营活动。为了全面反映这个企业集团的财务状况、经营成果和现金流量,就有必要将这个企业集团的财务状况、经营成果和现金流量予以综合反映。有时,为了内部管理需要,也对企业内部的部门单独加以核算,并编制出内部会计报表,企业内部划出的核算单位也可以视为一个会计主体,但它不是一个法律主体。

二、持续经营假设

持续经营是指会计主体的生产经营活动将无限期地延续下去,在可以预见的将来,企业不会面临清算、解散、倒闭而不复存在。

《企业会计准则——基本准则》第六条规定:"企业会计确认、计量和报告应当以持续经营为前提。"这是我国对持续经营假设的制度规范。

该假设为企业会计方法的选择奠定了基础,主要表现在:

(1)企业对资产以其取得时的历史成本计价,而不是按其破产清算时的现行市价计价;

(2)企业对固定资产折旧、无形资产摊销问题,均是按假定的折旧年限或者摊销年限进行合理的处理;

(3)对企业偿债能力的评价与分析也是以会计报告期后仍能够持续经营为前提;

(4)由于考虑了持续经营假设,企业核算才选择了以权责发生制为基础进行会计确认、计量、记录和报告。

如果说会计主体假设为企业会计活动规定了空间范围,那么持续经营假设则明确了会计核算和报告的时间范围。

三、会计分期假设

会计分期这一假设是从持续经营假设引申出来的,可以说是持续经营的客观要求。会计分期是指将一个企业持续经营的生产经营活动划分为连续、相等的期间,又称为会计期间,据以结算盈亏,按期编制财务报告,从而及时地向各方面提供有关企业财务状况、经营成果和现金流量信息。《企业会计准则——基本准则》第七条规定:"企业应当划分会计期间,分期结算账目和编制财务会计报告。"这是我国对会计分期假设的制度规范。

会计期间分为年度和中期,中期是指短于一个完整的会计年度的报告期间,包括半年度、季度、月度。企业会计准则明确规定,会计年度采取公历年度,比如自每年1月1日至12月31日止,称为一个会计年度。

会计分期对会计原则和会计政策的选择有着重要影响。由于会计分期,产生了当期与其他期间的差别,从而出现权责发生制和收付实现制的区别,进而出现了应收、应付、预收、预付、预提、待摊等会计方法。

会计期间划分的长短会影响损益的确定。一般来说,会计期间划分得越短,反映经济活动的会计信息质量就越不可靠。当然,会计期间的划分也不可太长,太长了会影响会计信息使用者及时使用会计信息的需要的满足程度,因此必须恰当地划分会计期间。

四、货币计量假设

货币计量是指会计主体在会计确认、计量和报告时以货币计量来反映会计主体的生产经营活动。《企业会计准则——基本准则》第八条规定:"企业会计应当以货币计量。"这是我国对货币计量假设的制度规范。

这个假设包含两层含义:

一是企业在会计核算中要以货币为统一的计量单位,并确定以记账本位币来记录、反映企业生产经营过程和经营成果。我国会计法规定,会计核算以人民币为记账本位币,业务收支以人民币以外的货币为主的单位,可以选定其中一种货币为记账本位币,但是编制的财务报告应当折算为人民币。

二是假定币值稳定。因为只有在币值稳定或相对稳定的情况下,不同时点上的资产的价值才有可比性,不同期间的收入和费用才能进行比较,并计算确定其经营成果,会计信息才能真实反映会计主体的经营活动情况。

为了弥补货币度量的局限性,要求企业采用一些非货币指标作为会计报表的补充。

上述会计核算的四项基本假设,具有相互依存、相互补充的关系。会计主体确定了会计核算的空间范围,持续经营与会计分期确定了会计核算的时间长度,而货币计量则为会计核算提供了必要的手段。没有会计主体就不会有持续经营,没有持续经营就不会有货币计量,没有货币计量就不会有现代会计。

单元三 会计核算的基础制度

会计核算的基础制度是指会计确认、计量和报告的基础制度,是指确定一个会计期间的收入与费用,从而确定损益的标准。会计核算的基础制度包括权责发生制和收付实现制。由于企业生产经营活动是连续的,而会计期间是人为划分的,所以难免会有一部分收入和费用出现收支期间和应归属期间不一致的情况。处理这类经济业务时,应正确选择合适的会计基础。

一、权责发生制

权责发生制又称应计制或应收应付制,它是以收入和费用是否已经发生为标准来确认本期收入和费用的一种会计基础。权责发生制要求:凡是当期已经实现的收入和已经发生或应当负担的费用,不论款项是否收付,都应当作为当期的收入和费用处理;凡是不属于当期的收入和费用,即使款项已在当期收付,也不应当作为当期的收入和费用。

权责发生制是和收付实现制相对的一种确认和记账基础,其核心是收入和费用根据权责关系的实际发生和影响期间来确认,而和实际收到或支付现金无关。企业交易或者事项的发生时间与相关货币收支时间有时并不完全一致。例如,款项已经收到,但销售尚未实现;或者款项已经支付,但并不是在本期生产经营发生的。建立在该基础上的核算模式可以正确地将收入与费用配比,更加真实、公允地反映会计期间的财务状况和经营成果。

《企业会计准则——基本准则》第九条规定:企业应当以权责发生制为基础进行会计确认、计量和报告。

二、收付实现制

收付实现制是与权责发生制相对应的一种确认和记账基础,也称现金制或现收现付制,它是以收到或支付现金作为确认收入和费用依据的一种方法。收付实现制要求:凡是本期收到的收入或支付的费用,不论是否属于本期,都应当作为本期的收入和费用处理,而对于应收、应付、预收、预付款项都不予以确认。

目前,我国的行政单位会计采用收付实现制,事业单位除经营业务采用权责发生制外,其他业务都采用收付实现制。企业会计核算应当以权责发生制为基础,会计报表中的资产负债表、利润表、所有者权益变动表都必须以权责发生制为基础来编制和披露;现金流量表的编制基础是收付实现制。

【例 2-1】 顺风物流公司 2019 年 8 月份发生以下有关业务：

(1)销售产品 50 000 元，其中 30 000 元收存银行，20 000 元暂未收到款项。
(2)支付本月水电费 1 000 元。
(3)月末预付下半年仓库租金 40 000 元。
(4)上月提供运输劳务本月收款 600 元。
(5)本月劳务收入 800 元，款未收。
(6)本月支付上月的购货款 2 000 元。
(7)本月应收仓库租金 5 000 元，款未收。
要求：根据权责发生制和收付实现制分别计算收入及费用。

现金变动情况：
现金增加：
$$30\ 000 + 600 = 30\ 600$$

现金减少：
$$1\ 000 + 40\ 000 + 2\ 000 = 43\ 000$$

权责发生制下收入：
$$50\ 000 + 800 + 5\ 000 = 55\ 800$$

权责发生制下费用：
$$1\ 000 = 1\ 000$$

收付实现制下收入：
$$30\ 000 + 600 = 30\ 600$$

收付实现制下费用：
$$1\ 000 + 40\ 000 + 2\ 000 = 43\ 000$$

模块三
会计要素与会计等式

单元一 会计对象

一、会计对象的含义

会计对象是会计核算和监督的内容,也称为会计客体,是社会经济中能以货币表现的数量方面。会计以货币为主要计量单位,对一定会计主体的经济活动进行核算与监督。因此,凡是特定会计主体的能够以货币表现的经济活动都是会计的对象。会计的一般对象就是社会再生产过程中能够用货币表现的经济活动即资金运动,这是会计对象的共性;会计对象的个性表现为因各会计主体的经济活动相异而形成的具体资金运动的差异。比如,工业企业的会计对象是工业企业在供、产、销过程中的资金运动;商品流通企业的会计对象是商品流通企业在购、存、销过程中的资金运动;行政事业单位的会计对象则是其预算资金和其他资金的运动;物流企业的会计对象就是物流企业在提供运输、储存、装卸与搬运、包装、流通加工、配送、物流信息管理等物流服务过程中的资金运动。

二、工业企业会计对象的具体内容

因工业企业能最完整地体现资金运动过程,下面以工业企业为例说明资金运动的过程。工业企业的资金运动包括资金的投入、资金的循环和周转、资金的退出等过程。

(一)资金的投入

工业企业要进行生产经营,必须拥有一定的资金。这些资金的来源包括所有者投入的资金和债权人投入的资金两部分,前者属于企业所有者权益,形成权益资本;后者属于企业债权人权益,形成负债资本。所有者可以用货币资金投资,也可以用原材料、厂房、机器设备、土地使用权、工业产权等实物资产或无形资产进行投资。投入企业的资金要用于购买机器设备和原材料并支付职工的工资等。

(二)资金的循环和周转

工业企业的经营过程包括供应、生产、销售三个阶段。在供应过程中企业要购买原材料等劳动对象,产生材料买入价款、运输费、装卸费等材料采购成本,与供应单位发生货款结算关系。在生产过程中,劳动者借助于劳动手段将劳动对象加工成特定的产品,同时发生原材料消耗、固定资产磨损的折旧费、生产工人劳动耗费的人工费,企业与职工之间发生工资结算关系,有关单位之间发生往来结算关系等。在销售过程中将生产的产品销售出去,发生支付销售费用、收回货款、缴纳税金等业务活动,并同购货单位发生货款结算关系、同税务机关发生税务结算关系。

综上所述，资金的循环就是从货币资金开始依次转化为储备资金、生产资金、产品资金，最后又回到货币资金的过程，资金周而复始地循环称为资金的周转。

(三) 资金的退出

在资金的运动过程中，企业的部分资金通过偿还债务、上缴各项税金、向所有者分配利润等方式离开本企业，退出企业的资金循环与周转。

上述资金运用的三阶段是相互支持、相互制约的统一体。没有资金的投入，就没有资金的循环与周转，就不会有债务的偿还、税金的上缴和利润的分配等；没有资金的退出，就不会有新一轮的资金投入，就不会有企业的进步发展。资金在工业企业的循环周转如图 3-1 所示。

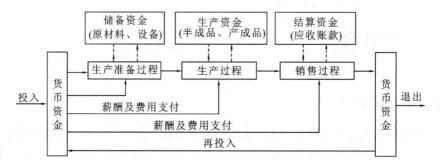

图 3-1 资金在工业企业的循环周转

单元二 会计要素

会计要素是会计对象按经济特征所做的最基本分类，是会计核算对象的具体化，是进行会计确认和计量的依据，也是设定会计报表结构和内容的依据。

我国《企业会计准则——基本准则》将会计要素分为资产、负债、所有者权益、收入、费用、利润六大类。其中，资产、负债、所有者权益反映企业在特定日期的财务状况，是资产负债表的构成要素，属于静态要素；收入、费用、利润反映企业在一定时期的经营成果，是利润表的构成要素，属于动态要素。

一、资产

(一) 资产的定义和特征

资产是指企业过去的交易或事项形成的、由企业拥有或控制的、预期会给企业带来经济利益的资源。

一个企业从事生产经营活动，必须具备一定的物质资源，如货币资金、厂房场地、机器设备、原材料、周转材料等，这些是企业从事生产经营活动的物质基础，是企业最常见的资产存在形态。除以上的货币资金以及具有物质形态的资产以外，资产还包括那些不具备物质形态，但有助于生产经营活动的专利权、商标权、土地使用权等无形资产，也包括对其他单位的投资形成的资产。

资产具有如下特征。

1. 资产是企业过去的交易或事项形成的

这就是说，作为企业资产，必须是现实的而不是预期的资产，它是企业过去已经发生的交易或事项所产生的结果,包括购置、生产、建造等行为或其他交易或事项。预期在未来发生的交易或事项不形成资产,如计划购入的机器设备等。

2.资产是由企业拥有或控制的

企业拥有资产,就能够从资产中获得经济利益;有些资产虽然不为企业所拥有,但在某些条件下,对一些由特殊方式形成的资产,企业虽然不享有所有权,但能够被企业所控制,而且同样能够从资产中获取经济利益,也可以作为企业资产(如融资性租入固定资产)。而企业没有买下使用权的矿藏,不能作为企业的资产确认。

3.资产能够给企业带来经济利益

如,货币资金可以用于购买所需要的商品、进行利润分配;厂房机器、原材料等可以用于制造商品或提供劳务,出售后回收货款,货款即为企业所获得的经济利益。

(二)资产的确认条件

根据我国《企业会计准则——基本准则》的规定,符合资产定义的资源,在同时满足以下条件时,才能确认为资产:

(1)与该资源有关的经济利益很可能流入企业;
(2)该资源的成本或者价值能够可靠计量。

(三)资产的分类

对资产可以做多种分类,常见的是按流动性分类。按流动性进行分类,资产可以分为流动资产和非流动资产。

流动资产是指可以在一年或者超过一年的一个营业周期内变现或耗用的资产。如货币资金、应收账款、原材料、存货等。有些企业的经营活动比较特殊,其经营周期可能长于一年,如造船、大型机械制造企业,其从购料到销售商品直到收回货款,周期比较长,往往超过一年,在这种情况下,就不能把一年内变现作为划分流动资产的标志,而是将经营周期作为划分流动资产的标志。

非流动资产是指不准备在一年或者超过一年的一个营业周期内变现或耗用的资产。如固定资产、长期投资、无形资产、在建工程等。

按流动性对资产进行分类,有助于掌握企业资产的变现能力,从而进一步分析企业的偿债能力和支付能力。一般来说,流动资产所占比重越大,说明企业资产的变现能力越强。流动资产中,货币资金、短期投资比重越大,则支付能力越强。

二、负债

(一)负债的定义和特征

负债是指企业过去的交易或事项形成的现时义务,履行该义务预期将会导致经济利益流出企业。如果把资产理解为企业的权利,那么负债就可以理解为企业所承担的义务。

负债具有如下特征。

1.负债是由过去的交易或事项形成的义务

只有过去已经发生的交易或事项才形成企业的现时义务。企业计划中或谈判中的交易,不能确认为企业的负债;企业将在未来发生的承诺、签订的合同等交易或事项,不能确认为负债。

2.负债必须是企业承担的现时义务

现时义务是指企业在现行条件下已承担的义务;未来发生的交易或事项形成的义务,不属于现时义务,不应当确认为负债。负债是企业目前实实在在的偿还义务,要由企业在未来某个时日加以偿还。

3. 负债预期会导致经济利益流出企业

预期会导致经济利益流出企业是负债的一个本质特征,只有企业在履行义务时,导致经济利益流出企业的,才符合负债的定义。例如,以现金偿还或是以实物资产偿还,以提供劳务形式偿还,以部分转移资产、部分提供劳务形式偿还,将负债转为资本等。同时,未来流出的经济利益的金额能够可靠计量。

(二)负债的确认条件

根据我国《企业会计准则——基本准则》的规定,符合负债定义的义务,在同时满足以下条件时,才能确认为负债:

(1)与该义务有关的经济利益很可能流出企业;

(2)未来流出的经济利益的金额能够可靠计量。

(三)负债的分类

按偿还期限的长短,一般将负债分为流动负债和非流动负债。

流动负债是指企业在一年内(含一年)或者超过一年的一个营业周期内偿还的债务,包括短期借款、应付及预收款项、应付职工薪酬、应交税费、应付股利、其他应付账款等。

非流动负债是指偿还期超过一年或者超过一年的一个营业周期以上的债务,包括长期借款、应付债券、长期应付款等。

三、所有者权益

(一)所有者权益的定义和特征

所有者权益是指企业资产扣除负债后由所有者享有的剩余权益。所有者权益是所有者在企业资产中享有的经济利益,其金额为资产减去负债后的余额,又称为净资产。

所有者权益具有以下特征:

(1)所有者权益不像负债那样需要偿还,除非发生减值、清算,企业不需要偿还所有者权益。

(2)企业清算时,负债往往优先清偿,而所有者权益只有在清偿所有的负债之后才返还给所有者。

(3)所有者权益能够分享利润,而负债则不能参与利润分配。

(二)所有者权益的确认条件

根据我国《企业会计准则——基本准则》的规定,所有者权益在性质上体现为所有者对企业资产的剩余收益,所有者权益的确认和计量取决于资产、负债、收入、费用等其他会计要素的确认和计量,在数量上也就体现为资产减去负债后的余额。

(三)所有者权益的分类

所有者权益的来源包括所有者投入的资本、直接计入所有者权益的利得和损失、留存收益等,具体表现为实收资本(或股本)、资本公积(含资本溢价或股本溢价、其他资本公积)、盈余公积和未分配利润。

所有者投入的资本是指投资者按照企业章程、合同或协议的约定,实际投入企业的资本。它既包括构成企业注册资本(实收资本)或股本部分的金额,也包括投入资本超过注册资本(实收资本)或股本部分的金额,即资本溢价或股本溢价。

直接计入所有者权益的利得或损失是指不应计入当期损益的、会导致企业所有者权益发生增减变动的、与所有者投入资本或向所有者分配利润无关的经济利益的流入或流出。

留存收益是企业从历年实现的利润中提取或形成的留存于企业的内部积累,包括盈余公积和未分配利润两部分。

四、收入

(一)收入的定义和特征

收入是企业在日常活动中形成的、会导致所有者权益增加的、与所有者投入资本无关的经济利益的总流入。

收入具有以下特征。

1. 收入应当是企业日常活动形成的经济利益流入

比如,工业企业制造并销售商品,商业企业销售商品,租赁公司出租资产,物流企业提供运输、配送服务等。明确日常活动是为了区分收入与利得的关系,不属于日常活动所形成的经济利益流入应作为利得处理,如处置固定资产、无形资产等取得的经济利益流入。

2. 收入是与所有者投入资本无关的经济利益的总流入

收入应当导致经济利益流入企业,从而导致资产增加或负债减少。但并非所有的经济利益的流入都是收入,如所有者投入资本也会导致经济利益流入企业,但应计入所有者权益,而不能确认为收入。

3. 收入会导致所有者权益的增加

由于收入导致资产增加或负债减少,最终必然导致所有者权益增加,不能导致所有者权益增加的经济利益的流入不能确认为收入。

(二)收入的确认条件

根据我国《企业会计准则——基本准则》的规定,在符合收入定义的基础上,同时满足以下三个条件时才能加以确认:

(1)与收入相关的经济利益很可能流入企业;
(2)经济利益流入企业的结果会导致资产的增加或者负债的减少;
(3)经济利益的流入额能够可靠计量。

(三)收入的分类

按性质的不同,收入可分为销售商品收入、提供劳务收入、让渡资产使用权收入等。

按业务的主次不同,收入可分为主营业务收入和其他业务收入。主营业务收入是由企业的主营业务所带来的收入,如工业企业制造并销售产品的收入。其他业务收入是除主营业务活动以外的其他经营活动所实现的收入,如出租固定资产、出租无形资产、销售材料等收入。

五、费用

(一)费用的定义和特征

费用是指企业在日常活动中发生的、会导致所有者权益减少的、与向所有者分配利润无关的经济利益的总流出。费用与收入相配比,即为企业经营活动中取得的盈利。

费用具有以下特征。

1. 费用是企业在日常活动中发生的

企业因非日常活动所形成的经济利益的流出不能作为费用确认,而应将其计入当期损失。如企业为销售产品而从其他单位租用销售场地的租赁费用,由于与企业本期销售这一日常活动相关,故该租赁费用应当确认为费用;再如,企业对某一固定资产进行处置,发生净损失,由于这一净损失与日常活动无关,故应当将其计入损失,而不能作为费用确认。

2. 费用会导致所有者权益的减少

不会导致所有者权益的减少的经济利益流出不能确认为费用。如企业偿还一笔短期借款,会导致经济利益流出企业,但负债也同时减少,不会导致所有者权益的减少,因此不能确认为费用。

3. 费用是与向所有者分配利润无关的经济利益的总流出

费用会导致经济利益的流出,从而导致企业资产的减少或负债的增加。但并非所有的经济利益的流出都是费用,如向所有者分配利润也会导致经济利益流出,就属于所有者权益的减少,因此不能确认为费用。

(二)费用的确认条件

根据我国《企业会计准则——基本准则》的规定,费用的确认除符合费用的定义外,还应当同时符合以下三个条件:

(1)与费用相关的经济利益很可能流出企业;

(2)经济利益的流出会导致企业资产的减少或者负债的增加;

(3)经济利益的流出额能够可靠计量。

(三)费用的分类

费用按照经济用途进行分类,可分为计入产品成本、劳务成本的生产费用和不计入产品成本、劳务成本的期间费用两类。

生产费用是指企业为生产产品或提供劳务而发生的各项耗费,应计入产品(或劳务)成本,可分为直接材料、直接人工和制造费用。

期间费用是指企业本期发生的、与生产产品(或提供劳务)无直接关系、不应计入产品(或劳务)成本而是直接计入当期损益的各项费用,包括管理费用、销售费用和财务费用。

六、利润

(一)利润的定义和特征

利润是企业在一定会计期间的经营成果。利润包括收入减去费用后的净额、直接计入当期利润的利得和损失等。通常情况下,如果企业实现了利润,表明企业的所有者权益将增加,业绩提升;如果企业发生了亏损(即利润为负),表明企业的所有者权益将减少,业绩下降。利润是评价企业管理层业绩的指标之一,也是投资者等财务会计报告使用者进行决策时的重要参考依据。

(二)利润的确认条件

利润的确认主要依赖于收入和费用,以及直接计入当期利润的利得和损失的确认,其金额的确认也主要取决于收入、费用、利得、损失金额的计量。

(三)利润的分类

利润包括收入减去费用后的净额、直接计入当期损益的利得和损失等。其中,收入减去费用后的净额反映企业日常活动的经营业绩;直接计入当期损益的利得和损失反映企业非日常活动的业绩。

利得是指由企业非日常活动发生的、与所有者投入资本无关的、会引起所有者权益增加的经济利益的流入。损失是指由企业非日常活动发生的、与所有者利润分配无关的、会引起所有者权益减少的经济利益的流出。

利得和损失有两个去向。一个是直接计入所有者权益的利得和损失,作为资本公积直接反映在资产负债表中;另一个是直接计入当期利润的利得和损失,作为营业外收支反映在利润表中。

利润按照其构成有三个层次,分别是营业利润、利润总额和净利润。其有关公式表示如下:

营业利润＝营业收入－营业成本－税金及附加－销售费用－管理费用
－财务费用－资产减值损失＋公允价值变动净收益＋投资净收益

营业收入＝主营业务收入＋其他业务收入

营业成本＝主营业务成本＋其他业务成本

投资净收益＝投资收益－投资损失

公允价值变动净收益＝公允价值变动收益－公允价值变动损失

利润总额＝营业利润＋营业外收支净额

净利润＝利润总额－所得税费用

以上各要素中,资产、负债及所有者权益能够反映企业在某一个时点的财务状况,因此这三个要素属于静态要素,在资产负债表中予以列示;收入、费用及利润能够反映企业在某一个期间的经营成果,因此这三个要素属于动态要素,在利润表中列示。

七、会计要素的计量

会计计量是指为了将符合确认条件的会计要素登记入账并列报于财务报表而确定其金额的过程。企业应按照规定的计量属性进行计量,确定相关金额。

会计计量属性是指会计要素的数量特征或外在表现形式,反映会计要素金额的确定基础。根据我国《企业会计准则——基本准则》的规定,会计计量属性主要包括历史成本、重置成本、可变现净值、现值、公允价值等五种。

(一)历史成本

历史成本又称实际成本。在历史成本计量下,资产按照购置时支付的现金或者现金等价物的金额,或者按照购置资产时所付出的对价的公允价值计量。负债按照因承担现时义务而实际收到的款项或者资产的金额,或者承担现时义务的合同金额,或者按照日常活动中为偿还负债预期需要支付的现金或者现金等价物的金额计量。

(二)重置成本

重置成本又称现行成本。在重置成本计量下,资产按照现在购买相同或者相似资产所需支付的现金或者现金等价物的金额计量。负债按照现在偿付该项债务所需支付的现金或者现金等价物的金额计量。

(三)可变现净值

在可变现净值计量下,资产按照其正常对外销售所能收到现金或者现金等价物的金额扣减该资产至完工时估计将要发生的成本、估计的销售费用以及相关税费后的金额计量。

(四)现值

现值是指对未来现金流量以恰当的折现率进行折现后的价值。

在现值计量下,资产按照预计从其持续使用和最终处置中所产生的未来净现金流入量的折现金额计量。负债按照预计期限内需要偿还的未来净现金流出量的折现金额计量。现值通常应用于非流动资产(如固定资产、无形资产等)的可收回金额的确定。

(五) 公允价值

在公允价值计量下,资产和负债按照市场参与者在计量日发生的有序交易中,出售资产所能收到或者转移负债所需支付的价格计量。

我国现行企业会计准则要求:企业在对会计要素进行计量时,一般应采用历史成本,采用其他计量属性的,应当保证所确定的会计要素金额能够取得并可靠计量。

单元三 会计等式

会计等式,又称会计恒等式、会计方程式或会计平衡公式,它是表明各会计要素之间基本关系的等式,是制定各项会计核算方法的理论基础。

从实质上看,会计等式揭示了会计主体的产权关系、基本财务状况和经营成果。

一、会计等式的表现形式

(一) 财务状况等式

任何企业在生产经营过程中都必须拥有一些能够满足其业务活动需要、数量相宜并能为企业带来经济利益的资源,即资产。资产不是凭空形成的,企业的每项资产都有其特定的来源。企业资产的来源有两种:有的属于投资者的投入资本(所有者权益),有的属于债权人的借入资金(负债),统称为权益。

因此,资产与权益实际上是企业所拥有的经济资源在同一时点上所表现的不同形式。资产表明的是资源在企业存在、分布的形态,而权益则表明了资源取得和形成的渠道。从数量上看,企业的资产总额与权益总额必定相等。

资产与权益在任何一个时点都必然保持恒等的关系,可以用公式表示为:

$$资产 = 权益$$

权益可以分为债权人权益和投资人权益,而在会计上,债权人权益称为负债,投资人权益称为所有者权益。所以,上式又可表述为:

$$资产 = 负债 + 所有者权益$$

这一会计等式,即财务状况等式,亦称基本会计等式、静态会计等式,表明某一会计主体在某一特定时点所拥有的各种资产以及债权人和投资者对企业资产要求权的基本状况,表明资产、负债和所有者权益三者之间的平衡关系,同时也构成资产负债表的三个基本要素。

由于该等式是会计等式中最通用和最一般的形式,所以通常也称为基本会计等式,是复式记账法的理论基础,也是企业编制资产负债表的理论依据。

(二) 经营成果等式

企业经营的目的是获取收入,实现盈利。企业在取得收入的同时,也必然要发生相应的费用。一定时期的收入和费用的配比结果为企业的经营成果。收入大于费用的差额为实现的利润,反之为发生的亏损。它们之间的关系通常可用公式表示为:

$$收入 - 费用 = 利润$$

这一会计等式,即经营成果等式,亦称动态会计等式,是用以反映企业一定时期收入、费用和利润之间恒等关系的会计等式。

这一等式反映的是企业资金运动的绝对运动形式,即资金运动的三个动态要素之间的内在联系和企业在某一时期的经营成果,反映了企业利润的实现过程。

因此,收入、费用和利润是构成利润表的三个基本要素,收入、费用和利润之间的上述关系也是企业编制利润表的理论依据。

(三)会计等式之间的钩稽关系

上述两个等式只是分别反映了企业资金运动的静态和动态表现形式,没有考虑两种形式之间的关系,即无法反映静态会计要素与动态会计要素之间的关系。动态会计要素的变动结果始终表现为所有者权益的增加或减少,它们之间是有关联的。

企业在一定时期内取得的经营成果能够对资产和所有者权益产生影响;收入可导致企业资产增加或负债减少,最终会导致所有者权益增加;费用可导致企业资产减少或负债增加,最终会导致所有者权益减少。

所以,一定时期的经营成果必然影响一定时点的财务状况。把一定会计期间的六个会计要素联系起来,则会计等式进一步扩展为:

$$资产=负债+所有者权益+(收入-费用)$$
$$资产=负债+所有者权益+利润$$
$$资产+费用=负债+所有者权益+收入$$

二、经济业务的发生对会计等式的影响

企业在生产经营过程中,每天都会发生各种各样、错综复杂的经济业务,从而引起各会计要素的增减变动,但不管如何发生变动,都不会影响资产与权益的恒等关系。

经济业务的发生引起"资产=权益"等式两边会计要素变动的方式,有以下四种类型:

(1)资产与权益同时增加,总额增加。
(2)资产与权益同时减少,总额减少。
(3)资产内部有增有减,资产总额不变。
(4)权益内部有增有减,权益总额不变。

如果把权益分为负债和所有者权益两个会计要素,则经济业务对会计等式"资产=负债+所有者权益"的影响,可具体表现为九种情况:

(1)一项资产增加、一项负债等额增加的经济业务。
(2)一项资产减少、一项负债等额减少的经济业务。
(3)一项资产增加、一项所有者权益等额增加的经济业务。
(4)一项资产减少、一项所有者权益等额减少的经济业务。
(5)一项资产增加、另一项资产等额减少的经济业务。
(6)一项负债增加、另一项负债等额减少的经济业务。
(7)一项所有者权益增加、另一项所有者权益等额减少的经济业务。
(8)一项负债增加、一项所有者权益等额减少的经济业务。
(9)一项所有者权益增加、一项负债等额减少的经济业务。

下面举例说明这几种变化类型。

【例 3-1】 顺风物流公司 2019 年 12 月初资产 400 万元,负债总额 240 万元,所有者权益总额 160 万元。该公司 12 月份发生如下经济业务。

(1)采购原材料8万元,货款尚未支付。

该项经济业务引起资产要素中的"原材料"项目增加了8万元,同时引起负债要素中的"应付账款"项目增加8万元,不涉及所有者权益要素,不影响会计基本等式的平衡关系。但发生该笔业务后等式金额发生了变化,两边同时增加了8万元。

(2)用银行存款4万元偿还一笔购货时的欠款。

该项经济业务引起资产要素中的"银行存款"项目减少了4万元,同时引起负债要素中的"应付账款"项目减少了4万元,不涉及所有者权益要素,不影响会计基本等式的平衡关系。但发生该笔业务后等式金额发生了变化,两边同时减少了4万元。

(3)某投资人向公司投入一台价值20万元的设备。

该项经济业务引起资产要素中的"固定资产"项目增加了20万元,同时引起所有者权益要素中的"实收资本"项目增加了20万元,不涉及负债要素,不影响会计基本等式的平衡关系。但发生该笔业务后等式金额发生了变化,两边同时增加了20万元。

(4)用银行存款10万元归还某投资人投资。

该项经济业务引起资产要素中的"银行存款"项目减少了10万元,同时引起所有者权益要素中的"实收资本"项目减少了10万元,不涉及负债要素,不影响会计基本等式的平衡关系。但发生该笔业务后等式金额发生了变化,两边同时减少了10万元。

(5)从其开户银行提取现金5万元。

该项经济业务引起资产要素中的"现金"项目增加了5万元,"银行存款"项目减少了5万元,不涉及负债和所有者权益要素,不影响会计基本等式的平衡关系,也没有使等式原有金额发生变化。

(6)企业开出商业汇票20万元,直接偿还前欠货款。

该项经济业务引起负债要素中的"应付票据"项目增加了20万元,"应付账款"项目减少了20万元,不涉及资产和所有者权益要素,不影响会计基本等式的平衡关系,也没有使等式原有金额发生变化。

(7)顺风物流公司的股东甲购买了顺风物流公司的股东乙的股份,股份面值30万元。

该项经济业务引起所有者权益要素中的"实收资本"项目中的具体投资人发生了变化,但投资金额没有发生变化。股东甲对公司的投资增加了30万元,股东乙对公司的投资减少了30万元,不涉及资产和负债要素,不影响会计基本等式的平衡关系,也没有使等式原有金额发生变化。

(8)根据有关决议,决定向投资人分配利润20万元,红利尚未实际发放。

该项经济业务引起所有者权益要素中的"未分配利润"项目减少了20万元,同时引起负债要素中的"应付股利"项目增加了20万元,不涉及资产要素,不影响会计基本等式的平衡关系,也没有使等式原有金额发生变化。

(9)某投资人代公司偿还到期的10万元短期借款,并协商同意作为对公司的追加投资。

该项经济业务引起负债要素中的"短期借款"项目减少了10万元,同时引起所有者权益要素中的"实收资本"项目增加了10万元,不涉及资产要素,不影响会计基本等式的平衡关系,也没有使等式原有金额发生变化。

企业的经济业务无论怎么纷繁复杂,能引起资产和权益发生增减变动的,归纳起来不外乎四大类型九种情况,而这些经济业务无论怎样变化都不会破坏上述会计等式的平衡关系。企业在任何时点所有的资产总额必然等于负债和所有者权益总额。

技能训练1

1. 训练项目：会计要素。
2. 训练目的：熟悉物流企业会计要素并能对会计要素进行分类，为成本核算奠定基础。
3. 训练资料：

训练资料如表3-1所示。

表3-1 会计要素分类

序号	项目	资产	负债	所有者权益	收入	费用	利润
1	企业购买的非专利技术						
2	企业购入的国库券						
3	企业购入但尚未入库的材料						
4	投资者投入的本钱						
5	签发并承兑的商业汇票						
6	仓库中存放的属于本企业的商品						
7	企业自有的厂房						
8	应付给供货商的货款						
9	预收的客户的货款						
10	企业正在生产的产品						
11	出纳保管的现金						
12	应收回的本单位职工借款						
13	从银行借入的6个月期限的款项						
14	以前年度实现但没有分配的利润						
15	企业应缴纳但没有实际缴纳的税金						
16	企业应该支付给职工的报酬						
17	已销产品实现的收入						
18	已销产品的成本						
19	出售多余材料取得的收入						
20	出售材料的成本						
21	日常发生的设备维修费						
22	行政部门承担的水电费						
23	企业负担的城建税、教育费附加						
24	财务人员工资						
25	企业当年实现的利润						

4. 要求：

判断以上项目属于哪类会计要素，并在表格中的相应位置打钩。

模块四　会计科目与会计账户

单元一　会计科目

一、会计科目的概念

会计科目是指对会计对象的具体内容(会计要素)进行分类核算所规定的项目。会计要素是对会计对象的基本分类,即资产、负债、所有者权益、收入、费用和利润这六个会计要素,同时也是会计核算和会计监督的内容,而这六个会计要素对于纷繁复杂的企业经济业务的反映又显得过于粗略。因此,为满足经济管理以及有关各方对会计信息的质量要求,必须对会计要素进行细化,即采用一定的形式,对每一个会计要素所反映的具体内容进一步分门别类地划分,划分后所形成的具体核算项目称为会计科目。

二、设置会计科目的意义及原则

(一)设置会计科目的意义

企业在生产经营过程中,经常发生各种会计事项。会计事项的发生必然会引起会计要素的增减变动。为了全面、系统、分类地核算和监督各项会计要素的增减变化,有必要对会计对象的具体内容按其不同特点和经济管理的要求进行科学分类,并事先确定进行分类核算的项目名称,规定其核算内容,这就需要设置会计科目。会计科目在会计核算中具有非常重要的意义,主要体现在以下几个方面:

(1)会计科目是复式记账的基础。

复式记账要求每一笔经济业务在两个或两个以上相互联系的账户中进行登记,以反映资金运动的来龙去脉,而账户是在会计科目的基础上设置的。

(2)会计科目是编制记账凭证的基础。

记账凭证是确定所发生的经济业务应记入何种科目以及分门别类登记账簿的依据。

(3)会计科目为成本核算与财产清查提供了前提条件。

会计科目的设置有助于成本核算,使各种成本计算成为可能;而通过账面记录与实际结存的核对,又为财产清查、保证账实相符提供了必备的条件。

(4)会计科目为编制会计报表提供了方便。

会计报表是提供会计信息的主要手段,为了保证会计信息的质量及其提供的及时性,会计报表中的许多项目与会计科目是一致的,并根据会计科目的本期发生额或余额填列。

(二)设置会计科目的原则

为了更好地设置和运用会计科目,以保证提供连续、系统、全面的会计信息,各单位在设置会计科目时应遵循以下原则。

1. 设置会计科目要结合会计对象的特点

结合会计对象的特点,就是根据不同单位经济业务的特点,依据全面核算其经济业务的全过程及结果的目的来确定应该设置哪些会计科目。首先,根据不同行业经济业务的主要特征进行设置。例如,工业企业是制造产品的行业,应设置反映产品生产过程的会计科目;商业企业是组织商品流通的行业,其会计科目应主要反映商品买卖过程;行政事业单位应设置反映和监督预算资金收支情况的会计科目。其次,要结合企业规模设置。大型制造企业经济业务量大,为了便于组织会计工作,会计科目的设置应全面、具体和详细;而单步骤生产的小型企业,经济业务量少,会计科目的设置应力求简单、直观和明了,不必追求全而细。

2. 设置会计科目要符合会计制度的要求

众所周知,选择何种会计制度是由本单位所处行业性质和核算的内容所决定的,如果是企业,在进行会计核算时需要遵循企业会计制度;如果是行政单位,就需要使用行政单位会计制度;如果是事业单位,就必须使用事业单位会计制度;而如果核算的项目内容是基本建设类的,那就应该使用建设单位会计制度,等等。每一个会计主体都必须按照国家财政部门统一制定的各项制度的规定和要求,选定适合本单位的会计制度,而且会计制度确定后,在设立账套、选择会计科目时,一级会计科目不得随意增减,也就是要遵循会计科目设置的统一性,不能随意变更。

3. 设置会计科目要符合经济管理的需要

会计科目的设置,一是要满足国家宏观经济管理的需要,即根据国家有关法规、制度要求划分类别,设定分类标识,以便在全国范围内进行会计信息的汇总和比较;二是要满足企业投资者、债权人和其他有关各方了解企业财务状况与经营成果的要求;三是要满足企业内部经济管理的需要,为企业的经营预测、决策和管理提供有用的会计信息。

4. 设置会计科目要保持相对稳定性

为了便于在不同时期分析比较会计核算指标和在一定范围内汇总核算指标,在会计科目的设置上,既要适应经济业务发展的需要,对长年不用的明细科目进行合理删减,又要使一级科目或对本单位很重要的明细科目保持相对稳定,不能经常变动会计科目的名称、内容、数量,以便在一定时间和范围内综合汇总以及在不同时期对比分析其所提供的核算指标,以使核算指标保持可比性。

5. 设置会计科目坚持统一性和灵活性相结合

由于各企业的经济业务千差万别,在分类核算会计要素的增减变动时需要将统一性和灵活性相结合。统一性是指设置会计科目时要符合会计制度的要求。灵活性是指在能提供统一核算指标的前提下,各个单位根据自身的具体情况及投资者的要求,可以增减会计科目。

6. 设置会计科目既要有完整性又要考虑互斥性

设置科目的完整性,是指设置的一套科目应能涵盖核算单位所有经济业务。互斥性是指不同的会计科目在核算内容上应相互排斥,完全不同;否则,就会出现某些经济业务没有科目进行核算,或者同一经济业务反映在几个不同的科目中进行核算的情况,导致核算混乱、信息不准确。

三、会计科目的分类

为了在会计核算中正确地掌握和恰当地设置会计科目,需要对会计科目进行分类。按照不同的标准对会计科目进行分类,可以从不同的角度认识它,并且把全部会计科目划分为各种类别。

(一)按照所核算的经济内容分类

会计科目的经济内容,是指会计科目核算和监督的具体内容,也就是会计要素的具体项目。按经济内容不同(会计要素)对会计科目进行分类是对会计科目最主要、最基本的分类。

会计科目按其所归属的会计要素不同,分为资产类科目、负债类科目、共同类科目、所有者权益类科目、成本类科目及损益类科目六大类(见表4-1)。

(1)资产类科目是指用于核算资产增减变化,提供资产类项目会计信息的会计科目,如库存现金、银行存款、固定资产等均属于资产类会计科目。

(2)负债类科目是指用于核算负债增减变化,提供负债类项目会计信息的会计科目,如短期借款、应付账款、应付利息等均属于负债类会计科目。

(3)共同类科目是指既有资产性质又有负债性质,这样有共性的科目。共同类科目多为金融、保险、投资、基金等公司使用,包括清算资金往来、外汇买卖、衍生工具、套期工具、被套期项目。工业企业、流通企业、物流企业很少使用共同类科目。

(4)所有者权益类科目是指用于核算所有者权益增减变化,提供所有者权益有关项目会计信息的会计科目,如实收资本、资本公积、盈余公积等均属于所有者权益类会计科目。

(5)成本类科目则是用于核算成本的发生和归集情况,提供成本相关会计信息的会计科目,如生产成本、制造费用等均属于成本类会计科目。

(6)损益类科目是指用于核算收入、费用的发生或归集,提供与一定会计期间损益相关的会计信息的会计科目,如主营业务收入、财务费用、管理费用等均属于损益类会计科目。

(二)按照所提供的核算指标的详细程度不同分类

会计科目按其所提供的核算信息的详细程度及其统御关系的不同,可分为总分类科目和明细分类科目。该种分类主要是为了适应企业经营活动和经济管理需要。

1. 总分类科目

总分类科目又称总账科目、一级会计科目,是指对会计要素的具体内容进行总括分类核算的科目,是进行总分类核算的依据。在我国,为保证会计核算指标口径规范一致,并具有可比性,保证会计核算资料能在一个部门、一个行业、一个地区甚至全国范围内综合汇总、分析,根据现行会计制度规定,总分类科目原则上由财政部统一制定,每个企业都要依据本企业的规模和业务特点,设置若干个总分类科目。

2. 明细分类科目

明细分类科目又称明细科目、细目,是指对某一总分类科目核算内容所做的进一步详细分类的科目。明细分类科目的设置,除会计制度另有规定外,可以根据经济管理的实际需要,由各单位自行规定。在会计实务中,除少数总分类科目,如"累计折旧"科目,不必设置明细分类科目外,大多都要设置明细分类科目。例如:在"库存商品"总分类科目下面,应按商品的种类、品种和规格设置明细分类科目。

如果某一总分类科目所统御的明细分类科目较多,可以增设二级科目(也称子目)。二级科目是介于总分类科目和明细分类科目之间的科目。例如:在"原材料"总分类科目下面,按材料的类别设置的"原料及主要材料""辅助材料""燃料"等科目,就是二级科目。

根据以上所述,以"原材料"科目为例,进一步说明总分类科目与明细分类科目之间的关系,如表4-2所示。

表4-1 会计科目参照表(2019年)

编号	会计科目名称	编号	会计科目名称	编号	会计科目名称
一、资产类					
1001	库存现金	1403	原材料	1525	长期股权投资减值准备
1002	银行存款	1404	材料成本差异	1601	固定资产
1015	其他货币资金	1406	库存商品	1602	累计折旧
1101	交易性金融资产	1407	发出商品	1603	固定资产减值准备
1111	买入返售金融资产	1410	商品进销差价	1604	在建工程
1121	应收票据	1411	委托加工物资	1605	工程物资
1122	应收账款	1412	周转材料	1606	固定资产清理
1123	预付账款	1461	存货跌价准备	1701	无形资产
1131	应收股利	1501	待摊费用	1702	累计摊销
1132	应收利息	1521	持有至到期投资	1703	无形资产减值准备
1231	其他应收款	1522	持有至到期投资减值准备	1711	商誉
1241	坏账准备	1523	可供出售金融资产	1801	长期待摊费用
1401	材料采购	1524	长期股权投资	1901	待处理财产损溢
二、负债类					
2001	短期借款	2211	应付职工薪酬	2241	其他应付款
2201	应付票据	2221	应交税费	2601	长期借款
2202	应付账款	2231	应付股利	2602	应付债券
2205	预收账款	2232	应付利息	2801	长期应付款
三、所有者权益类					
4001	实收资本	4101	盈余公积	4104	利润分配
4002	资本公积	4103	本年利润		
四、成本类					
5001	生产成本	5101	制造费用	5201	劳务成本
五、损益类					
6001	主营业务收入	6301	营业外收入	6602	管理费用
6051	其他业务收入	6401	主营业务成本	6603	财务费用
6061	汇兑损益	6402	其他业务成本	6711	营业外支出
6101	公允价值变动损益	6405	税金及附加	6801	所得税
6111	投资收益	6601	销售费用	6901	以前年度损益调整

表 4-2　总分类科目与明细分类科目

总分类科目 (一级科目)	明细分类科目	
	二级科目(子目)	明细科目(细目)
原材料	原料及主要材料	圆钢
		角钢
	辅助材料	油漆
		润滑油
	燃料	汽油
		柴油

单元二　会计账户

一、会计账户的概念

会计账户是根据会计科目设置的,具有一定格式和结构,用于分类反映会计要素增减变动情况及其结果的载体。它是分类和归集会计数据并进行记录的工具。前面介绍过的会计科目仅仅是分类核算的标志,而核算指标的具体数据资料,则要通过账户记录取得。所以,设置会计科目以后,还必须根据规定的会计科目开设一系列反映不同经济内容的账户,用来对各项经济业务进行分类记录。会计科目的名称就是账户的名称。

对任何企业来讲,结合自身特点以及其他相关因素设置出一套与本单位相适应的账户体系具有重要意义。为了保证企业账户设置的科学性,在账户设置时需要综合考虑以下三方面因素:

(1)经济业务的性质和内容是分类的主要依据,满足经济业务的需要是分类和设置账户的基本要求;

(2)企业会计管理的要求也是分类和设置账户的依据;

(3)为企业的投资人、债权人以及金融、税务、政府机关等部门提供有用数据和信息,也是分类和设置账户的依据。

二、会计账户的分类

在会计实践中,为了更好地满足核算的要求,需要对会计账户进行分类。账户分类就是研究这个账户体系中各账户之间存在的共性,寻求其规律,探明每一账户在账户体系中的地位和作用,以便更好地运用账户来对企业的经济业务进行反映。会计账户依据不同的分类标准有以下不同的分类。

(一)按照所反映的经济内容分类

会计账户按照所反映的经济内容进行分类是账户最基本的分类。账户按经济内容分类,可以分为资产类账户、负债类账户、所有者权益类账户、成本类账户和损益类账户五大类。

1. 资产类账户

资产类账户是用来反映企业资产的增减变动及其结存情况的账户。按照资产的流动性和经营管理核算的需要,资产类账户又可以分为反映流动资产的账户和反映非流动资产的账户。流动资产账户和非流动资产账户又可细分,详见表4-3。

表 4-3 资产类账户细分

资产类账户	流动资产账户	反映货币资金的账户	库存现金、银行存款、其他货币资金
		反映金融资产的账户	交易性金融资产、买入返售金融资产
		反映结算债权的账户	应收票据、应收股利、应收利息、应收账款、其他应收款
		反映存货的账户	原材料、库存商品
	非流动资产账户	反映金融资产的账户	持有至到期投资、可供出售金融资产、长期股权投资
		反映固定资产的账户	固定资产、累计折旧、固定资产减值准备、固定资产清理
		反映无形资产的账户	无形资产、无形资产减值准备

2. 负债类账户

负债类账户是用来反映企业负债的增减变动及其结存情况的账户。按照负债的流动性或偿还期限的长短,负债类账户又可以分为反映流动负债的账户和反映非流动负债的账户。

(1)流动负债账户用来反映企业将在1年内或超过1年的一个营业周期内偿还的债务,主要包括短期借款、应付票据、应付账款、预收账款、应付职工薪酬、应付股利、应交税费、应付利息和其他应付款等。

(2)非流动负债账户用来反映企业偿还期在1年或超过1年的一个营业周期以上的债务,包括长期借款、应付债券和长期应付款等。

3. 所有者权益类账户

所有者权益类账户是用来反映企业所有者权益的增减变动及其结存情况的账户。按照所有者权益的来源不同,所有者权益类账户又可以分为反映投入资本的账户和反映留存收益的账户。

(1)投入资本账户反映投资人对企业的原始投资以及投资本身所引起的增值,包括实收资本(或股本)、资本公积。

(2)留存收益账户反映企业在经营过程中实现利润而增加的盈余公积和未分配利润,包括盈余公积、利润分配等。

4. 成本类账户

成本类账户是用来反映企业在生产经营过程中发生的各项耗费并计算产品或劳务成本的账户,如生产成本、制造费用、劳务成本等。

5. 损益类账户

损益类账户是用来反映企业收入和费用的账户。按照损益与企业的生产经营活动是否有关,损益类账户又可以分为反映营业损益的账户和反映非经常性损益的账户。

(1)反映营业损益的账户有主营业务收入、其他业务收入、主营业务成本、税金及附加、其他业务成本等。

(2)反映非经常性损益的账户有营业外收入、营业外支出等。

(二)按照提供信息的详细程度及统御关系分类

会计账户按照提供信息的详细程度以及统御关系的不同,可分为总分类账户(总账)和明细分类账户(明细账)。

总分类账户是指根据总分类科目设置的、用来对会计要素具体内容进行总括分类核算的账户,简称总账账户或总账。例如,"生产成本"账户、"原材料"账户等都是总分类账户。总分类账户所提供的是总括分类核算指标,在核算中只使用货币计量单位来反映经济业务,可以提供概括核算的资料和指标,是对所属明细分类账户核算资料的综合。总分类账户一般是根据国家的统一会计制度的相关规定进行设置的。

明细分类账户是根据明细分类科目设置的、用来对会计要素具体内容进行明细分类核算的账户,简称明细账。例如,"原材料"账户下属的"甲材料"和"乙材料"、"库存商品"账户下属的"A产品"和"B产品"等均属于明细账。明细分类账户所提供的是明细分类核算指标,是对其总账资料的具体化和补充说明,在核算时除了采用货币计量外,必要时还需要采用实物计量或劳动计量单位,从数量和时间上进行反映,如小时、升、台、辆、吨等。

总账和其所属的明细账核算内容相同,只不过反映内容的详细程度不同。总账反映的是某项经济内容的总括情况,而明细账反映的是该项经济内容的具体详细情况。二者相互补充、相互制约、相互核对。总账统御和控制明细账,是明细账的统御账户;明细账从属于总账,是总账的从属账户。

三、会计账户的基本结构

账户不仅具有名称,还必须具有一定的结构和格式,才能对经济业务发生后所引起的会计要素各项目的增减变动情况进行记录和反映。每一笔经济业务的发生都会引起资产、负债、所有者权益有关项目的资金变动,尽管这种资金变动是错综复杂的,但是,从数量上来看不外乎"增加"和"减少"两种情况。因此,用来记录和反映经济业务的账户,其基本结构也应该相应地划分为两部分:一部分反映增加数额;另一部分反映减少数额。

在借贷记账法下,所有的账户都分为左方和右方两部分,左方为"借方",右方为"贷方",每一方再根据实际需要分成若干栏次,用来分类登记经济业务及其会计要素的增加和减少以及增减变动的结果。在会计实务中,账户的具体格式是根据实际需要来设计的。在账户的基本结构中,除了应包括"借方""贷方"这两个基本部分外,还应包括以下内容:

(1)账户的名称(会计科目),即该账户所要记录的经济业务内容。
(2)日期,即经济业务发生的时间。
(3)凭证编号,即经济业务的来源和依据。
(4)摘要,即经济业务内容的简要说明。
(5)金额,即增加或减少的金额及余额。增减相抵后的差额称为余额。余额按照时间的不同,又分为期初余额和期末余额。

按照上述项目组成的账户的基本结构如表4-4所示。

表4-4 账户的基本结构

账户名称(会计科目)

年		凭证编号		摘要	借方	贷方	借或贷	余额
月	日	字	号					

为了教学方便,在教科书和教学讲解中,经常用简化的 T 形账户来说明账户结构,如图 4-1 所示。

左方	账户名称	右方
记录增加		记录减少
(或减少)		(或增加)
余额		余额

图 4-1　T 形账户

T 形账户的格式分为左右两方,分别用来记录经济业务发生所引起的会计要素的增加额或减少额。余额分为期初余额和期末余额。期初余额与期末余额存在着结转关系,上一个会计期间的期末余额就是下一个会计期间的期初余额。所以,账户记录的金额可以提供期初余额、本期增加发生额、本期减少发生额、期末余额四个会计核算指标。本期增加发生额、本期减少发生额是动态的会计核算指标,其反映资产和权益的增减变动情况,说明了在一定时期(月、季、年)内计入账户的增加金额合计数或者减少金额合计数。余额是静态的会计核算指标,它反映资产和权益在某一时日增减变动的结果。这四个会计核算指标之间的关系如下:

期末余额＝期初余额＋本期增加发生额－本期减少发生额

至于在账户的左右两方,哪一方记增加,哪一方记减少,取决于所采用的记账方法和所记录的经济交易、事项的内容。

下面通过实例来说明如何进行 T 形账户的登记以及期末余额的计算。

【例 4-1】　顺风物流公司 2019 年 12 月初有银行存款 200 000 元,12 月份发生如下经济业务:

(1)12 月 3 日,购买一批原材料,通过银行转账支付材料款 150 000 元。

(2)12 月 10 日,转账支付前欠 A 公司货款 95 000 元。

(3)12 月 23 日,收到 B 公司预付购货款 320 000 元。

将顺风物流公司发生的经济业务中涉及"银行存款"账户的逐笔进行登记,如图 4-2 所示。

左方		银行存款	右方	
期初余额	200 000			
			(1)	150 000
(3)	320 000		(2)	95 000
本期发生额	320 000		本期发生额	245 000
期末余额	275 000			

图 4-2　T 形账户登记实例

四、会计账户与会计科目的联系与区别

会计账户与会计科目在会计学领域中有着紧密的联系,但两者又有很大的不同。

(一)两者的联系

(1)会计科目与账户都是对会计要素的具体内容进行的科学分类,两者口径一致、性质相同。

(2)会计科目的名称是账户的名称,也是设置账户的依据,没有会计科目,账户便失去了设置的依据;账户是会计科目的具体应用,没有账户,就无法发挥会计科目的作用。

(二)两者的区别

(1)会计科目仅仅是会计账户的名称,不存在结构和格式,而会计账户则具有一定的结构和格式。会计科目只是把会计对象按经济内容和特征进行分类,规定其核算内容与相关科目之间的对应关系,本身并不具有结构和格式;会计账户作为分类记录经济业务的一种形式,则必须有特定的结构和格式,以便提供具体的数据资料。

(2)会计科目仅说明反映的经济内容是什么,而会计账户不仅说明反映的经济内容是什么,而且反映其增减变化和结余情况。

(3)会计科目是在实际经济业务发生之前,为了记录会计对象的具体内容而做的分类规范,是设置会计账户的依据;会计账户是会计科目在记账过程中的应用,是经济业务发生之后所进行的分类记录。

(4)会计科目的作用主要是开设会计账户,为填制会计凭证所运用;而会计账户的作用主要是提供某一具体会计对象的会计资料,为编制财务报表和经营管理所运用。

技能训练 2

1.训练项目:会计科目。

2.训练目的:能对物流企业经济业务对应的会计科目进行确认和分类,为成本核算奠定基础。

3.训练资料:

训练资料如表 4-5 所示。

表 4-5 会计科目确认

序号	项目	应记科目
1	企业购买的非专利技术	
2	企业购入但尚未入库的材料	
3	投资者投入的本钱	
4	签发并承兑的商业汇票	
5	仓库中存放的属于本企业的商品	
6	企业自有的厂房	
7	应付给供应商的货款	
8	预收的客户的货款	
9	企业正在生产的产品	
10	出纳保管的现金	
11	应收回的本单位职工借款	
12	从银行借入的 6 个月期限的款项	
13	以前年度实现但没有分配的利润	
14	企业应缴纳但没有实际缴纳的税金	
15	企业应该支付给职工的报酬	
16	已销产品实现的收入	

续表

序号	项目	应记科目
17	已销产品的成本	
18	出售多余材料取得的收入	
19	出售材料的成本	
20	日常发生的设备维修费	
21	行政部门承担的水电费	
22	企业负担的城建税、教育费附加	
23	财务人员工资	
24	企业当年实现的利润	

4.要求：

分析以上经济业务按经济性质分类对应的会计科目，并将正确的会计科目填入相应栏中。

技能训练 3

1.训练项目：会计账户。

2.训练目的：能设置会计账户并对经济业务涉及的账户进行登记，为成本核算的数据归类奠定基础。

3.训练资料：

顺风物流公司 2019 年 10 月 1 日"银行存款"账户的期初余额为 680 000 元，"应付账款"账户的期初余额为 80 000 元，本月发生的有关业务如下：

(1)从银行提取现金 20 000 元。

(2)从甲公司购入原材料 50 000 元，货款未付。

(3)用银行存款支付所欠乙单位的材料款 60 000 元。

(4)收回 A 公司前欠货款 80 000 元，存入银行。

(5)以银行存款偿还前欠丙单位货款 30 000 元。

(6)销售产品 35 000 元，收到支票一张，存入银行。

(7)用银行存款支付水电费 8 000 元。

(8)从丁企业购进设备一台，价款 400 000 元，用银行存款支付 150 000 元，余款暂欠。

4.要求：

根据期初余额资料开设"银行存款"和"应付账款"T 形账户，将上述经济业务涉及这两个账户的金额登记入账，并结出期末余额。

银行存款	应付账款

技能训练 4

1.训练项目：会计科目按会计要素分类。

2.训练目的：能准确识别物流企业经济业务所涉及的会计科目归属于哪类会计要素，为物流成本核算的数据归类奠定基础。

3.训练资料：

训练资料如表4-6所示。

表4-6　会计科目分类

会计科目	所属类别	会计科目	所属类别	会计科目	所属类别
其他货币资金		税金及附加		应交税费	
劳务成本		应收账款		持有至到期投资	
预付账款		管理费用		制造费用	
本年利润		材料采购		资本公积	
补贴收入		预收账款		买入返售金融资产	
委托加工物资		应收票据		应付债券	
长期借款		应付职工薪酬		投资收益	
在建工程		实收资本		材料成本差异	
包装物		营业外支出		商品进销差价	

4.要求：

分析上述物流企业会计科目按会计要素应归属于资产、负债、所有者权益、成本、损益中的哪一类,并将正确的类别填列在相应表格中。

模块五 复式记账

单元一 记账方法概述

一、记账方法的概念

记账方法简称记账法,是指在交易或事项发生后,采用一定的记账符号和计量单位,利用文字和数字,将其所引起的会计要素的增减变动在有关的账户中进行记录的一种方法。

二、记账方法的种类

按照经济业务发生时登记经济业务方式的不同,记账法可以分为单式记账法和复式记账法。

(一)单式记账法

单式记账法是指对发生每一项经济业务所引起的会计要素的增减变动,只在一个账户中进行单方面登记的一种记账方法。单式记账法具有以下特点:

1. 账户设置不完整,账户记录不相互联系

单式记账法在选择单方面记账时,一般只登记现金和银行存款的收、付业务,以及各项应收、应付款项。例如,用现金800元支付购入的办公用品款,记账时,只记录减少现金800元,至于购入的办公用品就不记录;又如,因销售商品收到款项3 000元,记账时,只记录现金增加3 000元,不记录商品的减少。也就是说,对每笔经济业务要么反映资金是怎样来的,要么反映资金的去向,它不能完整地反映资金的来龙去脉。即使有时也记录实物账,不过是各记各的,账户之间没有直接联系,账户记录也没有相互平衡的概念。单式记账法下账户的设置不完整,账户之间缺乏逻辑联系。

2. 不利于检查账簿记录的正确性

采用单式记账法,不能全面、系统地反映经济业务的来龙去脉,也不便于检查账簿记录的正确性。

由此可见,单式记账法是一种比较简单、不完整、不科学的记账方法。

随着商品经济的发展,市场规模的不断扩大,需要运用会计反映和监督的经济活动更加复杂和多样,单式记账法已越来越不能适应会计管理的要求。

(二)复式记账法

复式记账法是对发生的每一项经济业务,都以相等的金额,在两个或两个以上的有关账户中相互联系地进行登记的记账方法。如上例用现金800元支付购入的办公用品款,记账时,则

以相等的金额,一方面在现金账户中记录现金减少800元,另一方面在管理费用账户中记录办公费用增加800元。复式记账法是以会计等式为依据建立的一种记账方法,其特点是:

1. 有一套完整的账户体系,全面、系统地记录经济业务

对于每一项经济业务,都在两个或两个以上相互联系的账户中进行记录。这样,将全部经济业务都相互联系地记入各有关账户以后,通过账户记录不仅可以全面、清晰地反映出经济业务的来龙去脉,还能够全面、系统地反映经济活动的过程和结果。

2. 可试算平衡,以检验账簿记录的正确性

复式记账是相对单式记账而言的,它是对发生的每笔经济业务,都必须以相等的金额,在两个或两个以上的账户中相互联系地进行登记,因而对记录的结果可以进行试算平衡,以检查账户记录是否正确。

假设企业用银行存款6 000元购入原材料。这项经济业务的发生,一方面使企业的银行存款减少了6 000元,另一方面使企业的原材料增加了6 000元。根据复式记账方法,这项经济业务应以相等的金额在"银行存款"和"原材料"两个账户上相互联系地进行记录,即一方面在"银行存款"账户上登记减少6 000元,另一方面在"原材料"账户上登记增加6 000元。

复式记账法建立的理论基础就是会计等式。按照会计等式,任何一项经济业务都会引起资产与权益之间至少两个项目发生增减变动,而且增减金额相等。因此对每笔经济业务的发生,都可以以相等的金额在两个或两个以上相关的账户中做等额的双重记录。由于会计要素之间相互联系、相互依存,又各自具有独立的含义,以不同的具体形式存在着,企业发生的经济业务,都会引起每一具体形式的价值数量变化,因而设置相应的账户进行登记,就使复式记账法组成一个完整的、系统的记账组织体系。有了这样一个记账组织体系,不仅反映了资产、负债和所有者权益的增减变化和结存情况,而且能反映收入、费用和利润的数额及其形成原因。这是复式记账法能够全面地核算和监督企业的经济活动的根本原因。

可见,采用复式记账法,能够获得完整的信息资料,能够全面、系统地反映经济业务的来龙去脉,提高会计信息的清晰度,有利于进行试算平衡,并检查账户记录的正确性。因此,复式记账法是一种比较科学的记账方法。与单式记账法相比较,复式记账法具有不可比拟的优越性,被世界各国广泛采用。

复式记账法可分为借贷记账法、收付记账法和增减记账法三种。其中,借贷记账法被世界各国普遍采用。目前,我国的企业和行政、事业等单位采用的记账方法都是借贷记账法。

单元二 借贷记账法

一、借贷记账法的来源与演进

借贷记账法是以"借"和"贷"作为记账符号的一种复式记账方法。这种记账方法大约起源于13世纪的意大利。当时,意大利沿海城市的商品经济特别是海上贸易已有很大的发展,在商品交换中,为了适应借贷资本和商业资本经营者管理的需要,逐步形成了这种记账方法。

借、贷两字的含义,最初是从借贷资本家的角度来解释的。借贷资本家以经营货币资金为主要业务,对于收进来的存款,记在贷主(creditor)名下,表示自身债务的增加;对于付出去的放

款,则记在借主(debtor)的名下,表示自身债权的增加。这样,借、贷两字分别表示借贷资本家的债权、债务及其增减变化。

随着商品经济的发展,经济活动的内容日趋复杂化,会计所记录的经济业务也不再仅限于货币资金的借贷,而逐渐扩展到财产物资、经营损益和经营资本等的增减变化。这时,为了求得账簿记录的统一,对于非货币资金的借贷活动,也利用借、贷两字来说明经济业务的变化情况。这样,借、贷两字逐渐失去了原来的字面含义,演变为一对单纯的记账符号,成为会计上的专门术语。到15世纪,借贷记账法已逐渐完备,被用来反映资本的存在形态和所有者权益的增减变化。与此同时,西方国家的会计学者提出了借贷记账法的理论依据,即"资产=负债+资本"的平衡公式(亦称会计方程式),并根据这个理论确立了借贷的记账规则,从而使借贷记账法日臻完善,为世界各国所普遍采用。

我国会计工作者在借贷记账法的基础上,提出了一些新的记账方法,如增减记账法、收付记账法等,并将其运用于会计实践中。但是,记账方法不统一,既给企业间横向经济联系和国际经济交往带来诸多不便,也不利于经济管理中对会计信息的加工、汇总和利用。因此,我国《企业会计准则——基本准则》第十一条规定:企业应当采用借贷记账法记账。这项规定规范了我国所有企业的记账方法。目前,即使是行政、事业单位,也都采用借贷记账法。

二、借贷记账法的概念与规则

(一)借贷记账法的概念

借贷记账法是一种以"借""贷"为记账符号,以"有借必有贷、借贷必相等"为记账规则的复式记账方法。这里的"借"和"贷"只是单纯的记账符号,用以表示记账的方向。

(二)借贷记账法的记账符号

记账符号是会计核算中采用的一种抽象标记,表示经济业务的增减变动和记账方向。如前所述,借贷记账法以"借"和"贷"作为记账符号,"借"(英文简写 Dr)表示记入账户的借方;"贷"(英文简写 Cr)表示记入账户的贷方。

在借贷记账法中,借、贷作为一种记账符号,包括三个方面的含义或三种用途。

(1)借、贷是指账户中借方和贷方两个对立的部分,即借方是账户左方的代名词,贷方是账户右方的代名词,其作用在于指明在账户中应计入的两个不同方向。

(2)借、贷是指构成会计分录的两个或两个以上的对应账户的相互关系,其作用在于可以用来反映一笔经济业务所引起的资金增减变化的来龙去脉。

(3)借、贷是指已登记在账户中的两个对立部分的数字所包含的不同经济内容,其作用在于可以用来说明账户的经济性质。

(三)借贷记账法的记账规则

记账规则,是指记录经济业务应遵循的一种规律,它是由借贷记账法的账户结构和经济业务的类型决定的,是记账和核对账目的依据。借贷记账法账户结构的规定,满足了资产与权益平衡关系的要求,体现了借贷记账法的记账规则。在借贷记账法下,每一笔交易或事项的发生,都会同时引起会计等式一边或两边至少两个账户发生变化。交易或事项发生后,一方面记入一个或几个有关账户的借方,另一方面记入一个或几个有关账户的贷方;记入两个或两个以上账户的借方金额和贷方金额相等。这样可以概括出借贷记账法的记账规则:有借必有贷,借贷必相等。

三、借贷记账法的账户结构

明确账户的结构,是记账的前提条件。账户的结构是指在账户中如何记录经济业务,即账户的借方和贷方各登记什么内容,余额的方向及表示的含义。

在借贷记账法下,任何账户都分为借方和贷方两个基本部分,通常左方为借方,右方为贷方。账户的一般格式可用"T"字形账户的形式表示,如图 5-1 所示。

图 5-1　账户的一般格式

在借贷记账法下,所有账户的借方和贷方都要按相反的方向记录,即账户的一方登记增加金额,账户的另一方登记减少金额,至于哪一方登记增加金额、哪一方登记减少金额,则取决于各账户的性质。账户的性质是由各账户所反映的经济内容决定的,不同经济内容和性质的账户,其结构也是不同的。

在"资产=负债+所有者权益"的会计等式中,资产反映企业资金存在的情况,负债和所有者权益反映企业资金来源的情况,即资产和负债与所有者权益反映的是同一资金的两个对立面。因而,在资产类与负债类、所有者权益类账户中应用两个相反的方向来登记它们的增加额;同样,对于它们的减少金额,也应在这两种不同性质的账户中用相反的方向来登记。长期以来,人们习惯地在资产类账户中用借方登记它的增加额,贷方登记它的减少额;而在负债类和所有者权益类账户中,则用相反的方向反映,即用贷方登记增加额,借方登记减少额。

由于企业取得的收入和发生的费用,最终会导致所有者权益发生变化。根据"资产=负债+所有者权益+收入-费用"的会计等式,收入的增加可视同所有者权益的增加,费用的增加可视同所有者权益的减少。这就决定了收入类账户的结构与所有者权益类账户的结构保持一致,成本费用支出类账户的结构与所有者权益类账户的结构相反,而与资产类账户的结构保持一致。

下面分别说明各类账户的结构。

(一)资产类账户的结构

在资产类账户中,它的借方登记增加,贷方登记减少,资产类账户若有期末(期初)余额,其期末(期初)余额一般在借方,表示期末(期初)资产的实有数。资产类账户的结构如图 5-2 所示。

借方	资产类账户		贷方
期初余额	×××		
本期增加额	×××	本期减少额	×××
本期发生额	×××	本期发生额	×××
期末余额	×××		

图 5-2　资产类账户结构

资产类账户的期末余额可根据下列公式计算:
$$期末余额(借方)=期初余额(借方)+本期借方发生额-本期贷方发生额$$

(二)负债类账户和所有者权益类账户的结构

在负债类和所有者权益类账户中,贷方登记增加,借方登记减少,负债类和所有者权益类账户若有期末(期初)余额,其期末(期初)余额一般在贷方,表示负债和所有者权益的期末(期初)实有数。负债类和所有者权益类账户的结构如图 5-3 所示。

借方		负债类和所有者权益类账户	贷方
		期初余额	×××
本期减少额	×××	本期增加额	×××
本期发生额	×××	本期发生额	×××
		期末余额	×××

图 5-3 负债类和所有者权益类账户结构

负债类和所有者权益类账户的期末余额可根据下列公式计算:
$$期末余额(贷方)=期初余额(贷方)+本期贷方发生额-本期借方发生额$$

(三)收入类账户和成本费用支出类账户的结构

由于收入类账户的结构与所有者权益类账户的结构基本一致,因而,收入类账户的贷方登记收入的增加额,借方登记收入的减少额或转销额。企业的各种收入形成利润增加的主要因素,因此期末时收入的增加额减去收入的减少额后的差额,应转入"本年利润"账户的贷方,同时记入有关收入账户的借方,所以,各种收入类账户没有余额。收入类账户的结构如图 5-4 所示。

借方		收入类账户	贷方
本期减少额或转销额	×××	本期增加额	×××
本期发生额	×××	本期发生额	×××

图 5-4 收入类账户结构

由于成本费用支出类账户的结构与资产类账户的结构基本一致,因而,成本费用支出类账户的借方登记其增加额,贷方登记其减少额或转销额。企业发生的各种费用和支出形成利润减少的因素,因此期末时应将影响利润的有关费用和支出的增加额减去其减少额后的差额,转入"本年利润"账户的借方,同时登记在有关费用和支出账户的贷方。所以,除反映成本的账户外,费用支出类账户一般没有余额。成本类账户若有余额,表示期末资产的余额。成本费用支出类账户的结构如图 5-5 所示。

借方		成本费用支出类账户	贷方
本期增加额	×××	本期减少额或转销额	×××
本期发生额	×××	本期发生额	×××

图 5-5 成本费用支出类账户结构

根据以上对各类账户结构的说明,可以将账户借方和贷方所记录的经济内容加以归纳,如图 5-6 所示。

借方	账户名称	贷方
资产的增加		资产的减少
负债的减少		负债的增加
所有者权益的减少		所有者权益的增加
收入的减少		收入的增加
成本费用支出的增加		成本费用支出的减少

图 5-6 账户结构说明

图 5-6 表明,不同类型的账户,借、贷两方各自所代表的经济内容不同。

借方表示:资产增加,负债及所有者权益减少,成本费用支出增加,收入减少或转销。

贷方表示:资产减少,负债及所有者权益增加,成本费用支出减少或转销,收入增加。

下面通过实例来说明借贷记账法的应用。

【例 5-1】 (1)顺风物流公司 2019 年 6 月 3 日,以银行存款购进设备 25 000 元。这项经济业务的发生,一方面使单位的固定资产这一资产项目增加了 25 000 元,另一方面使单位的银行存款这一资产项目减少了 25 000 元。因此,这项经济业务涉及"固定资产"和"银行存款"这两个账户,资产的增加,应记在"固定资产"账户的借方,资产的减少,应记在"银行存款"账户的贷方。这项经济业务登账的结果如图 5-7 所示。

借方	银行存款	贷方		借方	固定资产	贷方
期初余额 150 000				期初余额 250 000		
		(1)25 000 ←	→ (1)	25 000		

图 5-7 例 5-1 账户记录 1

(2)顺风物流公司 2019 年 6 月 10 日,向银行借入短期借款 100 000 元偿还前欠外单位货款。

这项经济业务的发生,一方面使单位的银行借款这一负债项目增加了 100 000 元,另一方面使单位的应付账款这一负债项目减少了 100 000 元。因此,这项经济业务涉及"短期借款"和"应付账款"这两个账户,负债的增加,应记在"短期借款"账户的贷方,负债的减少,应记在"应付账款"账户的借方。这项经济业务登账的结果如图 5-8 所示。

借方	短期借款	贷方		借方	应付账款	贷方
		期初余额 100 000				期初余额 150 000
		(2)100 000 ←	→ (2) 100 000			

图 5-8 例 5-1 账户记录 2

(3)顺风物流公司 2019 年 6 月 11 日,预收客户下半年仓库租金,金额为 20 000 元,收到现金。

这项经济业务的发生,一方面使单位的库存现金这一资产项目增加了 20 000 元,另一方面使单位的预收账款这一负债项目也相应地增加了 20 000 元。因此,这项经济业务涉及"库存现金"和"预收账款"这两个账户,资产的增加,应记在"库存现金"账户的借方,负债的增加,应记在"预收账款"账户的贷方。这项经济业务登账的结果如图 5-9 所示。

图 5-9　例 5-1 账户记录 3

(4)顺风物流公司 2019 年 6 月 20 日,以银行存款偿还银行短期借款 80 000 元。

这项经济业务的发生,一方面使单位的银行存款这一资产项目减少了 80 000 元,另一方面使单位银行短期借款这一负债项目减少了 80 000 元。因此,这项经济业务涉及"银行存款"和"短期借款"这两个账户,资产的减少,应记在"银行存款"账户的贷方,负债的减少,应记在"短期借款"账户的借方。这项经济业务登账的结果如图 5-10 所示。

图 5-10　例 5-1 账户记录 4

综合以上四大类型的经济业务,所有经济业务的发生,都是有借方必有贷方,而且记入借方的金额与记入贷方的金额必须相等。因此,借贷记账法的记账规则可以概括为"有借必有贷,借贷必相等"。

在实际运用借贷记账法的记账规则记录一项经济业务时,要从以下三个方面分析:

(1)分析所发生的经济业务涉及哪些会计科目,根据经济业务的内容,确定它所涉及的账户及账户的性质(资产类、负债类、所有者权益类、收入类和成本费用支出类账户)。

(2)分析所发生的经济业务所涉及的会计科目增减变动情况及对所涉及的账户的影响情况。

(3)根据账户的结构特点和会计科目的增减情况,确定哪个账户记借方、哪个账户记贷方。

单元三　会计分录

一、会计分录的概念

在企业的日常经营中会发生种类繁多的经济业务,如果直接按照经济业务的情况逐笔登记到账户中,则工作量将非常大,而且较容易出现错误,从而将会影响到所提供的会计信息的质量。因此,在会计实践中,为了保证账户记录的正确性和高效性,在将经济业务的具体内容记入相关账户之前,需要用一种专门的方法来确定经济业务所涉及项目之间的正确的账户对应关系,即明确经济业务涉及的账户及其借贷方向和金额。这种工作方法,在会计中称为编制会计分录。

会计分录是指在经济业务发生后,按照记账规则的要求,标明其应借贷账户及金额的一种记录,简称分录。在实际工作中,通常是将会计分录登记在记账凭证中。一个完整的会计分录通常包括以下三项要素:

(1)账户名称,即涉及的会计科目。

(2)记账方向,即记账符号"借"和"贷",用以表示账户记录内容的增加或减少。

(3)金额。

在实际编制会计分录的过程中,还需要注意会计分录在格式上的要求。关于会计分录的书写格式,主要有以下几个方面的要求:

(1)借方在前,贷方在后,即先借后贷。

(2)借方内容与贷方内容要分上下行来写,切记不能写在同一行中。另外,贷方的文字和金额需要与借方的文字和金额错开一格或两格进行书写。

(3)金额后无货币符号。

二、会计分录的分类

会计分录分为简单会计分录和复合会计分录。

简单会计分录,是指只有两个账户的会计分录,即由一个借方账户与一个贷方账户相对应所组成的会计分录。比如从银行提取现金5 000元所编制的会计分录就是简单会计分录,也叫一借一贷分录,它的对应关系清楚,容易理解和掌握。

借:库存现金　　　　　　　　　　　　　　5 000
　贷:银行存款　　　　　　　　　　　　　　5 000

复合会计分录,是指两个以上账户的会计分录,即由一个借方账户与两个及以上贷方账户,或由两个及以上借方账户与一个贷方账户,或由几个借方账户与几个贷方账户相对应所组成的会计分录,简称一借多贷、多借一贷、多借多贷的会计分录。比如企业赊销产品22 600元,其中含有增值税销项税额2 600元。这笔业务的会计分录为:

借:应收账款　　　　　　　　　　　　　　22 600
　贷:主营业务收入　　　　　　　　　　　　20 000
　　　应交税费——应交增值税(销项税额)　　2 600

复合会计分录可以全面、集中地反映经济业务的全貌,简化记账手续,提高工作效率。复合会计分录可以分拆为多笔简单会计分录。如上例的复合会计分录可以分拆为如下两笔简单会计分录:

(1)借:应收账款　　　　　　　　　　　　20 000
　　　贷:主营业务收入　　　　　　　　　　20 000

(2)借:应收账款　　　　　　　　　　　　2 600
　　　贷:应交税费——应交增值税(销项税额)　2 600

需要指出的是,为了保持账户对应关系的清楚,一般不宜把不同经济业务合并在一起,编制多借多贷的会计分录。但在某些特殊情况下为了反映经济业务的全貌,也可以编制多借多贷的会计分录。

三、会计分录的编制步骤

初学者在编制会计分录时,可以按以下步骤进行:

第一步,分析经济业务涉及的会计科目和账户。

第二步,分析经济业务涉及科目的经济属性,即它们各属于什么会计要素。

第三步,分析业务所涉及科目的增减变化情况,分析确定这些科目对应的账户是增加了还是减少了,增减金额是多少。

第四步,分析科目的增减和借贷的关系,确定记账方向,即根据账户的性质及其增减变化情况,确定分别记入账户的借方或贷方。

第五步,根据会计分录的书写格式要求,用借贷符号编制完整的会计分录。

【例5-2】 2019年7月30日,顺风物流公司从银行提取现金5 000元。根据现金支票存根联编制会计分录。

对于这个经济业务的处理分析过程为:

第一步,分析该业务涉及的会计科目和账户。从银行提取现金涉及两个会计科目,即库存现金科目和银行存款科目,对应库存现金账户和银行存款账户。

第二步,分析该业务涉及科目的经济属性。库存现金和银行存款都是资产类科目,应使用资产类账户结构。

第三步,分析业务所涉及科目的增减变化情况。显然库存现金增加5 000元,银行存款减少5 000元。

第四步,分析科目的增减和借贷的关系。资产类科目的增加记在账户的借方,减少记在账户的贷方,所以应该借记库存现金,贷记银行存款。

第五步,根据会计分录的书写格式要求,用借贷符号编制完整的会计分录,即:

借:库存现金　　　　　　　　　　　　　　5 000
　　贷:银行存款　　　　　　　　　　　　　　5 000

四、会计分录的编制实例

现以A公司2019年12月发生的交易、事项为例说明借贷记账法的应用。

【例5-3】 A公司2019年12月1日各账户的期初余额如表5-1所示。

表5-1　A公司12月会计账户情况表

账户名称	期初余额	
	借方	贷方
库存现金	10 000	
银行存款	60 000	
固定资产	450 000	
短期借款		70 000
应付账款		50 000
实收资本		350 000
盈余公积		50 000
合计	520 000	520 000

(1)A公司收到投资方B公司投入的投资款500 000元,存入开户银行。

分析:这笔业务A公司收到存款,银行存款增加,银行存款属于资产,资产类账户的结构规定资产的增加记借方,故应借记"银行存款"账户;而存款来自投资者投入的资本,则A公司的实收资本也增加,实收资本属于所有者权益,所有者权益类账户的结构规定增加记贷方,故应贷记"实收资本"账户。会计分录为:

借:银行存款　　　　　　　　　　　　　　500 000
　　贷:实收资本　　　　　　　　　　　　　　500 000

此笔业务的具体记录如图 5-11 所示。

借方	银行存款	贷方		借方	实收资本	贷方
期初余额	60 000				期初余额	350 000
(1)	500 000				(1)	500 000

图 5-11　例 5-3 账户记录 1

(2) 以银行存款向 C 公司购买原材料 10 000 元,增值税 1 300 元。

分析:这笔业务 A 公司收到原材料,原材料增加,原材料属于资产,资产类账户的结构规定资产的增加记借方,故应借记"原材料"账户;以银行存款支付原材料款,银行存款减少,银行存款属于资产,资产类账户的结构规定资产的减少记贷方,故应贷记"银行存款"账户;支付税金则应交税费减少,应交税费属于负债,负债类账户的结构规定负债减少记借方,故应借记"应交税费"账户。会计分录为:

　　借:原材料　　　　　　　　　　　　　　　10 000
　　　　应交税费——应交增值税(进项税额)　　 1 300
　　　贷:银行存款　　　　　　　　　　　　　　11 300

此笔业务的具体记录如图 5-12 所示。

借方	原材料	贷方		借方	银行存款	贷方
(2)	10 000			期初余额	60 000	
				(1)	500 000	(2) 11 300

借方	应交税费	贷方
(2)	1 300	

图 5-12　例 5-3 账户记录 2

(3) A 公司业务员王伟出差预借差旅费 3 000 元,以现金支付。

分析:这笔业务 A 公司业务员王伟在出差前借出现金,对于 A 公司来说,是发生一笔应向王伟收回的债权,其他应收款增加,其他应收款属于资产,资产类账户的结构规定资产的增加记借方,故应借记"其他应收款"账户;王伟预借的差旅费是从 A 公司的库存现金中支付的,库存现金减少,库存现金属于资产,资产类账户的结构规定资产的减少记贷方,故应贷记"库存现金"账户。会计分录为:

　　借:其他应收款——王伟　　　　　　　　　3 000
　　　贷:库存现金　　　　　　　　　　　　　3 000

此笔业务的具体记录如图 5-13 所示。

借方	其他应收款	贷方		借方	库存现金	贷方
(3)	3 000			期初余额	10 000	
						(3) 3 000

图 5-13　例 5-3 账户记录 3

(4) A 公司自 D 公司购入原材料 100 000 元,增值税 13 000 元,货款未付。

分析:这笔业务 A 公司购进原材料,原材料增加,原材料属于资产,资产类账户的结构规定资产的增加记借方,故应借记"原材料"账户;买入材料未付款,应付账款增加,应付账款属于负债,负债类账户的结构规定负债的增加记贷方,故应贷记"应付账款"账户;支付税金则应交税费

减少,应交税费属于负债,负债类账户的结构规定负债减少记借方,故应借记"应交税费"账户。会计分录为:

  借:原材料   100 000
    应交税费——应交增值税(进项税额) 13 000
    贷:应付账款   113 000

  此笔业务的具体记录如图5-14所示。

借方	原材料	贷方		借方	应付账款	贷方
(2)	10 000				期初余额	50 000
(4)	100 000				(4)	113 000

借方	应交税费	贷方
(2)	1 300	
(4)	13 000	

图5-14 例5-3账户记录4

(5)A公司开出转账支票,支付前欠D公司货款30 000元。

分析:这笔业务A公司支付前欠货款,应付账款减少,应付账款属于负债,负债类账户的结构规定负债的减少记借方,故应借记"应付账款"账户;银行存款减少,银行存款属于资产,资产类账户的结构规定资产的减少记贷方,故应贷记"银行存款"账户。会计分录为:

  借:应付账款   30 000
    贷:银行存款   30 000

此笔业务的具体记录如图5-15所示。

借方	应付账款	贷方		借方	银行存款	贷方
		期初余额 50 000		期初余额 60 000		
(5)	30 000	(4) 113 000		(1) 500 000		(2) 11 300
						(5) 30 000

图5-15 例5-3账户记录5

(6)A公司签发一张期限为两个月的商业汇票,归还前欠D公司的货款70 000元。

分析:这笔业务A公司支付前欠货款,应付账款减少,应付账款属于负债,负债类账户的结构规定负债的减少记借方,故应借记"应付账款"账户;此笔货款不是以现款支付的,而是一张书面承诺两个月以后付款的票据,应付票据增加,应付票据属于负债,负债类账户的结构规定负债的增加记贷方,故应贷记"应付票据"账户。会计分录为:

  借:应付账款   70 000
    贷:应付票据   70 000

此笔业务的具体记录如图5-16所示。

借方	应付账款	贷方		借方	应付票据	贷方
		期初余额 50 000				(6) 70 000
(5)	30 000	(4) 113 000				
(6)	70 000					

图5-16 例5-3账户记录6

(7) A 公司以历年积累的盈余公积 20 000 元转增资本。

分析：此笔业务 A 公司用盈余公积转增资本，盈余公积减少，盈余公积属于所有者权益，所有者权益类账户的结构规定减少记借方，故应借记"盈余公积"账户；实收资本增加，实收资本也属于所有者权益，所有者权益类账户的结构规定增加记贷方，故应贷记"实收资本"账户。会计分录为：

借：盈余公积　　　　　　　　　　　　　　20 000
　　贷：实收资本　　　　　　　　　　　　　　20 000

此笔业务的具体记录如图 5-17 所示。

借方	盈余公积	贷方	借方	实收资本	贷方
		期初余额　50 000			期初余额　350 000
(7)	20 000				(1)　500 000
					(7)　20 000

图 5-17　例 5-3 账户记录 7

(8) A 公司投资方 B 公司撤回投资 100 000 元，以银行存款支付。

分析：此笔业务 A 公司的实收资本减少，实收资本属于所有者权益，所有者权益类账户的结构规定减少记借方，故应借记"实收资本"账户；以银行存款退回 B 公司的资本金，银行存款减少，银行存款属于资产，资产类账户的结构规定资产的减少记贷方，故应贷记"银行存款"账户。会计分录为：

借：实收资本　　　　　　　　　　　　　　100 000
　　贷：银行存款　　　　　　　　　　　　　　100 000

此笔业务的具体记录如图 5-18 所示。

借方	实收资本	贷方	借方	银行存款	贷方
		期初余额　350 000		期初余额　60 000	(2)　11 300
(8)	100 000	(1)　500 000	(1)	500 000	(5)　30 000
		(7)　20 000			(8)　100 000

图 5-18　例 5-3 账户记录 8

(9) E 公司代 A 公司偿还银行短期借款 70 000 元，作为 E 公司对 A 公司的追加投资。

分析：此笔业务 A 公司的短期银行借款减少，短期借款属于负债，负债类账户的结构规定负债的减少记借方，故应借记"短期借款"账户；E 公司代为偿还的短期借款，作为 A 公司实收资本的增加，实收资本属于所有者权益，所有者权益类账户的结构规定增加记贷方，故应贷记"实收资本"账户。会计分录为：

借：短期借款　　　　　　　　　　　　　　70 000
　　贷：实收资本　　　　　　　　　　　　　　70 000

此笔业务的具体记录如图 5-19 所示。

借方	短期借款	贷方	借方	实收资本	贷方
		期初余额　70 000			期初余额　350 000
(9)	70 000		(8)	100 000	(1)　500 000
					(7)　20 000
					(9)　70 000

图 5-19　例 5-3 账户记录 9

(10)A 公司向投资者分配现金股利 60 000 元,尚未支付。

分析:此笔业务 A 公司的未分配利润减少了,未分配利润是"利润分配"的子目,利润分配属于所有者权益,所有者权益类账户的结构规定减少记借方,故应借记"利润分配"账户;分配了股利但未予支付,形成应付股利,应付股利属于负债,负债类账户的结构规定负债的增加记贷方,故应贷记"应付股利"账户。会计分录为:

借:利润分配　　　　　　　　　　　　　60 000
　　贷:应付股利　　　　　　　　　　　　60 000

此笔业务的具体记录如图 5-20 所示。

借方	利润分配	贷方		借方	应付股利	贷方
(10)	60 000				(10)	60 000

图 5-20　例 5-3 账户记录 10

根据 A 公司各总账资料,汇总发生额,计算期末余额,编制试算平衡表,如表 5-2 所示。

表 5-2　A 公司会计账户发生额及余额试算平衡表

账户名称	期初余额		本期发生额		期末余额	
	借方	贷方	借方	贷方	借方	贷方
库存现金	10 000			3 000	7 000	
银行存款	60 000		500 000	141 300	418 700	
其他应收款			3 000		3 000	
固定资产	450 000				450 000	
原材料			110 000		110 000	
短期借款		70 000	70 000			
应付账款		50 000	100 000	113 000		63 000
应付票据				70 000		70 000
应交税费				14 300		14 300
应付股利				60 000		60 000
实收资本		350 000	100 000	590 000		840 000
盈余公积		50 000	20 000			30 000
利润分配			60 000		60 000	
合计	520 000	520 000	977 300	977 300	1 063 000	1 063 000

单元四　总分类账户和明细分类账户的平行登记

一、总分类账户和明细分类账户的关系

账户按其提供信息的详细程度及统御关系不同,可以分为总分类账户(简称总账)和明细分

类账户(简称明细账)。总分类账户是根据总分类科目开设的,提供资产、权益、收入和费用的总括资料;明细分类账户是根据明细科目开设的,提供资产、权益、收入和费用的详细资料。总分类账户与明细分类账户的关系可以概括为:

1. 总分类账户对明细分类账户具有统御控制作用

总分类账户提供的总括核算资料是对有关明细分类账户资料的综合;明细分类账户所提供的明细核算资料是对其总分类账户资料的具体化。

2. 明细分类账户对总分类账户具有补充说明作用

总分类账户是对会计要素各项目增减变化的总括反映,只提供货币信息资料;明细分类账户是对会计要素各项目增减变化的详细反映,对某一具体方面提供货币、实物量信息资料。

3. 总分类账户与其所属明细分类账户在总金额上应当相等

由于总分类账户与其明细分类账户是根据相同的依据来进行平行登记的,所反映的经济内容是相同的,其总金额必然相等。

二、总分类账户和明细分类账户的平行登记

平行登记是指对发生的每一笔经济业务,都要根据相同的会计凭证,一方面登记入总分类账户,另一方面登记入总分类账户所属的明细分类账户的一种记账方法。

平行登记的要点可归纳如下:

1. 依据相同

对发生的经济业务,都要以相关的会计凭证为依据,既登记有关总分类账户,又登记其所属明细分类账户。

2. 方向相同

将经济业务记入总分类账户和明细分类账户,记账方向必须相同,即总分类账户记入借方,明细分类账户也应记入借方;总分类账户记入贷方,明细分类账户也应记入贷方。

3. 期间相同

对每项经济业务在记入总分类账户和明细分类账户的过程中,可以有先有后,但必须在同一会计期间(如同一个月)全部登记入账。

4. 金额相等

记入总分类账户的金额,必须与记入其所属明细分类账户的金额之和相等。

通过平行登记,总分类账户与明细分类账户之间在登记金额上就形成了如下关系:

(1)总分类账户期初余额等于所属各明细分类账户期初余额之和。
(2)总分类账户借方发生额等于所属各明细分类账户借方发生额之和。
(3)总分类账户贷方发生额等于所属各明细分类账户贷方发生额之和。
(4)总分类账户期末余额等于所属各明细分类账户期末余额之和。

三、平行登记的应用

(1)A工厂2019年12月初"原材料"和"应付账款"账户期初余额如表5-3所示。

表 5-3 A 工厂账户期初余额

账户名称		数量	单价/元	金额/元	
总账	明细账			总账	明细账
原材料				225 000(借)	
	A 材料	10 000 千克	5		50 000(借)
	B 材料	20 吨	5 000		100 000(借)
	C 材料	2 500 件	30		75 000(借)
应付账款				90 000(贷)	
	华兴工厂				40 000(贷)
	祥瑞工厂				30 000(贷)
	通达工厂				20 000(贷)

(2) A 工厂 2019 年 12 月份发生的部分经济业务如下：

① 12 月 3 日，用银行存款偿还上月欠华兴工厂货款 40 000 元、欠祥瑞工厂货款 30 000 元。

借：应付账款——华兴工厂　　　　　　40 000
　　　　　　——祥瑞工厂　　　　　　30 000
　贷：银行存款　　　　　　　　　　　70 000

② 12 月 5 日，向华兴工厂购入 A 材料 30 000 千克，每千克 5 元，计 150 000 元；购入 B 材料 10 吨，每吨 5 000 元，计 50 000 元。增值税为 26 000 元。材料验收入库，货款以银行存款付讫。

借：原材料——A 材料　　　　　　　　150 000
　　　　　——B 材料　　　　　　　　50 000
　　应交税费——应交增值税(进项税额)　26 000
　贷：银行存款　　　　　　　　　　　226 000

③ 12 月 12 日，用银行存款归还前欠通达工厂货款 20 000 元。

借：应付账款——通达工厂　　　　　　20 000
　贷：银行存款　　　　　　　　　　　20 000

④ 12 月 20 日，向华兴工厂购入 A 材料 20 000 千克，每千克 5 元，计 100 000 元。增值税为 13 000 元。材料验收入库，货款尚未支付。

借：原材料——A 材料　　　　　　　　100 000
　　应交税费——应交增值税(进项税额)　13 000
　贷：应付账款——华兴工厂　　　　　113 000

⑤ 12 月 26 日，向通达工厂购入 C 材料 7 500 件，每件 30 元，计 225 000 元。增值税为 29 250 元。材料验收入库，货款尚未支付。

借：原材料——C 材料　　　　　　　　225 000
　　应交税费——应交增值税(进项税额)　29 250
　贷：应付账款——通达工厂　　　　　254 250

⑥ 12 月 30 日，仓库发出 A 材料 40 000 千克，单价 5 元，计 200 000 元；B 材料 20 吨，单价 5 000 元，计 100 000 元；C 材料 8 000 件，每件 30 元，计 240 000 元。

借:生产成本　　　　　　　　　　　　540 000
　　贷:原材料——A 材料　　　　　　　　200 000
　　　　　　——B 材料　　　　　　　　100 000
　　　　　　——C 材料　　　　　　　　240 000

(3)根据上述资料,进行平行登记。

①"原材料"总分类账户与所属明细分类账户的平行登记如表 5-4 至表 5-7 所示。

表 5-4　原材料总分类账户

账户名称:原材料

2019 年		凭证		摘要	借方	贷方	借或贷	余额
月	日	字	号					
12	1	略	略	月初余额			借	225 000
	5			购进原材料	200 000		借	425 000
	20			购进原材料	100 000		借	525 000
	26			购进原材料	225 000		借	750 000
	30			生产领用		540 000	借	210 000
	30			本期发生额及余额	525 000	540 000	借	210 000

表 5-5　原材料明细分类账户(A 材料)

账户名称:A 材料

2019 年		凭证		摘要	收入			发出			结存		
月	日	字	号		数量	单价	金额	数量	单价	金额	数量	单价	金额
12	1	略	略	月初余额							10 000	5.0	50 000
	5			购入	30 000	5.0	150 000				40 000	5.0	200 000
	20			购入	20 000	5.0	100 000				60 000	5.0	300 000
	30			发出				40 000	5.0	200 000	20 000	5.0	100 000
	30			月结	50 000	5.0	250 000	40 000	5.0	200 000	20 000	5.0	100 000

表 5-6　原材料明细分类账户(B 材料)

账户名称:B 材料

2019 年		凭证		摘要	收入			发出			结存		
月	日	字	号		数量	单价	金额	数量	单价	金额	数量	单价	金额
12	1	略	略	月初余额							20	5 000	100 000
	5			购入	10	5 000	50 000				30	5 000	150 000
	30			发出				20	5 000	100 000	10	5 000	50 000
	30			月结	10	5 000	50 000	20	5 000	100 000	10	5 000	50 000

表 5-7 原材料明细分类账户(C 材料)

账户名称:C 材料

2019 年		凭证		摘要	收入			发出			结存		
月	日	字	号		数量	单价	金额	数量	单价	金额	数量	单价	金额
12	1	略	略	月初余额							2 500	30	75 000
	26			购入	7 500	30	225 000				10 000	30	300 000
	30			发出				8 000	30	240 000	2 000	30	60 000
	30			月结	7 500	30	225 000	8 000	30	240 000	2 000	30	60 000

②"应付账款"总分类账户与明细分类账户的平行登记如表 5-8 至表 5-11 所示。

表 5-8 应付账款总分类账户

账户名称:应付账款

2019 年		凭证		摘要	借方	贷方	借或贷	余额
月	日	字	号					
12	1	略	略	月初余额			贷	90 000
	3			还款	70 000		贷	20 000
	12			还款	20 000		平	0
	20			购料		113 000	贷	113 000
	26			购料		254 250	贷	367 250
	30			本期发生额及余额	90 000	367 250	贷	367 250

表 5-9 应付账款明细分类账户(华兴工厂)

账户名称:华兴工厂

2019 年		凭证		摘要	借方	贷方	借或贷	余额
月	日	字	号					
12	1	略	略	月初余额			贷	40 000
	3			还欠款	40 000		平	0
	20			购料		113 000	贷	113 000
	30			月结	40 000	113 000	贷	113 000

表 5-10 应付账款明细分类账户(祥瑞工厂)

账户名称:祥瑞工厂

2019 年		凭证		摘要	借方	贷方	借或贷	余额
月	日	字	号					
12	1	略	略	月初余额			贷	30 000
	3			还欠款	30 000		平	0
	30			月结	30 000		平	0

表 5-11 应付账款明细分类账户(通达工厂)

账户名称:通达工厂

2019年		凭证		摘要	借方	贷方	借或贷	余额
月	日	字	号					
12	1	略	略	月初余额			贷	20 000
	12			还欠款	20 000		平	0
	26			购料		254 250	贷	254 250
	30			月结	20 000	254 250	贷	254 250

从上述平行登记的结果可以看出,"原材料"和"应付账款"总分类账户的期初、期末余额及本期借、贷方发生额,与其所属明细分类账户的期初、期末余额之和及本期借、贷方发生额之和都是相等的。利用这种相等的关系,可以核对总分类账和明细分类账的登记是否正确。如有不等,则表明记账出现差错,就应该及时检查,予以更正。

技能训练 5

1.训练项目:借贷记账法。

2.训练目的:能正确掌握会计科目的增减和借贷符号的对应关系,为复式借贷记账法奠定基础。

3.训练资料:

训练资料如表 5-12 所示。

表 5-12 借贷记账

会计科目	借方表示	会计科目	借方表示	会计科目	借方表示
银行存款		税金及附加		固定资产	
其他业务成本		商誉		持有至到期投资	
预付账款		销售费用		交易性金融资产	
利润分配		材料采购		资本公积	
补贴收入		预收账款		买入返售金融资产	
委托加工物资		应收票据		应付债券	
其他应付款		应付职工薪酬		投资收益	
生产成本		盈余公积		应收账款	
低值易耗品		营业外收入		主营业务成本	

4.要求:

分析上述物流企业会计科目按会计要素归属于资产、负债、所有者权益、成本、损益中的哪一类,然后按照会计要素和借贷符号的关系确定借方表示"增加"还是表示"减少",并将"增加"或"减少"填列在相应表格中。如:现金借方表示 填入 增加。

技能训练 6

1.训练项目:复式借贷记账法。

2.训练目的:运用复式借贷记账法对物流企业的经济业务进行会计处理,编制相应的会计分录。

3.训练资料：

(1)从银行提取现金3 000元。

(2)购买A企业发行的股票1 000股，每股购入价20元，准备短期持有后卖出，已用银行存款支付。

(3)向银行申请银行汇票5 000元，从基本存款账户中支付。

(4)向社会公开发行新股票10万股，每股发行价格6元，面值1元。已收到全部现金。

(5)用银行本票支付购买计算器款800元。

(6)收到甲企业开来的转账支票，用于支付本企业提供的快递服务运费7 000元。

(7)销售库存商品30台，每台进价500元，每台售价900元，已收到现金支票。

(8)购买国债回购产品(一天回购)，支付银行存款30 000元。

(9)购买柴油2 000元，已支付现金。

(10)按合同规定向对方企业支付供货定金2 000元，已用现金支付。

(11)1月1日收到A企业交来的今年全年仓库租金12 000元，收到银行汇票。

(12)收到战略合作单位的现金捐赠6 000元。

(13)购买叉车一辆，共计20万元，款暂欠。

(14)支付单位员工培训费1 900元，已用现金支付。

(15)用现金支票支付仓库发生的电费3 000元。

(16)用现金支付本月管理部门发生的电费700元。

(17)单位员工出差预借差旅费20 000元，已支付现金。

(18)购买国债50 000元，准备长期持有，已用银行存款支付。

(19)购买五粮液股票10 000股，每股购入价8元，准备长期持有，已用银行存款支付。

(20)向银行借入贷款200 000元，期限为6个月，年利率8%，借入款项存入银行。

4.要求：

根据上述资料，运用复式记账原理，编制会计分录，用借贷符号表示即可。

模块六 会计凭证

单元一 会计凭证概述

一、会计凭证和作用

会计凭证是记录经济业务、明确经济责任并据以登记账簿的书面证明文件。填制和审核会计凭证是会计核算的基本方法之一,是会计核算工作的起始环节。例如,企业购买材料、用转账支票支付货款、材料入库和领用材料等经济业务,为证明这一系列经济业务的发生或完成情况,就会产生一系列单据,如发票、转账支票存根、材料入库单、领料单等,这些证明经济业务发生或完成的单据都称作会计凭证。

会计凭证的填制和审核,对于如实反映经济业务的内容,有效监督经济业务的合理性和合法性,保证会计核算资料的真实性、可靠性、合理性,发挥会计在经济管理中的作用,具有重要意义。

填制和审核会计凭证作为会计核算的一项重要内容,在经济管理中具有重要作用,主要体现在以下四个方面:

(1)提供经济信息和会计信息。会计人员可以根据会计凭证,对日常大量、分散的各种经济业务,进行整理、分类、汇总,并经过会计处理,为经济管理提供有用的会计信息。

(2)监督、控制经济活动。通过会计凭证的审核,可以检查经济业务的发生是否符合有关的法规、制度,是否符合业务经营、财务收支的方针和计划、预算的规定,以确保经济业务的合理性、合法性和有效性,监督经济业务的发生、发展,控制经济业务的有效实施,发挥会计管理职能。

(3)提供记账依据。会计凭证是记账的依据,通过会计凭证的填制、审核,按一定方法对会计凭证进行整理、分类、汇总,为会计记账提供真实、可靠的依据,并通过会计凭证的及时传递,对经济业务适时地进行记录。

(4)加强经济责任制。经济业务发生后,要取得或填制适当的会计凭证,证明经济业务已经发生或完成;同时要由有关的经办人员,在凭证上签字、盖章,明确业务责任人。通过会计凭证的填制和审核,使有关责任人在其职权范围内各司其职、各负其责,并利用凭证填制、审核的手续制度,进一步完善经济责任制。

二、会计凭证种类

会计凭证是多种多样的,可以按照不同的标准进行不同的分类。但主要是按其用途和填制程序分类,分为原始凭证和记账凭证两类。后面单元分别阐述相关内容。

单元二　原始凭证

一、原始凭证的概念和内容

原始凭证,又称原始单据,是指在经济业务发生或完成时取得或填制的,用以记录、证明经济业务已经发生或完成的证据,是进行会计核算的原始资料。原始凭证记载着大量的经济信息,又是证明经济业务发生的初始文件,与记账凭证相比较,具有较强的法律效力,因此,它是一种很重要的会计凭证。

无论哪一种原始凭证,都必须具有以下基本内容,这些基本内容称之为原始凭证要素。
(1)原始凭证的名称;
(2)原始凭证的日期和编号;
(3)接受凭证单位或个人的名称;
(4)经济业务内容摘要;
(5)经济业务中实物的名称、数量、单价和金额;
(6)填制单位名称和盖章;
(7)经办人员签名或盖章。

二、原始凭证的种类

(1)原始凭证按其来源渠道不同分为外来原始凭证和自制原始凭证两种。
①外来原始凭证。
外来原始凭证是指在经济业务活动发生或完成时,从其他单位或个人直接取得的原始凭证。如采购时取得的增值税专用发票或普通发票、出差时取得的车船机票、银行开出的收款或付款的结算凭证,等等,都是外来原始凭证。外来原始凭证的一般格式如表6-1所示。
②自制原始凭证。
自制原始凭证是指在经济业务发生或完成时,由本单位业务经办部门或个人自行填制的原始凭证。如产品入库单、产品出库单、领料单、差旅费报销单,等等,都是自制原始凭证。自制原始凭证的一般格式如表6-2、表6-3所示。
(2)原始凭证按照其填制方法不同,又可以分为一次原始凭证、累计原始凭证和汇总原始凭证三种。
①一次原始凭证。
一次原始凭证简称一次凭证,是指在一项或若干项同类经济业务发生时一次填制完成的原始凭证。如增值税专用发票或普通发票、收料单、入库单等。一次原始凭证的特点是填制手续一次完成、使用方便灵活,但数量较多。
②累计原始凭证。
累计原始凭证简称累计凭证,是指在一定期间内连续记载若干项同类经济业务的原始凭证。如限额领料单(格式见表6-4)。累计原始凭证的特点是填制手续不是一次完成,而且在一定期间内可以随时计算同类经济业务发生额的累计数,起到了简化填制手续、减少凭证张数的

作用。

③汇总原始凭证。

汇总原始凭证简称汇总凭证,是指定期根据若干项同类性质经济业务的原始凭证,依据有关要求整理编制汇总完成的一种原始凭证,故又称原始凭证汇总表。如产品出库汇总表、材料入库汇总表等。发料凭证汇总表格式如表6-5所示。

三、原始凭证的填制

(一)原始凭证填制的基本要求

不同类型的经济业务,其填制或取得的原始凭证的格式是不相同的,其具体的填制方法和内容也不相一致,但在任何一张原始凭证的填制过程当中,都应遵守下列基本要求。

1. 业务真实

原始凭证是用以证明经济业务的发生或完成情况的,是编制记账凭证的依据,其内容正确与否,直接影响下一步的会计核算,直接影响会计信息的真实可靠性。所以在填制原始凭证时,不允许以任何手段弄虚作假、伪造或变造原始凭证,要以实际发生的经济业务为依据,真实正确地填写。

2. 内容完整

原始凭证虽然千差万别,但它有七项基本要素。填制原始凭证时,要认真填写完毕,要求内容完整、齐全,不可缺漏。若项目填写不全、单位公章模糊或有其他不符合规定的,不得作为会计核算的原始书面证明。

3. 填制及时

会计核算的及时性要求企业的会计核算应当及时进行,不得提前或延后。在经济业务发生后,要及时取得或填制原始凭证,据以编制记账凭证、登记账簿,保证会计信息的时效性。

4. 手续完备

填制原始凭证时,必须符合手续完备的要求,经济业务的有关部门和人员要认真审核,签名盖章。

5. 书写规范

原始凭证要用黑色墨水书写,字迹清楚、规范,填写支票必须使用碳素墨水,需要套写的凭证,必须一次套写清楚,合计的小写金额前应加注币种符号,如"￥""HK＄""U.S＄"等。大写金额至分的,后面不加"整"字或"正"字,其余一律在末尾加"整"字或"正"字,大写金额前还应加注币值单位,注明"人民币""港币""美元"等字样,且币值单位与金额数字之间,以及金额数字之间不得留有空隙。

各种凭证不得随意涂改、刮擦、挖补,若填写错误,应采用规定的方法予以更正。对于重要的原始凭证,如支票以及各种结算凭证,一律不得涂改。对于预先印有编号的各种凭证,在填写错误后,要加盖"作废"戳记,并单独保管。

阿拉伯数字应一个一个地写,不得连笔写。阿拉伯数字金额前面应写人民币符号"￥"。人民币符号"￥"与阿拉伯数字之间不得留有空白。凡阿拉伯数字前写有人民币符号"￥"的,数字后面不再写"元"字。所有以元为单位的阿拉伯数字,除表示单价情况外,一律填写到角分,无角分的,角位和分位可写"00",或符号"—";有角无分的,分位应写"0",不得用符号"—"代替。

汉字大写金额数字,一律用正楷字或行书字书写,如壹、贰、叁、肆、伍、陆、柒、捌、玖、拾、佰、仟、万、亿、元、角、分、零、整、正等易于辨认、不易涂改的字样。不得用一、二(两)、三、四、五、六、

七、八、九、十、毛、另(或 0)等字样代替,不得任意自选简化字。

阿拉伯金额数字中间有"0"时,汉字大写金额要写"零"字,如¥101.50,汉字大写金额应写成人民币壹佰零壹元伍角整。阿拉伯金额数字中间连续有几个"0"时,汉字大写金额中可以只写一个"零"字,如¥1 004.56,汉字大写金额应写成人民币壹仟零肆元伍角陆分。阿拉伯金额数字元位是"0"或数字中间连续有几个"0",元位也是"0",但角位不是"0"时,汉字大写金额可只写一个"零"字,也可不写"零"字,如¥1 320.56,汉字大写金额应写成人民币壹仟叁佰贰拾元零伍角陆分,或人民币壹仟叁佰贰拾元伍角陆分。

(二)原始凭证填制的附加要求

原始凭证的填制除应符合上述基本要求外,对不同的情况还应符合一定的附加条件。

(1)从外单位取得的原始凭证,必须加盖有填制单位的公章;从个人取得的原始凭证,必须有填制人员的签名或签章。自制原始凭证必须有收款人、经办人、经办部门负责人或指定人员的签名或签章。对外开出的原始凭证,必须加盖本单位公章。所谓公章,应是具有法律效力和规定用途,能够证明单位身份和性质的印章,如业务公章、财务专用章、发票专用章、收款专用章、结算专用章等。

(2)凡填有大小写金额的原始凭证,大小写金额必须相符。在我国,大小写金额不一致的原始凭证,不能作为经济业务的合法证明,也不能作为有效的会计凭证。

(3)购买实物的原始凭证,必须有验收证明。实物购入以后,要按照规定办理验收手续,这有利于明确经济责任,保证账实相符,防止盲目采购,避免物资短缺和流失。实物验收工作应由经管实物的人员负责办理,会计人员通过有关的原始凭证进行监督检查。需要入库的实物,必须填写验收入库单,由实物保管人员验收后在入库验收单上如实填写实收数额,并签名或盖章。不需要入库的实物,除由经办人员在凭证上签名或盖章以后,必须交由实物保管人员或使用人员进行验收,并由实物保管人员或使用人员在凭证上签名或盖章。总之,必须由购买人以外的第三者查证核实以后,会计人员才能据此报销付款并做进一步的会计处理。

(4)支付款项的原始凭证,必须有收款单位和收款人的收款证明,不能仅以支付款项的有关凭证如银行汇款凭证等代替,以防止舞弊行为的发生。

(5)一式几联的原始凭证,必须注明各联的用途,只能以其中一联作为报销凭证;一式几联的发票和收据,必须用双面复写纸套写,或本身具备复写功能,并连续编号。作废时,应在各联加盖"作废"戳记,连同存根一起保存,不得缺联,不得销毁。

(6)发生销货退回及退款时,必须填制退货发票,附有退货验收证明和对方单位的收款收据,不得以退货发票代替收据。如果情况特殊,可先用银行的有关凭证,如汇款回单等,作为临时收据,待收到收款单位的收款证明之后,再将其附在原付款凭证之后,作为正式的原始凭证。在实际工作中,有的单位发生销货退回时,对收到的退货没有验收证明,造成退货流失;办理退货时,仅以开出的红字发票的副本作为本单位退款的原始凭证,既不经过对方单位盖章收讫,也不附对方单位的收款收据。这种做法漏洞很大,容易造成舞弊行为,应该予以纠正。

(7)职工因公借款,应填写正式借据,必须附在记账凭证之后。职工因公借款时,应由本人按照规定填制借款单,由所在单位领导或其指定的人员审核,并签名或盖章,然后办理借款。借据是此项借款业务的原始凭证,是办理有关会计手续、进行相应会计核算的依据。在收回借款时,应当另开收据或退还借据的副本,不得退还借据。因为借款和收回借款虽有联系,但又有区别,在会计上需分别进行处理,如果将原借据退还给了借款人,就会损害会计资料的完整性,使其中一项业务的会计处理失去依据。

(8)经上级有关部门批准的经济业务,应当将批准文件作为原始凭证附件。如果批准文件需要单独归档,应当在凭证上注明批准机关名称、日期和文件字号。

(9)发现原始凭证有错误的,应当由开出单位重开或者更正。在更正处加盖开出单位的公章。原始凭证金额有错误的,应当由开出单位重开,不得在原始凭证上更正。

(三)原始凭证的填制方法

1. 外来原始凭证的填制

外来原始凭证是在经济业务发生或完成时,从外单位或个人取得的。下面以购货发票为例说明外来原始凭证的填制方法。

【例6-1】 2019年2月15日,A公司从B公司购入甲材料20米,每米50元。同时取得B公司开出的增值税专用发票,如表6-1(税务监制章略)所示。

表6-1 增值税专用发票

5100054×××　　　　　　　　四川增值税专用发票　　　　　　　No 01641×××
　　　　　　　　　　　　　　　　发票联　　　　　　　　　　开票日期:2019年2月15日

购买单位	名　　称:	A公司					密码区		
	纳税人识别号:	3444×××							
	地址、电话:	成都市上街12号 65555×××							
	开户行及账号:	建设银行上街支行 545×××							
货物或应税劳务、服务名称		规格型号	单位	数量	单价	金额		税率	税额
甲材料		φ57×3	米	20	50.00	1 000.00		13%	130.00
合计						¥1 000.00			¥130.00
价税合计(大写)		壹仟壹佰叁拾元零角零分						(小写)¥1 130.00	
销货单位	名　　称:	B公司					备注		
	纳税人识别号:	3554×××							
	地址、电话:	成都市下街98号 83333×××							
	开户行及账号:	工商银行下街支行 323×××							

收款人:李一　　复核:王二　　开票人:吴三　　　　销货单位(章)

2. 自制原始凭证的填制

自制原始凭证是指在经济业务发生或完成时,由本单位业务经办部门或个人自行填制的原始凭证。自制原始凭证按其所反映的经济业务的次数,可分为一次原始凭证、累计原始凭证和汇总原始凭证三种。

(1)一次原始凭证的填制方法。

一次原始凭证的填制手续是在经济业务发生或完成时,由经办人员填制的,一般只记录一项经济业务或同时记录若干项同类经济业务。下面以收料单和领料单为例,说明一次原始凭证的填制方法。

【例6-2】 2019年2月15日,A公司从B公司购入甲材料,同时验收入库,填制的收料单如表6-2所示。

表6-2 A公司收料单

供货单位:B公司　　　　　　　　　　　　　　　　　　　　　　　　　　No 2-10
发票号码:11289×××　　　　　2019年2月15日　　　　　　　　　　仓库:1号

材料类别	材料编号	名称	规格	单位	数量		金额			
					应收	实收	单价	买价	运费	合计
Ⅱ	01	甲材料	φ57×3	米	20	20	50	1 000	100	1 100
合计										¥1 100

第二联 记账联

采购:何五　　　　　　　　检验:文六　　　　　　　　收料:张七

【例6-3】 2019年2月16日,A公司第三车间杨四领用甲材料8米,每米单价50元。仓库发料后填制的领料单如表6-3所示。

表6-3 A公司领料单

领料部门:第三车间　　　　　　　　　　　　　　　　　　　　　　　　No 2-39
用途:制造分离器　　　　　　　2019年2月16日　　　　　　　　发料仓库:1号

材料类别	材料编号	名称	规格	单位	数量		单价	金额
					请领	实发		
Ⅱ	01	甲材料	φ57×3	米	8	8	50	400
合计								¥400

第二联 记账联

发料部门核准人:周九　　发料人:张七　　领料部门负责人:江十　　领料人:杨四

(2)累计原始凭证的填制方法。

累计原始凭证是指在一定期间内连续记载若干项同类经济业务的原始凭证,是由经办人员在完成每次经济业务后,在其上面多次填制而成的。下面以限额领料单为例,说明累计原始凭证的填制方法。

【例6-4】 A公司第三车间2019年2月计划限额领用甲材料20米,每米单价50元。生产计划部门下达限额领料单,第三车间2月份内领用甲材料情况如表6-4所示。

表 6-4 A 公司限额领料单

领料单位:第三车间　　　　　　　　　　　　　　　　　　　　　　　　　　No 2-3
用途:制造分离器　　　　　　　2019 年 2 月　　　　　　　　　　　　　　仓库:1 号

材料类别	材料编号	名称	规格	单位	领用限额	实际领用			备注
						数量	单价	金额	
Ⅱ	01	甲材料	φ57×3	米	20	20	50	1 000	

日期	请领		领用			退料			限额结余
	数量	领料部门负责人	数量	领料人	发料人	数量	退料人	收料人	
16	8	江十	8	杨四	张七				12
19	2	江十	2	杨四	张七				10
20	4	江十	4	杨四	张七				6
22	3	江十	3	杨四	张七				3
23	3	江十	3	杨四	张七				0
合计	20		20						

供应部门负责人:何五　　　　生产计划部门负责人:刘李　　　　仓库负责人:周九

(3)汇总原始凭证的填制方法。

为了简化记账凭证的填制工作,可将一定时期内若干同类经济业务事项的原始凭证汇总,编制成一张汇总原始凭证,用来集中反映某项经济业务的完成情况。下面以发料凭证汇总表为例,说明汇总原始凭证的填制方法。

【例 6-5】 A 公司 2019 年 2 月份根据发出材料所编制的发料凭证汇总表,如表 6-5 所示。

表 6-5 A 公司发料凭证汇总表

附件 18 张　　　　　　　　　　　2019 年 2 月　　　　　　　　　　　　　No 03

项目	甲材料	乙材料	合计
生产 A 产品耗用	70 000	30 000	100 000
生产 B 产品耗用	50 000	70 000	120 000
小计	120 000	100 000	220 000
生产车间管理耗用		6 000	6 000
厂部管理耗用		8 000	8 000
合计	120 000	114 000	234 000

会计主管:李凡　　　　记账:黄秋　　　　审核:李平　　　　填制:刘玉

发料凭证汇总表是由材料会计根据各部门到仓库领用材料时填制的领料单汇总编制的。可每旬或半月编制一次,也可全月编制一次,送交财务部门作为账务处理的依据。汇总原始凭证只能将同类经济业务事项汇总在一起,填制在一张汇总原始凭证上,不得将不同类的经济业务事项汇总在一起,填制在一张汇总原始凭证上。

四、原始凭证的审核

原始凭证是直接记录经济业务的第一手资料,它对整个会计工作与会计信息质量具有决定性的作用。因此,会计机构、会计人员对各种原始凭证,不论是自制的还是外来的,都要按国家的会计制度进行严格审核,以确保会计资料的真实、准确、完整,充分发挥会计的监督作用。只有经过审核无误的原始凭证,才能作为记账凭证和登记账簿的依据。

(一)原始凭证审核的内容

1. 审核原始凭证的真实性

主要审核原始凭证所反映的内容是否符合所发生的实际情况,主要包括:内容记载是否清晰;经济业务发生的时间、地点和填制的日期是否准确;经济业务的内容及其数量方面(实物数量、计量单位、单价、金额)是否与实际情况相符等。特别要注意的是数字、文字有无伪造、涂改、重复使用和"大头小尾"、各联之间数字不符等情况。

2. 审核原始凭证的正确性

主要审核原始凭证的各项计算及其相关部分是否正确。特别要注意经济业务内容摘要与数量、金额是否相对应。

3. 审核原始凭证的完整性

主要审核原始凭证的各项基本内容是否填写齐全,是否有漏项情况,数字是否清晰,日期是否完整,有关签名或盖章是否齐全,凭证联次是否正确等。应注意须经上级有关部门或领导批准的经济业务,审批手续是否按规定履行。

4. 审核原始凭证的合法性

主要审核原始凭证所记录的经济业务是否合法,主要包括:凭证内容是否符合国家的有关法规、行政政策、规章和制度的有关规定,是否符合计划、预算的规定;有无违法乱纪的行为,有无弄虚作假、营私舞弊、伪造涂改凭证的现象。

5. 审核原始凭证的合理性

主要审核原始凭证所反映的经济业务是否符合厉行节约、反对浪费、有利于提高经济效益的原则,是否有违反该原则的现象。如经审核的原始凭证,确有突击使用预算结余购买不需要的物品,有对陈旧过时设备进行大修等违反上述原则的情况,则不能将其作为合理的原始凭证。

(二)原始凭证审核结果的处理

经过审核的原始凭证,应根据具体情况分别处理:

(1)对于符合要求的原始凭证,应及时办理各种必要的会计处理手续。

(2)对于真实、合法但内容不完整、手续不完备、计算有错误或填写不符合要求的原始凭证,应退回经办单位或经办人补办手续、更正错误或重新填制。

(3)对于不真实、不合法的原始凭证,会计人员应拒绝办理,并及时向单位领导汇报(必要时,可以向上级机关反映),进行严肃处理。会计机构和会计人员对违法收支,不予制止和纠正,又不报告的,也应承担相应的责任。

单元三 记账凭证

一、记账凭证的概念和内容

(一)记账凭证的概念

记账凭证是根据审核无误的原始凭证或汇总原始凭证编制的,明确会计分录,据以记账的会计凭证。原始凭证虽是经济业务实际发生的证据,但原始凭证种类繁多、数量庞大、格式各异,很难做到分类反映经济业务的内容,所以就必须按照会计核算方法的要求,对原始凭证进行归纳、分类,明确相应的会计分录并填制在记账凭证中,然后根据记账凭证登记账簿,以反映经济业务所引起的资产和权益的增减变化。

(二)记账凭证的基本内容

记账凭证种类较多,格式不一,但无论哪种类型的记账凭证,都是依据审核无误的原始凭证进行分类、整理,按照复式记账凭证的要求,运用会计科目编制会计分录,据以登记账簿。因此,记账凭证必须具备以下基本内容:

(1)记账凭证的名称;
(2)记账凭证的编号;
(3)填制凭证的日期;
(4)经济业务的内容摘要;
(5)会计科目(包括一级、二级或明细科目)的名称、方向和金额;
(6)所附原始凭证或汇总原始凭证的张数;
(7)制单、审核、记账、会计主管等有关人员的签章,收款和付款的记账凭证还应由出纳人员签章。

二、记账凭证的种类

(1)记账凭证,按其用途分类,可以分为专用记账凭证和通用记账凭证。

①专用记账凭证。

专用记账凭证,是按经济业务的某种特定属性定向使用的凭证。专用记账凭证按其记录的经济业务内容不同,一般可以分为收款凭证、付款凭证和转账凭证三种。

a.收款凭证:专门用于登记现金和银行存款收入业务的记账凭证。收款凭证根据有关现金和银行存款收入业务的原始凭证填制,是登记现金日记账、银行存款日记账以及有关明细账和总账等账簿的依据,也是出纳人员收讫款项的依据(一般格式如表6-6所示)。

b.付款凭证:专门用于登记现金和银行存款支出业务的记账凭证。付款凭证根据有关现金和银行存款支付业务的原始凭证填制,是登记现金日记账、银行存款日记账以及有关明细账和总账等账簿的依据,也是出纳人员支付款项的依据(一般格式如表6-7所示)。

c.转账凭证:专门用于登记现金和银行存款收付业务以外业务的记账凭证。转账凭证根据有关转账业务的原始凭证填制,是登记有关明细账和总账等账簿的依据(一般格式如表6-9所示)。

②通用记账凭证。

通用记账凭证是各类经济业务共同使用的凭证,亦称作标准凭证。业务比较单纯、业务量也较少的单位,适宜使用这类记账凭证(一般格式如表6-10所示)。

(2)记账凭证,按其填制方法分类,可以分为单式记账凭证、复式记账凭证和汇总记账凭证。

①单式记账凭证。

单式记账凭证,亦称单项记账凭证,简称单式凭证,是将反映一项经济业务所涉及的每个会计科目单独填制一张记账凭证,即一张凭证上只填列一个会计科目的记账凭证。它按一项经济业务所涉及的会计科目及其对应关系,通过借项记账凭证、贷项记账凭证分别予以反映。

此类凭证一般适用于业务量较大、会计部门内部分工比较细的单位。它的一般格式如

表 6-11 所示。

②复式记账凭证。

复式记账凭证,简称复式凭证,是将一项经济业务所涉及的会计科目都集中填列在一张凭证上的记账凭证。前述的收款凭证、付款凭证和转账凭证都是复式记账凭证。复式记账凭证可以集中反映一项经济业务的科目对应关系,便于了解有关经济业务的全貌,而且减少了凭证数量。但采用复式记账凭证,不便于同时汇总计算每一账户的发生额,也不利于会计人员分工记账。实务中广泛使用复式记账凭证。

③汇总记账凭证。

汇总记账凭证是将许多同类记账凭证逐日或定期(3 日、5 日、10 日等)加以汇总后填制的凭证。如将收款凭证、付款凭证和转账凭证按一定的时间间隔分别汇总,编制汇总收款凭证、汇总付款凭证和汇总转账凭证;又如,将一段时间的记账凭证按相同会计科目的借方和贷方分别汇总,编制科目汇总表等。

三、记账凭证的填制

(一)记账凭证的填制要求

(1)记账凭证的日期应以财务部门受理经济业务事项的日期为准,年、月、日应填写齐全。在月终时,有些转账业务要等到下月初方可填制转账凭证,也按月末的日期填写。

(2)记账凭证所填金额要和原始凭证或原始凭证汇总表一致。

(3)除结账和更正错误的记账凭证可以不附原始凭证外,其他记账凭证必须附有原始凭证,并注明所附原始凭证的张数。所附原始凭证的张数一般以原始凭证的自然张数为准。凡是与记账凭证的经济业务记录有关的每一张证据,都应作为原始凭证的附件计数。如果记账凭证中附有原始凭证汇总表,也应计入附件张数之内。如果一张原始凭证涉及几张记账凭证,可以把原始凭证附在一张主要的记账凭证后面,在未附原始凭证的记账凭证上注明"附件××张,见第××号记账凭证"或附原始凭证复印件。如果原始凭证需要另行保管,则应在附件栏目内加以注明。

(4)对一张原始凭证所列支出需要几个单位共同负担的,应由保存原始凭证的单位开出"原始凭证分割单"。这种分割单除必须具备原始凭证的基本内容外,还逐个列明支出分摊情况。

(5)记账凭证在填制时,如果发生错误,应重新填制,不得在原始凭证上做任何处理。如果是已经登记入账的记账凭证发现错误的,可用红字更正法。

(6)记账凭证填制完成后,如有空行,应当自最后一笔金额数字下的空行处至合计数上的空行处划线注销,以堵塞漏洞,严密会计核算手续。

(7)记账凭证填写后,应进行复核和检查,有关人员均要签名或盖章。出纳人员根据收、付款凭证收入款项或付出款项时,应在凭证上加盖"收讫"或"付讫"的戳记,以免重收重付,出现差错。

(8)记账凭证编号的方法有多种,可以按现金收付、银行存款收付、转账业务三类分别编号,也可以按现金收讫、现金付讫、银行存款收讫、银行存款付讫和转账五类进行编号。各单位应根据本单位的具体情况选择适当的编号方法。无论采用哪一种编号方法,都应该按月顺序编号,即每月每类都从 1 号编起,顺序编至月末。

(9)实现会计电算化的单位,其机制记账凭证应当符合对记账凭证的一般要求,并应认真审核,做到会计科目使用正确、数字正确无误。打印出来的机制记账凭证上,加盖制单人员、审核人员、记账人员和会计主管人员印章或签字,以明确责任。

(10)摘要应与原始凭证内容一致,能正确反映经济业务的主要内容,表述简短精练;应能使阅读者通过摘要了解该项经济业务的性质、特征,判断出会计分录的正确与否,而不必再去翻阅原始凭证或询问有关人员。

(11)必须按照会计制度统一规定的会计科目及其核算内容,正确填制会计分录。不得随意改变会计科目的名称和核算内容,不得只写科目编号,不写科目名称,同时要写明记账方向,以便于登账。

(二)记账凭证的填制方法

1.专用记账凭证的填制方法

专用记账凭证包括收款凭证、付款凭证和转账凭证,下面对各种专用记账凭证的填制方法进行阐述。

(1)收款凭证的填制方法。

收款凭证是用来记录现金、银行存款收款业务的凭证,是会计人员根据审核无误的原始凭证填制的。收款凭证的填制方法是:凭证左上角"借方科目"处,按照业务内容选填"银行存款"或"现金"科目;凭证上方的"年、月、日"处,填写财务部门受理经济业务事项制证的日期;凭证右上角的"　字第　号"处,填写"银收"或"收"字和已填制凭证的顺序编号;"摘要"栏填写能反映经济业务性质和特征的简要说明;贷方"总账科目"和"明细科目"栏填写与银行存款或现金收入相对应的一级科目及其二级科目;"金额"栏填写与同一行科目对应的发生额;"合计"栏填写各发生额的合计数;凭证右边"附件　张"处需填写所附原始凭证的张数;凭证下边分别由相关人员签字或盖章;"记账"栏则应在登记账簿后打"√",表示已经入账,以免发生漏记或重记错误。其格式和填制方法举例如下。

【例 6-6】 2019 年 12 月 15 日,A 公司收到投资者宋宁的投资款 1 000 000 元,款项当即存入银行。填制的银行存款收款凭证如表 6-6 所示。

表 6-6 收款凭证

借方科目:银行存款　　　　　2019 年 12 月 15 日　　　　　银收字第 003 号

摘要	贷方科目		记账	金额									
	总账科目	明细科目		千	百	十	万	千	百	十	元	角	分
收到投资款	实收资本	宋宁	√		1	0	0	0	0	0	0	0	0
合计				¥	1	0	0	0	0	0	0	0	0

附件 2 张

财务主管:李凡　　　记账:黄秋　　　出纳:赵实　　　审核:李平　　　制单:刘玉

(2)付款凭证的填制方法。

付款凭证是用来记录现金、银行存款付款业务的凭证,是会计人员根据审核无误的原始凭证填制的。其格式及填制方法举例如下。

【例 6-7】 2019 年 12 月 15 日,A 公司张明预借差旅费 2 000 元,以现金付讫。填制的现金付款凭证如表 6-7 所示。

表 6-7 付款凭证

贷方科目：库存现金　　　　　2019 年 12 月 15 日　　　　　现付字第 019 号

摘要	借方科目		记账	金额								
	总账科目	明细科目		千	百	十	万	千	百	十	元	角	分
张明借差旅费	其他应收款	张明	√					2	0	0	0	0	0
合计							¥	2	0	0	0	0	0

附件 1 张

财务主管：李凡　　　记账：黄秋　　　出纳：赵实　　　审核：李平　　　制单：刘玉

付款凭证的格式及填制方法与收款凭证基本相同，只是将凭证的"借方科目"与"贷方科目"栏目交换位置；填制时先填写"贷方科目"的"现金"或"银行存款"科目，再填写与付出现金或银行存款相对应的一级科目和二级科目。

【例 6-8】2019 年 12 月 15 日，A 公司从银行提取现金 8 000 元。填制的付款凭证如表 6-8 所示。

表 6-8 付款凭证

贷方科目：银行存款　　　　　2019 年 12 月 15 日　　　　　银付字第 018 号

摘要	借方科目		记账	金额								
	总账科目	明细科目		千	百	十	万	千	百	十	元	角	分
提现金备用	库存现金		√					8	0	0	0	0	0
合计							¥	8	0	0	0	0	0

附件 1 张

财务主管：李凡　　　记账：黄秋　　　出纳：赵实　　　审核：李平　　　制单：刘玉

对于现金和银行存款之间以及各种银行存款之间相互划转的业务，一般只填制一张付款凭证。如从银行取出现金备用，根据该项经济业务的原始凭证，只填制一张银行存款付款凭证。记账时，根据该凭证同时记入"库存现金"和"银行存款"账户。这种方法不仅可以减少记账凭证的编制，而且可以避免重复记账。

收款凭证和付款凭证既是记账人员登记日记账和有关总账及明细账的依据，同时又是出纳人员收款、付款的依据。因此，出纳人员必须根据由会计主管人员审核的收款凭证和付款凭证办理收款、付款业务，借以通过会计人员填制、审核收款凭证和付款凭证，监督企业单位的现金、银行存款的收付业务，加强对货币资金的管理。

(3) 转账凭证的填制方法。

转账凭证是根据不涉及现金和银行存款的转账业务的原始凭证填制的。

转账凭证的格式与收、付款凭证的格式不同之处在于，凭证左上角不设主体科目，而将经济业务的对应科目按先借后贷的顺序全部填入"总账科目"和"明细科目"栏目,并将各科目金额按记账方向填入相应的"借方金额"或"贷方金额"栏来确定科目间的对应关系。转账凭证其他栏目的填写方法与收、付款凭证相同。举例如下。

【例6-9】 2019年12月20日,A公司从B公司购入甲材料一批,同时取得B公司开出的增值税专用发票,其上注明价款10 000元,增值税进项税额1 300元,材料已验收入库,款项尚未支付。会计人员根据审核无误的原始凭证填制转账凭证。其格式和内容如表6-9所示。

表6-9 转账凭证

2019年12月20日　　　　　　　　　　　　　　　　　　　转字第8号

摘要	总账科目	明细科目	记账	借方金额										贷方金额										
				千	百	十	万	千	百	十	元	角	分	千	百	十	万	千	百	十	元	角	分
购入甲材料	材料采购	甲材料	√			1	0	0	0	0	0	0	0										
款未付	应交税费	应交增值税(进项)					1	3	0	0	0	0	0										
	应付账款	B公司														1	1	3	0	0	0	0	0
合计					¥	1	1	3	0	0	0	0	0		¥	1	1	3	0	0	0	0	0

附件2张

财务主管:李凡　　　记账:黄秋　　　出纳:赵实　　　审核:李平　　　制单:刘玉

2.通用记账凭证的填制方法

对于规模小、经济业务少的单位,可以使用格式单一的通用凭证,以简化凭证形式。通用记账凭证的格式和填制方法与转账凭证相同。举例如下。

【例6-10】 2019年12月21日,A公司以现金158元从文具店购买办公用笔。会计人员根据审核无误的原始凭证填制通用记账凭证。其格式和内容如表6-10所示。

表6-10 记账凭证

2019年12月21日　　　　　　　　　　　　　　　　　　　记字第8号

摘要	总账科目	明细科目	记账	借方金额										贷方金额										
				千	百	十	万	千	百	十	元	角	分	千	百	十	万	千	百	十	元	角	分
用现金购办公费	管理费用	办公费	√					1	5	8	0	0										
办公费		库存现金																1	5	8	0	0	
合计								¥	1	5	8	0	0					¥	1	5	8	0	0

附件1张

财务主管:李凡　　　记账:黄秋　　　出纳:赵实　　　审核:李平　　　制单:刘玉

3.单式记账凭证的填制方法

单式记账凭证按一项经济业务所涉及的会计科目填制,每一个科目单独填制一张记账凭证。单式记账凭证按其反映经济业务所涉及的会计科目和对应科目,又分为"借项记账凭证"和"贷项记账凭证"。单式记账凭证的格式及填制方法举例如下。

【例6-11】 2019年12月15日,A公司从B公司购入甲材料一批,同时取得B公司开出的增值税专用发票,其上注明价款 1 000 元,增值税进项税额 130 元,共计 1 130 元。已开出转账支票一张,支付货款。依据审核后的原始凭证编制会计分录如下:

  借:材料采购——甲材料   1 000
    应交税费——应交增值税(进项税额) 130
    贷:银行存款   1 130

这笔会计分录有两个借方会计科目,一个贷方会计科目。应该分别填制两张借项记账凭证,凭证格式和内容如表 6-11 和表 6-12 所示;填制一张贷项记账凭证,凭证格式和内容如表 6-13 所示。

表 6-11 单式记账凭证(借项记账凭证)

2019 年 12 月 15 日   凭证编号 $9\frac{1}{3}$ 号

摘要	总账科目	明细科目	账页	金额	
购甲材料	材料采购	甲材料		1 000	附件 2 张
对应总账科目:银行存款					

财务主管:李凡 记账:黄秋 出纳:赵实 审核:李平 制单:刘玉

表 6-12 单式记账凭证(借项记账凭证)

2019 年 12 月 15 日   凭证编号 $9\frac{2}{3}$ 号

摘要	总账科目	明细科目	账页	金额	
购甲材料	应交税费	应交增值税(进项)		130	附件 × 张
对应总账科目:银行存款					

财务主管:李凡 记账:黄秋 出纳:赵实 审核:李平 制单:刘玉

表 6-13 单式记账凭证(贷项记账凭证)

2019 年 12 月 15 日   凭证编号 $9\frac{3}{3}$ 号

摘要	总账科目	明细科目	账页	金额	
购甲材料	银行存款			1 130	附件 1 张
对应总账科目:材料采购					
应交税费					

财务主管:李凡 记账:黄秋 出纳:赵实 审核:李平 制单:刘玉

从上述凭证格式可以看出,单式记账凭证的优点是便于汇总、分工记账。

(三)记账凭证错误的更正

记账凭证在填制时,如果发生错误,应重新填制,不得在原始凭证上做任何处理;已经登记入账的记账凭证发现错误的,可以用红字冲销法进行更正。在会计科目应用上没有错误,只是金额错误的情况下,也可以按正确数字同错误数字之间的差额,另编一张调整的记账凭证。

四、记账凭证的审核

记账凭证是登记账簿的直接依据,收款、付款凭证还是出纳人员收付款项的依据,为了保证账簿记录的正确性,监督各种款项的收付、财产物资的收发、往来的结算以及其他经济业务的合理合法性,必须在记账前对记账凭证进行审核。记账凭证的审核一般应包括以下几个方面的内容。

1. 记账凭证的内容是否真实

审核记账凭证是否附有原始凭证,所附原始凭证的内容是否与记账凭证记录的内容一致,记账凭证汇总表与记账凭证的内容是否一致。

2. 记账凭证的项目是否齐全

审核记账凭证的项目是否齐全,如日期、凭证编号、摘要、会计科目、金额、所附原始凭证张数及有关人员签章等。

3. 记账凭证的科目是否正确

审核记账凭证的应借、应贷科目是否正确,是否有明确的账户对应关系,所使用的会计科目是否符合会计制度的规定等。

4. 记账凭证的金额是否正确

审核记账凭证所记录的金额与原始凭证的有关金额是否一致,记账凭证汇总表的金额与记账凭证的金额合计是否相符,原始凭证中的数量、单价、金额计算是否正确等。

5. 记账凭证的书写是否正确

审核记账凭证中的记录是否文字工整、数字清晰,是否按规定使用碳素墨水,是否按规定进行更正等。

在会计凭证的审核中发现问题应立即加以解决。对凭证填写错误的要按规定的办法进行更正;对违反财经纪律、财务制度,不按计划、规定、合同办理,以及铺张浪费、营私舞弊等,应拒绝受理、不予报销付款;对一些伪造凭证、涂改单据、虚报冒领等不法行为应及时向有关方面反映,严肃处理。

技能训练 7

1. 训练项目:原始凭证的填制。

2. 训练目的:填制原始凭证是成本核算的基础性工作,通过填制原始凭证掌握相应工作技能并清楚区分原始凭证和记账凭证的差异,为物流成本核算相关数据归类、汇总奠定基础。

3. 训练资料:

2019 年 2 月 15 日,成都顺风物流公司从宏伟工厂(一般纳税人)购入 10♯钢管 20 米,规格为 $\phi 57 \times 3$,每米 50 元(不含税)。同时取得宏伟工厂开出的增值税专用发票,如表 6-14 所示(税务监制章和宏伟工厂财务专用章略)。相关信息如下:

成都顺风物流公司:

开户银行:农行人北分理处　　账号:51001856500

地址:成都双林路 5 号　　电话:82105670　　税务登记号:510103721146012

宏伟工厂:

开户银行:工商银行下街支行　　账号:323×××

地址:成都市下街 98 号　　电话:83333×××　　税务登记号:3554×××

表 6-14 增值税专用发票

5100054×××		四川增值税专用发票 发票联				No 01641××× 开票日期: 年 月 日		
购买单位	名　　　称： 纳税人识别号： 地　址、电　话： 开户行及账号：					密码区		
	货物或应税劳务名称	规格型号	单位	数量	单价	金额	税率	税额
							13%	
	合　　计							
	价税合计(大写)					(小写)		
销货单位	名　　　称： 纳税人识别号： 地　址、电　话： 开户行及账号：					备注		

收款人：　　　　复核：　　　　开票人：吴三　　　　销货单位(章)

4. 要求：
根据上述资料,正确填制表 6-14 所示的增值税专用发票。

技能训练 8

1. 训练项目:收款凭证的填制。
2. 训练目的:能根据经济业务填制收款凭证,为物流成本核算的数据归类、汇总奠定基础。
3. 训练资料:
成都市顺风物流公司经济业务发生时填制或取得的原始凭证——增值税专用发票、银行进账单如表 6-15 和表 6-16 所示。

表 6-15 增值税专用发票

5100054×××		四川增值税专用发票 发票联				No 01641××× 开票日期:2019 年 1 月 23 日		
购买单位	名　　　称：成都市茂盛钢铁公司 纳税人识别号：3554××× 地　址、电　话：成都市下街75号 83333××× 开户行及账号：工商银行下街支行323×××					密码区		
	货物或应税劳务、服务名称	规格型号	单位	数量	单价	金额	税率	税额
	10#角钢	100×10	吨	10	3 000.00	30 000.00	13%	3 900.00
	合　　计					¥30 000.00		¥3 900.00
	价税合计(大写)			叁万叁仟玖佰元零角零分		(小写)¥33 900.00		
销货单位	名　　　称：成都顺风物流公司 纳税人识别号：510103721146012 地　址、电　话：成都双林路5号　82105670 开户行及账号：农行人北分理处 51001856500					备注		

收款人:李一　　　复核:王二　　　开票人:吴三　　　销货单位(章)

表6-16 银行进账单(收账通知)

2019年12月18日　　　　　　　　　　　　第052号

收款人	全称	成都市顺风物流公司	付款人	全称	成都市茂盛钢铁公司
	账号	51001856500		账号	323×××
	开户银行	农行人北分理处		开户银行	工商银行下街支行

人民币(大写)	叁万叁仟玖佰元整	百	十万	千	百	十	元	角	分
			3	3	9	0	0	0	0

票据种类	银行支票
票据张数	1

收款人开户行盖章
2019年12月18日

此联是银行交收款人的收账通知

单位主管:张华　会计:黄伟　复核:李平　记账:李念

4.要求:
根据上述原始凭证所揭示的经济业务,填制相应的记账凭证(见表6-17)。

表6-17 收款凭证

借方科目:　　　　　　　　年　月　日　　　　　　　　字第　号

摘要	贷方总账科目	明细科目	记账	金额								
				千	百	十	万	千	百	十	元	角	分
合计													

财务主管:　　记账:　　出纳:　　审核:　　制单:

技能训练9

1.训练项目:付款凭证的填制。

2.训练目的:能根据经济业务填制付款凭证,为物流成本核算的数据归类、汇总奠定基础。

3.训练资料:
成都市顺风物流公司经济业务发生时填制或取得的原始凭证——电汇凭证如表6-18所示。

表 6-18 中国农业银行电汇凭证(回单)

委托日期 2019 年 3 月 10 日　　　　　　　　　　　　　　　　第 11 号

汇款人	全称	成都市顺风物流公司			收款人	全称	山西省太原市红冶公司			此联是汇出行给汇款人的回单
	账号或住址	51001856500				账号或住址	321321456			
	汇出地点	四川省成都市	汇出行名称	农行人北分理处		汇入地点	山西省太原市	汇入行名称	工行南站分理处	
金额	人民币(大写)　　　壹佰万元整					千 百 十 万 千 百 十 元 角 分　　¥ 1 0 0 0 0 0 0 0 0 0				
汇款用途:前欠货款					汇出行盖章　2019 年 3 月 10 日					
上述款项已根据委托办理。如需查询,请持此回单来行面洽。										
单位主管:李小　会计主管:非可　出纳:王致　记账:陈列										

4. 要求:
　根据上述原始凭证所揭示的经济业务,填制相应的记账凭证(见表 6-19)。

表 6-19 付款凭证

贷方科目:　　　　　　　　　　　　　年　月　日　　　　　　　　　　　　字　第　号

摘要	借方总账科目	明细科目	记账	金额										附单据　　张
				千	百	十	万	千	百	十	元	角	分	
合计														

财务主管:　　　记账:　　　出纳:　　　审核:　　　制单:

技能训练 10

1. 训练项目:转账凭证的填制。
2. 训练目的:能根据经济业务填制转账凭证,为物流成本核算的数据归类、汇总奠定基础。
3. 训练资料:
　成都市顺风物流公司经济业务发生时填制或取得的原始凭证——领料单如表 6-20 所示。

表 6-20 成都市顺风物流公司领料单

仓库：1号　　　　　　　　　　　2019 年 2 月 16 日　　　　　　　　　　　编号：2-39

材料类别	材料编号	名称	规格	单位	数量 请领	数量 实发	单价	金额
Ⅰ	01	包装纸		卷	15	15	1 500	22 500.00
		合计						22 500.00

用途	第一仓库用于包装快件	领料部门		发料部门	
		负责人	领料人	核准人	发料人
		江十	杨四	周九	张七

4. 要求：

根据上述原始凭证所揭示的经济业务，填制相应的记账凭证(见表 6-21)。

表 6-21 转账凭证

年　月　日　　　　　　　　　　　　　　　　　　　转字第　　号

摘要	总账科目	明细科目	记账	借方金额 千百十万千百十元角分	贷方金额 千百十万千百十元角分
合计					

附单据　张

财务主管：　　　　记账：　　　　出纳：　　　　审核：　　　　制单：

技能训练 11

1. 训练项目：通用记账凭证的填制。

2. 训练目的：能根据经济业务填制通用记账凭证，为物流成本核算的数据归类、汇总奠定基础。

3. 训练资料：

成都顺风物流公司 2019 年 12 月份发生下列经济业务：

(1) 12 月 1 日，从银行提取现金 5 000 元，备用。

(2) 12 月 3 日，向胜利公司购进甲材料 500 千克，每千克 30 元，总计 15 000 元，增值税 1 950 元，均以银行存款支付，材料未入库。

(3) 12 月 4 日，向银行借入期限为 8 个月的短期借款 80 000 元，存入银行。

(4) 12 月 7 日，仓储经理报销差旅费 1 400 元，补付现金 500 元，结清借支。

(5) 12 月 21 日，以银行存款支付本月水电费，其中仓库耗用 1 200 元，管理部门耗用 600 元。

4. 要求：

根据以上经济业务编制通用记账凭证(见表 6-22 至表 6-26)。

表 6-22 记账凭证

年 月 日　　　　　　　　　　　　　　　　　　记字第　号

摘要	总账科目	明细科目	记账	借方金额 千百十万千百十元角分	贷方金额 千百十万千百十元角分
合计					

财务主管：　　　记账：　　　出纳：　　　审核：　　　制单：

附单据　张

表 6-23 记账凭证

年 月 日　　　　　　　　　　　　　　　　　　记字第　号

摘要	总账科目	明细科目	记账	借方金额 千百十万千百十元角分	贷方金额 千百十万千百十元角分
合计					

财务主管：　　　记账：　　　出纳：　　　审核：　　　制单：

附单据　张

表 6-24 记账凭证

年 月 日　　　　　　　　　　　　　　　　　　记字第　号

摘要	总账科目	明细科目	记账	借方金额 千百十万千百十元角分	贷方金额 千百十万千百十元角分
合计					

财务主管：　　　记账：　　　出纳：　　　审核：　　　制单：

附单据　张

表 6-25　记账凭证

　　　　　　　　　　　　年　月　日　　　　　　　　　　　　　　记字第　号

摘要	总账科目	明细科目	记账	借方金额									贷方金额								
				千	百	十	万	千	百	十	元	角	分	千	百	十	万	千	百	十	元	角	分
合计																							

附单据　张

财务主管：　　　　记账：　　　　出纳：　　　　审核：　　　　制单：

表 6-26　记账凭证

　　　　　　　　　　　　年　月　日　　　　　　　　　　　　　　记字第　号

摘要	总账科目	明细科目	记账	借方金额									贷方金额								
				千	百	十	万	千	百	十	元	角	分	千	百	十	万	千	百	十	元	角	分
合计																							

附单据　张

财务主管：　　　　记账：　　　　出纳：　　　　审核：　　　　制单：

模块七 会计账簿

单元一 会计账簿种类

一、会计账簿的概念

账簿是由具有一定格式、相互联系的账页组成的会计簿籍,用来序时地、分类地记录和反映有关经济业务。

各单位通过填制和审核会计凭证,可以将每日发生的经济业务通过会计凭证记录和反映。但会计凭证数量多、资料分散,并且每张凭证只能各自记载个别经济业务,所提供的资料是不全面的。为了全面、系统、连续地反映和监督某一单位在一定时期内的经济活动和财务收支情况,便于日后查阅和使用,需要把会计凭证所记载的大量分散的资料加以分类、整理。这一任务是通过设置和登记会计账簿来实现的。

通过账簿记录,既能对经济业务进行序时核算,又能进行分类核算;既可以提供各项总括的核算资料,又可以提供明细核算资料。这样,就可以全面、系统地记录和反映企业的资产、负债、所有者权益的增减变动情况和资金运动过程及结果。

设置和登记会计账簿是会计核算的中心环节,账簿记录是编制会计报表的依据。科学设置和正确登记账簿对保证会计报表的正确性和编报工作的及时性,对加强经济管理、充分发挥会计在经济管理中的作用,有着十分重要的意义。

(1)通过账簿的设置和登记,可以系统地归纳和积累会计核算资料,为改善企业经营管理、合理使用资金提供资料。

通过账簿的序时核算和分类核算,把企业经营活动情况,收入的构成和支出情况,财物的购置、使用、保管情况,全面、系统地反映出来,用于监督计划、预算的执行情况和资金的合理有效使用,促使企业改善经营管理。

(2)通过账簿的设置和登记,可以为计算财务成果、编制会计报表提供依据。

根据账簿记录的成本、费用和收入、成果资料,可以计算一定时期的财务成果,检查成本、费用、利润计划的完成情况。经审核无误的账簿资料及其加工的数据,为编制会计报表提供总括和具体的资料,是编制会计报表的主要依据。

(3)通过账簿的设置和登记,利用账簿的核算资料,为开展财务分析和会计检查提供依据。

通过对账簿资料的检查、分析,可以了解企业贯彻有关方针、政策和制度的情况,可以考核各项计划的完成情况;另外,通过对账簿资料的检查、分析,能够对资金使用是否合理、费用开支是否符合标准、经济效益有无提高、利润的形成与分配是否符合规定等做出分析、评价,从而找出差距,挖掘潜力,提出改进措施。

二、会计账簿的种类

由于各企业单位的经济业务繁简不同,经济管理的要求不同,所设置账簿的种类也不同。为了更好地了解和利用账簿,就需要将账簿进行适当的分类。

(一)账簿按用途分类

账簿的用途是指账簿用来登记什么经济业务,以及具体的登记方法。

账簿按其用途不同,一般分为序时账簿、分类账簿和备查账簿。

1. 序时账簿

序时账簿,也称日记账,是按经济业务发生时间的先后顺序,逐日逐笔登记经济业务的簿籍。日记账簿,按其记录经济业务的范围不同,又可以分为两种:一种是用来登记全部经济业务的完成情况,称为普通日记账,如分录簿,这种日记账我国很少采用;另一种是用来登记某一类经济业务的完成情况,称之为特种日记账,如库存现金日记账、银行存款日记账,这是所有单位都要设置的序时账簿,用以加强对货币资金的监督和控制。

2. 分类账簿

分类账簿,也称分类账,是对全部经济业务按照不同账户进行分类登记的账簿。按其反映经济业务内容详细程度的不同,又可以分为总分类账簿(简称总账)和明细分类账簿(简称明细账)。

总分类账是根据财政部统一设置的总分类科目(一级科目)开设的,用来分类登记全部经济业务,提供资产、负债、所有者权益以及收入、费用、利润等总括核算资料的账簿。明细分类账是根据需要按某个总账科目所属二级科目开设的,用来分类登记某些经济业务,借以提供某些明细核算资料的账簿。

分类账是会计账簿的主体,是编制会计报表的主要依据。明细账是隶属于某个总分类账的,实际工作中某些总分类账户下可以不设置明细分类账,但是明细分类账不能没有隶属的总分类账。

3. 备查账簿

备查账簿,也称辅助账簿,是用以对某些日记账和分类账等主要账簿未能登记或登记不完全的经济业务进行补充登记以备检查的账簿。这类账簿主要用于对某些经济业务提供必要的参考资料,如租入固定资产登记簿、受托加工材料登记簿、代保管商品物资登记簿等。备查账簿应根据各单位实际需要设置。

备查账簿一般没有固定的格式,主要以文字叙述的方式记录有关事项,它只是对账簿记录的一种补充,与日记账和分类账不存在严密的依存、钩稽关系。

(二)账簿按外表形式分类

账簿的外表形式是指构成账簿的账页是固定地装订成册还是采用散页形式。

账簿按其外表形式的不同,分为订本式账簿、活页式账簿和卡片式账簿。

1. 订本式账簿

订本式账簿是指在未启用前,把一定数量具有专门格式(账户基本结构)的账页,预先顺序编制号码,固定地装订在一起的账簿。

此类账簿的优点是可以避免账页散失,防止随便抽换账页。缺点是由于账页固定,不能增减,必须为每一账户预留空白账页,如预留过多,就会造成浪费;过少将影响账簿记录的连续性。此外,在同一时间内,只能由一人负责登记,不便于分工记账。一般重要的和具有统御性的账簿,如总分类账簿、库存现金和银行存款日记账等都必须采用订本式账簿。

2. 活页式账簿

活页式账簿是指把若干具有专门格式的账页放在活页账夹内,启用时不做固定的装订,于年终时才将它装订成册。

这种账簿在记账时可根据实际需要将空白账页加入账簿中,其特点是便于序时和分类连续登记,避免账页浪费,便于分工记账,比较灵活,但容易散失和被抽换。所以,使用时也要按规定顺序编号,使用完毕不再继续登记时,应装订成册或封扎保管。活页式账簿一般适用于各类明细分类账。

3. 卡片式账簿

卡片式账簿是由具有专门格式、分散的卡片作为账页组成的账簿。这种账簿一般用卡片箱装置,可以随取随放,它实际上也是一种活页账。卡片式账簿除了具有一般活页账的优点外,它还可以跨年度使用而且无须更换,但也容易散失。固定资产明细账、低值易耗品明细账一般都采用这种形式。

(三)账簿按账页格式分类

账簿按账页格式不同可以分为三栏式账簿、数量金额式账簿、多栏式账簿。

1. 三栏式账簿

它是指采用借方、贷方和余额三个主要栏目的账簿。总分类账簿、日记账簿和部分明细账一般采用三栏式格式。

2. 数量金额式账簿

它是指采用数量与金额双重记录的账簿。原材料、产成品等财产物资的明细账一般采用此种格式。

3. 多栏式账簿

它是指采用一个借方栏目、多个贷方栏目或一个贷方栏目、多个借方栏目的账簿。费用、成本、收入和成果账户核算一般采用此种格式。

单元二 账簿的基本内容和登记规则

一、会计账簿的基本内容

根据各种账簿所记录的经济业务不同,账簿格式可以多种多样。但各种主要账簿应具备下列基本内容:

(1)封面。列明账簿名称和记账单位名称。

(2)扉页。载明账簿启用登记和经管人员一览表、账户目录。

账簿启用登记及经管人员一览表格式如表 7-1 所示。

表 7-1 账簿启用登记及经管人员一览表

单位名称：_____　　　账簿名称(单位公章)：_____
账簿编号：_____　　　账簿册数：_____
账簿页数：_____　　　启用日期：_____
会计主管(签章)：_____　　　记账人员(签章)：_____

移交日期			移交人		接管日期			接管人		会计主管	
年	月	日	姓名	盖章	年	月	日	姓名	盖章	姓名	盖章

账户目录的格式与内容如表 7-2 所示。

表 7-2 账户目录(科目索引)

编号	科目	起讫页码	编号	科目	起讫页码

账户目录是由记账人员在账簿中开设账页户头后，按顺序将每个账户的名称和页数进行登记，以便于查阅账簿中登记的内容。如果是活页账簿，在账簿启用时因暂时无法确定页数，可先将账户名称填写好，待年终装订归档时，再填写页数。

(3)账页。账页因反映经济业务内容的不同，可有不同格式，但基本内容应包括：①账户的名称(总账科目、二级或明细科目)；②登账日期栏；③凭证种类和号数栏；④摘要栏(记录经济业务内容的简要说明)；⑤金额栏(记录经济业务的增减变动及结余情况)；⑥总页次和分户页次。

二、账簿登记的一般规则

账簿所记录的经济业务不同，其结构和登记方法也不完全相同，但在登记不同账簿时都应遵循以下的规则。

(1)必须根据经过审核无误的会计凭证进行登记。单位每天发生的各种各样的经济业务都要记账，记账的依据是经审核无误的记账凭证及其所附的原始凭证。

(2)记账必须用碳素墨水或蓝黑墨水钢笔书写，不允许用铅笔或圆珠笔记账。这是因为，各种账簿归档保管年限长，国家规定一般都在 15 年以上，因此要求账簿记录保持清晰、耐久，以便长期查核使用，防止涂改。

(3) 记账时应按账户页次顺序逐页登记，不得跳行、隔页，如果发生跳行、隔页时，应在空行、空页处用红色墨水笔划对角线注销，注明"此行空白"或"此页空白"字样，并由记账人员签章。

(4) 记账除结账、改错、冲销账簿记录等会计制度规定的情况外，不能用红色墨水笔。因为在会计核算工作中，红字表示对蓝字的冲销或表示负数。

(5) 记账时，每一笔账都要记明日期、凭证号数、摘要和金额。记账后，要在记账凭证上注明所记账簿的页码，或打"√"，表示已经登记入账，以避免重记、漏记。

(6) 记账要清晰、整洁，记账文字和数字都要端正、清楚，严禁刮擦、挖补、涂改或用药水消除字迹。

(7) 凡需结转余额的账户，结出余额后，应在"借或贷"栏内写明"借"或"贷"的字样，以表明其余额的方向。没有余额的账户，应在该栏内写"平"字，并在余额栏"元"位上用"0"表示，以防舞弊。库存现金日记账和银行存款日记账必须逐日结出余额。

(8) 各账户在一张账页记满前，要在该账页的最末一行加计发生额合计数和结出余额，并在该行"摘要"栏注明"过次页"字样，然后，再把这个发生额合计数和余额填列下页的第一行内，并在"摘要"栏内注明"承前页"字样，以保证账簿记录的连续性。"过次页""承前页"可以用购买的会计通用章用红色印泥加盖，这样更美观。

(9) 订本式的账簿都编有账页的顺序号，不得任意撕毁。活页式账簿也不得随便抽换账页，平时应编分页页码。

(10) 记账时书写文字和数字要符合规范。不要写怪体字、错别字、潦草字。字的高度一般应占账簿格距的 1/2，这样既留有改错的空间，又保持了美观。

单元三 账簿的设置与登记方法

一、序时账的设置与登记

(一) 序时账的设置

序时账又叫日记账，它包括普通日记账，如分录簿，这种日记账我国很少采用，在此不做介绍；另一种是特种日记账，如库存现金日记账、银行存款日记账，在此做详细介绍。

为了加强对货币资金的管理，各单位应设置库存现金日记账和银行存款日记账两本特种日记账，以序时地反映其收入、支出和每日的结存情况。有外币业务的企业，应分别设置人民币和各种外币日记账。

库存现金日记账和银行存款日记账是由出纳员根据审核后的收、付款凭证逐日逐笔登记的，所以，这两本账也称出纳账。日记账采用订本式账簿，其账页格式有三栏式和多栏式等。

(二) 三栏式日记账的格式和登记方法

日记账一般采用"收入"、"支出"和"余额"三栏式格式。为了清晰地反映收付款业务的对应关系，在金额栏前可设"对方科目"栏。银行存款日记账在"摘要"栏后还应设"结算凭证种类号数"栏，以便与开户银行对账。

库存现金日记账是根据现金收款凭证、现金付款凭证以及从银行提取现金的银行付款凭证登记的。登记库存现金日记账要做到日清月结，即每日业务终了，必须结出当天余额，并与库存现金实存数相核对(但不必每笔业务都要结出余额,而应根据需要,每隔几笔结算一次);每月业务终了,要将其月末余额与现金总账的月末余额相核对。库存现金三栏式日记账格式如表 7-3 所示。

表 7-3 库存现金日记账

20××年度   第 1 页

××年		凭证		摘要	对方科目	收入	支出	余额
月	日	字	号			千百十万千百十元角分	千百十万千百十元角分	千百十万千百十元角分
4	1			月初余额				4 0 0 0 0 0
	2	收	2	零售收现	主营业务收入	8 0 0 0 0		
		付	3	预支差旅费	其他应收款		4 0 0 0 0	
		付	4	付困难补助	应付职工薪酬		6 0 0 0 0	
		付	11	购办公品	管理费用		1 3 6 0 0	
4	2			本日小计		8 0 0 0 0	2 3 6 0 0	2 4 4 0 0 0
				…	…			
4	30			本月合计		2 2 6 8 0 0 0	1 2 0 8 0 0 0	1 4 6 0 0 0 0

银行存款日记账是根据银行存款收款凭证、银行存款付款凭证以及将现金存入银行的现金付款凭证登记的。登记方法与库存现金日记账基本相同,但对于结算凭证编号栏中的结算凭证种类,应根据收付款凭证所附的银行结算凭证登记,并可以简写为"现支"(现金支票)、"转支"(转账支票)、"信汇"(信汇凭证)、"现存"(现金存款单)、"进账单"(转账存款的进账单)和"委收"(委托银行收款)等。结算凭证号数,可根据银行结算凭证的编号登记。每月业务终了,要将其月末余额与开户银行对账单的月末余额相核对,还要与银行存款总账的月末余额相核对。银行存款三栏式日记账格式如表 7-4 所示。

表 7-4 银行存款日记账

存款种类:结算户存款　　开户银行:农行武侯支行　　账号:71-11223344　　第 1 页

××年		凭证		摘要	对方科目	结算凭证		收入	支出	余额
月	日	字	号			种类	号数	千百十万千百十元角分	千百十万千百十元角分	千百十万千百十元角分
4	1			月初余额						6 0 0 0 0 0 0
	3	收	6	存售材料款	库存现金	现存	321	8 0 0 0 0		
		付	4	提备用金	库存现金	现支	575		4 0 0 0 0	
		付	7	购A厂圆钢	材料采购	转支	243		8 0 0 0 0 0	
					应交税费				1 3 6 0 0 0	5 9 1 0 4 0 0 0
	9	收	18	收B厂账款	应收账款	信汇	045	8 0 0 0 0 0		6 7 1 0 4 0 0 0
	14	付	11	购办公用品	管理费用	转支	245		1 5 0 0 0 0	6 6 9 5 4 0 0 0
	27	收	32	销售乙产品	主营业务收入	进账单	071	6 0 0 0 0 0		
					应交税费			1 0 2 0 0 0		7 3 9 7 4 0 0 0
4	30			本月合计				1 5 1 0 0 0 0	1 1 2 6 0 0 0	7 3 9 7 4 0 0 0

二、分类账的设置与登记

(一)总分类账的格式

为了全面地、总括地反映经济活动和财务收支情况,并为编制会计报表提供资料,各单位都要设置总分类账。总分类账采用订本式账簿,应按照会计科目的编号顺序设立账户,并适当估计本年度内各种经济业务的发生笔数,为每个账户预留若干账页。其账页格式一般为三栏式。

总分类账采用的三栏式格式如表7-5所示。

表7-5 总账

会计科目: 第×页

年		凭证		摘要	借方									贷方									借或贷	余额								
月	日	字	号		千	百	十	万	千	百	十	元	角	分	千	百	十	万	千	百	十	元	角	分		千	百	十	万	千	百	十	元	角	分

总分类账由总账会计负责登记,其登记依据和方法取决于所采用的记账程序。总分类账既可以直接依据记账凭证逐笔登记,也可以将记账凭证定期汇总后登记。

(二)明细分类账的格式

为了满足经营管理的需要,各单位应在设置总分类账的基础上,按照二级科目或明细科目开设明细分类账,提供有关经济业务的详细资料。明细分类账一般采用活页式账簿,重要的明细分类账也可以采用订本式账簿,特殊的业务还可以采用卡片式账簿。其账页格式多种多样,有三栏式、数量金额式、多栏式和横线登记式等,以满足复杂多样的明细分类核算要求。

1. 三栏式明细分类账

三栏式明细分类账的格式是在账页内只设借方、贷方和余额三个金额栏。这种格式适用于只进行金额核算、不进行数量核算的债权、债务结算科目和资本类科目的明细分类核算,如"应收账款""应付账款""实收资本"等账户的明细核算。其格式与三栏式总账相同。

2. 数量金额式明细账

数量金额式明细账的格式是在账页内设有收入、发出和结存三大栏,在三大栏内各设"数量""单价""金额"等小栏。这种格式适用于既要进行金额核算,又要进行实物数量核算的各种财产物资科目,如"原材料""库存商品"等账户的明细核算。其格式如表7-6所示。

表 7-6 明细账

科目：　　　　　　　　　　　规格等级：　　　　　　　　　　品名：
子目：　　　　　　　　　　　计量单位：　　　　　　　　　　总页____分页____

年		凭证		摘要	收入			发出			结存		
月	日	字	号		数量	单价	金额	数量	单价	金额	数量	单价	金额

3. 多栏式明细分类账

多栏式明细账的格式,是根据经济业务的特点和经营管理的需要,在同一账页内按该明细科目的有关项目分设专栏,集中反映各明细项目的核算资料。专栏的多少,可按具体科目的实际需要进行设置。多栏式账页格式又可细分为借贷两方多栏式、借方多栏式、贷方多栏式等不同的格式。多栏式明细账适用于只记金额,同时又需要了解其构成内容的详细资料的费用、成本、收入和利润等科目。

由于多栏式明细账所记载的经济业务大多发生在借或贷的某一方,所以,为了简化账页格式,可不按借、贷、余三部分设置金额栏,而是在发生经济业务较多的一方,按会计科目的明细项目分设专栏,发生经济业务少的另一方则不设金额栏,记账时采用红蓝字登记法。红蓝字登记法就是在只设借或贷一个方向发生额栏的多栏式明细账中,用蓝字登记该方发生额,而用红字登记另一方发生额的记账方法。多栏式明细分类账格式如表 7-7、表 7-8 所示。

表 7-7 生产成本明细账

明细科目：　　　　　　　　　　　　　　　　　　　　　　　　　　　　　　　　第×页

年		凭证		摘要	成本项目			合计
月	日	字	号		直接材料	直接人工	制造费用	

表 7-8 本年利润明细账

　　　　　　　　　　　　　　　　　　　　　　　　　　　　　　　　　　　　　第×页

年		凭证		摘要	借方			贷方			借或贷	余额
月	日	字	号		主营业务成本	…	…	合计	主营业务收入	…	…	合计		

技能训练 12

1. 训练项目：开设与登记日记账。
2. 训练目的：能根据经济业务登记库存现金日记账、银行存款日记账。
3. 训练资料：

成都顺风物流公司 2019 年 6 月 1 日库存现金和银行存款的期初余额如下：现金 1 858 元，银行存款 239 600 元。6 月份发生与现金、银行存款收付有关的业务为：

(1)2 日，向银行借入期限 6 个月的借款 150 000 元，存入银行。
(2)6 日，销售产品一批，货款计 10 000 元，税款 1 300 元，货款及增值税如数存入银行。
(3)7 日，职工王新因公出差，预支现金 1 000 元。
(4)10 日，从银行提取现金 160 000 元，并发放职工薪资 159 300 元，余款备用。
(5)11 日，购买材料一批，计 200 000 元，税款 26 000 元。商品已验收入库，货款通知银行付讫。
(6)15 日，管理部门购入办公用品一批，报销现金 856 元。
(7)16 日，向南海公司销售产品一批，计 100 000 元，税款 13 000 元，货款及增值税尚未收到。
(8)18 日，收到南海公司前欠货款及增值税。
(9)20 日，以银行存款支付广告费 35 000 元。
(10)25 日，职工王新出差归来，报销差旅费 896 元，余款交回。
(11)28 日，以银行存款偿还前欠田丰公司货款 123 000 元。

4. 要求：
(1)登记现金、银行存款日记账的月初余额。
(2)根据上述经济业务编制会计分录，并据以登记现金、银行存款日记账。
(3)经核对无误后，结出本期现金和银行存款日记账的发生额和余额。

填列表 7-9 和表 7-10。

表 7-9　库存现金日记账

年度　　　　　　　　　　　　　　　　　　　　　　　　　　　　　　　第　页

年		凭证		摘要	对方科目	收入									支出									余额								
月	日	字	号			千	百	十	万	千	百	十	元	角	分	千	百	十	万	千	百	十	元	角	分	千	百	十	万	千	百	十	元	角	分

表 7-10 银行存款日记账

存款种类：　　　　开户银行：　　　　账号：　　　　　　　　　　　　　　第 1 页

年		凭证		摘要	对方科目	结算凭证		收入										支出										余额									
月	日	字	号			种类	号数	千	百	十	万	千	百	十	元	角	分	千	百	十	万	千	百	十	元	角	分	千	百	十	万	千	百	十	元	角	分

模块八 财务报告

单元一 财务报告概述

一、财务报告的概念及意义

(一)财务报告的概念

财务报告是指根据账簿记录和日常核算资料编制的用以反映某一特定日期的财务状况和某一会计期间的经营成果及现金流量的总括性书面文件。

日常的会计核算工作,把单位的各项经济业务都分类地登记在会计账簿中,通过账簿来分类、系统地提供有关经济活动的会计信息。但是,账簿提供的会计信息分散在各个账户中,不能集中揭示和反映企业某一时期经营活动和财务收支的全貌。为了集中概括地说明财务状况和经营成果,便于向投资者、债权人、政府部门及其他报告使用者汇报财务状况,有必要在一定时期期末,把分散、零星的日常核算资料加以整理、分类、计算、汇总。

因此,编制财务报告是财务会计工作的一项重要内容,是会计核算的最后一个环节,是对会计核算工作的全面总结,也是及时提供合法、真实、准确、完整会计信息的重要环节,特别是在市场经济条件下,对企业信息使用者有着重要的意义。

(二)财务报告的意义

财务报告是提供会计信息的重要手段,是会计核算体系中一个非常重要的组成部分。及时、完整、准确、合理地编制和使用财务报告,对满足会计信息使用者的需要、提高各单位经济管理水平具有十分重要的意义,具体表现在以下方面。

1. 为企业内部经营管理服务

通过阅读、研究和分析财务报告,管理当局和经营管理人员可以从资产、负债、所有者权益以及收入、费用和利润等各会计要素之间的复杂关系中,全面掌握本单位经济活动、财务收支和财务成果的情况,科学地解释过去。从报表的指标体系分析中,寻找本单位在生产经营活动中存在的问题和原因,以便正确地规划未来,进行经营理财决策,进一步挖掘提高经济效益的潜力。

2. 为企业外部经济关系人服务

通过财务报告,可以了解和评价企业管理当局的经营业绩、受托责任的履行情况,完整、全面地认识和掌握会计主体的财务状况和经营成果,获得对决策有用的会计信息。财务报告有助于投资人、债权人以及公众对不同会计主体的经营业绩和财务实力进行比较和预测,使其确定投资或贷款的方向,促使社会资源流向高收益的行业或企业,达到最佳配置。

3. 为国家宏观调控提供依据

政府和各级经济管理部门可以利用企业提供的财务报告,了解各种资源的利用情况,监督检查企业各项资金的使用、税金的上缴和利润的分配以及有关财经纪律的遵守情况。金融机构可以利用企业提供的财务报告,监督检查企业信贷资金的使用和归还情况,促使企业提高资金的使用效果。国家审计机关可以利用企业提供的财务报告,监督检查生产经营活动的合法性,从而确保市场经济的健康、有效运行。

二、财务报告体系

(一)财务报告的构成

企业的财务报告由会计报表、会计报表附注和财务情况说明书三个部分组成。

会计报表是财务报告体系中的主体和核心,包括资产负债表、利润表、现金流量表及相关附表。

会计报表附注是指为便于会计报表使用者理解会计报表的内容而对会计报表的编制基础、编制依据、编制原则及主要项目等所做的解释和说明。

财务情况说明书是对企业一定会计期间生产经营以及财务、成本进行分析说明的书面文字报告。

财务报告体系如图 8-1 所示。

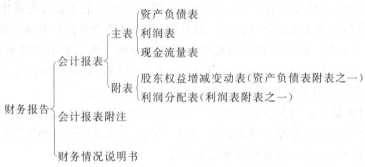

图 8-1　财务报告体系

(二)会计报表的分类

(1)按会计报表所反映的经济内容划分,可分为资产负债表、利润表、现金流量表及相关附表。

①资产负债表是反映企业某一特定日期财务状况的会计报表,企业应当按月编报。

②利润表是反映企业一定期间内生产经营成果的会计报表,企业应当按月编报。

③现金流量表是以企业的现金为基础,编制的反映企业财务状况变动的会计报表,企业应当按年编报。

④相关附表包括资产负债表附表(如应交增值税明细表)、利润表附表(如利润分配表等)。

(2)按会计报表所反映的资金运动形态划分,可分为静态会计报表和动态会计报表。

①静态会计报表,是指反映企业在特定日期终了时,经济指标处于相对静止状态的会计报表。它是根据有关账户的期末余额编制的,如资产负债表。

②动态会计报表,是指反映企业在一定时期内完成的经济指标的会计报表。它是根据有关账户的发生额编制的,如利润表。

(3)按会计报表所反映的时间划分,可分为月度、季度和年度会计报表。

①月度会计报表,简称月报,是指按月度编制的会计报表,如资产负债表、利润表。
②季度会计报表,简称季报,是指按季度编制的会计报表。
③年度会计报表,简称年报,是指按年度编制的会计报表。

月度、季度会计报表都属于中期会计报表,它们是以短于一个完整的会计年度的报告期间为基础编制的会计报表。

(4)按会计报表编制单位划分,可分为单位会计报表、汇总会计报表。

①单位会计报表,是指企业单位在自身会计核算的基础上,对账簿记录进行加工编制的会计报表。

②汇总会计报表,是指企业主管部门或上级机关,根据所属单位报送的会计报表,连同本单位会计报表汇总编制的综合性会计报表。

(5)按会计报表各项目所反映的数字内容划分,可分为个别会计报表和合并会计报表。

①个别会计报表,是指报表各项目数字所反映的内容仅仅包括企业本身的财务数字。

②合并会计报表,是指由母公司编制的包括所有控股子公司有关数字指标的会计报表。

另外,财务报表按是否对外报送,分为内部报表和外部报表。上面所列均为外部报表,内部报表主要包括成本报表、费用报表。内部报表一般没有全国统一规定的格式,也没有统一的指标体系,通常由企业根据管理需要自行制定。

三、财务报告的编制要求

为了保证财务报告的质量,满足各会计信息使用者对会计报表的需要,以充分发挥会计报表的作用,在编制会计报表时,必须严格遵循以下几条基本原则。

(一)数据真实

数据真实是编制会计报表的基本原则,是对会计工作的基本要求。只有真实可靠的数据,才能如实地反映企业的财务状况及经营成果,才能为各方会计信息使用者或管理者提供有用的会计信息资料。为此,编制会计报表前应做好账账核对、账实核对、清理账目、调整账项等工作,才能据以编制会计报表。

(二)内容完整

对外会计报表中的各项指标都是由国家统一规定的,它是经济管理不可缺少的会计信息资料,因此必须按规定编写,会计报表中的项目不得漏填或少填,应报的会计报表不得缺报,主管单位汇总会计报表时不得漏汇,对会计报表项目需要说明的事项要有附注,报送会计报表时附送财务情况说明书等。

(三)说明清楚

会计报表除提供数据资料外,还应或多或少地用文字对有关数据进行说明,才能便于会计报表的使用者正确使用报表中的数字资料。因此,要求说明的方案要简洁扼要、清晰明了,便于会计报表阅读者理解和接受。

(四)前后一致

编制会计报表在会计计量和揭示方法的选择上要坚持可比性,保持前后各项计量和报表口径的一致,这样便于对比、分析和利用会计信息,如有变动,应在会计报表附注中说明。

(五)编报及时

为了及时向会计报表使用者提供所需的经济信息,要求会计报表的编制必须及时。这就要求企业应做好日常会计核算工作,做好编报前的各项准备事项。否则即使最真实、最可靠的会计报告也会因编报不及时,而失去其应有的价值。

(六)手续完备

对外会计报表应依次编定页码、加具封面、装订成册、盖上单位公章,企业行政领导人员、总会计师、会计机构负责人和会计主管人员要签字;需要注册会计师行使监督验证职能的会计报表,还要有注册会计师签章。

单元二 资产负债表

一、资产负债表的概念及意义

资产负债表是反映企业某一特定日期(月度、季度、年度)财务状况的会计报表,即反映企业特定日期全部资产、负债和所有者权益的会计报表。

资产负债表是根据资产、负债和所有者权益之间的相互关系,按照一定的分类标准和顺序,把企业一定日期的资产各项目进行适当排列,并对日常工作中的大量资料进行整理形成。它表明企业某一特定日期所拥有或控制的经济资源、所承担的债务和所有者对净资产的要求权。具体来说,企业编制资产负债表的意义主要体现在以下几点:

(1)通过编制资产负债表,可以提供某一日期资产的总额,表明企业拥有的或控制的经济资源及其分布情况,是分析企业生产经营能力的重要资料。

(2)通过编制资产负债表,可以反映某一日期的负债总额以及结构,表明企业未来需要用多少资产或劳务清偿债务。

(3)通过编制资产负债表,可以反映所有者权益的情况,表明投资者在企业资产中所占的份额,了解权益的结构情况。

(4)通过编制资产负债表,提供进行财务分析的基本资料,计算流动比率、速动比率,以了解企业的短期偿还能力等。

二、资产负债表的内容和结构

(一)资产负债表的内容

资产负债表是根据会计恒等式"资产=负债+所有者权益"设计而成。资产负债表主要反映以下三个方面的内容:

(1)某一特定日期企业所拥有的经济资源,即某一特定日期企业所拥有或控制的各项资产的余额,包括各项流动资产和非流动资产。

(2)某一特定日期企业所承担的债务,包括各项流动负债和非流动负债。

(3)某一特定日期企业投资者拥有的净资产,包括投资人投入的资本、资本公积、盈余公积和未分配利润等。

(二)资产负债表的结构

资产负债表的结构分为账户式和报告式。

1.账户式资产负债表的结构

账户式资产负债表将资产负债表分为左方和右方,左方列示资产各项目,右方列示负债和所有者权益各项目。资产各项目的总计数等于负债和所有者权益各项目的总计数。通过账户式资产负债表,可以反映企业资产、负债和所有者权益之间的内在关系,并达到资产负债表左方和右方平衡。

账户式资产负债表的格式如表 8-1 所示。

表 8-1 资产负债表(账户式)

编制单位:顺风物流公司　　　　　　2019 年 12 月 31 日　　　　　　　　　　　　单位:元

资产	行次	年初数	期末数	负债及所有者权益	行次	年初数	期末数
流动资产:		略		流动负债:		略	
货币资金			163 200	短期借款			260 000
交易性金融资产				交易性金融负债			
应收票据			25 000	应付票据			
应收账款			139 000	应付账款			128 000
预付账款			18 000	预收账款			35 400
应收利息				应付职工薪酬			6 500
应收股利				应交税费			64 000
其他应收款			5 200	应付利息			8 800
存货			1 144 000	应付股利			166 000
一年内到期的非流动资产				其他应付款			8 000
其他流动资产				一年内到期的非流动负债			
流动资产合计			1 494 400	其他流动负债			
非流动资产:				流动负债合计			676 700
可供出售金融资产				非流动负债			
持有至到期投资				长期借款			500 000
长期应收款				应付债券			110 000
长期股权投资			100 000	长期应付款			
投资性房地产				专项应付款			
固定资产			980 000	预计负债			
在建工程				递延所得税负债			
工程物资				其他非流动负债			
固定资产清理				非流动负债合计			610 000
生产性生物资产				负债合计			1 286 700
油气资产				所有者权益:			
无形资产			660 000	实收资本			1 500 000

续表

资产	行次	年初数	期末数	负债及所有者权益	行次	年初数	期末数
开发支出				资本公积			45 000
商誉				减:库存股			
长期待摊费用				盈余公积			210 000
递延所得税资产				未分配利润			192 700
其他非流动资产				所有者权益合计			1 947 700
非流动资产合计			1 740 000				
资产总计			3 234 400	负债及所有者权益总计			3 234 400

2.报告式资产负债表的结构

报告式资产负债表是将表内的项目自上而下排列,首先列示资产的数字,然后列示负债的数字,最后再列示所有者权益的数字。其格式如表8-2所示。

表8-2　资产负债表(报告式)

编制单位:　　　　　　　　　　　　年　月　日　　　　　　　　　　　　单位:元

资产	行次	年初数	期末数
资产			
流动资产			
非流动资产			
资产合计			
负债			
流动负债			
非流动负债			
负债合计			
所有者权益			
实收资本			
资本公积			
盈余公积			
未分配利润			
所有者权益合计			

单元三　利润表

一、利润表的概念及意义

利润表又称损益表,是反映企业在一定时期内(月度、季度、年度)经营成果的会计报表,反映企业在该期间内实现的利润总额或发生的亏损总额。利润表是根据企业收入、费用和利润之间的相互关系,按照一定的格式,予以适当排列编制而成。

通过阅读和分析利润表,会计信息使用者可以全面了解企业的经营业绩、获利能力及利润未来的发展趋势。具体来说,企业编制利润表的意义主要体现在以下几点:

(1)通过利润表提供的反映企业经营成果的信息,并与不同时期利润表信息进行比较,可以分析企业的获利能力和偿债能力,预测未来的收益水平,分析企业今后利润的发展趋势,便于投资者、债权人进行投资决策和信贷决策。

(2)利润表提供的信息是考核和评价企业经营管理者经营业绩和经营管理水平的一个重要依据。

(3)利润表提供的利润信息是税收部门课征所得税的依据。

(4)利润表常被用作计算国民收入的主要资料来源。

二、利润表的内容和结构

(一)利润表的内容

利润表主要反映企业在一定会计期间内实现的营业利润、利润总额、净利润和每股收益等四个方面的内容。

1. 构成营业利润的各项要素

营业利润由营业收入,减营业成本、营业税金及附加、销售费用、管理费用、财务费用,加上投资收益后计算而得。其中,营业收入由主营业务收入加其他业务收入组成,营业成本由主营业务成本加其他业务成本组成。

2. 构成利润总额(或亏损总额)的各项要素

利润总额(或亏损总额)在营业利润的基础上,加减营业外收支等后取得。

3. 构成净利润(或净亏损)的各项要素

净利润(或净亏损)在利润总额(或亏损总额)的基础上,减去当期计入损益的所得税费用后取得。

(二)利润表的结构

利润表是由收入、费用、利润三个动态要素组成,并按照"收入－费用＝利润"这一平衡关系联系起来,形成利润表的基本结构。

由于收入要素项目和费用要素项目有不同的排列顺序,因而形成了利润表的不同格式,目前,比较普遍的格式主要有两种,即单步式和多步式。

1. 单步式利润表

单步式利润表的基本特点是:集中列示收入要素项目、费用要素项目,根据收入总额与费用总额直接计算列示利润总额。这种格式比较简单,便于编制,但是缺少利润构成情况的详细资料，不利于企业不同时期利润表与行业之间利润表的纵向和横向比较、分析。其基本格式如表8-3所示。

表8-3 利润表（单步式）

编制单位： 年 月 单位：元

项目	行次	上期金额	本期金额
一、收入			
主营业务收入			
其他业务收入			
投资收益			
营业外收入			
收入合计			
二、费用			
主营业务成本			
营业税金及附加			
销售费用			
管理费用			
财务费用			
其他业务支出			
投资损失			
营业外支出			
所得税费用			
费用合计			
三、净利润			

2．多步式利润表

多步式利润表的基本特点是：将收入项目与费用项目按不同性质归类后，分步计算营业利润、利润总额和税后净利润。这种格式注重收入与成本费用配比的层次性，从而得出一些中间性的利润信息，与单步式利润表相比，能够提供更加丰富的信息。

多步式利润表的计算包括以下四个步骤：

第一步，计算营业利润：

$$营业利润＝营业收入－营业成本－税金及附加－销售费用\\－管理费用－财务费用＋投资收益（－投资损失）$$

第二步，计算利润总额：

$$利润总额＝营业利润＋营业外收入－营业外支出$$

第三步，计算净利润：

$$净利润＝利润总额－所得税费用$$

第四步，计算基本每股收益和稀释每股收益。

基本每股收益应当按照归属于普通股股东的当期净利润除以发行在外的普通股加权平均

数计算。

计算稀释每股收益时,当期发行在外的普通股加权平均数应当为计算基本每股收益时普通股的加权平均数与稀释性潜在普通股转换为已发行普通股而增加的普通股股数的加权平均数之和。

采用多步式利润表的格式,有利于报表使用者进行纵向和横向比较。基于这些优点,我国企业会计准则明确规定利润表应采用多步式结构。其基本格式如表8-4所示。

表8-4 利润表(多步式)

编制单位:顺风物流公司　　　　　　2019年12月　　　　　　　　　　　　　　　单位:元

项目	行次	上期金额	本期金额
一、营业收入		略	3 100 000
减:营业成本			1 800 000
税金及附加			5 000
销售费用			45 000
管理费用			360 000
财务费用			70 000
加:投资收益			76 000
二、营业利润(亏损以"－"号表示)			896 000
加:营业外收入			100 000
减:营业外支出			39 000
三、利润总额			957 000
减:所得税费用			250 000
四、净利润			707 000
五、每股收益			
(一)基本每股收益			
(二)稀释每股收益			

单元四　现金流量表

一、现金流量表的概念及意义

现金流量表是反映企业一定时期内现金和现金等价物流入流出的会计报表,是以现金为基础编制的反映企业财务状况变动的报表。

编制现金流量表的目的是向会计报表的使用者提供企业一定会计期间内现金和现金等价物流入流出的信息,以便报表的使用者了解和评价企业获取现金和现金等价物的能力,并据以预测企业未来的现金流量。

具体来说,编制现金流量表的意义主要有以下几点:

(1)现金流量表可以提供企业的现金流量信息,客观评价企业整个财务状况。

在竞争激烈的市场经济条件下，企业不但要把产品销售出去，更重要的是要及时地收回销售货款，以便能够顺利地开展经营活动。同样，企业进行投资，而没有取得相应的现金回报，就会对企业的财务状况产生不良影响。总之，从企业的现金流量可以大致判断其经营周转是否顺畅。

(2)通过现金流量，了解企业当前的财务状况，预测企业未来的发展趋势。

通过现金流量表中各部分现金流量结构，分析企业是否需要扩大经营规模；通过比较当期净利润与当期净现金流量，可以看出非现金流动资产吸收利润的情况，评价企业产生净现金流量的能力是否偏低。

(3)编制现金流量表，便于与国际惯例接轨。

目前，世界上许多国家都要求编制现金流量表。我国编制现金流量表，将对开展跨国经营、境外筹资、加强国际经济合作起到积极作用。

二、现金及现金流量的含义及范围

这里的现金是广义的概念，它包括企业库存现金、银行存款、其他货币资金和现金等价物。

现金等价物是指企业持有的期限短、流动性强、易于转换为已知金额现金、价值变动风险很小的投资。现金等价物虽然不是现金，但当企业需要时，可以随时变现为已知金额现金，具有很强的支付能力，因而可以视同为现金。

现金流量是指企业一定时期的现金及现金等价物流入和流出的数量。如企业销售商品、提供劳务、出售固定资产、向银行借款等取得现金，形成企业的现金流入；购买原材料、接受劳务、购建固定资产、对外投资、偿还债务等支付现金，形成企业的现金流出。现金流量信息能够表明企业经营状况是否良好，资金是否短缺，企业偿还债务能力的大小，从而为投资者、债权人和企业管理者提供非常有用的信息。

三、现金流量表的内容及结构

(一)现金流量表的内容

现金流量表的内容主要包括经营活动的现金流入流出、投资活动的现金流入流出和筹资活动的现金流入流出三个部分，分别反映企业在经营活动、投资活动和筹资活动方面产生的现金流量。

1. 经营活动产生的现金流量

经营活动是指企业投资活动和筹资活动以外的所有交易和事项。就企业来说，经营活动主要包括销售商品、提供劳务、经营租赁、购买商品、接受劳务、广告宣传、推销商品、交纳税款，等等。

经营活动流入的现金主要包括：
(1)销售商品、提供劳务收到的现金；
(2)收到的税费返还；
(3)收到的其他与经营活动有关的现金。
经营活动流出的现金主要包括：
(1)购买商品、接受劳务支付的现金；
(2)支付给职工以及为职工支付的现金；
(3)支付的各项税费；

(4)支付的其他与经营活动有关的现金。

2.投资活动产生的现金流量

投资活动是指企业长期资产的购建和不包括在现金等价物范围内的投资及其处置活动。其中的长期资产是指固定资产、在建工程、无形资产、其他资产等持有期限在一年或一个经营周期以上的资产。投资活动主要包括取得和收回投资，购建和处置固定资产、无形资产和其他长期资产，等等。

投资活动流入的现金主要包括：

(1)收回投资所收到的现金；

(2)取得投资收益所收到的现金；

(3)处置固定资产、无形资产和其他长期资产所收到的现金净额；

(4)收到的其他与投资活动有关的现金。

投资活动流出的现金主要包括：

(1)购建固定资产、无形资产和其他长期资产所支付的现金；

(2)投资所支付的现金；

(3)支付的其他与投资活动有关的现金。

3.筹资活动产生的现金流量

筹资活动是指导致企业资本及债务规模和构成发生变化的活动。其中，资本包括实收资本、资本溢价。与资本有关的现金流入和流出项目，包括吸收投资、发行股票、分配利润等。而债务是指企业对外举债所借入的款项，如发行债券、向金融企业借入款项以及偿还债务等。

筹资活动流入的现金主要包括：

(1)吸收投资所收到的现金；

(2)取得借款所收到的现金；

(3)收到的其他与筹资活动有关的现金。

筹资活动流出的现金主要包括：

(1)偿还债务所支付的现金；

(2)分配股利、利润或偿付利息所支付的现金；

(3)支付的其他与筹资活动有关的现金。

(二)现金流量表的结构

根据企业会计准则的规定，现金流量表的基本格式如表8-5所示。

表8-5 现金流量表

编制单位：　　　　　　　　　　　　年　月　日　　　　　　　　　　　　单位：元

项目	行次	上年数	本年数
一、经营活动产生的现金流量：			
销售商品、提供劳务收到的现金			
收到的税费返还			
收到的其他与经营活动有关的现金			
现金流入小计			
购买商品、接受劳务支付的现金			
支付给职工以及为职工支付的现金			

续表

项目	行次	上年数	本年数
支付的各项税费			
支付的其他与经营活动有关的现金			
现金流出小计			
经营活动产生的现金流量净额			
二、投资活动产生的现金流量：			
收回投资所收到的现金			
取得投资所收到的现金			
处置固定资产、无形资产和其他长期资产所收到的现金净额			
收到的其他与投资活动有关的现金			
现金流入小计			
购建固定资产、无形资产和其他长期资产所支付的现金			
投资所支付的现金			
支付的其他与投资活动有关的现金			
现金流出小计			
投资活动产生的现金流量净额			
三、筹资活动产生的现金流量：			
吸收投资所收到的现金			
取得借款所收到的现金			
收到的其他与筹资活动有关的现金			
现金流入小计			
偿还债务所支付的现金			
分配股利、利润或偿付利息所支付的现金			
支付的其他与筹资活动有关的现金			
现金流出小计			
筹资活动产生的现金流量净额			
四、汇率变动对现金的影响			
五、现金及现金等价物净增加额			

从表 8-5 可以看出，现金流量表采用报告式的结构，按照现金流量的性质，依次分类反映经营活动产生的现金流量、投资活动产生的现金流量和筹资活动产生的现金流量，最后汇总反映企业现金及现金等价物净增加额。

技能训练 13

1. 训练项目：资产负债表的编制。
2. 训练目的：能根据账户的金额编制资产负债表，为物流成本的核算和物流成本分析、控制取得相关数据。

3.训练资料：

顺风物流公司2019年8月份有关账户资料如表8-6所示。

表8-6　顺风物流公司总账期末余额

2019年8月31日　　　　　　　　　　　　　　　　　　　　　　　　　　　　单位：元

账户名称	借方余额	贷方余额
库存现金	2 700	
银行存款	200 700	
应收账款	58 410	
其他应收款	3 000	
原材料	150 000	
库存商品	90 000	
生产成本	31 050	
长期股权投资	81 000	
固定资产	3 100 000	
累计折旧		854 000
短期借款		600 000
应付账款		90 200
其他应付款		12 000
应交税费		10 000
应付职工薪酬		15 400
实收资本		1 000 000
盈余公积		430 000
资本公积		90 000
本年利润		845 260
利润分配	230 000	
合计	3 946 860	3 946 860

4.要求：

根据资料编制2019年8月份的资产负债表（见表8-7）。

表8-7　顺风物流公司资产负债表

编制单位：　　　　　　　　　　　　年　月　日　　　　　　　　　　　　　　单位：元

资产	行次	年初数	期末数	负债及所有者权益	行次	年初数	期末数
流动资产：		略		流动负债：		略	
货币资金				短期借款			
交易性金融资产				交易性金融负债			

续表

资产	行次	年初数	期末数	负债及所有者权益	行次	年初数	期末数
应收票据				应付票据			
应收账款				应付账款			
预付账款				预收账款			
应收利息				应付职工薪酬			
应收股利				应交税费			
其他应收款				应付利息			
存货				应付股利			
一年内到期的非流动资产				其他应付款			
其他流动资产				一年内到期的非流动负债			
流动资产合计				其他流动负债			
非流动资产:				流动负债合计			
可供出售金融资产				非流动负债:			
持有至到期投资				长期借款			
长期应收款				应付债券			
长期股权投资				长期应付款			
投资性房地产				专项应付款			
固定资产				预计负债			
在建工程				递延所得税负债			
工程物资				其他非流动负债			
固定资产清理				非流动负债合计			
生产性生物资产				负债合计			
油气资产				所有者权益:			
无形资产				实收资本			
开发支出				资本公积			
商誉				减:库存股			
长期待摊费用				盈余公积			
递延所得税资产				未分配利润			
其他非流动资产				所有者权益合计			
非流动资产合计							
资产总计				负债及所有者权益总计			

技能训练 14

1. 训练项目：利润表的编制。
2. 训练目的：能根据账户的金额编制利润表，为物流成本的核算和物流成本分析、控制取得相关数据。
3. 训练资料：

顺风物流公司 2019 年 8 月份有关账户资料如表 8-8 所示。

表 8-8　顺风物流公司有关账户资料

账户名称	结转"本年利润"数额	
	借方	贷方
主营业务收入	506 000	
主营业务成本		283 000
销售费用		16 000
营业税金及附加		36 000
其他业务收入	20 000	
其他业务成本		15 000
管理费用		45 000
财务费用		18 000
营业外收入	61 000	
营业外支出		45 000
投资收益	18 000	
所得税费用		21 000

4. 要求：

根据资料编制 2019 年 8 月份的利润表（见表 8-9）。

表 8-9　顺风物流公司利润表

编制单位：　　　　　　　　　　　年　月　　　　　　　　　　　　单位：元

项目	行次	上期金额	本期金额
一、营业收入			
减：营业成本			
税金及附加			
销售费用			
管理费用			
财务费用			
加：投资收益			

续表

项目	行次	上期金额	本期金额
二、营业利润（亏损以"－"号表示）			
加：营业外收入			
减：营业外支出			
三、利润总额			
减：所得税费用			
四、净利润			

第二部分

物流企业成本核算

物流企业是指至少从事运输(含运输代理、货物快递)或仓储一种经营业务,并能够按照客户物流需求对运输、储存、装卸、包装、流通加工、配送等基本功能进行组织和管理,具有与自身业务相适应的信息管理系统,实行独立核算、独立承担民事责任的经济组织。根据 2013 年 12 月 31 日国家标准化管理委员会批准的《物流企业分类与评估指标》(GB/T 19680—2013),物流企业通常分为运输型物流企业、仓储型物流企业和综合服务型物流企业。物流企业的主营业务是完成各项或某项物流功能。

从一般角度来理解物流企业,物流企业仍然是众多行业企业中的一类,具有企业的共性。在物流企业的经营管理过程中,也必然会发生各种成本费用。本部分从企业共性来研究物流企业的成本核算问题,对于物流企业的经营管理和完整理解物流成本具有重要意义。

模块九
物流企业资金成本

物流企业的资金成本通常是指物流企业各项资产占用货币资金而造成的机会成本,通常按一年期贷款利率来计算。财务管理学认为资金成本包括资金筹集费用和资金占用费用两部分。资金筹集费用指资金筹集过程中支付的各种费用,如发行股票、发行债券支付的印刷费、律师费、公证费、担保费及广告宣传费。资金占用费是指占用他人资金应支付的费用,或者说是资金所有者凭借其对资金的所有权向资金使用者索取的报酬,如股东的股息、红利、债券及银行借款支付的利息。本教材认为,物流企业的资金成本按其基础属性即资金时间价值定义较为合适,资金成本通常还包括投资风险价值和物价变动因素,因此按一年期国债逆回购的平均收益作为资金成本相对容易量化,也更合理。

核算物流企业资金成本主要涉及会计科目中的库存现金、银行存款、其他货币资金和买入返售金融资产等科目。库存现金、银行存款、其他货币资金统称为货币资金,是物流企业资产中流动性最强的资产。买入返售金融资产主要指风险极低的国债逆回购,其年平均收益类似于资金的无风险成本,但不完全等同于资金的机会成本。外汇兑换过程中会产生相对于本币的收益或损失,是资金成本的另一种表现形式。

单元一 库存现金的核算

一、库存现金概述

库存现金是指存放于企业财会部门、由出纳人员经管的货币。库存现金是企业流动性最强的资产,企业应当严格遵守国家有关现金管理制度,正确进行现金收支的核算,监督现金使用的合法性与合理性。库存现金是货币资金中最常见和最容易理解的形式。货币资金是指企业生产经营过程中以货币形态存在的那部分资产,具有很强的流动性和普遍接受性。根据存放地点和用途的不同,货币资金分为库存现金、银行存款和其他货币资金。在我国会计核算中,库存现金可分为人民币现金和外币现金。至2019年末,国内规模以上的物流企业很多都有国际物流业务,也涉及外汇的核算。

1. 人民币现金

人民币是指中国人民银行成立后于1948年12月1日首次发行的货币,新中国成立后为中华人民共和国法定货币,至1999年10月1日启用新版为止共发行五套,形成了包括纸币与金属币、普通纪念币与贵金属纪念币等多品种、多系列的货币体系。人民币在ISO 4217中简称为CNY(China Yuan),不过更常用的缩写是RMB(ren min bi);在数字前一般加上"￥"表示人民币的金额。

2. 外币现金与外汇

外币现金是外汇的一种。外汇,是货币行政当局(中央银行、货币管理机构、外汇平准基金及财政部)以银行存款、财政部库券、长短期政府证券等形式保有的在国际收支逆差时可以使用的债权。

外汇包括外国货币、外币存款、外币有价证券(政府公债、国库券、公司债券、股票等)、外币支付凭证(票据、银行存款凭证、邮政储蓄凭证等)。外汇可分为现钞和现汇,现钞即外币现金;现汇是指以外币表示的各种支付凭证,能够在国际市场上流通、转让,并能自由兑换成其他国家货币的外汇。因此,在外汇市场上,外汇交易的标价常分为现汇买入价、现钞买入价、卖出价和中间价。

3. 汇率

外汇交易是以一种货币兑换另一种货币的货币交易行为。外汇交易中的报价即为汇率,通常用两种货币之间的兑换比例来表示,例如:USD/JPY(美元/日元)、EUR/CNY(欧元/人民币)、GBP/USD(英镑/美元)。汇率是第一种货币(作为基础货币)以第二种货币(作为计价货币)来表示价格。

确定两种不同货币之间的比价,先要确定用哪个国家的货币作为标准。由于确定的标准不同,产生了几种不同的外汇汇率标价方法。常用的汇率标价方法包括直接标价法、间接标价法。

直接标价法,又叫应付标价法,是以一定单位(1、100、1 000、10 000)的外国货币为标准来计算应付出多少单位本国货币,就相当于计算购买一定单位外币所应付多少本币,所以叫应付标价法。包括中国在内的世界上绝大多数国家都采用直接标价法。在国际外汇市场上,日元、瑞士法郎、加元等均为直接标价法。

如:日元兑美元119.05,即1美元兑119.05日元;日元兑人民币6.418,即100日元兑6.418人民币。

间接标价法又称应收标价法,它是以一定单位(如1个单位)的本国货币为标准,来计算应收若干单位的外国货币。在国际外汇市场上,欧元、英镑、澳元等均为间接标价法。如欧元对美元汇率为1.3830,即1欧元兑1.3830美元。

4. 汇兑损益

外汇交易过程中会产生基于某种货币的收益或损失,即汇兑损益。物流企业将收到的外汇兑换为人民币时,也会产生基于合同价的以人民币计价的收益或损失。外汇业务不多的物流企业,可不设置汇兑损益科目,将汇兑损益并入财务费用科目记账。汇兑收益作为冲减财务费用处理,记入财务费用账户的贷方;汇兑损失作为增加财务费用处理,记入财务费用账户的借方。

【例9-1】 顺风物流公司为日本丰田公司提供物流运输服务,合同价款人民币1 000 000日元,合同签订时的日元兑人民币外汇中间价为 5.72,折算为应收人民币 57 200 元。收到日元当天,向中国银行申请换回人民币,日元外汇买入价为 6.00,核算该次外汇折算的收益或损失。(注:外汇业务不多的企业,应将外汇折算为人民币进行核算,也可以将汇兑损益直接计入财务费用。)

(1)提供物流服务时的会计分录:
借:应收账款——丰田公司　　　1 000 000×5.72÷100＝57 200
　　贷:主营业务收入　　　　　　　　　　　　　　　　57 200
(2)收到日元货款并兑换成人民币时的会计分录:
借:库存现金　　　　　　　　　1 000 000×6.00÷100＝60 000
　　贷:应收账款——丰田公司　　　1 000 000×5.72÷100＝57 200
　　　　汇兑损益　　　　　　　　　　　　　　　　　　2 800

二、库存现金的管理制度

(一)库存现金的开支范围

国务院颁布的《现金管理暂行条例》允许企业使用现金结算的范围如下:
(1)职工工资、津贴。
(2)个人劳务报酬。
(3)根据国家规定颁发给个人的科学技术、文化艺术、体育等各种奖金。
(4)各种劳保、福利费用以及国家规定的对个人的其他支出。
(5)向个人收购农副产品和其他物资的价款。
(6)出差人员必须随身携带的差旅费。
(7)结算起点以下的零星支出。
(8)中国人民银行确定需要支付现金的其他支出。

(二)库存现金管理的基本规定

(1)严格遵守库存现金限额。
(2)严禁私设"小金库"和用"白条"抵库。
(3)单位的库存现金,不准以个人名义存入银行。
(4)建立现金的岗位责任制,确保办理现金业务的不相容岗位相互分离、制约和监督。出纳人员不得兼任稽核、会计档案保管和收入、支出、费用、债权债务账目的登记工作。
(5)企业办理现金业务,应配备合格的人员,并根据情况进行岗位轮换。
(6)应建立现金授权批准制度,明确审批人员对现金业务的授权批准方式等相关措施。
(7)加强印鉴的管理工作,财务专用章由专人保管,个人名章由本人或其授权人保管,严禁一人保管支付所需的全部印章。
(8)加强空白票据的管理工作,防止遗失和被盗。

三、库存现金的核算

为了核算和监督库存现金的收入、支出和结存情况,企业应设置"库存现金"科目,由负责总账的财会人员进行总分类核算,还必须设置"库存现金日记账"进行序时核算。"库存现金日记账"一般采用三栏式订本账格式。

"库存现金日记账"由出纳人员根据收、付款凭证,按照业务的发生顺序逐笔登记。每日终了,应计算当日的现金收入合计数、现金支出合计数和结余数,并将结余数与实际库存数核对,做到账款相符。有多币种现金的企业,应当按照币种分别设置库存现金日记账进行明细核算。

(一)库存现金收付的核算

企业收到现金,借记"库存现金"科目,贷记有关科目;支出现金,借记有关科目,贷记"库存现金"科目。该科目月末余额在借方,表示库存现金的余额。

【例9-2】 2019年5月3日,顺风物流公司采购员张伟借差旅费5 000元,以现金支付。根据审批的借款单,编制会计分录如下:

借:其他应收款——张伟　　　　　　　　　5 000
　　贷:库存现金　　　　　　　　　　　　　　5 000

【例9-3】 2019年5月10日,张伟报销差旅费4 600元,交回多余的现金400元。根据审批的差旅费报销单和相关凭证,编制会计分录如下:

借:库存现金　　　　　　　　　　　　　　400
　　管理费用　　　　　　　　　　　　　　4 600
　　贷:其他应收款——张伟　　　　　　　　　5 000

【例9-4】 2019年5月20日,顺风物流公司出纳用现金支票到开户银行提取现金80 000元。根据现金支票存根联,编制会计分录如下:

借:库存现金　　　　　　　　　　　　　　80 000
　　贷:银行存款　　　　　　　　　　　　　　80 000

【例9-5】 2019年5月23日,以现金支付购买办公用品款500元。根据现金支付单据和办公用品发票,编制会计分录如下:

借:管理费用　　　　　　　　　　　　　　500
　　贷:库存现金　　　　　　　　　　　　　　500

(二)库存现金的清查

企业应定期进行现金清查,一般采用实地盘点法。对于清查的结果应当编制现金盘点报告单。库存现金清查包括两部分内容:一是出纳人员每日营业终了进行账款核对;二是清查小组进行定期或不定期的盘点和核对。

根据《企业会计制度》规定,发现库存现金的溢余或短缺,要通过"待处理财产损溢——待处理流动资产损溢"科目进行核算,经批准后,溢余一般计入"营业外收入";根据短缺原因,无法查明的计入"管理费用",查到有责任人的原因,计入"其他应收款"。

【例9-6】 2019年5月31日,顺风物流公司盘点现金,短缺200元。根据盘点报告单,编制会计分录如下:

借:待处理财产损溢——待处理流动资产损溢　　200
　　贷:库存现金　　　　　　　　　　　　　　200

查明原因为出纳李小明支付错误,经批准后,编制会计分录如下:

借:其他应收款——李小明　　　　　　　　　200
　　贷:待处理财产损溢——待处理流动资产损溢　200

【例9-7】 2019年6月30日,顺风物流公司清查现金时,发现多了100元。根据库存现金盘点表,编制会计分录如下:

借:库存现金　　　　　　　　　　　　　　100
　　贷:待处理财产损溢——待处理流动资产损溢　100

经查,无法找到原因,根据批准意见,编制会计分录如下:
借:待处理财产损溢——待处理流动资产损溢　　100
　　贷:营业外收入　　　　　　　　　　　　　　　　100

单元二　银行存款的核算

银行存款是其他货币资金中最重要的一种,也是结算方式中最主要的媒介。目前国内以微信和支付宝为代表的网络支付,如果绑定的是企业银行存款账户,仍然通过银行存款进行核算;如果网络支付没绑定企业银行存款账户,则通过其他货币资金或其他应收款账户核算。

一、银行存款概述

银行存款是企业存入银行或其他金融机构的各种款项。

(一)银行存款的分类

我国的银行存款包括人民币存款和外币存款两种。根据《银行账户管理办法》,银行存款账户分为基本存款账户、一般存款账户、临时存款账户和专用存款账户。

(1)基本存款账户是企业办理日常转账结算和现金收付的账户。工资、奖金等现金的支取只能通过本账户办理。

(2)一般存款账户是存款人在基本存款账户以外的银行借款转存、与基本存款账户不在同一地点的附属非独立核算单位开立的账户。企业可以通过本账户办理转账结算和现金缴存,但不能办理现金的支取。

(3)临时存款账户是企业因临时经营活动需要而开立的账户,如企业到异地进行临时采购,在采购地开立的账户等。本账户可以办理转账和根据国家现金管理的规定办理现金收付。

(4)专用存款账户是企业因特定用途而开立的账户,如企业有基本建设项目专用资金、更新改造资金、农副产品资金等需要专户管理的资金。企业的销货款不得转入专用存款账户。

(二)基本存款账户和一般存款账户的开户规定

企业可以自主选择银行开户,银行也可以自愿选择存款人。但一个企业只能选择一家银行的一个营业机构开立一个基本存款账户,不得在多家银行机构同时开立基本存款账户;企业可以开设多个一般存款账户,但不得在同一家银行的几个分支机构同时开立一般存款账户。

二、支付结算方式

(一)结算业务概述

结算是指企业因为商品购销、提供劳务或资金调拨等业务而产生的货币收付行为。结算由清算与交收两个环节组成。清算可以分为双边清算和多边清算,也可以分为全额清算和净额清算。清算与交收是整个资金运动过程中必不可少的两个重要环节。只有通过清算和交收才能了结债权和债务。清算与交收的联系:清算是交收的基础和保证,交收是清算的后续与完成。清算与交收的区别:清算不发生财产实际转移,交收发生财产的实际转移。

1.双边结算与多边结算

目前结算体系主要存在两套平行的系统,它们分别是双边清算与结算体系(bilateral clearing and settlement)、中央对手方(central counter party,以下简称CCP)清算与结算体系。

中央对手方(又称共同对手方)是指在清算和交收过程中,以原始市场参与人的法定对手方身份介入交易结算,充当原买方的卖方和原卖方的买方,并保证交易执行的实体,其核心内容是角色更替和担保交收。双边清算和中央对手方清算模式两者并存了一个世纪,并将继续保持共存的发展趋势。短时间内,其中一方取代另一方的可能性较小。

以中国证券登记结算有限公司(以下简称中国结算)的结算为例,双边结算与共同对手方结算示意图如图 9-1 所示:中国结算为更好地保障证券结算业务顺利安全进行,除了采取分级结算原则外,还设定了一些相应的结算规则和原则,即净额结算、货银对付(DVP)原则和 CCP(共同对手方)原则。物流企业各配送中心的结算,通常可以参照中国结算的方式进行。

(1)净额结算、货银对付(DVP)原则:担保交收中,中国结算采取净额结算的方式,对各结算参与人的应收应付证券、资金进行冲抵轧差,计算出应收应付资金、证券的净额。当结算参与人交付其应付的资金或证券时,中国结算给付其相应的证券或资金,也就是俗称的"一手交钱,一手交货"。

(2)CCP(共同对手方)原则:在结算过程中,中国结算介入证券交易中成为所有买方和卖方的交收对手,并保证交收顺利完成。CCP 原则有助于简化结算过程,提高效率。同时,中国结算根据结算业务规则集中管理市场中的对手方信用风险,有利于控制和降低市场整体风险水平。以图 9-1 为例:市场有 10 名参与人,他们相互之间有 45 个对手方关系(即从 10 个交易对象中任取 2 个的组合算法:$10 \times 9 \div 2 = 45$);如果由中国结算充当共同对手方,则只需要 10 个对手方关系,对手方关系减少 78%。

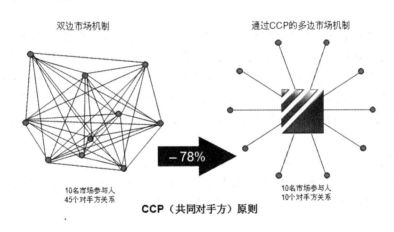

图 9-1　双边结算与共同对手方结算示意图

常见的共同对手方如:银行系统的中国人民银行;证券交易系统的中国证券登记结算有限公司;阿里巴巴的支付宝和腾讯的财付通等。

2. 全额结算与净额结算

结算按是否轧差计算分为全额结算和净额结算。双边清算通常是全额清算与结算,多边清算通常是净额清算与结算。

(1)全额结算也称逐笔结算,是指结算系统对每笔交易都单独进行结算,一个买方对应一个卖方,当一方遇货或款不足时,系统不进行部分结算。逐笔全额结算是最基本的结算方式,适用于高度自动化系统的单笔交易规模较大的市场。在全额结算过程中,结算机构并没有参与到结算中去,不对结算完成进行担保。全额结算的优点在于:由于买卖双方是一一对应的,每个市场参与者都可监控自己参与的每一笔交易结算进展情况,从而评估自身对不同对手方的风险暴露;而且由于逐笔全额进行结算,有利于保持交易的稳定和结算的及时性,降低结算本金风险。其缺点在于会对频繁交易的做市商有较高的资金要求,其资金负担会较大,结算成本也会较高。

(2)净额结算是指结算系统在设定的时间段内,对市场参与者买卖的净差额和资金净差额进行交收。净额结算是在指定时间段内只有一个结算净额,从而降低了市场参与者的流动性需求、结算成本和相关风险,也提高了市场参与者尤其是做市商投资运用和市场运作的效率。但同时净额结算实际上是一个交易链,要求指定时间段内所有的结算都顺利进行,如果有某个参与者无法进行结算,则会对其他参与者的结算带来影响,甚至给整个市场带来较大的系统性风险。净额结算比较适合交易非常频繁和活跃的市场,尤其是在交易所撮合交易模式和做市商机制比较发达的场外市场,这种结算模式需要结算系统与资金清算系统紧密合作。

(二)企事业单位常用的银行结算方式

企业与其他单位之间的一切货币收付业务,除了在规定范围内可以用现金支付的款项外,都必须通过银行办理支付结算。中国人民银行发布的《支付结算办法》规定的国内人民币的支付结算方式,包括支票、银行本票、银行汇票、商业汇票、信用卡、托收承付、委托收款、汇兑,另外还有国内信用证结算方式等。

收付款单位的开户银行在中国人民银行同一票据交换中心进行款项结算的,称为同城结算;收付款单位的开户银行在中国人民银行不同票据交换中心进行款项结算的,称为异地结算。

下面主要说明企业单位常用的支付结算方式。

1. 支票

支票是指单位和个人签发的,委托办理支票存款业务的银行在见票时无条件向收款人或者持票人支付确定的金额的票据。支票分为现金支票、转账支票和普通支票。支票上印有"现金"字样的为现金支票,现金支票只可用于从银行支取现金。支票上印有"转账"字样的为转账支票,转账支票只能用于转账。支票上未印有"现金"或"转账"字样的为普通支票,普通支票既可支取现金,又可转账。在普通支票左上角划有两条平行线的为划线支票,划线支票只能用于转账,不得支取现金。

支票只能用于同城结算,支票的提示付款期限为出票日起 10 天内,超过提示付款期限提示付款的,持票人开户银行不予受理,付款人不予付款;禁止签发空头支票;按规定出具并填写支票;用于转账的支票在有效期限内可在同城票据交换区域内背书转让。支票结算程序如图 9-2 所示。

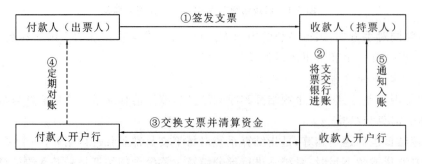

图 9-2 支票结算程序图

2. 银行本票

银行本票是银行签发的,承诺自己在见票时无条件向收款人或者持票人支付确定的金额的票据,分为不定额本票和定额本票两种。定额本票面额有 1 000 元、5 000 元、10 000 元和 50 000 元四种。银行本票由银行签发,保证兑付,信誉度高。银行本票可以用于转账,注明"现金"字样的银行本票可以用于支取现金,但单位不得申请签发现金银行本票。银行本票只能用于同城结算,银行本票的提示付款期限为出票日起最长不得超过 2 个月,超过期限的银行本票银行不予受理。在有效期限内收款人可以将银行本票背书转让给被背书人。

会计核算上,收款企业收到银行本票时,应填写进账单,连同银行本票一并送银行转账收款,根据银行盖章退回的进账单第一联和有关原始凭证编制收款凭证,借记"其他货币资金",贷记"应收账款"等科目;付款企业申请使用银行本票,应填写"银行本票申请书",根据存根联编制付款凭证,借记"其他货币资金",贷记"银行存款"科目。银行本票结算程序如图 9-3 所示。

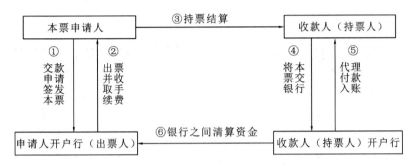

图 9-3　银行本票结算程序图

3. 银行汇票

银行汇票是出票银行签发的,由其在见票时按照实际结算金额无条件支付给收款人或者持票人的票据。银行汇票可以用于转账,填明"现金"字样的银行汇票也可以用于支取现金。单位或个人各种款项结算均可使用这种结算方式。银行汇票具有使用灵活、票随人到、兑现性强等特点。银行汇票只能用于异地结算,提示付款期限为 1 个月,持票人超过付款期限提示付款的,代理付款人不予受理;代理付款人也不得受理未在本行开立存款账户的持票人为单位直接提交的银行汇票;收款人可以将银行汇票背书转让给被背书人,但银行汇票的背书转让以不超过出票金额的实际金额为准,未填写实际结算金额或实际结算金额超过出票金额的银行汇票不得背书转让;银行汇票的实际结算金额不得更改。

会计核算上,付款企业使用银行汇票,应向出票银行填写"银行汇票申请书",银行受理、收妥款项后签发银行汇票,企业取得银行汇票和解讫通知后,应根据"银行汇票申请书"存根联编制付款凭证,借记"其他货币资金"科目,贷记"银行存款"科目。银行汇票结算程序如图 9-4 所示。

4. 商业汇票

商业汇票是出票人签发的,委托付款人在指定日期无条件支付确定的金额给收款人或者持票人的票据,用于单位、个人和个体户之间各种款项结算。商业汇票按其承兑人的不同,分为商业承兑汇票和银行承兑汇票。商业承兑汇票由银行以外的付款人承兑,银行承兑汇票由银行承兑。商业汇票的付款人为承兑人。在银行开立存款账户的法人以及其他组织之间,必须具有真实的交易关系或债权债务关系才能使用商业汇票,同城或异地均可使用商业汇票。

商业汇票付款期限最长为 6 个月,提示付款期限自汇票到期日起 10 日。

会计核算上,收款单位和付款单位应分别设置"应收票据"和"应付票据"科目对收到和开出的商业汇票进行核算。

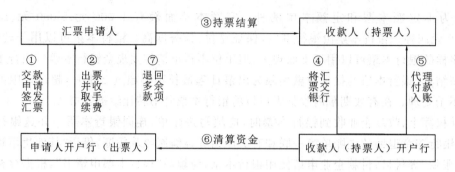

图 9-4　银行汇票结算程序图

商业汇票结算程序如图 9-5 所示。

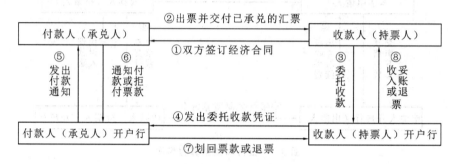

图 9-5　商业汇票结算程序图

5. 托收承付

托收承付是指根据购销合同由收款企业发货后,委托银行向异地付款单位收取款项,由付款单位向银行承付的一种结算方式。使用托收承付结算方式的收款单位和付款单位,必须是国有企业、供销合作社以及经营管理较好并经开户银行审查同意的城乡集体所有制工业企业。办理托收承付结算的款项,必须是商品交易以及因商品交易而产生的劳务供应的款项。代销、寄销、赊销商品的款项,不得办理托收承付结算。

托收承付结算的每笔金额起点为 10 000 元,新华书店系统的托收承付结算每笔的金额可降到 1 000 元。

会计核算上,收款企业按经济合同发货后,按规定签发托收承付结算凭证,连同发货单、运单、合同副本一并提交银行办理托收,在银行审查无误并予以受理后,应做企业销货实现的账务处理。付款单位接到银行转来的结算凭证及附件后,经审查无误,根据购销合同中规定的承付货款方式,即验单付款或验货付款,办理货款的承付;验单付款的承付期为 3 天,验货付款的承付期为 10 天;若承认付款,应于承付时根据托收承付结算凭证的承付通知和有关发票账单等原始凭证,编制付款凭证;对于既未承付又未拒付的款项,银行视为默认承付,付款单位应于规定的承付期满的次日,编制付款凭证;若付款单位全部或部分拒绝付款,必须填写"拒绝付款理由书",注明拒绝付款理由,经开户银行审查同意的方可拒付,经开户银行审查理由不符合拒付规定的,开户银行不予受理,并要实行强制扣款。收款企业对于托收款项,应在收到银行的收账通知时,根据收账通知和有关原始凭证编制收款凭证。托收承付结算程序如图 9-6 所示。

6. 委托收款

委托收款是收款人委托银行向付款人收取款项的一种结算方式,同城、异地均可采用。单

图 9-6 托收承付结算程序图

位和个人凭已承兑商业汇票、债券、存单等付款人债务证明办理款项的结算,均可以使用这种结算方式。

会计核算上,收款企业委托银行收款时,应签发委托收款凭证,连同有关的债权证明向银行提交,银行审查无误予以受理后,如为销货后委托收款,企业应根据委托收款凭证回单及其他单据,做销货实现的会计处理。付款单位接到银行转来的委托收款凭证和有关附件后,应在规定的付款期(接到通知日的次日起3日内)内付款,并编制付款凭证;如拒绝付款,应在付款期内出具拒绝证明,连同有关债务证明单据送交银行,由银行转交收款人。收款人在收到银行的收账通知时,根据收账通知编制收款凭证。委托收款结算程序如图 9-7 所示。

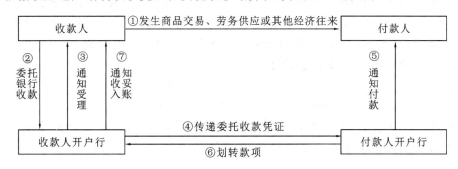

图 9-7 委托收款结算程序图

7. 汇兑

汇兑是汇款人委托银行将其款项支付给收款人的一种结算方式,按凭证传送方法不同分为信汇和电汇两种。单位和个人的各种款项的结算,如各单位之间的商品交易、劳务供应、资金缴拨、清理旧账等,均可使用这种结算方式。

会计核算上,汇款单位应在向银行办理汇款后,根据汇款回单编制付款凭证;收款人应在收到银行的收账通知时,据以编制收款凭证。汇兑结算程序如图 9-8 所示。

图 9-8 汇兑结算程序图

企业采用上述各种结算方式办理结算,必须遵守国家的法律、法规和中国人民银行颁布的《支付结算办法》等的各项规定,遵守结算纪律。严格按照《银行账户管理办法》的规定开立、使用账户,不准出租、出借账户。单位、个人和银行办理支付结算必须遵守下列原则:恪守信用,履约付款;谁的钱进谁的账,由谁支配;银行不垫款。

三、银行存款的核算和对账

(一)银行存款的核算

为了总括反映银行存款的收支和结存情况,企业应设置"银行存款"总账科目。该科目属于资产类科目,借方登记银行存款的增加数,贷方登记银行存款的减少数,借方余额反映企业存在银行或其他金融机构的各种款项的余额。企业在不同的结算方式下,根据有关的原始凭证编制银行存款的收付款凭证,记入企业的"银行存款"科目。企业将款项存入银行或其他金融机构时,借记"银行存款"科目,贷记"库存现金"或有关科目;提取或支付在银行或其他金融机构中的存款时,借记"库存现金"或有关科目,贷记"银行存款"科目。

企业应当按照开户银行和其他金融机构、存款种类等,分别设置"银行存款日记账",由出纳人员根据收付款凭证,按照业务的发生顺序逐笔登记。每日终了,应结出余额。"银行存款日记账"应定期与银行交来的"银行对账单"核对,至少每月核对一次。月末,企业银行存款账面余额与银行对账单余额之间如有差额,应按月编制"银行存款余额调节表"调节,使之相符。有外币业务的企业,应在本科目下分别按人民币和各种外币设置"银行存款日记账"进行明细核算。

【例9-8】 2019年12月2日,顺风物流公司收到海尔公司前欠运费10 000元。根据银行转来的信汇凭证收账通知单,编制会计分录如下:

借:银行存款　　　　　　　　　　　　10 000
　　贷:应收账款——海尔公司　　　　　　　　10 000

【例9-9】 2019年12月16日,顺风物流公司向银行借入资金800 000元,期限3个月,存入银行。根据银行入账通知单,编制会计分录如下:

借:银行存款　　　　　　　　　　　　800 000
　　贷:短期借款　　　　　　　　　　　　　800 000

【例9-10】 2019年12月19日,顺风物流公司收到海通公司签发的三个月到期商业汇票款项20 000元。根据商业汇票和银行收账通知等相关凭证,编制会计分录如下:

借:银行存款　　　　　　　　　　　　20 000
　　贷:应收票据——海通公司　　　　　　　　20 000

【例9-11】 2019年12月23日,顺风物流公司开出转账支票,支付成都航空职业技术学院对本企业员工的培训费15 000元。根据成都航空职业技术学院开来的行政事业收据和转账支票存根,编制会计分录如下:

借:管理费用　　　　　　　　　　　　15 000
　　贷:银行存款　　　　　　　　　　　　　15 000

(二)银行存款的对账

为了保证银行存款的安全和核算的正确,企业应按期对账。银行存款的对账包括三个方面:一是银行存款日记账与银行存款收、付款凭证相互核对,做到账证相符;二是银行存款日记账与银行存款总账相互核对,做到账账相符;三是在账证、账账相符的基础上,银行存款日记账与银行对账单相互核对,做到账单相符。银行存款日记账余额与银行对账单余额如有不符,首先应排除未达账项造成的影响。

所谓未达账项,是指银行与企业之间,由于凭证传递上的时间差,一方已登记入账,而另一方尚未入账的收支项目。银行存款的未达账项具体包括如下四种情况:

(1)银行已入账但企业未入账的收入;

(2)银行已入账但企业未入账的支出;

(3)企业已入账但银行未入账的收入;

(4)企业已入账但银行未入账的支出。

对于未达账项,应编制"银行存款余额调节表"进行调节。调节后,若无记账差错,双方调整后的银行存款余额应该相等;调节后,双方余额如果仍不相符,说明记账有差错,需进一步查对,更正错误记录。

调节后的银行存款余额,反映了企业可以动用的银行存款实有数额。需要注意的是,"银行存款余额调节表"是用来核对企业和银行的记账有无错误,不能作为记账的依据。对于未达账项,无须进行账面调整,待结算凭证收到后再进行账务处理。

【例 9-12】 顺风物流公司 2019 年 4 月 30 日,银行存款日记账的余额为 290 520 元,银行对账单余额为 352 640 元,经查对有下列未达账项:

(1)企业于月末收到某企业开来的转账支票 1 800 元并已入账,银行尚未收到。

(2)企业于月末开出转账支票 38 400 元支付材料采购款并已记账,持票人尚未到银行办理转账手续。

(3)委托银行代收的销货款 31 200 元,银行已经入账,但企业尚未收到银行收款通知。

(4)银行代付本月水费 5 680 元并已记账,企业尚未收到银行付款通知。

根据以上未达账项,填制银行存款余额调节表,如表 9-1 所示。

表 9-1 银行存款余额调节表

2019 年 4 月 30 日　　　　　　　　　　　　　　　　　　　　　　　　　　　　　　单位:元

项目	金额	项目	金额
银行存款日记账余额	290 520	银行对账单余额	352 640
加:银行已收,企业未收	31 200	加:企业已收,银行未收	1 800
减:银行已付,企业未付	5 680	减:企业已付,银行未付	38 400
调节后的存款余额	316 040	调节后的存款余额	316 040

单元三　其他货币资金的核算

一、其他货币资金概述

其他货币资金是指企业除现金、银行存款以外的其他各种货币资金,包括外埠存款、银行汇票存款、银行本票存款、信用卡存款、信用证保证金存款、存出投资款等。

为了核算各种其他货币资金,企业应当设置"其他货币资金"总账科目,该科目为资产类科目,借方反映其他货币资金增加的金额,贷方反映其他货币资金由于使用而减少的金额;期末余额在借方,反映企业持有的其他货币资金余额。

该总账科目下应设置"外埠存款""银行汇票""银行本票""信用卡""信用证保证金""存出投资款"等明细科目。

二、其他货币资金的核算

(一)外埠存款

外埠存款,是指企业到外地进行临时和零星采购时,汇往采购地银行开立采购专户存款的款项。企业将款项委托当地银行汇往采购地开立专户时,根据汇出款项凭证编制付款凭证,借记"其他货币资金——外埠存款"科目,贷记"银行存款"科目;企业收到采购人员交来的供货单位发货票、账单等报销凭证时,据以编制转账凭证,借记"材料采购"或"原材料""库存商品""应交税费——应交增值税(进项税额)"等科目,贷记"其他货币资金——外埠存款"科目;用外埠存款采购结束,将多余资金转回基本存款账户时,根据银行的收账通知编制收款凭证,借记"银行存款"科目,贷记"其他货币资金——外埠存款"科目。

【例9-13】 2019年6月2日,顺风物流公司到外地采购材料,开出汇款委托书,委托当地开户银行将采购款10 000元汇往采购地银行开立采购专户,编制会计分录如下:

借:其他货币资金——外埠存款　　　　　10 000
　　贷:银行存款　　　　　　　　　　　　　　10 000

【例9-14】 2019年6月20日,收到采购人员交来的报销凭证,其中不含税货款6 000元,增值税780元,材料验收入库,编制会计分录如下:

借:原材料　　　　　　　　　　　　　　6 000
　　应交税费——应交增值税(进项税额)　　780
　　贷:其他货币资金——外埠存款　　　　　　6 780

【例9-15】 2019年7月6日,接当地银行通知,汇出的采购专户存款余额已汇回,存入公司的银行账户,编制会计分录如下:

借:银行存款　　　　　　　　　　　　　3 220
　　贷:其他货币资金——外埠存款　　　　　　3 220

(二)银行汇票存款

银行汇票存款,是指企业为取得银行汇票按照规定存入银行的款项。企业在填送"银行汇票申请书"并将款项交存银行,取得银行汇票后,根据银行签章退回的申请书存根联编制付款凭证,借记"其他货币资金——银行汇票"科目,贷记"银行存款"科目;企业使用银行汇票后,根据发票账单等有关凭证编制转账凭证,借记"材料采购"或"原材料""库存商品""应交税费——应交增值税(进项税额)"等科目,贷记"其他货币资金——银行汇票"科目;如有多余款或因汇票超过付款期限等原因而退回款项,企业应根据银行转来的银行汇票第四联(多余款收账通知),借记"银行存款"科目,贷记"其他货币资金——银行汇票"科目。

【例9-16】 2019年3月2日,顺风物流公司到达昌公司采购原材料,填制银行汇票申请书50 000元。根据银行汇票申请书存根联,编制会计分录如下:

借:其他货币资金——银行汇票　　　　　50 000
　　贷:银行存款　　　　　　　　　　　　　　50 000

【例9-17】 2019年3月10日,材料入库,不含税货款40 000元,增值税5 200元,一并以面值50 000元的银行汇票付讫,余款尚未收回,编制会计分录如下:

借：原材料　　　　　　　　　　　　　　　　　　　40 000
　　应交税费——应交增值税（进项税额）　　　　　5 200
　　贷：其他货币资金——银行汇票　　　　　　　　　　45 200

【例 9-18】　2019 年 3 月 20 日，银行转来多余款收账通知，金额为 4 800 元，编制会计分录如下：

借：银行存款　　　　　　　　　　　　　　　　　　4 800
　　贷：其他货币资金——银行汇票　　　　　　　　　　4 800

（三）银行本票存款

银行本票存款，是指企业为取得银行本票按照规定存入银行的款项。企业向银行提交"银行本票申请书"并将款项交给银行，取得银行签发的银行本票后，应根据银行签章退回的"银行本票申请书"存根联编制付款凭证，借记"其他货币资金——银行本票"科目，贷记"银行存款"科目；企业使用银行本票后，应根据发票账单等有关单据编制转账凭证，借记"材料采购"或"原材料""库存商品""应交税费——应交增值税（进项税额）"等科目，贷记"其他货币资金——银行本票"科目。若本票因超过付款期限等原因要求退款时，应填写进账单一式两联，连同本票一并送交银行，根据银行盖章退回的进账单第一联编制收款凭证，借记"银行存款"科目，贷记"其他货币资金——银行本票"科目。

【例 9-19】　2019 年 7 月 10 日，顺风物流公司向开户银行申请办理银行本票，公司开出本票委托书并将款项 12 000 元交存银行取得银行本票，编制会计分录如下：

借：其他货币资金——银行本票　　　　　　　　　12 000
　　贷：银行存款　　　　　　　　　　　　　　　　　　12 000

【例 9-20】　2019 年 7 月 15 日，采用银行本票办理采购货款的结算，其中不含税货款 9 000 元，增值税 1 170 元，材料验收入库，编制会计分录如下：

借：原材料　　　　　　　　　　　　　　　　　　　9 000
　　应交税费——应交增值税（进项税额）　　　　　1 170
　　贷：其他货币资金——银行本票　　　　　　　　　　10 170

【例 9-21】　2019 年 7 月 20 日，顺风物流公司收到开户银行的收账通知，收到上例本票余款 1 830 元，编制会计分录如下：

借：银行存款　　　　　　　　　　　　　　　　　　1 830
　　贷：其他货币资金——银行本票　　　　　　　　　　1 830

（四）信用卡存款

信用卡存款，是指企业为取得信用卡按照规定存入银行的款项。企业应按规定填制申请表，连同支票和有关资料一并送交发卡银行，根据银行盖章退回的进账单第一联，借记"其他货币资金——信用卡"科目，贷记"银行存款"科目；企业用信用卡购物或支付有关费用，借记有关科目，贷记"其他货币资金——信用卡"科目；企业信用卡在使用过程中，需要向其账户续存资金的，借记"其他货币资金——信用卡"科目，贷记"银行存款"科目。

（五）信用证保证金存款

信用证保证金存款，是指企业为取得信用证按规定存入银行的保证金。企业向银行申请开立信用证，应按规定向银行提交开证申请书、信用证申请人承诺书和购销合同。企业向银行交纳保证金，根据银行退回的进账单第一联编制付款凭证，借记"其他货币资金——信用证保证金"科目，贷记"银行存款"科目；根据开证行交来的信用证通知书及有关单据列明的金额，借记

"材料采购"或"原材料""库存商品""应交税费——应交增值税(进项税额)"等科目,贷记"其他货币资金——信用证保证金"科目;企业未用完的信用证保证金余额转回开户银行时,根据收款通知编制收款凭证,借记"银行存款",贷记"其他货币资金——信用证保证金"科目。

(六)存出投资款

存出投资款,是指企业已存入证券公司或期货公司但尚未进行交易性投资的现金。目前,为保护投资者的存款安全,我国在证券和期货交易中均实行第三方存托管制度,即企业向证券公司或期货公司进行"银证转账"或"银期转账"时,其存款资金并未实际转给证券公司或期货公司,而是在银行存款端进行了"镜像"处理。企业向证券公司或期货公司划出资金时,应按实际划出的金额,借记"其他货币资金——存出投资款"科目;购买股票、债券等时,按实际发生的金额,借记"交易性金融资产"科目,贷记"其他货币资金——存出投资款"科目。

【例 9-22】 顺风物流公司向银河证券划出款项 1 000 000 元,拟进行股票投资,编制会计分录如下:

借:其他货币资金——存出投资款   1 000 000
  贷:银行存款   1 000 000

企业应当加强对其他货币资金的管理,定期对其他货币资金进行检查,对于已经部分不能收回或者全部不能收回的其他货币资金,应当查明原因进行处理,有确凿证据表明无法收回的,应当根据企业管理权限报经批准后,借记"营业外支出"科目,贷记"其他货币资金"科目。

单元四 买入返售金融资产的核算

一、买入返售金融资产的含义

买入返售金融资产是指公司按返售协议约定先买入再按固定价格返售的证券等金融资产所融出的资金。以债券为标的进行买入返售的金融资产,其实质是以债券为抵押品进行的短期资金借贷行为。交易双方并不互相结算,交易双方均与中国证券登记结算有限公司结算,因此几乎无任何结算风险。

国债逆回购是债券回购中最主要的品种。该品种风险极低,收益稳定,流动性强,其收益率远远高于一年期定期存款利率。因此,通常将国债逆回购一年的平均收益作为资金的无风险成本。尤其是期限为 1 天的国债逆回购,能够准确提示当前社会资金的宽松或紧张状况。具有较多闲置货币资金的物流企业或持有较多国债的物流企业,应充分利用国债逆回购和正回购进行资金的配置。

二、国债逆回购的概念及交易规定

(一)债券回购相关概念

1. 债券回购

债券回购是指债券交易的双方在进行债券交易的同时,以契约方式约定在将来某一日期以约定的价格由正回购方向逆回购方购回债券的交易行为。

2. 正回购方

正回购方等同于融资方、借入资金方。正回购方将债券质押给逆回购方,并在约定时间向逆回购方买回债券,并支付相应的利息。

3. 逆回购方

逆回购方等同于融券方、借出资金方。逆回购方将资金(即本金)借给正回购方,并暂时获取该债券的质押权,并在约定时间收回出借资金(即本金)及收取约定的利息,同时将该债券归还给正回购方。

(二)债券回购交易的基本规定

(1)交易双方必须在中国证券登记结算有限公司开立证券账户,同时在证券公司开立相应的资金账户,即有证券账号和资金账号。

(2)逆回购方(即借出资金方)借出的资金,上海证券交易所规定必须是100 000元及其整数倍;深圳证券交易所规定必须是1 000元及其整数倍。

(3)T+1交易资金可用不可取,T+2交易日资金可取。(T是指回购成交的当日)。

(三)国债逆回购的品种及代码

常见国债逆回购的品种及代码如表9-2所示。

表9-2 国债逆回购的品种及代码表

交易市场	品种	名称	代码
上海证券交易所新质押式债券回购交易	1天回购	GC001	204001
	2天回购	GC002	204002
	3天回购	GC003	204003
	4天回购	GC004	204004
	7天回购	GC007	204007
	14天回购	GC014	204014
	28天回购	GC028	204028
深圳证券交易所新质押式国债回购交易	1天回购	R-001	131810
	2天回购	R-002	131811
	3天回购	R-003	131800
	4天回购	R-004	131809

三、国债逆回购的核算

国债逆回购及其他回购品种,通过"买入返售金融资产"科目核算。

(1)企业根据返售协议买入金融资产时,应按实际支付的款项和交易费用之和,借记"买入返售金融资产"科目,贷记"银行存款"等科目。

(2)资产负债表日,应按合同约定的名义利率计算确定的买入返售金融资产的利息收入的金额,借记"买入返售金融资产"科目,贷记"利息收入""投资收益"等科目。

收到支付的买入返售金融资产的利息、现金股利等,借记"银行存款"等科目,贷记"买入返售金融资产"科目、"应收股利"等科目。

(3)返售日,应按收到的返售价款,借记"银行存款"等科目,按其账面上余额,贷记"买入返售金融资产"科目,按其差额,贷记"利息收入""投资收益"等科目。

(4)"买入返售金融资产"科目期末借方余额,反映企业买入的尚未到期返售金融资产余额。公司根据返售协议买入金融资产时,应按实际支付的款项作为初始确认金额。

【例9-23】 顺风物流公司2012年12月31日进行国债逆回购操作,当日1天期回购的利率为29.3‰(注意是指年化收益率,不是指一天的利率),借出资金5 000 000元(不考虑手续费),共取得利息4 000元。

(1)成交日编制如下会计分录:

借:买入返售金融资产　　　　　　　5 000 000
　　贷:银行存款　　　　　　　　　　　　　5 000 000

(2)返售日编制如下会计分录:

借:银行存款　　　　　　　　　　　5 004 000
　　贷:买入返售金融资产　　　　　　　　　5 000 000
　　　　投资收益　　　　　　　　　　　　　　　4 000

技能训练15

1.训练项目:多边净额清算。

2.训练目的:运用CCP模式完成物流配送中心对各配送点的结算。

3.训练资料:

顺风物流公司配送中心下有A、B、C、D、E、F共6个配送点,发生的债权和债务情况如下:A应收B 3 000元,应收F 7 000元;B应收C 6 000元,应收D 9 000元,应收F 1 000元;C应收A 5 000元,应收E 2 000元;D应收A 14 000元,应收F 4 000元;E应收B 9 000元,应收D 15 000元;F应收C 8 000元,应收E 16 000元。

4.要求:

请根据上面的资料,运用CCP方法,分析各物流配送点的债权和债务情况,编制多边净额清算表(见表9-3)。

表9-3　多边净额清算表

物流配送点	债权	债务	净额
A			
B			
C			
D			
E			
F			

技能训练16

1.训练项目:银行存款余额调节表的编制。

2.训练目的:能根据经济业务编制银行存款余额调节表,掌握企业银行存款清查的方法。

3. 训练资料：

图 9-9 和图 9-10 所示为顺风物流北京公司 2018 年 7 月的银行存款日记账和银行对账单。

银行存款日记账

开户行：工行北京市欣立路支行
账号：74239401686988

2018年		记账凭证		对方科目	摘要	结算凭证		借方	贷方	√	余额
月	日	字	号			种类	号码				
7	1				期初余额						2,355,800.00
7	1	记	1		购买办公用品				55,000.00		2,300,800.00
7	7	记	3		购入原材料				100,000.00		2,200,800.00
7	8	记	5		存入现金			10,000.00			2,210,800.00
7	13	记	13		支付手续费				5,000.00		2,210,300.00
7	17	记	15		收到赔偿款			100,000.00			2,310,300.00
7	19	记	32		支付业务招待费				3,000.00		2,307,300.00
7	21	记	40		银行利息存入			352.19			2,307,652.19
7	24	记	42		收到前期货款			75,000.00			2,382,652.19
7	25	记	47		销售商品			200,000.00			2,582,652.19
7	26	记	53		提取现金				10,000.00		2,572,652.19
7	28	记	58		支付水电费				2,000.00		2,570,652.19
7	30	记	61		收回员工借款			500.00			2,571,152.19

图 9-9 银行存款日记账

中国工商银行 对账单

户名：工行北京市欣立路支行
账号：74239401686988
第 1 页
利率： %

日期	摘要	结算凭证		借方	贷方	余额
		种类	号数			
2018年6月30日						¥2,355,800.00
2018年7月1日	转账				¥110,000.00	¥2,465,800.00
2018年7月1日	转账			¥55,000.00		¥2,410,800.00
2018年7月7日	转账			¥100,000.00		¥2,310,800.00
2018年7月7日	转账				¥10,000.00	¥2,320,800.00
2018年7月9日	转账			¥3,000.00		¥2,317,800.00
2018年7月10日	转账			¥500.00		¥2,317,300.00
2018年7月10日	转账				¥100,000.00	¥2,417,300.00
2018年7月12日	转账				¥352.19	¥2,417,652.19
2018年7月14日	转账				¥75,000.00	¥2,492,652.19
2018年7月16日	转账			¥10,000.00		¥2,482,652.19
2018年7月17日	转账			¥3,000.00		¥2,479,652.19
2018年7月25日	转账			¥2,000.00		¥2,477,652.19
2018年7月25日	转账				¥50,000.00	¥2,527,652.19
2018年7月26日	转账				¥110,000.00	¥2,637,652.19
2018年7月28日	转账				¥200,000.00	¥2,837,652.19
2018年7月30日	转账			¥200.00		¥2,837,452.19

图 9-10 银行对账单

4. 要求：

根据上述资料请完成银行对账并编制银行存款余额调节表（见表 9-4）。

表 9-4　银行存款余额调节表

2018 年 7 月 31 日　　　　　　　　　　　　　　　　　　　　　　　　　　　单位：元

项目	金额	项目	金额
银行存款日记账余额		银行对账单余额	
加：银行已收，企业未收		加：企业已收，银行未收	
减：银行已付，企业未付		减：企业已付，银行未付	
调节后的存款余额		调节后的存款余额	

技能训练 17

1. 训练项目：国债逆回购。

2. 训练目的：通过国债逆回购的核算，理解物流企业资金的无风险成本。

3. 训练资料：

顺风物流公司将闲置的流动资金用于短期国债回购，品种为深圳 R-001。回购利率 27.5%，借出资金 130 万元。该物流企业用于投资的资金账号为 9857，密码为 223358。

4. 要求：

根据上面的资料写出本次国债逆回购完整的操作过程，编制国债逆回购的会计分录，思考物流企业闲置资金会有哪些成本。

模块十 供应物流成本的核算

供应物流成本是指经过采购活动,将企业所需原材料(生产资料)从供给者的仓库运回企业仓库为止的物流过程中所发生的物流费用。供应物流核算包括采购核算和入库核算两个基本环节,因此,供应物流成本核算主要涉及材料采购、原材料、材料成本差异、库存商品、委托加工物资、周转材料、应交税费等会计科目,以及在采购过程中发生的应付账款、预付账款、应付票据等往来会计科目。

单元一 存货及存货成本

一、存货的概念

存货是指企业在日常经营活动中持有以备出售的产品或商品、处在生产过程中的在产品、在生产过程或提供劳务过程中耗用的材料和物料等。

存货一般具有以下特点:

(1)存货是有形资产,这一点有别于无形资产。

(2)存货具有较强的流动性。在企业中,存货经常处于不断销售、耗用、购买或重置中,具有较快的变现能力和明显的流动性。

(3)存货具有时效性和发生潜在损失的可能性。在正常的经营活动下,存货能够规律地转换为货币资产或其他资产,但长期不能耗用的存货就有可能变为积压物资或降价销售或变质损坏失去使用价值,从而造成企业的损失。

对于物流企业来说,存货主要包括在正常生产经营过程中持有以备周转使用的材料、低值易耗品,或者将在提供物流服务过程中耗用的燃料、轮胎和配件等。物流企业的存货和工业企业、流通企业存货相比在种类上具有行业特殊性,同时具有较强的流动性,始终处在不断的耗用和重置过程中。

存货的积压会引起企业资金周转困难,从而影响整个企业的正常经营的开展,而存货不足又会贻误商机,影响企业的经济效益。正确核算和管理存货,对企业提高资金的利用水平,降低企业存货成本具有重要意义。

二、存货的种类

存货按经济内容可分为六大类。

(一)原材料

原材料主要指工业企业在生产过程中经加工改变其形态或性质,并构成产品主要实体的各种原料及主要材料、辅助材料、外购半成品、修理用备件、包装材料、燃料等。物流企业的原材料主要是物流设施设备在使用、维护、保养和修理过程中所耗用的材料。

(二)在产品

在产品指企业正在制造尚未完工的、处于生产状态的生产物品,包括正在各个生产工序加工的产品,以及已加工完毕但尚未检验的产品,或已检验但尚未办理入库手续的产品。期末的在产品是指"生产成本"科目的余额,"生产成本"科目的余额在资产负债表中的存货列示。物流企业流通加工的产品也在"生产成本"科目进行核算。

(三)半成品

半成品指经过一定生产过程并已检验合格交付半成品仓库保管,但尚未加工成产成品,仍然需要进一步加工的中间产品。不包括从一个生产车间转给另一车间继续加工的半成品,以及不能单独计算成本的自制半成品,这些仍然属于在产品。半成品按新会计准则,可以在"库存商品"科目进行明细核算,如果企业的半成品较多,且经常发生,也可以在"自制半成品"科目下核算。

(四)产成品

产成品指工业企业已经完成全部生产工序并验收入库可供出售的产品。企业接受外来原材料加工制造的代制品,制造完成验收入库后,应视同企业的产成品。产成品在"库存商品"科目下核算。

(五)商品

商品指商品流通企业的产品,包括外购准备用于出售的商品、委托加工完毕收回验收入库并准备出售的各种商品。商品在"库存商品"科目下核算。

(六)周转材料

周转材料指企业能够多次使用、逐渐转移其价值、使用中形态不改变并且不确认为固定资产的包装物、低值易耗品。

除了以上内容之外,存货还包括在途物资、委托加工物资、委托代销商品等。

三、存货的范围及确认

存货同时满足以下两个条件的,才能予以确认:
(1)与该存货有关的经济利益很可能流入企业。
(2)该存货的成本能够可靠地计量。

实际中,存货范围的确认,通常应以企业对存货是否具有法定所有权以及存货的风险是否转移为依据,凡在盘存日,法定所有权属于企业的所有一切物品,不论其存放地点,都应视为企业的存货,即所有在库、在耗、在用、在途的存货均确认为企业的存货;反之,凡是法定所有权不属于企业的物品,即使存放于企业,也不应确认为企业的存货。对于代销商品,在售出前,所有权属于委托方,因此代销商品应作为委托方的存货处理。

四、存货成本的确定

存货应当按照成本进行初始计量。存货成本包括采购成本、加工成本和其他成本。

(一)存货的采购成本

存货的采购成本,包括购买价款、相关税费、运输费、装卸费、保险费以及其他可归属于存货采购成本的费用。采购成本中的物流项目经常是总合在一起核算的,因此,要准确核算各项物流成本，必须将采购成本的明细发生项目进行分类核算。

其中，存货的购买价款是指企业购入的材料或商品的发票账单上列明的价款，但不包括按规定可以抵扣的增值税税额。

存货的相关税费是指企业购买存货发生的进口税费、消费税、资源税和不能抵扣的增值税进项税额以及相应的教育费附加等应计入存货采购成本的税费。

其他可归属于存货采购成本的费用是指采购成本中除上述各项以外的可归属于存货采购成本的费用，如在存货采购过程中发生的仓储费、包装费、运输途中的合理损耗、入库前的挑选整理费用等。

商品流通企业在采购商品过程中发生的运输费、装卸费、保险费以及其他可归属于存货采购成本的费用等进货费用，应当计入存货采购成本，也可以先进行归集，期末根据所购商品的销售情况进行分摊。对于已售商品的进货费用，计入当期损益；对于未售商品的进货费用，计入期末存货成本。企业采购商品的进货费用金额较小的，可以在发生时直接计入当期损益。

(二) 存货的加工成本

存货的加工成本是指在存货的加工过程中发生的追加费用，包括直接人工、追加的直接材料以及按照一定方法分配的制造费用。

直接人工是指企业在生产产品和提供劳务过程中发生的直接从事产品生产和劳务提供人员的职工薪酬及职工福利费；直接材料是指生产产品和提供劳务过程中发生的直接构成产品组成部分的材料；企业在生产过程中发生的制造费用是指企业为生产产品和提供劳务而发生的应该记入生产成本但不能直接记入生产成本的各项间接费用，这些费用先在制造费用账户中核算，期末按一定标准转入生产成本账户下的制造费用项目。

(三) 存货的其他成本

存货的其他成本是指除采购成本、加工成本以外的，使存货达到目前场所和状态所发生的其他支出。企业设计产品发生的设计费用通常应计入当期损益，但是为特定客户设计产品所发生的，可直接确定的设计费用应计入存货的成本。

存货的来源不同，其成本的构成内容也不同。原材料、商品、低值易耗品等通过购买而取得的存货的成本由采购成本构成；产成品、在产品、半成品等自制或需委托外单位加工完成的存货的成本由采购成本、加工成本以及使存货达到目前场所和状态所发生的其他支出构成。

(四) 实务中具体按以下原则确定存货的成本

(1) 购入的存货，其成本包括买价、运杂费(包括运输费、装卸费、保险费、包装费、仓储费等)、运输途中的合理损耗、入库前的挑选整理费用(包括挑选整理中发生的人工、材料费支出和挑选整理过程中所发生的数量损耗，并扣除回收的下脚废料价值)以及按规定应计入成本的税费和其他费用。

(2) 自制的存货，包括自制原材料、自制包装物、自制低值易耗品、自制半成品及库存商品等，其成本包括直接材料、直接人工和制造费用等的各项实际支出。

(3) 委托外单位加工完成的存货，包括加工后的原材料、包装物、低值易耗品、半成品、产成品等，其成本包括实际耗用的原材料或者半成品、加工费、装卸费、保险费、委托加工的往返运输费等费用以及按规定应计入成本的税费。

(4) 接受投资者投入的存货的成本。投资者投入的存货，应当按照投资合同或协议约定的价值确定，但合同或协议约定的价值不公允的除外。在投资合同或协议约定价值不公允的情况下，按照该项存货的公允价值作为其入账价值。

（5）盘盈存货的计价。盘盈存货应按其重置成本作为入账价值，并通过"待处理财产损溢"科目进行会计处理，按管理权限报经批准后冲减当期管理费用等。

单元二　供应物流成本核算涉及的往来科目

物流企业在进行存货采购时，除了通过货币资金进行货款结算外，还经常涉及应付账款、应付票据、预付账款、其他应收款、其他应付款等结算往来的情况，以及结算过程中的相关税收问题。

一、预付账款的核算

预付账款，是指企业按照购货合同或劳务合同规定，预先支付给供货方或提供劳务方的款项。

预付账款与应收账款都属于企业的债权，但两者产生的原因不同，应收账款是企业应收的销货款，即应向购货方客户收取的款项，应收账款出现在本企业的销售环节；预付账款是企业预付的购货款，即预先付给供货方的款项，预付账款出现在本企业的采购环节。因此，二者应当分别设置科目进行核算。

企业向供货方预付账款时，应借记"预付账款"科目，贷记"银行存款"科目。以后收到预购的材料或商品时，应根据发票账单等列明的应计入购入货物成本的金额，借记"物资采购"或"原材料"等科目，按专用发票上注明的增值税，借记"应交税费——应交增值税（进项税额）"科目，按应付的金额，贷记"预付账款"科目。补付的货款，借记"预付账款"科目，贷记"银行存款"科目；退回多付的货款，借记"银行存款"科目，贷记"预付账款"科目。

【例10-1】2019年6月5日，顺风物流公司预付给宏基公司材料款20 000元。编制会计分录如下：

借：预付账款　　　　　　　　　　　　　　20 000
　　贷：银行存款　　　　　　　　　　　　　　20 000

【例10-2】2019年6月10日，收到宏基公司发来的材料和专用发票，全部货款为50 000元，增值税金额为6 500元，应补付款项36 500元。编制会计分录如下：

借：原材料　　　　　　　　　　　　　　　50 000
　　应交税费——应交增值税（进项税额）　　6 500
　　贷：预付账款　　　　　　　　　　　　　　56 500

【例10-3】2019年6月20日，顺风物流公司开出转账支票36 500元补付货款。编制会计分录如下：

借：预付账款　　　　　　　　　　　　　　36 500
　　贷：银行存款　　　　　　　　　　　　　　36 500

预付货款情况不多的企业，也可以将预付的货款直接记入"应付账款"科目的借方，预付货款时，借记"应付账款"科目，贷记"银行存款"科目，收到材料或商品时再予以转销。

通过"应付账款"科目登记预付账款业务，会使应付账款的某些明细科目出现借方余额，在期末编制资产负债表时，"应付账款"所属明细科目有借方余额的，应将这部分借方余额在资产负债表的预付账款列示。

二、应付账款的核算

应付账款指因购买材料、商品或接受劳务供应而发生的债务。这是由于购销双方在取得货物、支付货款在时间上不一致而产生的负债。

"应付账款"科目用来核算企业因购买材料、商品和接受劳务等经营活动应支付的款项。本科目的贷方登记企业因购入材料、商品和接受劳务等尚未支付的款项,借方登记偿还的应付账款,期末余额一般在贷方,反映企业尚未支付的应付账款。

应付账款的入账时间应当以所购买货物所有权转移或接受劳务已发生为标准。实务中有两种情况:第一种情况,货物与结算账单同时到达,待货物验收入库后,按结算账单金额确认应付账款。第二种情况,货物先到,结算账单要间隔一段时间才能到达。这时,按合同规定交易实质已经完成,由于结算账单传递时间上的差异,无法确认应付账款的金额,但此时,该笔负债已经形成,应予以确认。在会计实务中,采用月末将货物按合同价或暂估价记入存货和应付账款科目,以便正确确认资产负债表中负债数额。下月初再用红字冲减,等实际收到结算账单时,再按实际金额确认应付账款。

应付账款入账金额的确定有总价法和净价法。总价法是指在有折扣的情况下,应付账款按应付总值入账,不扣除折扣金额,如果企业享受了折扣,即作为一项理财收益冲减财务费用。采用净价法,应付账款按扣除折扣后的金额入账。如果企业未享受到折扣,多付的部分作为一项理财费用记入财务费用。我国目前会计实务采用总价法核算。

【例10-4】 顺风物流公司2019年2月10日向A公司购入一批材料,发票价款30 000元,税款3 900元,材料已验收入库,款项未付,A公司给出的付款条件是一个月内付款,可享受2%的优惠,超过一个月付全部价款(折扣部分不考虑税金)。编制会计分录如下:

(1)顺风物流公司2月10日编制会计分录如下:

借:原材料   30 000
    应交税费——应交增值税(进项税额)   3 900
    贷:应付账款   33 900

(2)如果2月20日付款,编制会计分录如下:

借:应付账款   33 900
    贷:银行存款   33 300
        财务费用   600

(3)如果3月10日以后付款,编制如下会计分录:

借:应付账款   33 900
    贷:银行存款   33 900

三、应付票据的核算

应付票据是由出票人出票、委托付款人在指定日期无条件支付确定的金额给收款人或者持票人的票据。应付票据也是委托付款人允诺在一定时期内支付一定款项的书面证明。在我国,应付票据指应付商业汇票的票面金额。

商业汇票载明面值和偿还期,带息商业汇票还应载明利率,从理论上说,应付票据应当按到期值的现值入账,反映现有负债。但因商业汇票偿还期较短,最长不超过6个月,为了简化核算工作量,应付票据无论是带息还是不带息均按面值入账。

带息票据的应付利息属于融资成本,一般在支付时计入财务费用。如果票据利息数额较大,可以按期预提,预提利息计入"财务费用"和"应付票据"科目,到期支付本息时,冲减应付票据。期末在资产负债表上,按票据面值和利息列入流动负债项目。

应付票据到期支付,作应付票据和银行存款的减少。如果到期无款支付,商业承兑汇票应转到"应付账款"科目;银行承兑汇票因由银行承兑,银行无条件向收款人支付票款,而企业无力支付到期票款时,银行会将已支付的票款转作对企业的逾期贷款处理,并按照每天万分之五计收利息。企业收到银行转来的"××号汇票无款支付转入逾期贷款户"等有关凭证时,将应付票据转入短期借款。

【例10-5】顺风物流公司2018年11月1日从A公司购进材料计100 000元,增值税税率为13%,材料入库,签发一张3个月期的商业汇票,并由其开户行承兑,票面利率是6%。顺风物流公司编制会计分录如下:

(1)顺风物流公司2018年11月1日编制会计分录:

借:原材料 100 000
　　应交税费——应交增值税(进项税额) 13 000
　　贷:应付票据 113 000

(2)2018年末预计两个月的利息1 130(113 000×6%×2/12)元,编制会计分录:

借:财务费用 1 130
　　贷:应付票据 1 130

(3)2019年2月1日到期支付时编制如下会计分录:

借:财务费用 565
　　应付票据 114 130
　　贷:银行存款 114 695

四、其他应收款的核算

其他应收款是指除应收账款、应收票据以外,企业应收、暂付其他单位和个人的各种款项,它具体包括以下几个方面:

(1)预付给企业内部车间、科室和职工个人的各种备用款项;
(2)应收出租包装物的租金;
(3)存出的保证金,如包装物押金等;
(4)应向职工个人收取的各种垫付款项;
(5)应收、暂付上级单位和下属单位的款项;
(6)应收的各种赔款,包括应向责任者个人和保险公司收取的财产物资等损失的赔偿款项;
(7)应收的各种罚款;
(8)预付账款转入;
(9)其他应收、暂付款项。

其他应收款项是企业的一项流动资产,属于短期性债权。在采购环节支付的各种押金记入"其他应收款"的借方,但支付的采购订金或定金记入"预付账款"的借方。为了加强其他应收款项的核算和管理,应设置"其他应收款"科目,用来核算企业发生的非购销活动形成的债权,该科目借方登记企业所发生的各种其他应收款项,贷方登记企业收到和结转的其他应收款项;期末借方余额反映应收未收的各项其他应收款项。该科目应按其他应收款的项目分类,并按不同的债务人设置明细账,进行明细核算。

【例 10-6】 2019 年 8 月 30 日,顺风物流公司支付一笔包装物押金,计 10 000 元,该款项已从银行存款中付出,编制会计分录如下:

借:其他应收款　　　　　　　　　　　　　10 000
　　贷:银行存款　　　　　　　　　　　　　　　　10 000

企业应当定期或者至少于每年年度终了对其他应收款进行检查,预计其可能发生的坏账损失,并计提坏账准备。对于不能收回的其他应收款应查明原因,追究责任。对确实无法收回的,按照企业的管理权限,经股东大会或董事会,或经理(厂长)会议或类似机构批准作为坏账损失,冲减提取的坏账准备。

五、应交税费的核算

(一)应交税费概述

应交税费是指企业根据税法规定计算的应当交纳的各种税费,具体包括增值税、消费税、关税、城市维护建设税、资源税、土地增值税、房产税、车船使用税、土地使用税、教育费附加、矿产资源补偿费、企业所得税、契税、印花税、企业代扣代缴的个人所得税等。根据权责发生制原则,会计确认这些税费的时间与税法规定缴纳的时间并不完全一致,会计确认的税费在未缴纳之前形成企业的负债,即应交税费。

"应交税费"科目贷方登记应缴纳的各种税费,借方登记实际缴纳的税费,期末余额一般在贷方,表示企业尚未缴纳的税费,期末余额如在借方,表示企业多缴纳或尚未抵扣的税费。本科目按应缴纳的税费项目设置明细科目,进行明细分类核算。本教材主要讲述和物流成本核算关系紧密的流转税,其他税种从略。

(二)应交增值税的核算

1. 增值税概述

自 2016 年 5 月 1 日起,我国全面实施"营改增",至此,我国增值税的征税对象涵盖货物、劳务、服务、不动产和无形资产。其中,"货物"是指有形动产,包括电力、热力、气体在内;"劳务"是指加工、修理修配劳务;"服务"包括交通运输服务、邮政服务、电信服务、建筑服务、金融服务、现代服务和生活服务。因此,物流企业作为主要提供物流服务的企业,已从交纳营业税全面更改为交纳增值税。

增值税纳税人,按照其经营规模及会计核算的健全程度,分为一般纳税人和小规模纳税人。一般纳税人应纳增值税税额,采用一般计税方法计算,即"应纳税额=当期销项税额-当期进项税额"。小规模纳税人应纳增值税税额,采用简易计税方法,即"应纳税额=销售额×征收率"。此外,一般纳税人发生特定应税行为,也可以选择简易计税方法计税。

2019 年 4 月 1 日起,增值税税率有 13%、9%、6%、3% 和零税率。

(1) 13% 为基本税率。

(2) 原来适用 10% 税率的货物,包括粮食、食用植物油、自来水、暖气、冷气、热水、煤气、石油液化气、天然气、沼气、居民用煤炭制品、图书、报纸、杂志、饲料、化肥、农机、农膜及国务院规定的其他货物等,自 2019 年 4 月 1 日改为 9%。

(3) 提供交通运输、邮政、基础电信、建筑、不动产租赁服务,销售不动产,转让土地使用权,税率为 9%。

(4) 提供增值电信服务、金融服务、除租赁服务外的其他现代服务、生活服务以及转让土地使用权之外的其他无形资产,税率为6%。

(5)小规模纳税人增值税的征收税率为3%。

(6)零税率,特指出口退税。

2. 一般纳税人增值税的核算

为了核算企业应交增值税的发生、抵扣、交纳、退税及转出等情况,一般纳税企业应在"应交税费"科目下设置"应交增值税""未交增值税""预交增值税""待抵扣进项税额""待认证进项税额""待转销项税额""增值税留抵税额""简易计税""转让金融商品应交增值税""代扣代交增值税"等明细科目。

增值税一般纳税人应在"应交增值税"明细账内设置"进项税额""销项税额抵减""已交税金""转出未交增值税""减免税款""出口抵减内销产品应纳税额""销项税额""出口退税""进项税额转出""转出多交增值税"等专栏。

小规模纳税人只需在"应交税费"科目下设置"应交增值税"明细科目,不需要设置上述专栏及除"转让金融商品应交增值税""代扣代交增值税"外的明细科目。

一般纳税企业应交纳增值税,根据当期销项税额减去当期进项税额计算确定。当期销项税额小于当期进项税额,不足抵扣时,其不足部分可以结转下期继续抵扣。

(1)销项税额。

销项税额是指纳税人销售货物、劳务、服务、无形资产、不动产按照销售额和增值税税率计算并收取的增值税税额。

$$销项税额=不含税销售额 \times 增值税税率$$

$$不含税销售额=含税销售额 \div (1+增值税税率)$$

(2)进项税额。

进项税额是指纳税人购进货物、劳务、服务、无形资产或者不动产,支付或者负担的增值税税额,我国下列进项税额准予从销项税额中抵扣。

①从销售方取得的增值税专用发票(含税控机动车销售统一发票)上注明的增值税税额。

②从海关取得的海关进口增值税专用缴款书上注明的增值税税额。

③购进农产品,除取得增值税专用发票或者海关进口增值税专用缴款书外,按照农产品收购发票或者销售发票上注明的农产品买价和9%的扣除率计算的进项税额。

$$进项税额=买价 \times 扣除率$$

④从境外单位或者个人购进服务、无形资产或者不动产,自税务机关或者扣缴义务人取得的解缴税款的完税凭证上注明的增值税税额。

会计核算中,如果企业不能取得有关的扣税证明,则购进货物或接受应税劳务支付的增值税税额不能作为进项税额扣税,其已支付的增值税只能计入购入货物或接受劳务的成本。

3. 小规模纳税人增值税的计算

小规模纳税人发生增值税行为,采用简易计税方法,即按照销售额和增值税征收率计算增值税税额,不得抵扣进项税额。应纳税额计算公式为:

$$应纳税额=销售额 \times 征收率$$

其中,销售额应为不含税销售额,若企业采用销售额和应纳税额合并定价的,应将含税销售额还原为不含税销售额,计算公式为:

$$不含税销售额=含税销售额/(1+征收率)$$

4. 一般纳税人的会计处理

(1)有关进项税额的会计处理。

一般纳税人购进货物、劳务、服务、无形资产、不动产,取得增值税专用发票等法定扣税凭证,对于按税法规定符合抵扣条件可在本期申报抵扣的进项税额,应借记"应交税费——应交增值税(进项税额)"科目,按应计入相关成本、费用的金额,借记"材料采购""固定资产""原材料""管理费用""在途物资""销售费用"等科目,按照应付或实际支付的金额,贷记"银行存款""应付账款""应付票据"等科目,对于销售中的折让、中止或退回,做相反的会计分录。

【例 10-7】 顺风物流公司 2019 年 6 月 2 日购入原材料一批,增值税专用发票上注明货款 30 000 元,增值税税额 3 900 元。支付运费并取得增值税专用发票,价款为 1 000 元,增值税税额为 90 元。货物验收入库,款项以银行存款支付。编制如下会计分录:

借:原材料　　　　　　　　　　　　　　　　　　31 000
　　应交税费——应交增值税(进项税额)　　　　 3 990
　　贷:银行存款　　　　　　　　　　　　　　　 34 990

【例 10-8】 顺风物流公司 2019 年 6 月 10 日向 A 公司购入不需要安装的生产设备一台,价款及价外费用 200 000 元,增值税专用发票上注明的增值税税额为 26 000 元,款项尚未支付。编制如下会计分录:

借:固定资产　　　　　　　　　　　　　　　　　200 000
　　应交税费——应交增值税(进项税额)　　　　 26 000
　　贷:应付账款——A 公司　　　　　　　　　　 226 000

【例 10-9】 顺风物流公司 2019 年 7 月 8 日购入免税农产品一批,价款 400 000 元,规定的扣除率为 9%,货物尚未到达,款项已用银行存款支付。编制如下会计分录:

借:材料采购　　　　　　　　　　　　　　　　　364 000
　　应交税费——应交增值税(进项税额)　　　　 36 000
　　贷:银行存款　　　　　　　　　　　　　　　 400 000

【例 10-10】 顺风物流公司于 2019 年 9 月 5 日委托外单位修理机器设备,对方开来的增值税专用发票上注明修理费用 4 000 元,增值税税额 520 元,款项已用银行汇票支付。编制如下会计分录:

借:管理费用　　　　　　　　　　　　　　　　　4 000
　　应交税费——应交增值税(进项税额)　　　　 520
　　贷:其他货币资金——银行汇票　　　　　　　 4 520

(2)进项税额转出的会计处理。

按照税法规定,下列项目的进项税额不得从销项税额中抵扣。

①用于简易计税方法计税项目、免征增值税项目、集体福利或者个人消费的购进货物、加工修理修配劳务、服务、无形资产和不动产。其中涉及的固定资产、无形资产、不动产,仅指专用于上述项目的固定资产、无形资产(不包括其他权益性无形资产)、不动产。纳税人的交际应酬消费属于个人消费。

②非正常损失的购进货物以及相关的加工修理修配劳务和交通运输服务。

③非正常损失的产品、产成品所耗用的购进货物(不包括固定资产)、加工修理修配劳务和交通运输服务。

④非正常损失的不动产,以及该不动产所耗用的购进货物、设计服务和建筑服务。

⑤非正常损失的不动产在建工程所耗用的购进货物、设计服务和建筑服务。纳税人新建、改建、扩建、修缮、装饰不动产,均属于不动产在建工程。

⑥购进的旅客运输服务、贷款服务、餐饮服务、居民日常服务和娱乐服务。

⑦财政部和国家税务总局规定的其他情形。

上述税法规定不得抵扣进项税额的项目,如纳税人相关进项税额已抵扣,应做进项税额转出,并计入相关成本、费用、损失。

【例10-11】2019年8月20日,顺风物流公司库存材料因被盗毁损一批,其实际成本为5 000元,经确认损失外购材料的增值税税额650元。编制如下会计分录:

借:待处理财产损溢——待处理流动资产损溢　　5 650
　　贷:原材料　　　　　　　　　　　　　　　　5 000
　　　　应交税费——应交增值税(进项税额转出)　 650

(3)销项税额的会计处理。

一般纳税人销售货物、劳务、服务、无形资产、不动产,按照应取得的价税合计金额,借记"应收账款""应收票据""银行存款"等科目;按照其中的价款,贷记"主营业务收入""其他业务收入"等科目,按照其中的税额部分,贷记"应交税费——应交增值税(销项税额)"科目。发生销售折让、中止或者退回,做相反的会计分录。

【例10-12】2019年8月,顺风物流公司闲置房屋出租收入(含税)5 450元,适用增值税税率9%,开具增值税专用发票,全部款项已存入银行。编制会计分录如下:

借:银行存款　　　　　　　　　　　　　　　　5 450
　　贷:其他业务收入　　　　　　　　　　　　　5 000
　　　　应交税费——应交增值税(销项税额)　　　450

【例10-13】2019年7月5日,顺风物流公司根据销售合同销售产品一批,价款200 000元,专用发票注明增值税税额为26 000元,提货单和增值税专用发票已交给买方,款项尚未收到。编制会计分录如下:

借:应收账款　　　　　　　　　　　　　　　　226 000
　　贷:主营业务收入　　　　　　　　　　　　　200 000
　　　　应交税费——应交增值税(销项税额)　　26 000

(4)出口退税。

企业出口产品按规定退税的,按应收的出口退税额,借记"其他应收款"科目,贷记"应交税费——应交增值税(出口退税)"科目。

(5)交纳增值税的会计处理。

企业交纳当月增值税,借记"应交税费——应交增值税(已交税金)"科目,贷记"银行存款"科目。"应交税费——应交增值税"科目的贷方余额,表示企业应交未交的增值税。月末,企业应将未交增值税结转至"应交税费——未交增值税"。

【例10-14】顺风物流公司以银行存款交纳本月增值税50 000元。编制如下会计分录:

借:应交税费——应交增值税(已交税金)　　　50 000
　　贷:银行存款　　　　　　　　　　　　　　　50 000

【例10-15】顺风物流公司2019年8月发生销项税额合计50 000元,进项税额转出10 000元,进项税额20 000元,已交增值税30 000元。

"应交税费——应交增值税"科目的余额为10 000(50 000+10 000−20 000−30 000)元。

该余额在贷方,表示企业尚未交纳的增值税为 10 000 元。

借:应交税费——应交增值税(转出未交增值税) 10 000
　　贷:应交税费——未交增值税　　　　　　　　　　　 10 000

5. 小规模纳税企业的会计处理

小规模纳税人采用简易计税方法计算增值税,其对于增值税的会计核算,只需要在"应交税费"科目下设置"应交增值税"明细科目,采用三栏式科目,不需要设置各项专栏。小规模纳税人购进货物、劳务、服务、无形资产、不动产支付的增值税,不论是否取得增值税专用发票,按税法规定均不得抵扣,直接计入企业相关的成本、费用,借记"原材料""在途物资""材料采购"等科目,贷记"银行存款""应付账款""应付票据"等科目。

小规模纳税人在确认销售收入时,借记"银行存款""应收账款"等科目,贷记"主营业务收入""应交税费——应交增值税"等科目。

【例 10-16】 小规模纳税人 A 企业购入材料一批,取得的专用发票中注明货款 10 000 元,增值税税额 300 元,款项以银行存款支付,材料已验收入库。A 企业编制如下会计分录:

借:原材料　　　　　　　　　　　　　　　　10 300
　　贷:银行存款　　　　　　　　　　　　　　　　10 300

【例 10-17】 小规模纳税人 A 企业 8 月份销售产品一批,所开出的普通发票中注明的货款(含税价)为 30 900 元,增值税征收率 3%,款项已存入银行。

　　　　不含税销售额=含税销售额/(1+征收率)=30 900/(1+3%)元=30 000 元
　　　　应纳增值税=不含税销售额×征收率=30 000×3%元=900 元

A 企业编制如下会计分录:

借:银行存款　　　　　　　　　　　　　　　30 900
　　贷:主营业务收入　　　　　　　　　　　　　　30 000
　　　　应交税费——应交增值税　　　　　　　　　　900

6. 增值税税控系统专用设备和技术维护费用抵减增值税税额的账务处理

增值税税控系统专用设备和技术维护费用是指购买税务机关指定的增值税税控设备和向专门技术服务机构支付对该设备的使用进行技术服务发生的费用。目前,我国对增值税税控设备进行专门技术服务的公司主要是航天信息股份有限公司。

按税法有关规定,增值税一般纳税人初次购买增值税税控系统专用设备支付的费用以及缴纳的技术维护费允许在增值税应纳税额中全额抵减的,应在"应交税费——应交增值税"科目下增设"减免税款"专栏,用于记录该企业按规定抵减的增值税应纳税额。

企业购入增值税税控系统专用设备,按实际支付或应付的金额,借记"固定资产"科目,贷记"银行存款""应付账款"等科目。按规定抵减的增值税应纳税额,借记"应交税费——应交增值税(减免税款)"科目(小规模纳税人应借记"应交税费——应交增值税"科目),贷记"管理费用"等科目。

企业发生技术维护费,按实际支付或应付的金额,借记"管理费用"等科目,贷记"银行存款"等科目,按规定抵减的增值税应纳税额,借记"应交税费——应交增值税(减免税款)"科目(小规模纳税人应借记"应交税费——应交增值税"科目),贷记"管理费用"等科目。

(三)应交消费税的核算

消费税是指在我国境内生产、委托加工和进口应税消费品的单位和个人按其流转额交纳的一种税。

1. 应交消费税的规定

消费税在计税方法上经常采用从价定率法和从量定额法两种方法。

(1) 从价定率法。

从价定率法是指按应税消费品销售额的一定比例计算征收消费税。计算公式为：

$$应纳税额＝销售额×比例税率$$

其中的"销售额"是纳税人有偿转让应税消费品所取得的全部收入，即纳税人销售应税消费品向购买方收取的全部价款和价外费用，但不包括从购买方取得的增值税税款。

(2) 从量定额法。

从量定额法是指按应税消费品的销售数量和单位销售量的应纳消费税税额计算征收消费税。计算公式为：

$$应纳税额＝销售数量×定额税率$$

如黄酒的消费税为每吨 240 元。啤酒每吨出厂价在 3 000 元(含 3 000 元,不含增值税)以上的,单位税额为每吨 250 元；每吨啤酒出厂价在 3 000 元以下的,单位税额为每吨 220 元。娱乐业、饮食业自制啤酒,单位税额每吨 250 元。

(3) 从价定率和从量定额复合计税办法。

从价定率和从量定额复合计税是指对应税消费品同时采用从价定率办法和从量定额办法计算征收消费税。计算公式为：

$$应纳税额＝销售额×比例税率＋销售数量×定额税率$$

如白酒消费税税率包括定额税率和比例税率,比例税率为粮食白酒 25%、薯类白酒 15%,定额税率为粮食白酒、薯类白酒每斤 0.5 元。即粮食白酒每斤消费税税额标准为：0.5＋出厂价格×25%。

2. 应交消费税的核算

有消费税纳税义务的企业,应在"应交税费"科目下设置"应交消费税"明细科目,核算应交消费税的发生、缴纳情况。该科目贷方登记应交纳的消费税,借方登记已交纳的消费税；期末贷方余额为尚未交纳的消费税,借方余额为多交纳的消费税。

企业在销售需要缴纳消费税的物资时的应交消费税,应借记"税金及附加"科目,贷记"应交税费——应交消费税"科目。

【例 10-18】 顺风物流公司的餐饮部 2019 年 5 月内部销售自制啤酒 20 吨,适用的消费税税率为每吨 250 元。

$$应纳消费税＝20×250 元＝5 000 元$$

顺风物流公司编制如下会计分录：

借：税金及附加　　　　　　　　　　　　　　5 000
　　贷：应交税费——应交消费税　　　　　　　　5 000

3. 委托加工应税消费品

物流企业的流通加工业务有时会涉及应交消费税的情况。需要交纳消费税的委托加工物资,一般由受托方代收代缴税款。受托方按应交税款金额,借记"应收账款""银行存款"等科目,贷记"应交税费——应交消费税"科目。委托加工物资收回后,直接用于销售的委托方应将代收代缴的消费税计入委托加工物资成本,借记"委托加工物资"科目,贷记"应付账款""银行存款"等科目；委托加工物资收回后用于连续生产、按规定准予抵扣的,按代收代缴的消费税税额,借记"应交税费——应交消费税"科目,贷记"应付账款""银行存款"等科目。

(四)其他应交税费的核算

其他应交税费是指除上述应交税费以外的其他各种应交税费,包括应交城市维护建设税、应交资源税、应交土地增值税、应交所得税、应交教育费附加、应交矿产资源补偿费等。

1. 应交城市维护建设税

城市维护建设税是以增值税、消费税为计税依据征收的一种税。其纳税人为交纳增值税、消费税的单位和个人。

该税以纳税人实际缴纳的增值税、消费税为纳税依据,并按规定税率计算征收,税率以企业所在地作为划分依据,即所在地在市区的为7%,在县、镇的为5%,在市区、县、镇以外的为1%。计算公式为:

$$应纳税额=(应交增值税+应交消费税)\times 适用税率$$

为了核算城市维护建设税的应交及实交情况,应设置"应交税费——应交城市维护建设税"科目,贷方登记应交纳的城市维护建设税,借方登记已交纳的城市维护建设税,期末贷方余额为尚未交纳的城市维护建设税。

【**例 10-19**】 顺风物流公司本期实际应上交增值税 200 000 元,消费税 100 000 元,该企业适用 7% 的城市维护建设税税率。

计算应交的城市维护建设税 21 000 元,即 (200 000+100 000)×7% 元=21 000 元。

顺风物流公司编制如下会计分录:

借:税金及附加　　　　　　　　　　　　21 000
　　贷:应交税费——应交城市维护建设税　　　21 000

用银行存款上缴城市维护建设税时,顺风物流公司编制如下会计分录:

借:应交税费——应交城市维护建设税　　　21 000
　　贷:银行存款　　　　　　　　　　　　　21 000

2. 应交资源税

资源税是对在我国境内开采矿产品或者生产盐的单位和个人征收的一种税。计算公式为:

$$应纳税额=课税数量\times 适用单位税额$$

为核算资源税的应交及实交情况,应在"应交税费"科目下设置"应交资源税"明细科目,贷方登记应交纳的资源税,借方登记已交纳的资源税,期末贷方余额为尚未交纳的资源税。企业自销应税产品计算出应交资源税时,借记"税金及附加"科目,贷记"应交税费——应交资源税"科目;计算自产自用的应税产品应纳的资源税,借记"生产成本"科目,贷记"应交税费——应交资源税"科目;实际交纳时,借记"应交税费——应交资源税"科目,贷记"银行存款"科目。

3. 应交土地增值税

土地增值税是指对在我国境内有偿转让土地使用权及地上建筑物和其他附着物产权的单位和个人,就其取得的增值收入征收的一种税。土地增值税实行四级超额累进税率。

为了核算土地增值税的应交及实交情况,应设置"应交税费——应交土地增值税"科目,贷方登记应交纳的土地增值税,借方登记已交纳的土地增值税,期末贷方余额为尚未交纳的土地增值税。

企业转让的土地使用权连同地上建筑物及其附着物一并在"固定资产"等科目核算的,转让时应交的土地增值税,借记"固定资产清理"科目,贷记"应交税费——应交土地增值税"科目;房地产开发经营企业销售房地产应交纳的土地增值税,借记"税金及附加"科目,贷记"应交税费——应交土地增值税"科目;土地使用权在"无形资产"科目核算的,按实际收到的金额,借记

"银行存款"科目,按应交的土地增值税,贷记"应交税费——应交土地增值税"科目,同时冲销土地使用权的账面价值,借记"无形资产"科目,按其差价,借记"营业外支出"科目或贷记"营业外收入"科目。

4. 应交教育费附加

教育费附加是国家为扶持教育事业发展,计征用于教育的政府性基金。从 2005 年 10 月 1 日起,教育费附加率提高为 3%,分别与增值税、消费税同时缴纳。教育费附加作为专项收入,由教育部门统筹安排使用。此外,一些地方政府为发展地方教育事业,还根据教育法的规定,开征了"地方教育附加"。

企业按规定计算应交纳的教育费附加,借记"税金及附加"科目,贷记"应交税费——应交教育费附加"科目。交纳的教育费附加,借记"应交税费——应交教育费附加"科目,贷记"银行存款"科目。

5. 应交房产税、土地使用税、车船使用税

房产税是国家在城市、县城、建制镇和工矿区征收的由产权所有人缴纳的税。土地使用税是国家为了合理利用城镇土地、调节土地级差收入、提高土地使用效益、加强土地管理而开征的一种税,以纳税人实际占用的土地面积为计税依据,依照规定税率计算征收。车船使用税由拥有并且使用车船的单位和个人按照适用税率计算缴纳。

企业按规定计算应交纳的房产税、土地使用税、车船使用税,借记"税金及附加"科目,贷记"应交税费——应交房产税、土地使用税、车船使用税"科目;上缴税金时,借记"应交税费——应交房产税、土地使用税、车船使用税"科目,贷记"银行存款"科目。

单元三　实际成本法下原材料的核算

存货的日常核算,可以按实际成本法核算,也可以按计划成本法核算。当存货按实际成本核算时,总分类核算和明细分类核算都应按实际成本计价。实际成本一般适用于规模较小、存货品种简单、采购业务不多的企业。

一、实际成本法下原材料核算的科目设置

按实际成本计价的原材料,企业应设置"原材料""材料采购"等科目。

"原材料"科目,用来核算企业库存的各种原材料的实际成本。该科目借方登记收入原材料的实际成本,贷方登记发出原材料的实际成本。期末余额在借方,表示库存原材料的实际成本。该科目可以按材料保管地点、材料类别、品种和规格进行明细核算。

"材料采购"科目,用来核算企业购入的、货款已付但尚未到达或尚未验收入库的各种原材料的采购成本。本科目的借方登记企业购入的在途物资的实际成本,贷方登记验收入库的在途物资的实际成本。期末余额在借方,反映企业在途物资的采购成本。该科目可以按供应单位来进行明细核算。

二、实际成本法下原材料取得的核算

(一)外购原材料的核算

由于结算方式和采购地点的不同,材料入库和货款的支付在时间上往往不一致,因而账务

处理也有所不同。由于材料入库和货款支付的时间不同,形成以下三种基本情况:材料验收入库,同时货款已经支付;结算凭证已到,货款已付,材料尚未验收入库;材料已验收入库,货款尚未支付。采购过程中发生的短缺和毁损应区别不同情况进行相应账务处理。

(1)材料已验收入库,同时货款已经支付。

一般纳税人购入货物,在支付货款、材料验收入库后,应根据结算凭证、发票账单、收料单等确定入库材料实际成本,借记"原材料""应交税费——应交增值税(进项税额)"科目,按照实际支付的款项,贷记"银行存款""其他货币资金"等科目。

【例 10-20】 顺风物流公司为一般纳税人,2019 年 8 月 20 日购入甲材料一批,增值税专用发票上记载的货款为 100 000 元,增值税税额 13 000 元,另对方代垫运费 2 000 元,全部款项已用转账支票付讫,材料已验收入库。编制会计分录如下:

借:原材料——甲材料　　　　　　　　　　　102 000
　　应交税费——应交增值税(进项税额)　　 13 000
　　贷:银行存款　　　　　　　　　　　　　　 115 000

(2)结算凭证已到,货款已付,材料尚未验收入库。

发生此类业务时,应根据有关结算凭证、增值税专用发票中记载的已付款的材料的价款及增值税税额,借记"材料采购""应交税费——应交增值税(进项税额)"科目,根据实际付款金额贷记"银行存款""其他货币资金"等科目。待材料验收入库后,再借记"原材料"科目,贷记"材料采购"科目。

【例 10-21】 顺风物流公司为一般纳税人,2019 年 8 月 28 日,采用汇兑结算方式购入乙材料一批,发票及账单已收到,增值税专用发票上记载的货款为 10 000 元,增值税税额 1 300 元,材料尚未到达。编制会计分录如下:

借:材料采购　　　　　　　　　　　　　　　 10 000
　　应交税费——应交增值税(进项税额)　　 1 300
　　贷:银行存款　　　　　　　　　　　　　　 11 300

【例 10-22】 2019 年 9 月 1 日,上述购入的乙材料已收到,验收入库。编制会计分录如下:

借:原材料——乙材料　　　　　　　　　　　10 000
　　贷:材料采购　　　　　　　　　　　　　　 10 000

(3)材料已验收入库,货款尚未支付。

根据货款未付的几种形式,又分为如下三种情况:

①发票账单已到,货款未付。

根据发票、银行结算凭证、收料单等,借记"原材料""应交税费——应交增值税(进项税额)"科目,贷记"应付账款"等科目。

【例 10-23】 顺风物流公司为一般纳税人,2019 年 7 月 5 日采用托收承付结算方式购入甲材料一批,增值税专用发票上记载的货款为 100 000 元,增值税税额 13 000 元,对方代垫运费 2 000 元,银行转来的结算凭证已到,款项尚未支付,材料已验收入库。编制会计分录如下:

借:原材料——甲材料　　　　　　　　　　　102 000
　　应交税费——应交增值税(进项税额)　　 13 000
　　贷:应付账款　　　　　　　　　　　　　　 115 000

②发票账单已到,企业开出商业汇票支付。

【例 10-24】 顺风物流公司为一般纳税人,2019 年 7 月 5 日采用商业汇票结算方式购入甲材料一批,增值税专用发票上记载的货款为 100 000 元,增值税税额 13 000 元,对方代垫运费 2 000 元,材料已验收入库。编制会计分录如下:

  借:原材料——甲材料   102 000
    应交税费——应交增值税(进项税额) 13 000
    贷:应付票据   115 000

③材料已入库,发票账单未到,货款未付。

  材料已验收入库,但由于发票账单等结算凭证未到,企业无法准确计算入库材料的实际成本及销售方代垫的采购费用,因此应于月末按材料的暂估价值,借记"原材料"科目,贷记"应付账款——暂估应付账款"科目。下月初用红字做同样的记账凭证予以冲回,待结算凭证到达后,借记"原材料""应交税费——应交增值税(进项税额)"科目,贷记"银行存款""应付账款""应付票据"等科目。

【例 10-25】 顺风物流公司为一般纳税人,2019 年 9 月 23 日验收入库甲材料一批,月末尚未收到发票账单,货款未付,合同作价 500 000 元。应做会计处理为:

9 月 23 日验收入库时不用处理,9 月 30 日,为反映库存真实情况,根据合同价暂估入账,编制会计分录为:

  借:原材料——甲材料   500 000
    贷:应付账款——暂估应付账款   500 000

10 月 1 日,用红字编制相同分录冲销:

  借:原材料——甲材料   [500 000]
    贷:应付账款——暂估应付账款   [500 000]

注:方框表示用红色数字填写,用于冲减已入账金额。

【例 10-26】 2019 年 10 月 5 日,收到上述购入材料托收结算凭证和发票账单,专用发票列明材料价款 520 000 元,增值税税额 67 600 元,以银行存款予以承付,编制会计分录如下:

  借:原材料——甲材料   520 000
    应交税费——应交增值税(进项税额) 67 600
    贷:银行存款   587 600

(4)材料款项先预付,后收到材料(此种情况详见预付账款科目的核算内容)。

(5)材料采购中发生短缺和毁损。

采购材料在途中发生短缺和毁损,应根据造成短缺或毁损的原因分别处理,不能全部计入外购材料的采购成本。按以下原则处理:

①定额内合理的途中损耗,计入材料的采购成本。

②能确定由供应单位、运输单位、保险公司或其他过失人赔偿的,应向有关单位或责任人索赔,借记"应付账款""其他应收款""应交税费——应交增值税(进项税额)"红字科目,贷记"材料采购"科目。

③尚待查明原因和需要报经批准才能转销处理的损失,应将其损失从"材料采购"科目转入"待处理财产损溢"科目,并将原已抵扣的进项税额转出,查明原因后再分别处理:属于应由供货单位、运输单位、保险公司或其他过失人负责赔偿的,将其损失从"待处理财产损溢"科目转入"应付账款"或"其他应收款"科目;属于自然灾害造成的损失,应按扣除残料价值和保险公司赔偿后的净损失,从"待处理财产损溢"科目转入"营业外支出——非常损失"科目;属于无法收回

的其他损失,报经批准后,将其从"待处理财产损溢"科目转入"管理费用"科目。

【例10-27】 顺风物流公司购买的甲材料在运输途中发生超定额损耗,价款10 000元,增值税税额1 300元,原因尚未查明,编制会计分录如下:

借:待处理财产损溢　　　　　　　　　　　11 300
　　贷:材料采购　　　　　　　　　　　　　　　10 000
　　　　应交税费——应交增值税(进项税额转出)　1 300

假设上述原因查明,是由于意外灾害造成的,编制会计分录如下:

借:营业外支出　　　　　　　　　　　　　11 300
　　贷:待处理财产损溢　　　　　　　　　　　　11 300

假设上述原因查明是运输部门的责任,编制会计分录如下:

借:其他应收款——运输部门　　　　　　　11 300
　　贷:待处理财产损溢　　　　　　　　　　　　11 300

(二)自制原材料的核算

自制或委托外单位加工完成的并已验收入库的原材料,按实际成本,借记"原材料"科目,贷记"生产成本"科目或"委托加工物资"科目。

【例10-28】 顺风物流公司生产车间本月加工完成甲材料2 000件,已全部验收入库,实际成本3 000元,编制会计分录如下:

借:原材料——甲材料　　　　　　　　　　3 000
　　贷:生产成本　　　　　　　　　　　　　　　3 000

(三)投资者投入的原材料

投资者投入的原材料,按确定的实际成本,借记"原材料"科目,按专用发票上注明的增值税税额借记"应交税费——应交增值税(进项税额)"科目,按其在注册资本中所占有的份额贷记"实收资本"或"股本"等科目,按其差额贷记"资本公积"科目。

【例10-29】 顺风物流公司2019年10月6日接受海通公司投入甲材料,投资各方协议确认的投资者投入原材料价值为400 000元,专用发票上注明的增值税税额为52 000元,假定投资协议约定的价值是公允的,顺风物流公司实收资本总额为4 200 000元,海通公司占其中10%的份额,该批原材料已验收入库。编制会计分录如下:

借:原材料——甲材料　　　　　　　　　　400 000
　　应交税费——应交增值税(进项税额)　　　52 000
　　贷:实收资本——海通公司　　　　　　　　　420 000
　　　　资本公积　　　　　　　　　　　　　　　32 000

三、实际成本法下原材料发出的核算

(一)存货发出的计量方法

企业应当根据各类存货的实物流转方式、企业管理的要求、存货的性质等实际情况,合理地确定发出存货成本的计算方法,以及当期发出存货的实际成本。对于性质和用途相同的存货,应当采用相同的成本计算方法确定发出存货的成本。存货发出计量方法一经确定后,不得随意改变。

根据企业会计准则的规定,在实际成本法下,企业在确定发出存货成本时,可采用先进先出法、移动加权平均法、全月一次加权平均法、个别计价法四种方法。

1. 个别计价法

个别计价法是根据发出的每一个存货来确定发出成本的计价方法。个别计价法主要适用于能够区分每一存货的成本,单位价值较高,而且体积较大,计量成本的工作量不大的情况。比如汽车、重型机械、大型轮船、珠宝、房屋、飞机等商品的发出计价,可以采用个别计价法。

2. 先进先出法

先进先出法是根据先购进的存货先发出的成本流转假设对存货的发出和结存进行计价的方法。例如某企业2019年6月1日期初结存A产品1 000件,每件单价5元,产品成本5 000元,6月3日完工A产品5 000件,单位成本6元,该批A产品成本30 000元,6月8日出售A产品4 000件,则所出售的A产品的成本按先进先出法计算就是:(1 000×5+3 000×6)元 =23 000元,这就是先进先出法的计算原理。

【例10-30】 采用先进先出法计算月末存货成本及发出存货的成本(见表10-1)。2019年7月1日期初存货数量300件,单价5元。

表 10-1　材料明细账(先进先出法)

日期	摘要	收入			发出			结存		
2019 年		数量	单价	金额	数量	单价	金额	数量	单价	金额
7月1日	期初结存							300	5	1 500
7月5日	购入	900	6	5 400				300 900	5 6	1 500 5 400
7月10日	发出				300 500	5 6	1 500 3 000	400	6	2 400
7月25日	购入	600	7	4 200				400 600	6 7	2 400 4 200
7月28日	发出				400 400	6 7	2 400 2 800	200	7	1 400
7月30日	购入	200	8	1 600				200 200	7 8	1 400 1 600
7月31日	本月发生额及月末余额	1 700		11 200	1 600		9 700	200 200	7 8	1 400 1 600

7月10日发出800件成本:(300×5+500×6)元=4 500元。

7月28日发出800件成本:(400×6+400×7)元=5 200元。

7月31日期末存货成本:(1 500+11 200−9 700)元=3 000元。

3. 移动加权平均法

移动加权平均法是指在每次收货以后,立即根据库存存货数量和总成本,计算出新的平均单位成本的一种计算方法。计算公式是:

存货的移动平均单位成本=(本次进货之前库存存货的实际成本+本次进货的实际成本)
÷(本次进货之前库存存货数量+本次进货的数量)

发出存货的成本=本次发出存货的数量×移动平均单位成本

月末库存存货的成本=月末库存存货的数量×月末存货的移动平均单位成本

【例 10-31】 采用移动加权平均法计算月末存货成本及发出存货的成本(见表 10-2)。2019年 7 月 1 日期初存货数量 300 件,单价 5 元。

表 10-2 材料明细账(移动加权平均法)

日期 2019年	摘要	收入			发出			结存		
		数量	单价	金额	数量	单价	金额	数量	单价	金额
7月1日	期初结存							300	5.00	1 500
7月5日	购入	900	6	5 400				1 200	5.75	6 900
7月10日	发出				800	5.75	4 600	400	5.75	2 300
7月25日	购入	600	7	4 200				1 000	6.50	6 500
7月28日	发出				800	6.50	5 200	200	6.50	1 300
7月30日	购入	200	8	1 600				400	7.25	2 900
7月31日	本月发生额及月末余额	1 700		11 200	1 600		9 800	400	7.25	2 900

采用移动加权平均法计算新的平均单位成本如下:

7 月 5 日购货后的平均单位成本:(1 500+5 400)÷(300+900)元=5.75 元。

7 月 25 日购货后的平均单位成本:(2 300+4 200)÷(400+600)元=6.50 元。

7 月 30 日购货后的平均单位成本:(1 300+1 600)÷(200+200)元=7.25 元。

采用移动加权平均法计算发出材料的成本如下:

7 月 10 日发出 800 件成本:800×5.75 元=4 600 元。

7 月 28 日发出 800 件成本:800×6.50 元=5 200 元。

7 月 31 日期末存货成本:(1 500+11 200-9 800)元=2 900 元。

4. 全月一次加权平均法

全月一次加权平均法是在材料等存货按实际成本进行明细分类核算时,以本月各批进货数量和月初数量为权数计算材料等存货的平均单位成本的一种方法,即以本月进货数量和月初数量之和,去除本月进货成本和月初成本总和,来确定加权平均单位成本,从而计算出本月发出存货及月末存货的成本。计算公式是:

存货的加权平均单位成本=(本月月初库存存货的实际成本+本月购进各批次存货的
实际成本之和)÷(月初库存数量+本月各批次购进数量之和)

本月发出存货的成本=本月发出存货的数量×加权平均单位成本

本月月末库存存货的成本=月末库存存货的数量×加权平均单位成本

【例 10-32】 采用全月一次加权平均法计算月末存货成本及发出存货的成本(见表 10-3)。2019 年 7 月 1 日期初存货数量 300 件,单价 5 元。

表 10-3 材料明细账(全月加权平均法)

日期 2019年	摘要	收入			发出			结存		
		数量	单价	金额	数量	单价	金额	数量	单价	金额
7月1日	期初结存							300	5.00	1 500
7月5日	购入	900	6	5 400				1 200		

续表

日期	摘要	收入			发出			结存		
2019年		数量	单价	金额	数量	单价	金额	数量	单价	金额
7月10日	发出				800			400		
7月25日	购入	600	7	4 200				1 000		
7月28日	发出				800			200		
7月30日	购入	200	8	1 600				400		
7月31日	本月发生额及月末余额	1 700		11 200	1 600	6.35	10 160	400	6.35	2 540

采用全月一次加权平均法计算平均单位成本如下：

7月31日全月的平均单位成本：

$(1\ 500+5\ 400+4\ 200+1\ 600)\div(300+900+600+200)$元$=12\ 700\div2\ 000$元$=6.35$元

采用全月一次加权平均法计算发出材料的成本如下：

7月31日全月共发出1 600件，成本：$1\ 600\times6.35$元$=10\ 160$元。

7月31日期末存货成本：$(1\ 500+11\ 200-10\ 160)$元$=2\ 540$元。

(二)原材料发出的核算

根据领料单或限额领料单、领料登记簿、发出材料汇总表填制发出材料的记账凭证，进而登记材料明细账。可以由企业从上述个别计价法、先进先出法、全月一次加权平均法、移动加权平均法等方法中选择。计价方法一经确定，不得随意变更。如需变更，应在附注中予以说明。

企业发出的材料，根据不同的用途，借记"生产成本""制造费用""管理费用""销售费用""在建工程""研发支出"等科目。

【例10-33】顺风物流公司根据"发料凭证汇总表"的记录，2019年5月份基本生产车间领用甲材料100 000元，车间管理部门领用甲材料10 000元，销售部门领用甲材料2 000元，企业行政管理部门领用甲材料2 000元，工程领用甲材料4 000元，计118 000元。顺风物流公司编制如下会计分录：

```
借：生产成本                    100 000
    制造费用                     10 000
    销售费用                      2 000
    管理费用                      2 000
    在建工程                      4 000
    贷：原材料——甲材料          118 000
```

单元四　计划成本法下原材料的核算

一、计划成本法的概念

计划成本法是指存货的收入、发出和结存均按预先确定的计划成本计价，实际成本与计划成本之间的差额单独进行核算的一种方法。存货按计划成本法核算，要求存货的总分类账和明细分类账均按计划成本计量。单位计划成本一旦确定,在一定期间内应相对固定不变,以收、发、存的数量乘以相应的单位计划成本就可计算出收、发、存的存货成本,核算比较简单、迅速。月末,计算本月发出材料应负担的成本差异并进行分摊,根据领用材料的用途计入相关资产的成本或者当期损益,从而将发出材料的计划成本调整为实际成本。

计划成本法一般适用于存货品种繁多、收发频繁的企业。

二、计划成本法下原材料核算的科目设置

原材料按计划成本核算时,应设置"原材料""材料采购""材料成本差异"等科目。

"原材料"科目用于核算库存各种材料的收发与结存情况。在材料采用计划成本核算时,借方登记入库材料的计划成本,贷方登记发出材料的计划成本。期末余额在借方,反映企业库存材料的计划成本。

"材料采购"科目借方登记采购材料的实际成本,贷方登记入库材料的计划成本。借方大于贷方表示超支,从本科目贷方转入"材料成本差异"科目的借方;贷方大于借方表示节约,从本科目借方转入"材料成本差异"科目的贷方。期末为借方余额,反映企业在途材料的采购成本。

计划成本法下,购入的材料无论是否验收入库,都要先通过"材料采购"科目进行核算,以反映企业所购材料的实际成本,从而与"原材料"科目相比较,计算确定材料差异成本。

"材料成本差异"科目反映企业已入库各种材料的实际成本与计划成本的差异,借方登记超支差异及发出材料应负担的节约差异,贷方登记节约差异及发出材料应负担的超支差异。期末如为借方余额,反映企业库存材料的实际成本大于计划成本的差异(即超支差异);如为贷方余额,反映企业库存材料实际成本小于计划成本的差异(即节约差异)。

三、计划成本法下原材料取得的核算

(一)外购原材料的核算

在材料采用计划成本核算的情况下,材料购入核算和材料按实际成本核算是完全相同的。不同的地方在于材料入库的核算。实际成本法下,材料按实际成本入库,即原材料账户核算的是实际成本;计划成本法下,材料按计划成本入库,即原材料账户核算的是计划成本。

企业购入原材料收到发票账单时,按应计入材料采购成本的金额,借记"材料采购"科目,按可抵扣的增值税税额,借记"应交税费——应交增值税(进项税额)"科目,按实际支付或应付的款项,贷记"银行存款""其他货币资金""应付账款""应付票据""预付账款"等科目。

材料验收入库时,按入库材料的计划成本,借记"原材料"科目,贷记"材料采购"科目,实际成本与计划成本的差额,借记或贷记"材料成本差异"科目。

【例10-34】 顺风物流公司是一般纳税企业,于2019年8月3日购入甲材料一批,价款100 000元,增值税税额为13 000元,材料已验收入库,发票账单已到,货款已通过银行支付,该批材料的计划成本为96 000元。编制会计分录如下:

借:材料采购　　　　　　　　　　　　　　100 000
　　应交税费——应交增值税(进项税额)　　13 000
　　贷:银行存款　　　　　　　　　　　　　113 000
借:原材料——甲材料　　　　　　　　　　96 000
　　材料成本差异　　　　　　　　　　　　4 000
　　贷:材料采购　　　　　　　　　　　　　100 000

对于月末尚未收到发票账单的收料凭证,应按计划成本暂估入账,借记"原材料"科目,贷记"应付账款——暂估应付账款"科目,下月初做相反分录予以冲回。等收到发票账单时,借记"材料采购""应交税费——应交增值税(进项税额)"科目,贷记"银行存款""应付票据"等科目。材料验收入库后按计划成本转入"原材料"科目。实际成本与计划成本的差额,借记或贷记"材料成本差异"科目。

【例10-35】 顺风物流公司为一般纳税人,2019年9月28日验收入库甲材料一批,月末尚未收到发票账单,货款未付,合同作价500 000元。应做会计处理为:

9月28日验收入库时不用处理,9月30日,为反映库存真实情况,根据合同价暂估入账,编制会计分录为:

借:原材料——甲材料　　　　　　　500 000
　　贷:应付账款——暂估应付账款　　　500 000

10月1日,用红字编制相同分录冲销:

借:原材料——甲材料　　　　　　　500 000
　　贷:应付账款——暂估应付账款　　　500 000

注:方框表示用红色数字填写,用于冲减已入账金额。

【例10-36】 2019年10月5日,收到上述购入材料托收结算凭证和发票账单,专用发票列明材料价款520 000元,增值税税额67 600元,以银行存款予以承付,该材料的计划成本为530 000元。编制会计分录如下:

借:材料采购　　　　　　　　　　　520 000
　　应交税费——应交增值税(进项税额)　67 600
　　贷:银行存款　　　　　　　　　　587 600
借:原材料——甲材料　　　　　　　530 000
　　贷:材料采购　　　　　　　　　　520 000
　　　材料成本差异　　　　　　　　　10 000

(二)自制材料的核算

自制并验收入库的原材料,按计划成本借记"原材料"科目,贷记"生产成本"科目,同时结转材料成本差异,实际成本大于计划成本的差额,借记"材料成本差异"科目,贷记"生产成本";实际成本小于计划成本的差额,则做相反的会计分录。

【例10-37】 顺风物流公司生产车间自制材料完工交库一批,计划成本为50 000元。月末,根据成本计算资料等,该批材料实际成本为54 000元,编制会计分录如下:

借:原材料　　　　　　　　　　　　50 000
　　材料成本差异　　　　　　　　　　4 000
　　贷:生产成本　　　　　　　　　　54 000

四、计划成本法下原材料发出的核算

(一)材料成本差异率法与商品进销差价率法

在计划成本法下,对原材料发出的核算通常采用"材料成本差异率法",其计算步骤为:

(1)平时材料均按计划成本入库和发出。

(2)月末一次性计算出材料成本差异,差异为正,记入材料成本差异科目的借方;差异为负,记入材料成本差异科目的贷方。

(3)月末计算出材料成本差异率。

(4)计算发出材料应负担的材料成本差异。

(5)将发出材料的计划成本调整为实际成本。

材料成本差异率法在流通企业中被称为商品进销差价率法,两者的原理完全相同。不同的是,商品进销差价率法下,库存商品的计划成本为商品的含税售价。而材料成本差异率法,材料的计划成本应根据材料实际成本进行适当调整后确定。

(二)材料成本差异率法核算材料的发出成本

在计划成本法下,日常领用、发出原材料均按计划成本记账,根据不同的用途,借记"生产成本""制造费用""销售费用""管理费用"等科目,贷记"原材料"科目。月度终了,如果实际成本大于计划成本,按照发出各种原材料的计划成本,计算应负担的成本差异,借记有关科目,贷记"材料成本差异"科目(实际成本小于计划成本的做相反的会计分录)。

材料成本差异应按发出材料的不同去向进行分配,计入相应会计科目。

(1)产品生产、辅助生产等领用的材料应分摊的成本差异,应转入"生产成本——基本生产成本""生产成本——辅助生产成本""制造费用"科目。

(2)企业行政管理部门领用的材料应分摊的成本差异,转入"管理费用"科目。

(3)对外销售材料应分摊的成本差异,应转入"其他业务成本"科目。

(4)发出委托加工材料应分摊的成本差异,转入"委托加工物资"科目。

(5)基建工程等部门领用的材料应分摊的成本差异,转入"在建工程"科目。

(6)销售机构领用的材料应分摊的成本差异,转入"销售费用"科目。

(7)盘亏、毁损材料应分摊的成本差异,应转入"待处理财产损溢"科目。

一般企业材料成本差异额都是根据材料成本差异率来计算的,材料成本差异率是材料成本差异额与材料计划成本的比率。它是衡量收入材料的采购成本和将发出材料计划成本调整为实际成本的依据。通常材料成本差异率有以下两种。

第一种,月初材料成本差异率。

月初材料成本差异率是指月初结存材料成本差异额与月初结存材料计划成本的比率,据以反映结存材料的成本差异情况,其计算公式如下:

月初材料成本差异率=(月初结存材料的成本差异/月初结存材料的计划成本)×100%

第二种,本月材料成本差异率。

本月材料成本差异率是指本月累计材料成本差异额与本月累计材料计划成本的比率,据以反映累计材料成本差异情况,其计算公式如下:

本月材料成本差异率=(月初结存材料成本差异+本月收入材料成本差异总额)
÷(月初结存材料计划成本+本月收入材料计划成本总额)×100%

企业应按照存货的类别或品种,如原材料、包装物、低值易耗品等,对材料成本差异进行明细核算,不能使用一个综合差异率来分摊发出存货和库存存货应负担的材料成本差异。

上述两种不同的差异率各有其特定的使用范围,企业应根据实际情况选择其中一种方法,计算方法一经确定,不得随意变更。

发出材料应负担的差异额=发出材料的计划成本×材料成本差异率

本月发出材料的实际成本=发出材料的计划成本+发出材料应负担的差异额

【例 10-38】 顺风物流公司采用计划成本法核算原材料,2019 年 10 月份,"原材料——甲材料"科目的期初余额为 6 000 元,"材料成本差异"科目期初余额为借方余额 120 元,原材料计划成本为 5 元。10 月 7 日购入甲材料数量为 2 000 件,实际成本为 10 680 元。10 月 18 日购入甲材料 2 000 件,实际成本为 9 798 元。本月发出甲材料:生产产品领用 2 000 件,车间管理部门领用 1 000 件,管理部门领用 400 件,销售部门领用 200 件。根据以上资料,账务处理如下。

(1)按月初材料成本差异率计算差异额:

月初材料成本差异率:120÷6 000×100%=2%。

发出材料应负担的差异额:

生产产品负担的差异额:2 000×5×2%元=200 元。

车间管理部门负担的差异额:1 000×5×2%元=100 元。

管理部门负担的差异额:400×5×2%元=40 元。

销售部门负担的差异额:200×5×2%元=20 元。

借:生产成本	10 000
制造费用	5 000
管理费用	2 000
销售费用	1 000
贷:原材料——甲材料	18 000
借:生产成本	200
制造费用	100
管理费用	40
销售费用	20
贷:材料成本差异	360

(2)按本月材料成本差异率计算差异额:

本月新增材料成本差异:(10 680-2 000×5)元+(9 798-2 000×5)元=478 元。

本月新增材料计划成本:(2 000×5+2 000×5)元=20 000 元。

本月材料成本差异率:(120+478)÷(6 000+20 000)×100%=2.3%。

发出材料应负担的差异额:

生产产品负担的差异额:2 000×5×2.3%元=230 元。

车间管理部门负担的差异额:1 000×5×2.3%元=115 元。

管理部门负担的差异额:400×5×2.3%元=46 元。

销售部门负担的差异额:200×5×2.3%元=23 元。

借:生产成本	10 000
制造费用	5 000
管理费用	2 000
销售费用	1 000
贷:原材料——甲材料	18 000
借:生产成本	230
制造费用	115
管理费用	46
销售费用	23
贷:材料成本差异	414

单元五　其他存货的核算

一、库存商品的核算

(一)库存商品概念

库存商品是指库存的外购商品、自制商品产品、存放在门市部准备出售的商品、发出展览的商品以及寄存在外或存放在仓库的商品等。

库存商品可以采用实际成本核算,也可以采用计划成本核算,其方法与原材料相似。采用计划成本核算时,库存商品实际成本与计划成本的差异,可单独设置"商品进销差价"科目核算。

为了反映和监督库存商品的增减变动及其结存情况,企业应当设置"库存商品"科目,借方登记验收入库的库存商品成本,贷方登记发出的库存商品成本,期末余额在借方,反映各种库存商品的实际成本或计划成本。

(二)物流企业流通加工完工的库存商品的核算

物流企业流通加工完工的产成品一般应按实际成本核算,产成品的收入、发出、销售,平时只记数量不记金额,月末计算入库产成品的实际成本。企业生产完成验收入库的产成品,按其实际成本,借记"库存商品"科目,贷记"生产成本"科目。企业结转对外销售商品的成本时,应借记"主营业务成本"科目,贷记"库存商品"科目。

【例10-39】 顺风物流公司2019年8月份,完成验收入库A产品2 000件,实际单位成本为每件100元,共计200 000元,B产品3 000件,实际单位成本40元,共计120 000元,当月销售A产品800件,B产品500件。顺风物流公司产品验收入库和销售商品结转成本的账务处理如下:

(1)产品验收入库:

借:库存商品——A产品　　　　　　　　　　200 000
　　库存商品——B产品　　　　　　　　　　120 000
　　贷:生产成本——A产品　　　　　　　　　200 000
　　　　生产成本——B产品　　　　　　　　　120 000

(2)结转销售产品成本:

借:主营业务成本——A产品　　　　　　　　80 000
　　主营业务成本——B产品　　　　　　　　20 000
　　贷:库存商品——A产品　　　　　　　　　80 000
　　　　库存商品——B产品　　　　　　　　　20 000

二、委托加工物资的核算

(一)委托加工物资概述

企业从外部购入的原材料等存货,有时在规格和质量上还不能直接满足生产上的需要,由于企业受到自身工艺设备条件的限制或从降低成本的角度考虑,需要将这部分存货委托外单位制造成另一种性能和用途的存货,从而形成了委托加工物资。

委托加工物资的实际成本包括实际耗用的原材料或半成品的实际价值以及发生的加工、运输、装卸和保险等费用。

(二)委托加工物资的核算

为了核算委托加工物资的实际成本,企业应设置"委托加工物资"科目。本科目的借方核算发出加工物资的实际成本,以及支付的加工费和往返运杂费、保险费;贷方核算加工完成验收入库的物资的实际成本,以及退回剩余材料的实际成本。期末借方余额反映企业委托外单位加工尚未完成物资的实际成本(包括发出的原材料价值、已发生的加工费和运杂费等)。

1. 发给外单位加工的物资

按实际成本,借记"委托加工物资"科目,贷记"原材料""库存商品"等科目;按计划成本(或售价)核算的企业,还应当同时结转成本差异或商品进销差价,实际成本大于计划成本的差异,借记"委托加工物资"科目,贷记"材料成本差异"或"商品进销差价"等科目;实际成本小于计划成本的差异,做相反的会计分录。

2. 企业支付的加工费用、应承担的运杂费等

借记"委托加工物资""应交税费——应交增值税(进项税额)"等科目,贷记"银行存款"等科目。需要缴纳消费税的委托加工物资,其由受托方代收代缴的消费税,分以下情况处理。

(1)收回后直接用于销售的,应将受托方代收代缴的消费税计入委托加工物资成本,借记"委托加工物资"科目,贷记"应付账款""银行存款"等科目。

(2)收回后用于连续生产、按规定准予抵扣的,按受托方代收代缴的消费税,借记"应交税费——应交消费税"科目,贷记"应付账款""银行存款"等科目。

3. 加工完成验收入库的物资和剩余的物资

按加工收回物资的实际成本和剩余物资的实际成本,借记"原材料""库存商品"等科目(采用计划成本或售价核算的企业,按计划成本或售价记入"原材料"或"库存商品"科目,实际成本与计划成本或售价之间的差异,计入"材料成本差异"或"商品进销差价"科目),贷记"委托加工物资"科目。

三、包装物的核算

(一)包装物概述

包装物是指为了包装本企业商品而储备的各种包装容器,如桶、箱、瓶、坛、袋等。其核算内容包括:

(1)生产过程中用于包装产品作为产品组成部分的包装物。
(2)随同商品出售而不单独计价的包装物。
(3)随同商品出售单独计价的包装物。
(4)出租或出借给购买单位使用的包装物。

(二)包装物的核算

为了反映和监督包装物的增减变动及其价值损耗、结存等情况,企业应当设置"周转材料——包装物"科目进行核算,借方登记包装物的增加,贷方登记包装物的减少。期末余额在借方,通常反映企业期末结存包装物的金额。包装物的核算可按计划成本法也可按实际成本法。

1. 包装物取得的核算

包装物取得的核算和原材料取得的核算完全相同。

2. 包装物发出的核算

包装物发出的核算采用摊销方式。包装物的摊销方法主要有一次摊销法和五五摊销法。

一次摊销法是指包装物在领用时就将其全部价值计入相关成本费用;五五摊销法是指包装物在领用时摊销价值的一半,在报废时再摊销其价值的另一半。

(1)生产领用包装物。

应根据领用包装物的实际成本或计划成本,借记"生产成本"等科目,贷记"周转材料——包装物""材料成本差异"等科目。

(2)随同商品出售单独计价的包装物。

随同商品出售而单独计价的包装物,一方面应反映其销售收入,计入其他业务收入;另一方面应反映其实际销售成本,计入其他业务成本。

(3)随同商品出售不单独计价的包装物。

随同商品出售而不单独计价的包装物,应于包装物发出时,按其实际成本计入销售费用。

(4)出租、出借的包装物。

出租包装物是企业为了促进销售向客户提供的一种有偿服务,其租金收入应记入"其他业务收入"账户,出租包装物的实际成本应记入"其他业务成本"账户。

出借包装物是没有业务收入的,是给购货单位免费使用的。因此,出借包装物的实际成本应视为企业在销售过程中的耗费,记入"销售费用"科目。

出租、出借包装物不能使用而报废时,其残料价值应分别冲减"其他业务成本""销售费用"账户。

出租、出借包装物使用频繁且数量多、金额大的企业,出租、出借包装物的成本,也可以采用五五摊销法进行核算。在这种情况下,应当在"周转材料——包装物"科目下分别设置"在库""在用""出租""出借""摊销"等明细科目。

【例10-40】 顺风物流公司发出包装物采用一次摊销法进行核算,采用实际成本法核算,该企业2019年8月份有关包装物收发的经济业务如下:

(1)3日,生产领用包装物一批,实际成本4 000元。

借:生产成本　　　　　　　　　　　　　4 000
　　贷:周转材料——包装物　　　　　　　　　　　4 000

(2)7日,企业销售产品时,领用不单独计价的包装物,其实际成本为2 000元。

借:销售费用　　　　　　　　　　　　　2 000
　　贷:周转材料——包装物　　　　　　　　　　　2 000

(3)9日,企业销售产品时,领用单独计价的包装物,其实际成本为1 500元。

借:其他业务成本　　　　　　　　　　　1 500
　　贷:周转材料——包装物　　　　　　　　　　　1 500

(4)15日,仓库发出新包装物一批,出租给购货单位,实际成本为10 000元,收到租金904元,存入银行。

借:其他业务成本　　　　　　　　　　　10 000
　　贷:周转材料——包装物　　　　　　　　　　　10 000

同时,收到租金,收入计算:$904÷(1+13\%)$元$=800$元。

借:银行存款　　　　　　　　　　　　　904
　　贷:其他业务收入　　　　　　　　　　　　　　800
　　　　应交税费——应交增值税(销项税额)　　　104

(5)18日,出借新包装物一批,实际成本为4 000元。

借:销售费用 4 000
　　贷:周转材料——包装物 4 000
同时,收到押金 3 390 元。
借:银行存款 3 390
　　贷:其他应付款 3 390

(6)25 日,出借包装物逾期未退,按规定没收其押金 3 390 元。
计算收入金额:3 390÷(1+13%)元＝3 000 元。
借:其他应付款 3 390
　　贷:其他业务收入 3 000
　　　　应交税费——应交增值税(销项税额) 390

(7)28 日,出租包装物收回后,不能继续使用而报废,收回残料入库,价值 500 元。
借:原材料 500
　　贷:其他业务成本 500

四、低值易耗品的核算

(一)低值易耗品概述

低值易耗品是指单位价值较低或者容易毁损的,不能作为固定资产的各种用具和物品。低值易耗品按其用途一般划分为一般工具、专用工具、替换设备、管理用具、劳动保护用品和其他用具等。

(二)低值易耗品的核算

为了反映和监督低值易耗品的增减变动及其结存情况,企业应当设置"周转材料——低值易耗品"科目,借方登记低值易耗品的增加,贷方登记低值易耗品的减少。期末余额在借方,通常反映企业期末结存低值易耗品的金额。

低值易耗品等企业的周转材料符合存货定义和条件的,按照使用次数分次计入成本费用。金额较小的,可在领用时一次计入成本费用,以简化核算,但为加强实物管理,应当在备查簿上进行登记。

一次摊销的低值易耗品,在领用时将其全部价值摊入有关的成本费用,借记有关成本费用科目,贷记"周转材料——低值易耗品"科目。报废时,将报废低值易耗品的残料价值作为当月低值易耗品摊销额的减少,冲减有关成本费用,借记"原材料"等科目,贷记"制造费用""管理费用"等科目。

采用分次摊销法摊销低值易耗品,低值易耗品在领用时摊销其账面价值的单次平均摊销额。分次摊销法适用于可供多次反复使用的低值易耗品。在采用分次摊销法的情况下,需要单独设置"周转材料——低值易耗品——在用"、"周转材料——低值易耗品——在库"和"周转材料——低值易耗品——摊销"三个明细科目。

【例 10-41】 顺风物流公司的仓库领用专用工具一批,实际成本为 40 000 元,不符合固定资产定义,采用分次摊销法进行摊销。该专用工具的估计使用次数为两次。顺风物流公司应编制如下会计分录。

(1)领用专用工具时:
借:周转材料——低值易耗品——在用 40 000
　　贷:周转材料——低值易耗品——在库 40 000

(2)第一次领用时摊销其价值的一半:
借:制造费用　　　　　　　　　　　　　　20 000
　　贷:周转材料——低值易耗品——摊销　　　　20 000
(3)第二次领用时摊销其价值的一半:
借:制造费用　　　　　　　　　　　　　　20 000
　　贷:周转材料——低值易耗品——摊销　　　　20 000
同时:
借:周转材料——低值易耗品——摊销　　　40 000
　　贷:周转材料——低值易耗品——在用　　　　40 000

单元六　存货清查

一、存货清查概述

存货清查是指通过对存货的实地盘点,确定存货的实有数量,并与账面结存数核对,从而确定存货实存数与账面结存数是否相符的一种专门方法。

由于存货种类繁多、收发频繁,在日常收发过程中可能发生计量错误、计算错误、自然损耗,还可能发生损坏变质以及贪污、盗窃等情况,造成账实不符,形成存货的盘盈、盘亏。因此,企业必须建立和健全各种规章制度,对存货进行不定期或定期的清查,如实反映企业存货的实有数额,保证存货核算的真实性,确保存货安全完整。

存货清查的内容主要有:核实存货的账存数和实存数,查明盘盈和盘亏的存货的品种、规格和数量,查明变质、毁损、积压呆滞存货的品种、规格和数量。对于存货的盘盈、盘亏,应填写存货盘点报告。

二、存货清查的核算

为了反映和监督企业在财产清查中查明的各种存货的盘盈、盘亏和毁损情况,企业应当设置"待处理财产损溢"科目,借方登记存货的盘亏、毁损金额及盘盈的转销金额,贷方登记存货的盘盈金额及盘亏的转销金额。

根据企业会计准则的规定,经股东大会或董事会,经理(厂长)会议或类似机构批准后,对盘盈、盘亏和毁损的存货,应在期末结账前处理完毕,期末处理后,"待处理财产损溢"科目应无余额。

(一)存货盘盈的账务处理

企业发生存货盘盈时,借记"原材料""库存商品"等科目,贷记"待处理财产损溢"科目;在按管理权限报经批准后,借记"待处理财产损溢"科目,贷记"管理费用"科目。

【例 10-42】　顺风物流公司在财产清查中盘盈甲材料 2 000 千克,实际单位成本 50 元,经查属于收发计量方面的错误。顺风物流公司应编制如下会计分录:

(1)批准处理前:
借:原材料——甲材料　　　　　　　　　　100 000
　　贷:待处理财产损溢——待处理流动资产损溢 100 000

(2)批准处理后:
借:待处理财产损溢——待处理流动资产损溢　100 000
　　贷:管理费用　　　　　　　　　　　　　　　　100 000

(二)存货盘亏及毁损的账务处理

企业发生存货盘亏及毁损时,借记"待处理财产损溢"科目,贷记"原材料""库存商品"等科目。在按管理权限报经批准后应分别处理,对于入库的残料价值,记入"原材料"等科目;对于应由保险公司和过失人支付的赔款,记入"其他应收款"科目;扣除残料价值和应由保险公司、过失人支付的赔款后的净损失,属于一般经营损失的部分,记入"管理费用"科目,属于非常损失的部分,记入"营业外支出"科目。

【例 10-43】 2019 年 10 月,顺风物流公司在财产清查中发现盘亏乙材料 1 000 千克,实际单位成本为 20 元,相关增值税专用发票上注明的增值税税额为 2 600 元。经查属于一般经营损失。顺风物流公司应编制如下会计分录:

(1)批准处理前:
借:待处理财产损溢——待处理流动资产损溢　22 600
　　贷:原材料——乙材料　　　　　　　　　　　20 000
　　　　应交税费——应交增值税(进项税额转出)　2 600

(2)批准处理后:
借:管理费用　　　　　　　　　　　　　　　　　22 600
　　贷:待处理财产损溢——待处理流动资产损溢　22 600

【例 10-44】 2019 年 12 月,顺风物流公司在财产清查中发现毁损乙材料 500 千克,实际单位成本为 20 元,相关增值税专用发票上注明的增值税税额为 1 300 元。经查属于材料保管员的过失造成,按规定由其个人赔偿 5 000 元,残料已办理入库手续,价值 1 000 元。顺风物流公司应编制如下会计分录:

(1)批准处理前:
借:待处理财产损溢——待处理流动资产损溢　11 300
　　贷:原材料——乙材料　　　　　　　　　　　10 000
　　　　应交税费——应交增值税(进项税额转出)　1 300

(2)批准处理后:
①由过失人赔款部分:
借:其他应收款　　　　　　　　　　　　　　　　5 000
　　贷:待处理财产损溢——待处理流动资产损溢　5 000
②残料入库:
借:原材料——乙材料　　　　　　　　　　　　　1 000
　　贷:待处理财产损溢——待处理流动资产损溢　1 000
③材料毁损净损失:
借:管理费用　　　　　　　　　　　　　　　　　5 300
　　贷:待处理财产损溢——待处理流动资产损溢　5 300

【例 10-45】 顺风物流公司因洪水造成一批库存乙材料毁损,实际成本 140 000 元,根据保险责任范围及保险合同规定,应由保险公司赔偿 100 000 元。假定不考虑相关税费,顺风物流公司应编制如下会计分录:

(1)批准处理前:
借:待处理财产损溢——待处理流动资产损溢 140 000
　　贷:原材料——乙材料　　　　　　　　　140 000
(2)批准处理后:
借:营业外支出——非常损失　　　　　　　 40 000
　　其他应收款　　　　　　　　　　　　　100 000
　　贷:待处理财产损溢——待处理流动资产损溢 140 000

技能训练18

1.训练项目:存货按实际成本发出的计算方法。
2.训练目的:运用先进先出、后进先出、全月一次加权平均等方法计算发出存货的实际成本,掌握存货按实际成本入库和发出情况下,发出存货成本的计算步骤和方法。
3.训练资料:
顺风物流公司采用实际成本核算原材料,2019年6月原材料账户资料如表10-4所示。

表10-4 原材料账户资料

日期	摘要	入库	发出	结存
6月1日	期初余额			200件×6元/件
6月5日	购入	500件×8元/件		
6月13日	生产领用		600件	
6月25日	购入	300件×7元/件		

4.要求:
采用先进先出法、后进先出法、全月一次加权平均法计算发出材料的实际成本,填写表10-5至表10-7。

表10-5 材料明细账(先进先出法)

日期	摘要	收入			发出			结存		
2019年		数量	单价	金额	数量	单价	金额	数量	单价	金额
6月1日	期初结存									
6月5日	购入									
6月13日	发出									
6月25日	购入									
6月30日	本月发生额及月末余额									

表10-6 材料明细账(后进先出法)

日期	摘要	收入			发出			结存		
2019年		数量	单价	金额	数量	单价	金额	数量	单价	金额
6月1日	期初结存									
6月5日	购入									

续表

日期	摘要	收入			发出			结存		
2019年		数量	单价	金额	数量	单价	金额	数量	单价	金额
6月13日	发出									
6月25日	购入									
6月30日	本月发生额及月末余额									

表10-7 材料明细账(全月一次加权平均法)

日期	摘要	收入			发出			结存		
2019年		数量	单价	金额	数量	单价	金额	数量	单价	金额
6月1日	期初结存									
6月5日	购入									
6月13日	发出									
6月25日	购入									
6月30日	本月发生额及月末余额									

技能训练19

1.训练项目：存货按计划成本发出的计算方法。

2.训练目的：运用材料成本差异率法计算发出存货的实际成本，掌握存货按计划成本入库和发出情况下，发出存货成本的计算步骤和方法。

3.训练资料：

顺风物流公司采用计划成本核算原材料，2019年3月原材料账户资料如下：

3月5日从甲企业购入A材料600公斤，采购单价8元，运费300元；3月12日从乙企业购入A材料400公斤，采购单价9元，运费200元。该企业采用计划成本核算材料成本，计划价8元/公斤。

4.要求：

采用材料成本差异率法计算本月发出材料的实际成本。

模块十一 企业内物流成本的核算

企业内物流成本是指从原材料进入企业仓库开始,经过出库、制造形成产品以及产品进入成品库,直到产品从成品库出库为止的物流过程中所发生的物流费用。该过程对应工业企业的产品生产过程。物流企业本身没有产品生产过程,类似活动通常叫作分拣或流通加工。

企业内物流成本的核算主要涉及生产成本、制造费用、固定资产、累计折旧、在建工程、固定资产清理等会计科目。鉴于物流企业的工业性产品生产较少,所以,对工业性生产的成本核算仅做简要介绍。

单元一 企业内物流成本核算的程序和账户设置

一、制造成本核算的一般程序

企业的费用按经济用途分类可分为生产成本和期间费用两大类。制造成本是相对于完全成本的一个概念。简单理解为:如果生产成本不包括期间费用,那就是制造成本;如果生产成本包括期间费用,那就是完全成本。我国会计制度规定,工业企业的生产成本采用制造成本法进行核算,因此物流企业的流通加工成本的计算也采用制造成本法。

成本核算程序是指进行产品成本核算的顺序和步骤,即从生产费用的发生、归集开始,直至核算出各种产品的完工产品总成本和单位成本的顺序与步骤。制造成本核算的一般程序如下:

(1)审核、控制生产费用,确认应计入产品成本的要素费用额。

进行成本核算,首先应根据国家的有关财经法规和企业的计划、定额,对各项费用进行严格的审核、监督与控制,防止各种浪费和损失的发生;同时,正确划分应计入产品成本和应计入期间费用的界限。

(2)将要素费用在各种产品之间按照成本项目进行分配和归集。

将已发生的各项生产费用,按经济用途进行分配和归集。对于能根据原始凭证确定其成本对象的直接费用直接计入有关产品成本的成本项目内,不能直接计入的其他要素费用则先归集入"制造费用"等账户中,然后再分配计入产品成本。

(3)将月初在产品成本与本月生产费用之和在本月完工产品和月末在产品之间进行分配、归集。

对于既有完工产品又有在产品的产品,还应将月初的在产品成本加上本月的生产费用,在完工产品和在产品之间进行分配,以便计算出完工产品的总成本和单位成本。

二、制造成本核算的主要账户

成本核算的主要账户如下。

1. "生产成本"账户

"生产成本"账户是用来核算企业进行工业性生产所发生的各项生产费用的账户,包括生产各种产品、自制材料、自制工具、自制设备等各项生产费用。本账户借方登记按成本项目归集的直接材料、直接人工和制造费用;贷方登记结转和分配完工产品的实际成本。期末如有余额在借方,表示尚未完工的在产品成本。物流企业的流通加工业务的成本也在"生产成本"账户下进行核算。

本账户可设置"基本生产成本"和"辅助生产成本"两个二级明细账户,并可在二级账户下面设置分车间和按成本对象分户的明细账。

为了满足成本管理的要求,还应按费用在产品成本中的具体用途再做进一步的项目划分,这就是产品生产成本项目,简称成本项目。在采用制造成本法的条件下,一般应设置以下成本项目:

(1)直接材料。

直接材料一般指企业在生产过程中直接用于产品生产而耗用的原材料、辅助材料、外购半成品、燃料、动力等。

(2)直接人工。

直接人工指企业直接从事产品生产人员的工资、奖金、补贴和按规定提取的职工福利费。

(3)制造费用。

制造费用指企业为生产产品和提供劳务而发生的各项间接费用,包括各分厂、车间的管理人员工资及福利费、折旧费、修理费、办公费、水电费等。

在实际工作中,可以根据管理需要,增设外购半成品、废品损失、停工损失等成本项目。

2. "制造费用"账户

"制造费用"账户是用来核算企业生产单位(分厂、车间)为组织和管理生产所发生的各项制造费用的账户,包括生产单位管理人员的工资及福利费、固定资产折旧费、办公费、劳动保护费、季节性和修理期间的停工损失等。本账户的借方登记各个生产单位发生的制造费用;贷方登记分配计入有关成本核算对象的制造费用。除季节性生产企业外,本账户期末应无余额。

本账户应按不同的车间、部门设置明细账。应该计入生产成本而不能直接计入的项目,先在制造费用账户归集,期末按一定的标准,将制造费用账户的金额分配计入生产成本账户下的制造费用项目,从而计算出产品的生产成本。

3. 期间费用类账户

期间费用是指企业在生产经营过程中发生而又与产品生产活动没有直接联系的管理费用、财务费用和销售费用。这些费用与上述作为成本项目的费用不同,它们不计入产品生产成本,而是按照一定期间(月份、季度或年度)进行汇总,直接计入当期损益。期间费用类账户包括销售费用、管理费用和财务费用三个账户。

(1)"销售费用"或"营业费用"账户。

"销售费用"或"营业费用"账户核算企业在销售产品过程中所发生的各项费用,包括运输费、装卸费、包装费、保险费、展览费、广告费,以及为销售企业产品而专设的销售机构的职工工资、福利费、业务费等经常性费用。本账户的借方登记发生的各项销售费用;贷方登记转入本年利润的期末借方合计数。本账户期末应无余额。

(2)"管理费用"账户。

"管理费用"账户核算企业行政管理部门为组织和管理生产经营活动而发生的各项费用,包括公司经费、工会经费、职工教育经费、劳动保险费、待业保险费、董事会费、咨询费、审计费、诉讼费、排污费、绿化费、税金、土地使用费、土地损失补偿费、技术转让费、技术开发费、无形资产摊销、开办费摊销、业务招待费、坏账损失、上交上级管理费以及其他管理费用。本账户的借方登记发生的各项管理费用;贷方登记冲减的管理费用和转入本年利润的金额。本账户期末应无余额。

(3)"财务费用"账户。

"财务费用"账户核算企业为筹集资金而发生的各项费用,包括企业生产经营期间发生的利息支出(减利息收入)、汇兑净损失、银行及金融机构手续费等。本账户的借方登记发生的各项财务费用;贷方登记冲减的财务费用和转入本年利润的金额。本账户期末应无余额。

单元二　生产费用的核算

一、直接材料费用的核算

(一)直接材料费用核算的内容

企业的生产过程是产品的生产过程和生产耗费过程的统一。在生产耗费中,材料的耗费是其中的重点,通常在产品成本中占有很大的比重。因此,材料耗费的计算是否正确,直接影响着成本核算资料的真实性。

企业在生产过程中消耗的各种材料,包括原料及主要材料、辅助材料、燃料动力、修理用备件及外购半成品等。根据计入产品成本的方式不同,可分为直接材料费用和间接材料费用两大类。产品成本中的直接材料费用,是指直接用于产品生产所消耗的原料、辅助材料、外购半成品、包装材料以及燃料和动力等。直接材料费用应直接计入特定的成本计算对象,并以"直接材料"成本项目列示。与直接材料相对应的是间接材料。间接材料也称一般性消耗材料或机物料,它是指为组织生产、管理生产而耗用的各种辅助材料、燃料、动力、修理用备件等。间接材料费用不能直接计入产品成本,应先通过"制造费用"等账户归集,然后采用一定方法分配计入特定成本计算对象,并以"制造费用"成本项目列示。

(二)直接材料费用的归集和分配

在生产过程中耗用的各种材料,应根据审核无误的领料凭证,按照耗用材料的不同用途归类,并据以计入"生产成本"、"制造费用"或期间费用账户。

对于用来制造产品的各种材料,凡是能够明确哪种产品耗用的,应按产品对象加以归集,并计入该种产品生产成本明细账有关成本项目中。凡是一批材料为几种产品共同耗用的,应采用一定标准在有关产品之间进行分配后,再分别计入各种产品生产成本明细账有关成本项目中。

下面,分别说明直接领用材料和共同耗用材料两种方式的归集和分配方法。

1. 直接领用材料

直接领用材料是指能根据领料凭证直接区分出由某种产品或由几种产品分别耗用的材料。因此,这类材料可以直接根据经过审核的领料凭证汇总表计算出来,并记入有关成本费用账户。

【例 11-1】 顺风物流公司流通加工一车间生产 A、B 两种产品。2019 年 7 月,A、B 产品分别直接领用甲、乙原材料。详见本月发料凭证汇总表(见表 11-1)。

表 11-1 发料凭证汇总表

顺风物流公司流通加工一车间　　　　　　　2019 年 7 月　　　　　　　　　金额单位:元

应借账户			应贷账户		
			甲材料	乙材料	合计
基本生产成本	A 产品	1—31 日	25 000	9 800	34 800
	B 产品	1—31 日	16 000	1 500	17 500
	小计		41 000	11 300	52 300
辅助生产成本	机修	1—31 日	1 600	600	2 200
	供水	1—31 日		600	600
	小计		1 600	1 200	2 800
制造费用		1—31 日	1 100	550	1 650
管理费用		1—31 日	1 200		1 200
营业费用		1—31 日	1 000	980	1 980
合计			45 900	14 030	59 930

根据发料凭证汇总表,可以编制如下会计分录:

借:生产成本——基本生产——A 产品　　　34 800
　　生产成本——基本生产——B 产品　　　17 500
　　生产成本——辅助生产——机修　　　　 2 200
　　生产成本——辅助生产——供水　　　　 600
　　制造费用　　　　　　　　　　　　　　 1 650
　　管理费用　　　　　　　　　　　　　　 1 200
　　营业费用　　　　　　　　　　　　　　 1 980
　　贷:原材料——甲材料　　　　　　　　　45 900
　　　　原材料——乙材料　　　　　　　　　14 030

2. 共同耗用材料

共同耗用材料是指属于几种产品同时耗用,而不能直接区分为哪一种产品耗用的材料。对于共同耗用的材料,应当选择适当的分配标准将其分配计入有关产品成本中。

在直接材料费用项目中,材料和燃料费用的分配标准一般可以选用材料定额消耗量比例或材料定额费用比例、产品的产量比例、产品的重量比例以及产品的面积比例等;外购动力费用的分配则一般按照计量仪表记录的实际耗用数量,按照一定的单价和使用部门计算分配。为了使分配结果能够比较准确地反映各种产品的材料耗用量,企业应本着既分配合理又计算简便的原则来选择分配标准。在多种产品所共同耗用的材料都制定了比较切合实际的消耗定额的情况下,可以按定额耗用量的比例进行分配;在多种产品所共同耗用的材料与产品的产量或重量、面积有密切关系的情况下,则应按产品的产量比例、重量比例或面积比例进行分配。

(1)按产品重量比例分配。

产品重量分配法,是以各种产品的重量为标准来分配材料(燃料)费用的方法。计算公式如下:

直接材料费用分配率=各种产品共同耗用的材料费用÷各种产品的重量之和

某产品应分配的直接材料费用=该产品总重量×直接材料费用分配率

【例 11-2】 顺风物流公司流通加工二车间生产 A、B 两种产品,根据耗用材料汇总表,2019 年 8 月两种产品共同耗用甲材料 150 000 元;根据产量记录,本月 A、B 两种产品的净重分别为 2 000 千克、3 000 千克。采用重量分配法编制甲材料费用分配表,见表 11-2。

表 11-2 材料费用分配表

材料名称:甲材料　　　　　　　　　2019 年 8 月　　　　　　　　　金额单位:元

产品名称	产品重量/千克	分配率	分配金额
A 产品	2 000		60 000
B 产品	3 000		90 000
合计	5 000	30	150 000

(注:费用分配率=150 000÷5 000=30)

重量分配法的分配标准为产品重量,当分配标准为产品产量或产品的面积、体积、长度等时,可以分别称之为产量分配法、面积分配法等,其计算公式与重量分配法类似。

(2)按材料定额耗用量分配。

按材料定额耗用量分配方法一般适用于企业已建立健全的定额管理制度,各项材料、燃料消耗均有消耗定额的情况。计算公式如下:

材料定额消耗量=产品产量×材料单位消耗定额

材料消耗量分配率=实际共同耗用材料总量÷$\sum$产品材料定额消耗量

某产品应分配材料费用=某产品材料定额消耗量×材料消耗量分配率×材料单价

【例 11-3】 顺风物流公司流通加工一车间生产 A、B 两种产品。其中,A 产品生产 520 件,B 产品生产 480 件。2019 年 7 月直接领用材料情况见表 11-1。另外两种产品共同耗用丙材料 15 000 公斤,单价 0.8 元,合计金额 12 000 元。A 产品每件定额消耗 37.5 公斤,B 产品每件定额消耗 21.875 公斤。计算分配如下:

A 产品定额消耗量=520×37.5 公斤=19 500 公斤

B 产品定额消耗量=480×21.875 公斤=10 500 公斤

材料消耗量分配率=15 000÷(19 500+10 500)=0.5

A 产品应分配材料费用=19 500×0.5×0.8 元=7 800 元

B 产品应分配材料费用=10 500×0.5×0.8 元=4 200 元

在实际工作中,材料费用的分配是通过编制材料费用分配表进行的。该表根据审核后的领、退料凭证,并按领用部门、车间编制,基本格式如表 11-3 所示。

表 11-3 材料费用分配表

顺风物流公司流通加工一车间　　　　2019 年 7 月　　　　金额单位:元

应借账户		成本项目	产品产量	原材料费用				合计
				直接计入	分配计入			
					定额消耗量	分配率	分配金额	
基本生产成本	A产品	直接材料	520	34 800	19 500	0.5	7 800	42 600
	B产品	直接材料	480	17 500	10 500	0.5	4 200	21 700
	小计			52 300	30 000		12 000	64 300
辅助生产成本	机修			2 200				2 200
	供水			600				600
	小计			2 800				2 800
制造费用				1 650				1 650
管理费用				1 200				1 200
营业费用				1 980				1 980
合计				59 930			12 000	71 930

根据材料费用分配表,可以编制如下会计分录:

借:生产成本——基本生产——A产品　　42 600
　　生产成本——基本生产——B产品　　21 700
　　生产成本——辅助生产——机修　　　2 200
　　生产成本——辅助生产——供水　　　600
　　制造费用　　　　　　　　　　　　　1 650
　　管理费用　　　　　　　　　　　　　1 200
　　营业费用　　　　　　　　　　　　　1 980
　贷:原材料——甲材料　　　　　　　　45 900
　　　原材料——乙材料　　　　　　　　14 030
　　　原材料——丙材料　　　　　　　　12 000

以上关于直接材料的归集和分配,是按实际成本计算的。如果企业的材料是按计划成本核算的,应先按计划成本归集和分配,然后计算出材料成本差异率和发出材料应分摊的差异额,并将各成本账户和期间费用账户调整为实际成本。

(3)动力费用的核算。

①动力费用的归集。

动力是企业生产经营过程中必不可少的因素,主要有电力、热力、蒸汽等。动力按其来源不同,分为自制和外购两类。自制动力通过辅助生产成本核算。下面,主要说明外购动力费用的核算。

外购动力费用按支付与分配的方式又包括两种:一种是支付外购动力费用时就按其用途借

记有关成本、费用,贷记"银行存款";另一种是通过"应付账款"账户核算,即在付款时先借记"应付账款",贷记"银行存款"账户,待月末时再按照外购动力的用途分配记入各成本、费用账户,贷记"应付账款"账户。

②动力费用的分配。

在生产经营过程中,外购动力的用途是不同的。有的直接用于产品生产;有的间接用于产品生产,如车间的照明;有的则用于行政管理部门的照明或取暖等。对动力费用的核算,应按照其不同用途分别记入各成本或费用账户。

动力费用的分配,是根据仪表、仪器记录的数量,并按一定的计价标准来计算确定各部门、车间的耗用数额。因此,直接用于生产某种产品的,可以直接根据凭证或电表所示的耗用数量计算列入该种产品成本;多种产品共同耗用的,由于车间一般不按产品分装仪器、仪表,就需要按生产工时比例或动力定额耗用量比例计算分配。按生产工时比例分配的计算公式如下:

外购动力费用分配率=外购动力费用总额÷各种产品生产工时总数
某产品应负担的外购动力费用=某种产品生产工时×外购动力费用分配率

【例 11-4】 假定顺风物流公司 2019 年 7 月耗电共计 1 385 元,根据电表记录情况:行政管理部门耗电 195 元;机修车间、供水车间耗电分别为 260 元和 340 元;流通加工一车间耗电共计 590 元,其中一般照明用电 90 元,其余为生产产品用电(A 产品工时 4 500 小时,B 产品 3 500 小时)。计算结果如下:

外购动力费用分配率=(590−90)÷(4 500+3 500)=0.062 5
A 产品负担的动力费用=4 500×0.062 5 元=281.25 元
B 产品负担的动力费用=3 500×0.062 5 元=218.75 元

根据上述资料,可编制外购动力费用分配表,如表 11-4 所示。

表 11-4 外购动力费用分配表

顺风物流公司流通加工一车间　　　　　2019 年 7 月　　　　　　　　　　金额单位:元

应借账户		成本项目	生产工时	分配率	分配金额
基本生产成本	A 产品	直接材料	4 500	0.062 5	281.25
	B 产品	直接材料	3 500	0.062 5	218.75
	小计		8 000		500.00
辅助生产成本	机修				260.00
	供水				340.00
	小计				600.00
制造费用					90.00
管理费用					195.00
合计			8 000		1 385.00

根据外购动力费用分配表编制会计分录如下：
借：生产成本——基本生产——A 产品　　　281.25
　　生产成本——基本生产——B 产品　　　218.75
　　生产成本——辅助生产——机修　　　　260.00
　　生产成本——辅助生产——供水　　　　340.00
　　制造费用　　　　　　　　　　　　　　 90.00
　　管理费用　　　　　　　　　　　　　　195.00
　　贷：应付账款　　　　　　　　　　　1 385.00

二、直接人工费用的核算

(一)直接人工费用核算的内容

直接人工费用是指直接从事产品生产的工人工资和福利费,包括工资、奖金、津贴以及福利费等。根据企业会计准则和有关制度规定,通过"生产成本"账户中"直接人工"成本项目核算的费用,不包括企业生产单位和企业行政管理单位的管理人员的工资和福利费用。其中,企业生产单位(分厂、车间)的管理人员的工资及福利费,应通过"制造费用"账户核算;企业行政管理人员的工资及福利费则通过"管理费用"账户核算。

按照工资支付的方式不同,生产工人的工资包括计件工资和计时工资两类。在实际工作中,进行工资的核算,首先应根据考勤记录(计时工资)或产量记录(计件工资),按照车间、部门编制工资结算单,并组织发放工资;然后,再将工资费用分配计入有关成本或费用账户。

(二)直接人工费用的分配

直接进行产品生产的生产工人工资,按照分配计入成本的方法不同,包括直接计入费用和间接计入费用两类。其中,计件工资属于直接计入费用,可以根据工资结算单直接计入产品成本;计时工资则属于间接费用,一般应按生产工时比例分配计入产品成本。

按生产工时比例分配的计算公式如下：

生产工人工资分配率＝生产工人工资总额÷各种产品生产工时总数

某种产品应分配工资额＝某种产品生产工时×生产工人工资分配率

【例 11-5】 顺风物流公司流通加工一车间生产的 A、B 产品,生产工人工资既有计件工资也有计时工资。计件工资已分别直接计入,A 产品为 1 500 元,B 产品为 1 000 元。需要间接计入的工资为 3 200 元,该企业按生产工时比例分配,A、B 产品的生产工时分别为 4 500 小时和 3 500 小时。其余资料可见工资费用分配表(见表 11-4)。分配计算结果如下：

生产工人工资分配率＝3 200÷(4 500＋3 500)＝0.4

A 产品应分配工资额＝4 500×0.4 元＝1 800 元

B 产品应分配工资额＝3 500×0.4 元＝1 400 元

工资费用的分配是通过工资费用分配表进行的。该表根据工资结算单和前述计算资料等编制。与工资密切相关的还有职工福利费,它是按工资的 14% 按月计提的一项人工费用,分配时也可与工资费用合并编制费用分配表,并据以编制会计分录。

工资福利费用分配表的基本格式如表 11-5 所示。

表 11-5　工资及职工福利费用分配表

顺风物流公司流通加工一车间　　　　　　　2019 年 7 月　　　　　　　　　金额单位:元

应借账户		成本项目	直接计入	分配计入		工资费用合计	提取比例/(%)	提取职工福利费
				生产工时	分配金额(分配率0.4)			
基本生产成本	A 产品	直接人工	1 500	4 500	1 800	3 300	14	462
	B 产品	直接人工	1 000	3 500	1 400	2 400	14	336
	小计		2 500	8 000	3 200	5 700		798
辅助生产成本	机修		800			800	14	112
	供水		600			600	14	84
	小计		1 400			1 400		196
制造费用			900			900	14	126
管理费用			1 200			1 200	14	168
营业费用			1 000			1 000	14	140
合计			7 000		3 200	10 200		1 428

根据工资福利费用分配表,可编制如下会计分录:

借:生产成本——基本生产——A 产品　　　　3 300
　　生产成本——基本生产——B 产品　　　　2 400
　　生产成本——辅助生产——机修　　　　　800
　　生产成本——辅助生产——供水　　　　　600
　　制造费用　　　　　　　　　　　　　　　900
　　管理费用　　　　　　　　　　　　　　1 200
　　营业费用　　　　　　　　　　　　　　1 000
　　贷:应付职工薪酬　　　　　　　　　　　　　10 200

同时,编制计提应付福利费分录如下:

借:生产成本——基本生产——A 产品　　　　462
　　生产成本——基本生产——B 产品　　　　336
　　生产成本——辅助生产——机修　　　　　112
　　生产成本——辅助生产——供水　　　　　84
　　制造费用　　　　　　　　　　　　　　　126
　　管理费用　　　　　　　　　　　　　　　168
　　营业费用　　　　　　　　　　　　　　　140
　　贷:应付职工薪酬——职工福利费　　　　　1 428

三、制造费用的核算

(一)制造费用的内容

制造费用是指工业企业内部各生产单位(分厂、车间)为组织和管理生产而发生的各项生产费用。制造费用通常是间接费用,因而需要在各种产品之间进行分配。制造费用包括制造费用账户和生产成本账户下的制造费用项目,两者核算的内容是相同的,两者的联系是:应该计入生产成本而不能直接计入的生产费用,先在制造费用账户中归集,期末按一定标准分配计入生产成本账户下的制造费用项目。

制造费用的内容比较复杂,主要包括:

(1)工资、福利费,指各生产单位(分厂、车间)的管理人员、工程技术人员、除生产工人之外的其他生产人员的工资,以及按工资总额14%提取的职工福利费。

(2)折旧费,指各生产单位的房屋、建筑物、机器设备等固定资产的折旧费用。

(3)修理费,指各生产单位所使用的各项固定资产发生的修理费用,包括大修理费用和日常修理费用。

(4)租赁费,指生产单位从外部租入各项固定资产和工具而支付的租金,但不包括融资租赁费。

(5)低值易耗品摊销,指各生产单位因使用低值易耗品而产生的摊销费,但不包括劳动保护的低值易耗品摊销费用。

(6)办公费,指生产单位办理公务耗用的文具、邮电、印刷、宣传和其他办公用品等费用。

(7)水电费,指各生产单位在组织、管理生产中一般耗用的自制或外购的水电费,但不包括直接用于生产工艺中的水电费用。

(8)差旅费,指各生产单位职工因公外出发生的交通、住宿及出差补助等费用。

(9)劳动保护费,指各生产单位为保护职工劳动安全而发生的劳动用品费,包括工作服、工作帽、工作鞋、劳保眼镜、手套等。

(10)保险费,指各生产单位应负担的财产物资保险费。

(11)设计制图费,指各生产单位负担的图纸和其他用品费、委托设计部门设计制图而发生的费用。

(12)试验检验费,指各生产单位对材料、半成品、产品进行分析、化验、试验或检验而发生的费用。

(13)停工损失,指各生产单位因季节性、修理期间停工而发生的损失费用,但不包括因事故停工发生的损失费用。

(14)其他制造费用,指不能列入以上各项目的其他各种间接生产费用。

(二)制造费用的归集

制造费用的归集,以及后面将要介绍的制造费用分配,都是通过"制造费用"账户核算的。该账户应按不同的车间或部门设立明细账,账内再按制造费用成本项目设立专栏或专户,以分别反映各车间、部门制造费用发生的详细情况。在具体进行核算时,基本生产车间或辅助生产车间关于制造费用的处理,可以根据企业的具体情况选择两种不同的处理方法:

(1)基本生产车间和辅助生产车间发生的制造费用均通过"制造费用"账户核算,在这个总账账户下按不同的车间或部门设立明细账,账内再设立专栏或专户反映;

(2)基本生产车间的制造费用通过"制造费用"核算,辅助生产车间的制造费用可以不通过"制造费用"账户核算,而直接在"生产成本——辅助成本"账户核算。

(三)制造费用的分配

为了保证产品生产成本的正确,对本期实际发生的制造费用,应在月末全部归集汇总后将其分配给生产的产品等承担对象。

制造费用应按照各个车间分别进行分配,而不得将各车间的制造费用统一起来在整个企业范围内用统一的分配率进行分配。这是因为基本生产车间和辅助生产车间发生的制造费用差异很大,而且各个基本生产车间和各个辅助生产车间制造费用水平也不相同。因此,制造费用应按各个不同的车间进行分配。其中,各个基本生产车间的制造费用应分配记入"生产成本——基本生产成本";各个辅助生产车间的制造费用在先通过"制造费用"账户核算的情况下,应分配记入"生产成本——辅助生产成本"。

在具体分配制造费用时,应根据企业生产产品的情况,确定采用相适应的分配方法。如果车间只生产一种产品,又未承担其他生产任务,其归集的制造费用可以直接计入该车间的产品生产成本。如果车间生产多种产品,其制造费用就必须选用一定的分配标准,分配计入各有关产品的生产成本中。制造费用的分配方法,一般有以下几种。

1. 生产工时比例法

生产工时比例法是指以各种产品的生产工时数作为分配标准来分配制造费用的一种方法。其计算公式如下:

制造费用分配率＝制造费用总额÷各种产品生产工时总数

某产品应分配额＝该产品生产工时×分配率

生产工时比例法采用实际工时资料,因而分配计算比较简便及时;同时,采用这种方法将产品负担的费用水平与劳动生产率联系起来,使分配的结果也比较合理。但是采用这种方法时,如果各种产品生产的机械化程度差异较大,则各产品之间应负担的折旧费等可能出现不合理的现象。

2. 生产工人工资比例法

生产工人工资比例法是指以计入各种产品成本的生产工人工资作为标准来分配制造费用的方法。其计算公式如下:

制造费用分配率＝制造费用总额÷各种产品生产工人工资总额

某产品应分配额＝该产品生产工人工资×分配率

生产工人工资比例法与生产工时比例法相似,计算比较简便,也是实际工作中普遍采用的方法。但是,采用这种方法时如果各种产品的生产的机械化程度不同,生产工人的熟练程度差异较大,也会出现制造费用分配不够合理的现象。

3. 机器工时比例法

机器工时比例法是指以各种产品生产耗用的机器工时为标准分配制造费用的方法。其计算公式如下:

制造费用分配率＝制造费用总额÷各种产品耗用机器工时总数

某产品应分配额＝该产品耗用机器工时数×分配率

机器工时比例法的特点是将制造费用与设备运转的时间相联系。在实际工作中,一般机械化、自动化程度高的企业,其制造费用的多少与机械设备运转时间的长短存在一定的比例关系。因此,这种方法仅适用于机械化、自动化程度比较高的企业。否则,采用这种方法就会出现分配不准确或不合理的现象。

4. 按计划分配率分配法

按计划分配率分配法是指平时各月均按实际产量或定量工时,乘以年度计划分配率分配制造费用,年终再调整实际费用与计划分配额之间的差异的一种方法。平时分配的计算公式如下:

制造费用年度计划分配率＝年度制造费用计划总数÷年度各产品计划生产总量

某产品月分配额＝某产品实际月生产量×分配率

按计划分配率分配制造费用,"制造费用"账户一般都会出现余额。年终时应调整计入12月份的产品成本。如果制造费用大于计划分配额,可用蓝字处理为借记"生产成本——基本生产",贷记"制造费用"账户;如果制造费用小于计划分配额,则可以使用红字冲减。

这种分配方法适用于各月之间生产量变化很大,尤其是生产季节性很强的企业。因为一般来说,制造费用在各月之间是相对稳定的,而各月间生产量的大幅度变化,按实际制造费用分配,必然导致各月单位产品成本中的制造费用比重出现忽高忽低的变化,这就没有客观反映生产成本中的制造费用情况。

上述几种制造费用的分配方法,企业可以根据自身的生产特点和管理要求选择采用。但不管采用哪种方法,都应编制"制造费用分配表",并据以处理账务。

【例11-6】 顺风物流公司流通加工一车间2019年7月实际制造费用发生额15 000元,该企业使用生产工时比例法分配,本月生产工时总额12 000小时,其中A产品为8 000小时,B产品为4 000小时。编制"制造费用分配表",如表11-6所示。

表11-6 制造费用分配表

顺风物流公司流通加工一车间　　　　　　2019年7月　　　　　　　　　金额单位:元

应借账户		生产工时	分配率	分配金额
基本生产成本	A产品	8 000	1.25	10 000
	B产品	4 000	1.25	5 000
合计		12 000		15 000

根据"制造费用分配表"编制如下会计分录:

借:生产成本——基本生产——A产品　　　10 000
　　生产成本——基本生产——B产品　　　 5 000
　贷:制造费用　　　　　　　　　　　　　　15 000

单元三　生产费用在完工产品与在产品之间的分配与归集

将本月累计生产费用在本月完工产品成本和月末在产品成本之间进行分配,是成本核算的最后阶段,也是成本计算中重要而复杂的一个环节。如果不能正确划分完工产品成本与月末在产品成本,而造成月末在产品成本多计、完工产品成本少计或月末在产品成本少计、完工产品成本多计,就难于考核、评价成本计划的完成情况,同时还会影响产品销售利润及当期损益计算的正确性。

一、生产费用在完工产品与在产品之间分配、归集概述

(一)生产费用在完工产品与在产品之间分配与归集的必要性

通过要素费用、制造费用和损失性费用的归集和分配,企业本月发生的各项生产费用,均已集中反映到各成本核算对象的"生产成本——基本生产成本"明细账(或产品成本计算单)中。这时,登记在各个基本生产成本明细账中的累计生产费用(即月初在产品成本加上本月发生的生产费用),就要视产品的完工情况而分别计入本月完工产品和月末在产品的成本中去。月末,

凡本月生产的产品已经全部完工,没有在产品,则本月累计生产费用就全部转化为本月完工产品的总成本;月末,凡本月生产的产品全部没有完工,则本月累计生产费用就全部转化为月末在产品的成本;月末,本月生产的产品,既有已经完工交库的产成品或自制半成品,又有正在加工的在产品,则应将本月累计生产费用在本月完工产品和月末在产品之间进行分配,以确定本月完工产品的实际总成本和单位成本,并为正确确定当期损益打下基础。

(二)生产费用在完工产品与在产品之间分配、归集的基本模式

生产费用在完工产品与在产品之间分配与归集关系到月初在产品费用、本月生产费用、本月完工产品成本和月末在产品成本四者之间的关系。这四者之间的关系可用公式表示如下:

月初在产品费用+本月生产费用=本月完工产品成本+月末在产品成本

上列公式中,前两项是已知数。这就是前面单元介绍的生产费用采用一定方法已分配记入"生产成本——基本生产成本"账户中的数额。其中,月初在产品费用就是上期的月末在产品成本。后两项是前两项之和,但每一项的数额还是未知数。因此最后的关键问题是采用什么方法,以解决生产费用在完工产品与在产品之间分配的问题。

生产费用在完工产品与在产品之间分配与归集的方法比较多,但归纳起来,其基本模式主要是两种类型:

(1)选择适当标准计算出分配率,然后将前两项费用之和在完工产品与在产品之间按照分配率进行分配,计算出完工产品成本与月末在产品成本。

(2)先确定月末在产品成本,然后将前两项费用之和减去月末在产品成本,即为完工产品成本。计算公式如下:

本月完工产品成本=(月初在产品费用+本月生产费用)-月末在产品成本

以上两种类型的计算方法又具体包括若干种计算方法。

为了使生产费用在完工产品与月末在产品之间进行科学、合理的分配,企业应根据月末在产品数量的多少和完工程度、各月月末在产品数量的变化大小、产品成本中各成本项目费用比重的大小,以及企业成本管理有关基础工作的好坏等条件,选择适当的分配方法,正确计算月末在产品成本和本月完工产品成本。企业月末在产品成本的确定方法主要有约当产量法、定额成本法、定额比例法,具体内容可参考成本会计教材,本教材从略。

二、生产费用在完工产品与在产品之间的结转的核算

1. 核算账户

生产费用在完工产品和在产品之间分配以后,即可计算出完工产品的实际成本。此时,企业的完工产品还应由产成品仓库验收入库。验收合格的完工产品成本应从"生产成本——基本生产成本"账户的贷方转入"库存商品"账户的借方。结转后,"生产成本——基本生产成本"账户的月末余额即月末在产品的成本。

2. 案例

【例11-7】 顺风物流公司流通加工一车间生产 A 产品。2019 年 7 月,月初在产品生产费用为 15 680 元,其中材料费用为 12 000 元,人工费用 880 元,制造费用为 2 800 元。本月发生的生产费用根据有关资料加以归集、记入"生产成本——基本生产成本"明细账(见表11-7)。本月共计生产 A 产品 500 台,已完工 380 台,在产品 120 台。生产费用在完工产品和在产品之间分配的过程及"完工产品与在产品成本计算表"从略。

表 11-7　生产成本——基本生产成本明细账

车间名称：顺风物流公司流通加工一车间　　　　　　　　　　　　完工产量：380 台
产品名称：A 产品　　　　　　　　　　　　　　　　　　　　　　在产品：120 台

2019 年		摘要	直接材料	直接人工	制造费用	合计
月	日					
7	1	月初在产品	12 000.00	880.00	2 800.00	15 680.00
		材料费用分配表	42 600.00			42 600.00
		人工费用分配表		3 762.00		3 762.00
		外购动力费用分配表	281.25			281.25
		辅助生产费用分配表	562.00			562.00
7	31	制造费用账户分配转入			10 000.00	10 000.00
7	31	生产费用合计	55 443.25	4 642.00	12 800.00	72 885.25
7	31	完工产品成本	42 375.25	3 811.60	10 592.00	56 778.85
7	31	期末在产品成本	13 068.00	830.40	2 208.00	16 106.40

根据"完工产品与在产品成本计算表"和"产成品入库单"，编制会计分录如下：

借：库存商品——A 产品　　　　　　　　56 778.85
　　贷：生产成本——基本生产——A 产品　　56 778.85

已完工 A 产品的总成本为 56 778.85 元，单位成本为 149.42 元。

技能训练 20

1. 训练项目：物流企业流通加工生产费用的分配。
2. 训练目的：使学生掌握材料费用、外购动力费用、人工费用的归集与分配方法，理解物流企业流通加工产品的成本构成。
3. 训练资料：

(1) 顺风物流公司流通加工车间本月生产 A 产品 2 000 件，B 产品 1 000 件，共同领用甲材料 80 000 元。A 产品耗用甲材料单位消耗定额为 3 千克，B 产品耗用甲材料单位消耗定额为 2 千克。

要求：

按定额消耗量比例法计算分配甲材料费用（写出计算过程，填制表 11-8）并编制有关会计分录。

表 11-8　材料费用分配表

产品名称	定额消耗量	分配率	分配金额
A 产品			
B 产品			
合计			

(2)顺风物流公司流通加工车间本月 25 日通过银行支付外购动力(电力)费用 5 100 元。该月末查明各车间、部门耗电度数为:基本生产车间动力用电 12 500 度,辅助生产车间动力用电 3 700 度,基本生产车间照明用电 2 300 度,辅助生产车间照明用电 1 100 度,行政管理部门照明用电 1 850 度。该月应付外购电力费用合计 5 148 元。

要求:

①按照用电度数分配计算各车间、部门动力和照明用电费。

②按照机器工时分配计算基本生产车间 A、B 两种产品的动力费用。产品机器工时分别为:A 产品 1 150 工时,B 产品 850 工时。

③编制该月份支付外购电力费用的会计分录。

(3)人工费用的分配。

顺风物流公司流通加工车间的基本生产车间本月份生产 A、B、C 三种产品。已知产量:A 产品 1 200 件,B 产品 800 件,C 产品 1 500 件。已知产品单位工时定额为:A 产品 1.5 小时,B 产品 2 小时,C 产品 3 小时。本月发生工资费用:A、B 两种产品生产工人工资(计时工资)总额为 289 000 元,C 产品按计件单价 66 元计付计件工资;车间管理人员工资 5 500 元,企业行政管理部门人员工资 26 500 元。

要求:

根据以上资料分配本月工资费用并编制有关会计分录(分配结果直接填入表 11-9 所示的工资费用分配表中)。

表 11-9 工资费用分配表

应借科目	明细账户	成本项目	定额工时	分配率	应付工资
基本生产成本	A 产品	直接人工			
	B 产品	直接人工			
	小计				
制造费用	C 产品	直接人工			
管理费用		工资			
合计		工资			

(4)顺风物流公司流通加工车间本月工资总额 115 000 元,其中:基本生产车间生产工人工资 84 000 元(A 产品生产工时 45 000 小时,B 产品生产工时 30 000 小时),辅助生产车间人员工资 6 000 元,基本生产车间管理人员工资 8 000 元,厂部管理人员工资 12 000 元,福利部门人员工资 5 000 元。

要求:

计算分配本月工资费用,写出计算过程,并按 14% 计提职工福利费,填制表 11-10,并编制相应会计分录。

表 11-10 工资费用分配表

应借科目	明细账户	成本项目	定额工时	分配率	工资费用合计	职工福利费
	A 产品					
	B 产品					
	小计					

技能训练 21

1. 训练项目：物流企业流通加工制造费用的分配。

2. 训练目的：掌握制造费用的分配方法，为正确计算物流企业流通加工产品的生产成本奠定基础。

3. 训练资料：

顺风物流公司流通加工车间设有一个基本生产车间，生产 A、B 两种产品。2009 年 4 月份发生有关的经济业务如下：

(1) 领用原材料 130 万元。其中直接用于产品生产 100 万元，用作基本生产车间机物料 30 万元。

(2) 应付工资 90 万元。其中基本生产车间生产工人工资 70 万元，管理人员工资 20 万元。

(3) 按工资的 14% 计提职工福利费。

(4) 计提固定资产折旧费 20 万元。

(5) 用银行存款支付其他费用 40 万元。

该企业基本生产车间的制造费用按产品机器工时比例分配，其机器工时为：A 产品 800 小时，B 产品 200 小时。

4. 要求：

(1) 编制各项费用发生的会计分录。

(2) 计算并结转基本生产车间 A、B 产品应分配的制造费用。

技能训练 22

1. 训练项目：在产品和完工产品的成本分配。

2. 训练目的：采用约当产量法，对月末生产费用进行分配，计算出在产品和产成品的生产费用，并计算出产品的生产成本。

3. 训练资料：

某工业企业本月生产甲、乙两种产品，采用品种法计算产品成本。其中本月生产甲产品 1 200 件全部完工；本月生产乙产品 1 400 件，月末完工 1 000 件，在产品 400 件。乙产品随生产进度陆续投料，月末在产品完工程度 50%。企业按约当产量法将生产费用在完工产品成本和月末在产品成本之间进行分配。

4. 要求：

根据有关资料登记甲、乙两种产品的生产成本明细账（见表 11-11 和表 11-12）。

表 11-11 生产成本明细账(甲产品)

摘要	直接材料	直接人工	制造费用	合计
月初在产品成本	0	0	0	0
本月生产费用	152 000	78 000	39 000	269 000
费用合计				
完工产品单位成本				
结转完工产品成本				
月末在产品成本				

表 11-12 生产成本明细账(乙产品)

摘要	直接材料	直接人工	制造费用	合计
月初在产品成本	20 000	12 000	8 000	40 000
本月生产费用	253 000	84 000	58 000	395 000
费用合计				
完工产品单位成本				
结转完工产品成本				
月末在产品成本				

技能训练 23

1. 训练项目:制造成本法。
2. 训练目的:物流企业流通加工产品成本通常采用品种法、分批法和分步法来计算,其中品种法是最基础的方法,通过训练加深学生对品种法的理解,掌握品种法的计算步骤。
3. 训练资料:

某厂为大量大批单步骤生产的企业,采用品种法计算产品成本。企业设有一个基本生产车间,生产甲、乙两种产品,还设有一个辅助生产车间——运输车间。该厂 2019 年 5 月份有关产品成本核算的资料如下:

(1)产量资料(见表 11-13)。

表 11-13 产量资料

单位:件

产品名称	月初在产品	本月投产	完工产品	月末在产品	完工率
甲	800	7 200	6 500	1 500	60%
乙	320	3 680	3 200	800	40%

(2)月初在产品成本(见表 11-14)。

表 11-14　月初在产品成本

单位：元

产品名称	直接材料	直接人工	制造费用	合计
甲	8 090	5 860	6 810	20 760
乙	6 176	2 948	2 728	11 852

(3)该月发生生产费用：

①材料费用：生产甲产品耗用材料 4 410 元，生产乙产品耗用材料 3 704 元，生产甲、乙产品共同耗用材料 9 000 元（甲产品材料定额耗用量为 3 000 千克，乙产品材料定额耗用量为 1 500 千克）。运输车间耗用材料 900 元，基本生产车间耗用消耗性材料 1 938 元。

②工资费用：生产工人工资 10 000 元，运输车间人员工资 800 元，基本生产车间管理人员工资 1 600 元。

③其他费用：运输车间固定资产折旧费为 200 元，水电费为 160 元，办公费为 40 元。基本生产车间厂房、机器设备折旧费为 5 800 元，水电费为 260 元，办公费为 402 元。

(4)工时记录：甲产品耗用实际工时为 1 800 小时，乙产品耗用实际工时为 2 200 小时。

(5)本月运输车间共完成 2 100 公里运输工作量，其中：基本生产车间耗用 2 000 公里，企业管理部门耗用 100 公里。

(6)该车间有关费用分配方法：

①甲、乙产品共同耗用材料按定额耗用量比例分配。

②生产工人工资按甲、乙产品工时比例分配。

③辅助生产费用按运输公里比例分配。

④制造费用按甲、乙产品工时比例分配。

⑤按约当产量法分配计算甲、乙完工产品和月末在产品成本。甲产品耗用的材料随加工程度陆续投入，乙产品耗用的材料于生产开始时一次投入。

4.要求：

采用品种法计算甲、乙产品的生产成本，完成下面一系列表格的填制。

(1)材料费用分配表（见表 11-15）。

表 11-15　材料费用分配表

单位：元

应借账户		成本或费用项目	直接计入金额	分配计入		合计
				分配标准	分配金额	
基本生产成本		甲产品	直接材料				
		乙产品	直接材料				
		小计					
辅助生产成本		运输车间	机物料消耗				
制造费用			机物料消耗				
合计							

(2)工资费用分配表(见表11-16)。

表11-16 工资费用分配表

单位:元

应借账户		成本或费用项目	直接计入金额	分配计入		合计
				分配标准	分配金额	
基本生产成本		甲产品	直接人工			
		乙产品	直接人工			
		小计				
辅助生产成本		运输车间	工资			
制造费用			工资			
合计						

(3)其他费用汇总表(见表11-17)。

表11-17 其他费用汇总表

单位:元

应借账户	折旧费	水电费	办公费	合计
辅助生产成本——运输车间				
制造费用				
合计				

(4)辅助生产成本明细账(见表11-18)。

表11-18 辅助生产成本明细账

运输车间　　　　　　　　　　　　　　　　　　　　　　　　　　　　　　单位:元

月	日	摘要	机物料消耗	工资	折旧费	水电费	办公费	合计
		材料费用分配表						
		工资费用分配表						
		其他费用分配表						
		合计						
		分配转出						

(5)辅助生产费用分配表(见表11-19)。

表11-19 辅助生产费用分配表

单位:元

应借账户	费用项目	耗用劳务数量	分配率	分配额
制造费用	运输费			
管理费用	运输费			
合计				

(6) 制造费用明细账（见表 11-20）。

表 11-20　制造费用明细账

单位：元

月	日	摘要	机物料消耗	工资	折旧费	水电费	办公费	运输费	合计
		材料费用分配表							
		工资费用分配表							
		其他费用分配表							
		辅助生产费用分配表							
		合计							
		分配转出							

(7) 制造费用分配表（见表 11-21）。

表 11-21　制造费用分配表

单位：元

应借账户	成本项目	生产工时	分配率	分配额
基本生产成本——甲产品	制造费用			
基本生产成本——乙产品	制造费用			
合计				

(8) 基本生产成本明细账（见表 11-22 和表 11-23）。

表 11-22　基本生产成本明细账（甲产品）

产品：甲产品　　　　　　　　　2019 年 5 月　　　　　　　　　单位：元

月	日	凭证号	摘要	直接材料	直接人工	制造费用	合计
			月初在产品成本				
			材料费用分配表				
			工资费用分配表				
			制造费用分配表				
			合计				
			完工产品成本转出				
			月末在产品成本				

表 11-23　基本生产成本明细账（乙产品）

产品：乙产品　　　　　　　　　2019 年 5 月　　　　　　　　　单位：元

月	日	凭证号	摘要	直接材料	直接人工	制造费用	合计
			月初在产品成本				
			材料费用分配表				
			工资费用分配表				
			制造费用分配表				

续表

月	日	凭证号	摘要	直接材料	直接人工	制造费用	合计
			合计				
			完工产品成本转出				
			月末在产品成本				

(9) 产品成本计算单(见表 11-24 和表 11-25)。

表 11-24　产品成本计算单(甲产品)

产品：甲产品　　　　　　　　　　2019 年 5 月　　　　　　　　　　　　　　　单位：元

成本项目	直接材料	直接人工	制造费用	合计
月初在产品成本				
本月生产费用				
合计				
完工产品数量				
在产品约当产量				
约当产量合计				
费用分配率				
完工产品成本				
月末在产品成本				

表 11-25　产品成本计算单(乙产品)

产品：乙产品　　　　　　　　　　2019 年 5 月　　　　　　　　　　　　　　　单位：元

成本项目	直接材料	直接人工	制造费用	合计
月初在产品成本				
本月生产费用				
合计				
完工产品数量				
在产品约当产量				
约当产量合计				
费用分配率				
完工产品成本				
月末在产品成本				

模块十二
物流成本中维护费的核算

物流成本按支付形态可分为本企业支付的物流成本（自营物流成本）和支付给外企业的物流成本（委托物流成本）。企业自营物流成本又分为材料费、人工费、维护费、一般经费和特别经费五大类。维护费是指土地、建筑物及各种设施设备等固定资产的使用、运转和维护保养所产生的费用，具体包括折旧费、维护维修费、租赁费、保险费、税金、燃料与动力消耗费等。从物流成本维护费的构成来看，主要由企业固定资产的折旧、租赁和修理等环节发生的费用组成。

单元一 固定资产核算

一、固定资产概述

(一) 固定资产的定义及特征

固定资产是指企业为生产商品、提供劳务、出租或经营管理而持有的使用寿命超过一个会计年度的有形资产。从固定资产的定义看，固定资产具有以下三个特征：

(1) 为生产商品、提供劳务、出租或经营管理而持有。这意味着企业持有的固定资产是企业的劳动工具或手段，而不是直接用于出售的产品。其中"出租"的固定资产是指用以出租的机器设备类固定资产，不包括以经营租赁方式出租的作为投资性房地产的建筑物。

(2) 使用寿命超过一个会计年度。这意味着固定资产属于长期资产，有别于流动资产。固定资产的"使用寿命"，是指企业使用固定资产的预计期间，或者该固定资产所能生产产品或提供劳务的数量。例如，建筑物、厂房通过其使用年限来表示，汽车等交通工具通过其最高行驶里程数量来表示。

(3) 有形资产。固定资产具有实物特征，这意味着固定资产与无形资产是有区别的。但不是所有具有固定资产特征的有形资产都是固定资产，例如工业企业所持有的工具、用具、备品备件、维修设备等资产，施工企业所持有的模板、挡板、架料等周转材料，由于量多、价低，考虑到成本效益原则，在实务中通常确认为存货。

(二) 固定资产的确认条件

在符合固定资产定义的前提下，同时满足以下两个条件者方可确认为企业的固定资产。

(1) 与该固定资产有关的经济利益很可能流入企业。

(2) 该固定资产的成本能够可靠地计量。

固定资产的各组成部分具有不同使用寿命或者以不同方式为企业提供经济利益，适用不同折旧率或折旧方法的，应当分别将各组成部分确认为单项固定资产。

企业由于安全或环保的要求购入设备等，虽然不能直接给企业带来未来经济利益，但有助于企业从其他相关资产的使用中获得未来经济利益,也应确认为固定资产。

二、固定资产的分类

企业的固定资产种类繁多,规格不一,为了便于固定资产的核算,加强固定资产的管理,应对固定资产进行合理分类。

(一)按经济用途分类

固定资产按经济用途可分为生产经营用固定资产和非生产经营用固定资产。

(1)生产经营用固定资产是指直接参加或服务于企业生产经营过程的各种固定资产,如生产经营用的房屋、建筑物、机器设备等。

(2)非生产经营用固定资产是指不直接参加或服务于企业生产经营过程的各种固定资产,如职工宿舍、浴室、食堂等的房屋、设备和其他固定资产。

(二)按使用情况分类

固定资产按使用情况可分为使用中固定资产、未使用固定资产和不需用固定资产。

(1)使用中固定资产是指正在使用的各种固定资产。由于季节性生产、大修理等原因暂停使用的固定资产仍然属于企业使用中的固定资产。企业出租(指经营性出租)给其他单位使用的固定资产和车间内部替换使用的固定资产也属于使用中的固定资产。

(2)未使用固定资产是指已完工或已购建的尚未交付使用的新增固定资产和因改扩建等原因而暂停使用的固定资产。

(3)不需用固定资产是指企业多余或不需用,准备处理的固定资产。

按使用情况分类,可以反映企业固定资产的利用情况,促使企业尽快将未使用的固定资产投入使用,及时地处理不需用固定资产,以提高固定资产的利用率。

(三)综合分类

实务中常见的是综合分类方法,这种分类方法将固定资产分为以下七类。

(1)生产经营用的固定资产。

(2)非生产经营用的固定资产。

(3)租出固定资产。租出固定资产,是指经批准以经营性租赁方式出租给其他单位使用的固定资产,不包括以经营性租赁方式出租的建筑物,后者属于企业的投资性房地产,不属于固定资产。

(4)未使用的固定资产。

(5)不需用的固定资产。

(6)融资租入固定资产。融资租入固定资产,是指以融资租赁方式租入的固定资产。企业在租赁期间不拥有所有权,但拥有实质控制权,根据实质重于形式的原则,在租赁期内,应视为自有的固定资产进行管理。

(7)土地,指过去已经估价单独入账的土地。因征地而支付的补偿费应计入与土地有关的房屋、建筑物的价值内,不单独作为土地入账。企业取得的土地使用权,不作为固定资产管理,应列为无形资产。

三、固定资产的计价

固定资产的计价方法主要有以下三种。

(一) 按历史成本计价

历史成本也称为原始价值、实际成本等,是指企业购建某项固定资产达到可使用状态前所发生的一切合理、必要的支出。按这种方法确定的价值,均是实际发生并有支付凭据的支出。企业新购建固定资产的计价、确定计提折旧的依据等均采用这种计价方法。其主要优点是具有客观性和可验证性。它是固定资产的基本计价标准。

(二) 按重置价值计价

重置价值也称为现时重置成本,是指在目前情况下重新购建该项固定资产所需的全部支出。按重置成本计价,虽然可以比较真实地反映固定资产的现时价值,但实务操作较为复杂,所以较难推广。这种方法仅在财产清查中确定盘盈的固定资产价值时使用,或在对报表进行补充、附注说明时采用。对于投资者投入的固定资产、企业接受捐赠的固定资产也可采用重置完全价值计价。

(三) 按净值计价

固定资产净值也称折余价值,是指固定资产原始价值或重置价值减去已提折旧后的净额。它可以反映企业实际占用固定资产的金额和固定资产的新旧程度。这种计价方法主要用于计算盘盈、盘亏、毁损固定资产的损溢等。

单元二 固定资产的初始计量

固定资产的初始计量是对取得的固定资产运用恰当的会计计量属性进行记录。固定资产应当按照成本进行初始计量,具体对成本计量时又要求按照取得固定资产的不同方式所发生的实际成本计量。

为了核算企业持有的固定资产原价,企业应设置"固定资产"科目,该科目借方登记固定资产原价的增加额,贷方登记固定资产原价的减少额,期末借方余额反映企业固定资产的账面原价。

一、外购固定资产的核算

外购固定资产的成本,包括购买价款、相关税费(不包括一般纳税人可以抵扣的增值税进项税额)、使固定资产达到预定可使用状态前所发生的可归属于该项资产的运输费、装卸费、安装费和专业人员服务费等。

外购固定资产是否达到预定可使用状态,需要根据具体情况进行分析判断。如果购入不需安装的固定资产,购入后即可发挥作用,因此,购入后即可达到预定可使用状态。如果购入需安装的固定资产,只有安装调试后达到设计要求或合同规定的标准,该项固定资产才可发挥作用,达到预定可使用状态。

(一) 外购不需要安装的固定资产核算

外购不需要安装的固定资产,可以直接交付使用。按支付的价款中可以计入固定资产成本的金额借记"固定资产"科目,按照可以抵扣的增值税借记"应交税费——应交增值税(进项税额)"科目,贷记"银行存款""应付账款"等科目。

【例 12-1】 2019 年 6 月 20 日,顺风物流公司购入一台不需要安装就可投入使用的设备,取得的增值税专用发票上注明的设备价款为 100 000 元,增值税税额为 13 000 元,以银行存款转账支付。假定不考虑其他相关税费。顺风物流公司做如下账务处理：

借：固定资产　　　　　　　　　　　　　　100 000
　　应交税费——应交增值税（进项税额）　　13 000
　　贷：银行存款　　　　　　　　　　　　　　113 000

(二)外购需要安装的固定资产核算

外购需要安装的固定资产，不可以直接投入生产经营，要经过安装才可以交付使用。

企业外购固定资产的成本和以后发生的安装费先通过"在建工程"科目核算，安装完工后由"在建工程"科目转入"固定资产"科目。

【例 12-2】 2019 年 7 月 15 日，顺风物流公司购入生产用需要安装的机器一台，不含税买价 100 000 元，适用增值税税率 13%；不含税包装费 2 000 元，税率 6%，增值税税额 120 元；不含税运费 3 000 元，税率 9%，增值税税额为 270 元。购入后发生不含税安装费 4 000 元，税率为 13%，增值税税额为 520 元。所有款项以银行存款支付。该机器安装完毕后交付使用。顺风物流公司应做如下会计分录：

(1)购入机器时(可以抵扣的进项税额＝100 000×13%元＋2 000×6%元＋3 000×9%元＝13 390 元)：

借：在建工程　　　　　　　　　　　　　　105 000
　　应交税费——应交增值税(进项税额)　　13 390
　　贷：银行存款　　　　　　　　　　　　　　118 390

(2)发生安装费用时：

借：在建工程　　　　　　　　　　　　　　4 000
　　应交税费——应交增值税(进项税额)　　520
　　贷：银行存款　　　　　　　　　　　　　　4 520

(3)安装完毕后交付使用时：

借：固定资产　　　　　　　　　　　　　　109 000
　　贷：在建工程　　　　　　　　　　　　　　109 000

二、自行建造的固定资产的核算

企业自行建造固定资产，应按建造该项资产达到预定可使用状态前所发生的必要支出作为固定资产的成本。自建固定资产应先通过"在建工程"科目核算，工程达到预定可使用状态时，再从"在建工程"科目转入"固定资产"科目。企业自建固定资产，主要有自营和出包两种方式，由于采用的建设方式不同，其会计处理也不同。

(一)自营方式建造固定资产的核算

自营方式建造固定资产，是指企业自行组织工程物资采购、自行组织施工人员从事工程施工完成固定资产建造，其成本应当按照实际发生的直接材料、直接人工、直接机械施工费等计算。

1. 需要设置的账户

企业采用自营方式建造固定资产的，应设置"工程物资"和"在建工程"科目进行核算。

"工程物资"科目用于核算企业为在建工程准备的各种物资的价值，包括工程用材料、尚未安装的设备以及为生产准备的工器具等。该科目借方登记购入为工程准备的物资价值等，贷方登记工程领用的物资价值。期末借方余额，反映企业为在建工程准备的各种物资的价值。

"在建工程"科目用于核算企业基建、技改等在建工程发生的价值,该科目借方登记各项发生的实际支出,贷方登记工程完工结转的实际成本,借方余额表示企业尚未完工的基建工程发生的各项实际支出。该科目应当按照"建筑工程""安装工程""在安装设备",以及单项工程进行明细核算。

2. 自营方式建造固定资产的会计处理

企业为建造固定资产准备的各种物资,应当按照实际支付的买价、运输费、保险费等相关税费作为实际成本。

购入工程物资时,借记"工程物资""应交税费——应交增值税(进项税额)"科目,贷记"银行存款"等科目。根据税法规定,2016年5月1日后购进货物和设计服务、建筑服务,用于新建不动产,其进项税额的60%在取得扣税凭证的当月抵扣,其余40%于取得扣税凭证的当月起第13个月抵扣。在2019年4月1日之后取得的,适用税率为9%,不再分2年抵扣。

领用工程物资时,借记"在建工程"科目,贷记"工程物资"科目。

在建工程领用本企业原材料时,借记"在建工程"科目,贷记"原材料"科目。

在建工程领用本企业生产的商品时,借记"在建工程"科目,贷记"库存商品"或"主营业务收入""应交税费——应交增值税(销项税额)"等科目。

自营工程发生的其他费用(如分配工程人员工资等),借记"在建工程"科目,贷记"银行存款""应付职工薪酬"等科目。

自营工程达到预定可使用状态时,按其成本,借记"固定资产"科目,贷记"在建工程"科目。

工程完工后,若剩余的工程物资转为本企业存货的,可按其实际成本或计划成本进行结转。在工程建设期间,若发生了工程物资盘亏、报废及毁损,用其实际成本减去残料价值以及保险公司、过失人等赔款后的净损失,计入所建工程项目的成本;若发生了盘盈的工程物资或处置净收益,则应冲减所建工程项目的成本。工程完工后,发生的工程物资盘盈、盘亏、报废、毁损,计入当期营业外收支。

(二)出包方式建造固定资产的核算

出包工程,是指企业通过招标的方式将工程项目发给建造商,由建造商组织施工的建筑工程或安装工程。采用出包方式建造固定资产,企业要与建造承包商签订建造合同。企业的新建、改建、扩建等建设项目,通常都可采用出包方式。

企业以出包方式建造固定资产,其成本由建造该项固定资产达到预定可使用状态前所发生的必要支出构成,包括发生的建筑工程支出、安装工程支出以及需分摊计入各固定资产价值的待摊支出。待摊支出是指在建设期间发生的,不能直接计入某项固定资产价值而应由所建造固定资产共同负担的相关费用,包括为建造工程发生的管理费、可行性研究费、临时设施费、公证费、监理费、应负担的税金,符合资本化条件的借款费用,建设期间发生的工程物资盘亏、报废、毁损净损失及其他费用等。

企业采用出包方式进行的自建固定资产工程,其工程的具体支出在承包单位核算。企业"在建工程"科目主要反映企业与建造承包商办理工程价款结算的情况,企业应按合理估计的出包工程进度和合同规定结算进度款,借记"在建工程"科目,按增值税专用发票上注明的增值税税额的60%(当期可抵扣的进项税额),借记"应交税费——应交增值税(进项税额)"科目,按增值税专用发票上注明的增值税税额的40%(本月起第13个月可抵扣的进项税额)借记"应交税费——待抵扣进项税额"科目,贷记"银行存款""预付账款"等科目。在2019年4月1日之后取得的,适用税率为9%,不再分2年抵扣。

工程达到预定可使用状态时,按其成本,借记"固定资产"科目,贷记"在建工程"科目。

【例12-3】 2019年6月1日,顺风物流公司将一仓库的建造工程出包给四川省某建筑公司,按合理估计的发包工程进度和合同规定向对方结算进度款1 000 000元,税率9%,增值税税额为90 000元。2019年11月8日,工程完工,收到四川省某建筑公司有关工程结算单据,补付工程款500 000元,税率9%,增值税税额为45 000元。工程完工并达到可使用状态,交付仓储部使用。顺风物流公司应做如下会计分录:

(1)按合理估计的发包工程进度和合同规定向对方结算进度款时:

借:在建工程——建筑工程——仓库　　　1 000 000
　　应交税费——应交增值税(进项税额)　　90 000
　　贷:银行存款　　　　　　　　　　　　1 090 000

(2)补付工程款时:

借:在建工程——建筑工程——仓库　　　500 000
　　应交税费——应交增值税(进项税额)　　45 000
　　贷:银行存款　　　　　　　　　　　　545 000

(3)工程完工并达到预定可使用状态时:

借:固定资产——仓库　　　　　　　　　1 500 000
　　贷:在建工程——建筑工程——仓库　　1 500 000

三、投资者投入的固定资产的核算

企业接受投资者投入的固定资产,按投资合同或协议约定的价值,借记"固定资产"科目,贷记"实收资本"或"股本"科目。

【例12-4】 2019年3月5日,顺风物流公司接受海通公司设备一套作为投资,投资合同约定的价值为1 000 000元,收到增值税发票中增值税税额为130 000元。顺风物流公司应做如下会计分录:

借:固定资产——设备　　　　　　　　　1 000 000
　　应交税费——应交增值税(进项税额)　130 000
　　贷:实收资本　　　　　　　　　　　　1 130 000

单元三　固定资产的折旧及后续支出

一、固定资产的折旧

(一)固定资产折旧的概念

固定资产折旧,是指在固定资产使用寿命内,按照确定的方法对应计折旧额进行系统分摊。应计折旧额,是指应当计提折旧的固定资产的原价扣除其预计净残值后的金额。已计提减值准备的固定资产,还应当扣除已计提的固定资产减值准备累计金额。

固定资产损耗,分有形损耗和无形损耗两种。有形损耗是指固定资产由于使用和自然力的影响而引起的使用价值的损失;无形损耗是指固定资产由于科学技术进步而引起的在价值上的损失。根据配比原则,对固定资产损耗的价值,应在固定资产的预计有效使用期内,以计提折旧的方式计入各期成本费用,从各期营业收入中逐步得到补偿。

(二)影响固定资产折旧的基本因素

影响固定资产折旧的基本因素或者说企业计算提取各期固定资产折旧的主要依据有以下几个。

1. 固定资产的原值

固定资产的原值是指企业计提固定资产折旧时的基数,也即固定资产取得时的入账价值或原价。

2. 固定资产的预计净残值

固定资产的预计净残值是指假定固定资产预计使用寿命已满并处于使用寿命终了时的预期状态,企业目前从该项资产处置中获得的扣除预计处置费用后的金额。因此,在计算应计折旧额时,预计净残值应从固定资产原值中扣除。由于固定资产的残余价值和清理费用均是人为预计的,难以准确计算,在税法上为了避免人为因素对固定资产净残值乃至折旧额的调整,如我国企业所得税暂行条例及其细则规定了固定资产残值比例指标。残值比例是指固定资产的预计净残值与固定资产原值的比率。企业所得税暂行条例及其细则规定,残值比例在原价的 5% 以内,由企业自行确定;由于情况特殊,需调整残值比例的,应报主管财税机关备案。

3. 固定资产的使用寿命

固定资产的使用寿命是指企业使用固定资产的预计期间,或者该固定资产所能生产产品或提供劳务的数量。固定资产使用寿命的长短,直接影响到各期应计提的折旧额。企业确定固定资产使用寿命,应当考虑下列因素。

(1)预计生产能力或实物产量。

(2)预计有形损耗和无形损耗。如设备使用中发生磨损、房屋建筑物受到自然侵蚀等有形损耗,如因新技术的出现而使现有的资产技术水平相对陈旧、市场需求变化使产品过时等无形损耗。

(3)法律或者类似规定对资产使用的限制。

企业应当根据固定资产的性质和使用情况,合理确定固定资产的使用寿命和预计净残值。固定资产的使用寿命、预计净残值一经确定,不得随意变更。除非当企业按规定定期对固定资产的使用寿命进行复核时,发现固定资产的使用寿命的预期数与原先的估计数有重大差异,则应当调整固定资产折旧年限。

(三)固定资产计提折旧的范围

按照《企业会计准则第 4 号——固定资产》的规定,除以下情况外,企业应对所有固定资产计提折旧。

(1)已提足折旧仍继续使用的固定资产。

(2)按规定单独估价作为固定资产入账的土地。

在确定固定资产折旧范围时,还应注意以下情况。

(1)按月计提折旧,当月增加的固定资产,当月不提折旧,下月起开始计提折旧;当月减少的固定资产,当月仍提折旧,从下月起不计提折旧。

(2)对已达到预定可使用状态的固定资产,无论是否交付使用,尚未办理竣工决算的,应当按照估计价值确认为固定资产,并计提折旧;待办理了竣工决算手续后,再按实际成本调整原来的暂估价值,但不需要调整原已计提的折旧额。

(3)对符合固定资产确认条件的固定资产装修费用,应当在两次装修期间与固定资产剩余使用寿命两者中较短的期间内计提折旧。

(4) 处于更新改造过程而停止使用的固定资产,符合固定资产确认条件的,应当转入在建工程,停止计提折旧;不符合固定资产确认条件的,不应转入在建工程,照提折旧。

(5) 固定资产提足折旧后,不管能否继续使用,均不再计提折旧;提前报废的固定资产,也不再补提折旧。所谓提足折旧,是指已经提足该项固定资产的应计折旧额。

二、固定资产折旧的方法

企业可选用的折旧方法包括平均年限法、工作量法、双倍余额递减法和年数总和法等,其中双倍余额递减法和年数总和法属于加速折旧法。企业应当根据固定资产所含经济利益预期实现方式选择上述折旧方法,折旧方法一经确定,不得随意变更。除非与固定资产有关的经济利益预期实现方式有重大改变的,应当改变固定资产折旧方法。折旧方法变更,应当在会计报表附注中予以说明。

(一) 平均年限法

平均年限法是指将固定资产的可折旧价值平均分摊于其可折旧年限内的一种方法。这种折旧方法假定固定资产依使用年限均匀损耗,按使用年限平均计提折旧,因此,在使用期内的各会计期间(年份或月份)计提的折旧额相等,折旧的积累额呈直线上升的趋势,故这种方法又称直线法。

这种方法适用于在各个会计期间使用程度比较均衡的固定资产,如房屋建筑。

平均年限法的计算公式为:

固定资产年折旧额=[固定资产原值-(预计残值收入-预计清理费用)]÷固定资产预计使用年限

=(固定资产原值-预计净残值)÷固定资产预计使用年限

固定资产月折旧额=固定资产年折旧额÷12

在会计实务中,通常以折旧率这个相对数来反映固定资产在单位时间的折旧程度,每月应计提的折旧额,一般是根据固定资产的原值乘以月折旧率计算的。折旧率即一定期间内固定资产折旧额对固定资产原值的比率。其计算公式为:

年折旧率=(固定资产年折旧额÷固定资产原值)×100%

或者: 年折旧率=[(1-预计净残值率)÷预计使用年限]×100%

月折旧率=年折旧率÷12

【例 12-5】 顺风物流公司有一幢厂房,原价为 2 000 000 元,预计可使用 20 年,预计报废时的净残值率为 4%。该厂房的折旧率和折旧额的计算如下:

年折旧率=(1-4%)/20=4.8%

月折旧率=4.8%/12=0.40%

月折旧额=2 000 000×0.40%元=8 000 元

(二) 工作量法

工作量法又称作业量法,是根据固定资产在使用期间完成的总的工作量平均计算折旧的一种方法。工作量法和平均年限法都是平均计算折旧的方法,都属直线法。但是,工作量法是假定固定资产在使用期内依工作量均匀损耗,按工作量平均计算折旧,在一定期间内固定资产的工作量越多,其计提的折旧也就越多。因此,固定资产在各会计期间的工作量不同,其计提的折旧额也就不会相等。这与平均年限法又有所不同。

这种方法适用于损耗程度与完成工作量成正比关系的固定资产或者在使用期内不能均衡使用的固定资产,如机器设备、运输车辆等。

其计算公式为:

单位工作量折旧额=(固定资产原值-预计净残值)÷预计总工作量

=[固定资产原值×(1-预计净残值率)]÷预计总工作量

月折旧额=单位工作量折旧额×当月实际完成工作量

【例 12-6】 顺风物流公司的一辆运货卡车的原价为 600 000 元,预计总行驶里程为 500 000 公里,预计报废时的净残值率为 5%,本月行驶 4 000 公里。该辆汽车的本月折旧额计算如下:

单位里程折旧额=600 000×(1-5%)÷500 000 元/公里=1.14 元/公里

本月折旧额=4 000×1.14=4 560 元

【例 12-7】 顺风物流公司的一台机器设备原价为 800 000 元,预计生产产品产量为 2 000 000 个,预计净残值率为 5%,本月生产产品 40 000 个。假设顺风物流公司没有对该机器设备计提减值准备,则该台机器设备的本月折旧额计算如下:

单个折旧额=800 000×(1-5%)÷2 000 000 元/个=0.38 元/个

本月折旧额=40 000×0.38 元=15 200 元

(三)双倍余额递减法

双倍余额递减法是加速折旧法的一种,是指在不考虑固定资产预计净残值的情况下,根据每期期初固定资产原价减去累计折旧后的金额和双倍的直线法折旧率计算固定资产折旧的一种方法。应用这种方法,需分两部分进行。

(1)使用寿命最后两年以前,不考虑固定资产预计净残值,采用双倍余额递减法。其计算公式为:

年折旧率=(2÷预计使用年限)×100%

年折旧额=期初固定资产账面净值×年折旧率

月折旧率=年折旧率÷12

月折旧额=年折旧额÷12

年初固定资产账面净值=年初固定资产原价-已计提的折旧额累计数

(2)使用寿命的最后两年内,考虑固定资产预计净残值,采用平均年限法。

由于每年的折旧额是递减的,因而可能出现某年按双倍余额递减法所提折旧额小于按直线法计提的折旧额。当这一情况在某一折旧年度出现时,应换为按直线法计提折旧。在实际工作中,企业一般采用简化的办法,在固定资产预计使用年限到期前两年转换成直线法。

年折旧额=(倒数第二年的年初固定资产账面净值-预计净残值)÷2

月折旧额=年折旧额÷12

【例 12-8】 顺风物流公司某项设备原价为 100 万元,预计使用寿命为 5 年,预计净残值率为 5%,假设顺风物流公司没有对该机器设备计提减值准备。顺风物流公司按双倍余额递减法计算折旧,每年折旧额计算如下:

倒数两年前年折旧率=(2÷5)×100%=40%

第 1 年应提的折旧额=100×40%万元=40 万元

第 2 年应提的折旧额=(100-40)×40%万元=24 万元

第 3 年应提的折旧额=(100-40-24)×40%万元=14.4 万元

从第 4 年起改按平均年限法(直线法)计提折旧:
第 4 年、第 5 年每年应提的折旧额＝(100－40－24－14.4－100×5％)÷2 万元＝8.3 万元
每年的各月折旧额根据年折旧额除以 12 来计算。

(四)年数总和法

年数总和法(也称年限总和法),是以固定资产的原值减去预计净残值后的净额为基数,以一个逐年递减的分数为折旧率,计算各年固定资产折旧额的一种折旧方法。这种方法的特点是:计算折旧的基数是固定不变的,折旧率依固定资产尚可使用年限来确定,各年折旧率呈递减趋势,依此计算的折旧额也呈递减趋势,也是加速折旧方法的一种。

年数总和法的各年折旧率,是以固定资产尚可使用年限作分子,以固定资产使用年限的逐年数字之和作分母。假定固定资产使用年限为 n 年,分母即为 $1+2+3+\cdots+n=n(n+1)/2$。计算公式为:

年折旧率＝尚可使用年限÷预计使用年限的年数之和
　　　＝(预计使用年限－已使用年限)÷[预计使用年限×(1+预计使用年限)/2]
年折旧额＝(固定资产原值－预计净残值)×年折旧率
月折旧率＝年折旧率÷12
月折旧额＝年折旧额÷12

【例 12-9】 顺风物流公司购置用于检测的设备一台,原值为 600 000 元,预计使用年限为 5 年,预计净残值率为 4％,采用年数总和法计提折旧。

年数总和＝1+2+3+4+5＝15
预计净残值＝600 000×4％元＝24 000 元
计提折旧基数＝(600 000－24 000)元＝576 000 元

各年折旧额计算如表 12-1 所示。

表 12-1　折旧计算表——年数总和法

金额单位:元

年数	已折旧年限	计提折旧总额	年折旧率	年折旧额	累计折旧
1	0	576 000	5/15	192 000	192 000
2	1	576 000	4/15	153 600	345 600
3	2	576 000	3/15	115 200	460 800
4	3	576 000	2/15	76 800	537 600
5	4	576 000	1/15	38 400	576 000

三、固定资产折旧的账务处理

(一)固定资产按月计提折旧的账务处理

通常对当月增加的固定资产,当月不提折旧,从下月起计提折旧;对当月减少的固定资产,当月照提折旧,从下月起不提折旧。固定资产提足折旧后,不论是否继续使用,均不再提取折旧;提前报废的固定资产,也不再补提折旧。所谓提足折旧,是指已经提足该项固定资产应提的折旧总额。

对固定资产计提的折旧应通过"累计折旧"科目核算,该科目属资产类科目,是"固定资产"科目的抵减科目。贷方登记计提的固定资产折旧额和增加固定资产时而相应增加的折旧额;借方登记因出售、报废清理、盘亏等原因减少固定资产时转销的所提折旧额。余额在贷方,表示企业现有固定资产的累计折旧额。

每月计提的固定资产折旧费,应根据用途计入相关资产的成本或者当期损益,借记"制造费用""营业费用""管理费用""其他业务成本""研发支出"等科目,贷记"累计折旧"科目。

在会计实务中,每月固定资产折旧的计算是通过编制"固定资产折旧计算表"进行的。折旧计算表是在上月份计提折旧的基础上,对上月固定资产的增减情况进行调整后计算当月应计提的折旧。本月应提折旧额计算公式为:

本月应计提折旧额=上月应计提折旧额+上月增加的固定资产应提折旧额
—上月减少的固定资产应提折旧额

固定资产折旧计算表可以由会计部门编制,也可以由各使用部门编制,最后由会计部门按固定资产使用部门进行汇总编制固定资产折旧汇总表,据以编制记账凭证。

【例 12-10】 顺风物流公司按规定计提本月固定资产折旧,生产部门固定资产折旧 20 000 元,管理部门固定资产折旧 4 000 元,专设销售部门固定资产折旧 5 000 元,经营性出租固定资产折旧 1 000 元。则顺风物流公司应做账务处理如下:

借:制造费用　　　　　　　　　　　　20 000
　　管理费用　　　　　　　　　　　　 4 000
　　销售费用　　　　　　　　　　　　 5 000
　　其他业务成本　　　　　　　　　　 1 000
　贷:累计折旧　　　　　　　　　　　　30 000

(二)固定资产折旧的复核

企业至少应当于每年年度终了对固定资产的使用寿命、预计净残值和折旧方法进行复核。使用寿命预计数与原先估计数有差异的,应当调整固定资产使用寿命。预计净残值预计数与原先估计数有差异的,应当调整预计净残值。与固定资产有关的经济利益预期实现方式有重大改变的,应当改变固定资产折旧方法。固定资产使用寿命、预计净残值和折旧方法的改变应当作为会计估计变更。

四、固定资产的后续支出

(一)固定资产后续支出的处理原则

企业的固定资产在使用期间还会发生包括固定资产在使用过程中发生的日常修理费、大修理费用、更新改造支出、房屋的装修费用等,这些支出统称为固定资产的后续支出。对于发生的固定资产后续支出,在账务处理上应区分为资本化的后续支出和费用化的后续支出两种情况,分别进行处理,其会计处理原则如下:

(1)固定资产发生的更新改造支出、房屋装修费用等,符合确认固定资产的两个特征的,应当计入固定资产成本,同时将被替换部分的账面价值扣除;不符合确认固定资产的两个特征的,应当在发生时计入当期管理费用或销售费用。

(2)固定资产的大修理费用和日常修理费用,通常不符合确认固定资产的两个特征,应当在发生时计入当期管理费用或销售费用,不得采用预提或待摊方式处理。

(3)将发生的固定资产后续支出计入固定资产成本的,应当终止确认被替换部分的账面价值。

注意:企业以经营租赁方式租入的固定资产发生的改良支出应予以资本化,作为长期待摊费用合理进行摊销。

(二)资本化的后续支出的核算

固定资产发生可资本化的后续支出时,企业一般应将该固定资产的原价、已计提的累计折旧和减值准备转销,将固定资产的账面价值转入在建工程,并停止计提折旧。发生的后续支出,通过"在建工程"科目核算。在固定资产发生的后续支出完工并达到预定可使用状态时,再从"在建工程"科目转为"固定资产"科目,并按重新确定的使用寿命、预计净残值和折旧方法计提折旧。

【例12-11】 2019年5月顺风物流公司对某生产线进行改造,该生产线原价4 000 000元,已提折旧1 400 000元。在改造过程中,领用工程物资300 000元,发生人工费用100 000元,银行存款支付耗用的其他费用60 000元。在试运行中取得净收入40 000元。在2019年11月改造完工并投入使用,改造后生产线可使其产品产量有实质性的提高,该改造支出应予以资本化。

(1)2019年5月将固定资产的账面价值转入在建工程:

借:在建工程——在安装的设备　　2 600 000
　　累计折旧　　　　　　　　　　1 400 000
　　贷:固定资产　　　　　　　　　　　　4 000 000

(2)发生的改造支出,在实际发生时:

借:在建工程——在安装的设备　　460 000
　　贷:工程物资　　　　　　　　　　　　300 000
　　　　应付职工薪酬　　　　　　　　　　100 000
　　　　银行存款　　　　　　　　　　　　60 000

(3)取得试运行净收入,应冲减工程成本:

借:银行存款　　　　　　　　　　40 000
　　贷:在建工程——在安装的设备　　　　40 000

(4)2019年11月改造完工并投入使用,将在建工程转为固定资产3 020 000(2 600 000+460 000-40 000)元:

借:固定资产——生产线　　　　　3 020 000
　　贷:在建工程——在安装的设备　　　3 020 000

(三)费用化的后续支出的核算

一般情况下,固定资产投入使用之后,由于固定资产磨损、各组成部分耐用程度不同,可能导致固定资产的局部损坏,为了维护固定资产的正常运转和使用,充分发挥其使用效能,企业将对固定资产进行必要的维护。固定资产的日常修理费用在发生时应直接计入当期损益。企业生产车间(部门)和行政管理部门等发生的固定资产修理费用等后续支出计入管理费用;企业专设销售机构的,其发生的与专设销售机构相关的固定资产修理费用等后续支出,计入销售费用或营业费用。固定资产更新改造支出不满足固定资产的确认条件的,在发生时直接计入当期损益。

【例12-12】 2019年8月6日,顺风物流公司对其现有的一台管理部门使用的设备进行修理,修理过程中发生对外支付修理费6 000元,开出转账支票支付。

顺风物流公司应做如下会计处理：
借：管理费用　　　　　　　　　　　　　　6 000
　　贷：银行存款　　　　　　　　　　　　　　6 000

单元四　固定资产的清查

企业为了保证固定资产核算的真实性和完整性，应定期或者至少于每年年末对固定资产进行清查盘点。如果清查中发现固定资产的损溢应及时查明原因，在期末结账前处理完毕。

一、固定资产盘盈的核算

企业在财产清查中盘盈的固定资产，作为前期差错处理。企业在财产清查中盘盈的固定资产，在按管理权限报经批准处理前应先通过"以前年度损益调整"科目核算。盘盈的固定资产，应按重置成本确定其入账价值，借记"固定资产"科目，贷记"以前年度损益调整"科目。

【例 12-13】 2019 年 12 月 31 日，顺风物流公司在财产清查过程中，发现一台未入账的设备，重置成本为 60 000 元（假定与其计税基础不存在差异），根据《企业会计准则第 28 号——会计政策、会计估计变更和差错更正》规定，该盘盈固定资产作为前期差错进行处理。顺风物流公司适用的所得税税率为 25%，按净利润的 10% 计提法定盈余公积。顺风物流公司应做如下会计处理。

(1)盘盈固定资产时：
借：固定资产——设备　　　　　　　　　　60 000
　　贷：以前年度损益调整　　　　　　　　　　60 000

(2)确定应交纳的所得税时：
借：以前年度损益调整　　　　　　　　　　15 000
　　贷：应交税费——应交所得税　　　　　　　15 000

(3)结转为留存收益时：
借：以前年度损益调整　　　　　　　　　　45 000
　　贷：盈余公积——法定盈余公积　　　　　　4 500
　　　　利润分配——未分配利润　　　　　　　40 500

二、固定资产盘亏的核算

企业在财产清查中盘亏的固定资产，应通过"待处理财产损溢——待处理固定资产损溢"科目核算。

企业在财产清查中盘亏的固定资产，按盘亏固定资产的账面价值，借记"待处理财产损溢——待处理固定资产损溢"科目，按已计提的累计折旧，借记"累计折旧"科目，按已计提的减值准备，借记"固定资产减值准备"科目，按固定资产的原价，贷记"固定资产"科目。按管理权限报经批准后处理时，按可收回的保险赔偿或过失人赔偿，借记"其他应收款"科目，按应计入营业外支出的金额，借记"营业外支出——盘亏损失"科目，贷记"待处理财产损溢——待处理固定资产损溢"科目。

【例 12-14】 顺风物流公司 2019 年末进行财产清查时发现短缺一台设备，原价为 200 000

元,已计提折旧 50 000 元,并已计提减值准备 10 000 元。经查,设备丢失的原因是管理员看守不当,经批准,管理员赔偿 30 000 元。顺风物流公司应做如下会计处理。

(1)盘亏固定资产时：

借:待处理财产损溢——待处理固定资产损溢　140 000
　　累计折旧　　　　　　　　　　　　　　　50 000
　　固定资产减值准备　　　　　　　　　　　10 000
　　贷:固定资产　　　　　　　　　　　　　　　　200 000

(2)报经批准转销时：

借:营业外支出——盘亏损失　　　　　　　　110 000
　　其他应收款　　　　　　　　　　　　　　30 000
　　贷:待处理财产损溢——待处理固定资产损溢 140 000

单元五　固定资产的处置

固定资产处置是指企业将不适用或不需用的固定资产对外出售、转让,或因磨损、技术进步等原因对固定资产进行报废,或因遭受自然灾害及其他情形而对固定资产进行的处理。固定资产处置包括固定资产的出售、转让、报废或毁损、对外投资、非货币性资产交换、债务重组等。对固定资产处置的确认和计量实质上是对固定资产终止的确认和计量。

一、固定资产终止确认的条件

固定资产满足下列条件之一的,应当予以终止确认：
(1)该固定资产处于处置状态。

因处于处置状态的固定资产不再用于生产商品、提供劳务、出租或经营管理,因此不再符合固定资产的定义,应予以终止确认。

(2)该固定资产预期通过使用或处置不能产生经济利益。

固定资产的确认条件之一是"与该固定资产有关的经济利益很可能流入企业",如果一项固定资产预期通过使用或处置不能产生经济利益,那么就不再符合固定资产的定义和确认条件,应予以终止确认。

二、固定资产处置的核算

(一)固定资产清理账户

企业出售、转让、报废固定资产和发生固定资产毁损,应当将处置收入扣除账面价值和相关税费后的金额计入当期损益。固定资产账面价值是固定资产成本扣减累计折旧和累计减值准备后的金额。

固定资产的处置一般通过"固定资产清理"账户核算。"固定资产清理"账户借方登记转入处置固定资产账面价值、处置过程中发生的费用和相关税金;贷方登记收回处置固定资产的价款、残料、变价收入和应由保险公司赔偿的损失。本账户期末借方余额,反映尚未清理完毕的固定资产清理净损失。

一般纳税人销售自己使用过的固定资产,应区分不同情形征收增值税。

销售自己使用过的 2019 年 5 月 1 日以后购进或者自制的固定资产,按照适用税率征收增值税,即应纳税额=[含税销售额÷(1+13%)]×13%。

自 2014 年 7 月 1 日起,销售 2009 年 1 月 1 日之前购买的固定资产,按照 3% 征收率减按 2% 征收增值税,则增值税=[含税销售额/(1+3%)]×2%。只可开具普通发票,不可开增值税专用发票。

小规模纳税人(除其他个人外)销售自己使用过的固定资产,减按 2% 征收率征收增值税(先按 3% 的税率还原成不含税价,再按 2% 的税率缴纳增值税),即增值税=[售价÷(1+3%)]×2%。

固定资产出售涉及增值税的,借记"固定资产清理"账户,贷记"应交税费——应交增值税(销项税额)"账户。

(二)处置固定资产的核算步骤

处置固定资产的核算,一般包括如下步骤:

(1)固定资产转入清理。将固定资产账面价值转入"固定资产清理"科目,按已计提的累计折旧,借记"累计折旧"科目,按已计提的减值准备,借记"固定资产减值准备"科目,按固定资产的账面余额,贷记"固定资产"科目。

(2)发生的清理费用。固定资产清理过程中发生的有关费用,借记"固定资产清理"科目,贷记"银行存款"等科目。发生清理费用时可以抵扣的增值税进项税额,借记"应交税费——应交增值税(进项税额)"科目,贷记"银行存款"等科目。

(3)收回出售固定资产价款、残料价值和变价收入。收回出售固定资产的价款和税款,借记"银行存款"科目,按增值税发票上的价款贷记"固定资产清理"科目,按增值税发票上的税款贷记"应交税费——应交增值税(销项税额)";残料入库的,按残料价值借记"原材料"科目,贷记"固定资产清理"科目。

(4)发生的保险赔款。应由保险公司或过失人赔偿的损失,借记"其他应收款"科目,贷记"固定资产清理"科目。

(5)清理净损益的处理。固定资产清理完成后的净损益,应区分不同情况进行账务处理。属于正常出售、转让所产生的损失或利得借记或贷记"资产处置损益"科目,贷记或借记"固定资产清理"科目;属于已丧失使用功能正常报废所产生的损失或自然灾害造成的损失,借记"营业外支出"科目,贷记"固定资产清理"科目。

【例 12-15】 顺风物流公司 2019 年 8 月 10 日出售一台设备(2009 年以后购入),原值 300 000 元,已提折旧 160 000 元,支付清理费用 2 000 元,出售价款 200 000 元(不含增值税),增值税税率为 13%,假设所有款项均以银行存款收支(注:不考虑城市维护建设税和教育费附加)。顺风物流公司应做如下账务处理。

(1)固定资产转入清理:

借:固定资产清理　　　　　　　　　　　140 000
　　累计折旧　　　　　　　　　　　　　160 000
　　贷:固定资产　　　　　　　　　　　　300 000

(2)支付清理费用:

借:固定资产清理　　　　　　　　　　　2 000
　　贷:银行存款　　　　　　　　　　　　2 000

(3)出售收入:

借:银行存款 226 000
　　贷:固定资产清理 200 000
　　　　应交税费——应交增值税(销项税额) 26 000
(4)结转清理净损益:
　　　　净损益=(200 000-140 000-2 000)元=58 000元
借:固定资产清理 58 000
　　贷:资产处置损益——固定资产出售 58 000

【例12-16】顺风物流公司2019年9月14日,因自然灾害毁损一台设备,原值60 000元,已提折旧53 000元,已减值准备3 000元,经批准报废。在清理过程中,以银行存款支付清理费用2 000元,拆除的残料1 000元,列作原材料。顺风物流公司应做如下账务处理。

(1)固定资产转入清理:
借:固定资产清理 4 000
　　累计折旧 53 000
　　固定资产减值准备 3 000
　　贷:固定资产 60 000
(2)支付清理费用:
借:固定资产清理 2 000
　　贷:银行存款 2 000
(3)残料入库:
借:原材料 1 000
　　贷:固定资产清理 1 000
(4)结转清理净损益:
　　　　净损益=(1 000-4 000-2 000)元=-5000元
借:营业外支出——非常损失 5 000
　　贷:固定资产清理 5 000

技能训练24

1.训练项目:年限总和法。

2.训练目的:运用年限总和法计算物流企业固定资产的维护费。

3.训练资料:

顺风物流公司用于客户服务的计算机系统,原值为1 200 000元,预计使用年限为6年,预计净残值为24 000元,采用年限总和法(见图12-1)计提折旧。

4.要求:

完成表12-2所示表格,并用Excel表的SYD函数进行自动核算并比对。总结年限总和法的特点。

图12-1　年限总和法函数

表 12-2　折旧计算表(年限总和法)

金额单位:元

年数	已折旧年限	计提折旧总额	年折旧率	年折旧额	累计折旧
1					
2					
3					
4					
5					
6					

技能训练 25

1. 训练项目:双倍余额递减法。

2. 训练目的:运用双倍余额递减法计算物流企业固定资产的维护费。

3. 训练资料:

顺风物流公司用于客户服务的计算机系统,原值为 1 200 000 元,预计使用年限为 6 年,预计净残值为 24 000 元,采用双倍余额递减法(见图 12-2)计提折旧。

图 12-2　双倍余额递减法函数

4. 要求:

完成表 12-3 所示表格,并用 Excel 表的 DDB 函数进行自动核算并比对。总结双倍余额递减法的特点。

表 12-3　折旧计算表(双倍余额递减法)

金额单位:元

年数	年初固定资产折余价值	年折旧率	年折旧额	累计折旧
1				
2				
3				
4				
5				
6				

模块十三
销售物流成本及利润核算

销售物流成本是指为了进行销售,产品从成品仓库运动开始,经过流通环节的加工制造,直到运输至中间商的仓库或消费者手中的物流活动过程中所发生的物流费用。工业企业委托第三方物流企业完成销售环节的物流工作,如运输和配送作业,则工业企业的销售物流成本往往对应物流企业的销售收入,而物流企业的销售物流成本往往对应运输、配送等物流功能成本。因此,当工业企业委托第三方物流企业完成销售环节的物流工作时,两者都强调的降低物流成本的含义是完全不同的,必须引起高度重视。

单元一 销售物流成本核算中的会计往来科目

销售物流成本的核算主要涉及主营业务成本、其他业务成本、销售费用(营业费用)、主营业务税金及附加,以及结算过程中产生的应收账款、应收票据、预收账款、其他应收款等科目。为准确核算企业销售物流成本,应设置上述科目。

一、应收票据的核算

(一)票据的性质及分类

票据是指由出票人签发并承诺,由自己或委托他人于指定日期将一定金额的款项无条件支付给持票人或指定收款人的书面证明。应收票据是企业持有的还未到规定的付款日期的尚未兑现的票据。对票据持有者来说是一种债权,反映对票据出票人或承兑人的要求权。

1.票据按是否立即兑现分类

票据按其是否立即兑现分类,可以分为即期票据和远期票据。即期票据是见票即付的票据,如支票、银行本票、银行汇票。远期票据是在以后日期支付票款的票据,如商业汇票。

2.票据按是否计息分类

票据按其是否计息分类,可以分为带息票据和不带息票据。带息票据是指票据到期时,承兑人必须按票面金额(即面值)加上到期利息(根据票面金额、票据规定的利率和票据期限计算)向收款人或被背书人支付票款的票据。不带息票据是票据到期时,承兑人只按票面金额向收款人或被背书人支付款项,而不再计算利息的票据。

我国会计实务中的应收或应付票据专指商业汇票,不含其他种类的票据。

(二)应收票据的入账价值

应收票据通常是指企业因销售商品、提供劳务等而收到的商业汇票。应收票据应于收到或开出并承兑时,以其面值入账。这是因为,我国的商业票据期限较短,利息金额不大,或已将利息包括在票面金额内。在我国会计实务中,不对应收票据计提坏账准备。其原因是应收票据发生坏账的风险较应收账款小。

企业收到的商业汇票,需通过"应收票据"科目进行核算,该科目借方登记应收票据本金和期末计息时未到期的利息,到期时,按账面价值予以从贷方进行冲销。该科目的借方余额为未到期的商业汇票面值及利息(已计提部分)。

1. 取得商业汇票

企业收到应收票据时,按票据的票面金额借记"应收票据"科目,贷记"主营业务收入""应交税费——应交增值税(销项税额)"等科目。

2. 计提票据利息

企业收到的带息应收票据,应于期末(指中期期末和年度终了)按应收票据的票面金额和确定的利率计提票据利息,并增加应收票据的账面价值,同时冲减财务费用。计提票据利息时,借记"应收票据"科目,贷记"财务费用"科目。

3. 应收票据到期

不带息票据到期收回款项(票面金额)时,借记"银行存款"科目,贷记"应收票据"科目。商业承兑汇票到期,承兑人违约或无力偿还票款,收款企业应将到期票据的票面金额转入"应收账款"科目。

带息应收票据到期收回款项时,应按收到的本息,借记"银行存款"科目,按账面余额,贷记"应收票据"科目,按其差额(未计提利息部分),贷记"财务费用"科目。带息应收票据到期不能收回款项时,应按其账面余额转入"应收账款"科目,并不再计提利息。其所包含的利息,在有关备查簿中进行登记,待实际收到时再冲减收到当期的财务费用。

【例 13-1】 顺风物流公司收到购货单位开出的商业承兑汇票一张,偿还其前欠本单位货款。商业汇票面值为 60 000 元,12 月 1 日签发,3 个月到期,票面利率 6%,到期时,收到票据款。编制会计分录为:

(1)收到商业汇票:

借:应收票据	60 000
贷:应收账款	60 000

(2)12 月末计息:

借:应收票据	300
贷:财务费用	300

(3)到期收回款项:

借:银行存款	60 900
贷:应收票据	60 300
财务费用	600

(三)应收票据利息及到期值的计算

应收票据有带息和不带息两种。不带息票据面值隐含有利息,到期按票面金额偿还,面值等于到期价值。带息票据载明利率,它的到期价值等于票面金额加上利息。

应收票据的利息是根据票据面额、规定的利率以及约定的期限计算的。

$$票据利息 = 本金 \times 利率 \times 期限$$

式中的"本金"是指应收票据的票面金额;"利率"是票据所规定的利率,通常是指年利率;"期限"是指从票据生效之日起到票据到期日止的时间间隔,通常按月或按日表示。

票据的期限按月表示时,应以到期月份中与出票日相同的那一天为到期日。如 6 月 8 日签发的期限为一个月的票据,则 7 月 8 日为到期日。月末签发的票据,不论月份大小,以到期月份的月末那一天为到期日。如 2 月 28 日(闰年为 2 月 29 日)签发的票据,期限为一个月的票据于 3 月 31 日到期,期限为两个月的票据于 4 月 30 日到期。与此相适应,计算利息使用的利率要换算成月利率(年利率÷12)。

票据的期限按日表示时,应从出票日起按实际日历天数计算,通常出票日和到期日只能算其中的一天,即"算头不算尾"或"算尾不算头"。例如,6 月 10 日签发的 90 天票据,则到期日为:90－6 月份剩余天数－7 月份实有天数－8 月份实有天数＝90－(30－10)－31－31＝8。可见,该票据于 9 月 8 日到期。与此相适应,计算利息使用的利率也要换算成日利率(年利率÷360)。

应收票据的利息对收款人来说是一种收入,一般可在实际收款时确认,并冲减财务费用;金额较大时,按权责发生制在期末确认。

应收票据的到期价值是指票据的面值与票据利息的合计数。

$$应收票据的到期价值 = 本金 + 利息$$
$$= 本金 + 本金 \times 利率 \times 期限$$
$$= 本金 \times (1 + 利率 \times 期限)$$

应收票据的到期价值是一个很重要的指标,它是计算应收票据贴现息的依据。现举例说明应收票据利息及到期价值的计算。

【例 13-2】 顺风物流公司销售商品,收到一张商业承兑汇票,其面值为 45 200 元,票面利率为 9%,期限为 60 天,该票据的出票日为 6 月 10 日。试计算该票据的到期日、利息、到期价值。日期计算按算头不算尾处理。

6 月份 21 天,7 月份 31 天,8 月份 8 天,因到期日那天不包括在内,所以,该票据的到期日应为 8 月 9 日。

$$票据利息 = 45\,200 \times (9\% \div 360) \times 60 \text{ 元} = 678 \text{ 元}$$
$$票据到期价值 = (45\,200 + 678) \text{ 元} = 45\,878 \text{ 元}$$

将含税收入折算为不含税收入:45 200÷(1+13%)元＝40 000 元。顺风物流公司应编制会计分录为:

借:应收票据　　　　　　　　　　　　　　　　45 200
　　贷:主营业务收入　　　　　　　　　　　　　40 000
　　　　应交税费——应交增值税(销项税额)　　　5 200

(四)应收票据的贴现

1. 贴现的概念

贴现是指商业汇票持有人,为提前获取现款,向银行贴付一定利息所做的票据转让。应收票据贴现实际上是企业将未来获取现金的权利转让给了银行,从而提前获得经营所需的资金。而银行成为自贴现之日后的票据持有人,在票据到期日向出票人或承兑人收取票据的本息和。企业将未到期的应收票据向银行贴现,应按扣除其贴现息后的净额,借记"银行存款"科目,按贴现息部分,借记"财务费用"科目,按应收票据的账面价值,贷记"应收票据"科目。

2. 商业汇票贴现的条件

商业汇票贴现申请人在贴现银行开立存款账户;商业汇票贴现申请人与出票人或其前手之间具有真实合法的商品、劳务交易关系;申请贴现的商业汇票合法有效,未注明"不得转让""质押"字样;商业汇票的承兑人符合贴现银行信贷管理规定的准入条件;对不符合信用贷款条件的商业承兑汇票贴现还必须有足值合法的担保资产。

3. 贴现的计算

(1)票据到期价值＝面值＋面值×票据期限×票面利率。

不带息商业汇票的到期价值即为其面值。

(2)贴现期限是指贴现日到到期日的这段时间,算头不算尾,均按实际日历天数计算。

(3)贴现利息＝票据到期值×贴现利率×贴现期限。

(4)贴现净额＝票据到期值－贴现利息。

商业汇票贴现期限自贴现之日起至汇票到期日止,最长期限不得超过6个月。贴现主要用于贴现申请人的短期资金周转。实付贴现金额按票面金额扣除贴现日至汇票到期前1日的利息计算。承兑人在异地的,贴现的期限以及贴现利息的计算应另加3天的划款日期。

贴现到期,贴现银行应向付款人收取票款。不获付款的,贴现银行应向其前手追索票款。贴现银行追索票款时可从贴现申请人的存款账户直接收取票款。

【例 13-3】 顺风物流公司于 2019 年 6 月 10 日将一张 4 月 5 日签发,面额 60 000 元,票面利率 8%,期限 5 个月的带息商业汇票向银行贴现,贴现利率为 12%。

要求:计算商业汇票的到期价值、贴现期限、贴现利息、贴现净额并写出贴现的会计分录。

(1)票据到期价值＝面值＋面值×票据期限×票面利率＝60 000 元＋60 000×(8%÷12)×5 元 ＝ 62 000 元。

(2)贴现期限:87 天(到期日 9 月 5 日,6 月剩余 21 天,7 月 31 天,8 月 31 天,9 月 4 天)。

(3)贴现利息 ＝ 票据到期值×贴现利率×贴现期限 ＝ 62 000×(12%÷360)×87 元 ＝1 798 元。

(4)贴现净额＝票据到期值－贴现利息＝(62 000－1 798)元＝60 202 元。

(5)顺风物流公司应编制会计分录如下:

借:银行存款　　　　　　　　　　　　　　60 202
　　贷:应收票据　　　　　　　　　　　　　60 000
　　　　财务费用　　　　　　　　　　　　　　 202

(五)应收票据背书转让

企业可以将自己持有的商业汇票背书转让。所谓背书,是指票据转让时持有人在票据背面签字的称谓。签字人称为背书人,他对票据的到期付款负有法律责任。凡票据转让都必须经过背书手续,经过背书的票据,如遭拒付,持票人可以根据法律向背书人追索。

企业将持有的商业汇票背书转让以取得所需物资时,应按计入取得物资成本的价值,借记"物资采购""原材料""库存商品"等科目,按专用发票上注明的增值税税额,借记"应交税费——应交增值税(进项税额)"科目,按应收票据的账面余额,贷记"应收票据"科目,如有差额,借记或贷记"银行存款"等科目。

如为带息应收票据,企业将持有的商业汇票背书转让以取得所需物资时,应按计入取得物资成本的价值,借记"物资采购""原材料""库存商品"等科目,按专用发票上注明的增值税税额,借记"应交税费——应交增值税(进项税额)"科目,按应收票据的账面余额,贷记"应收票据"科目,按尚未计提的利息,贷记"财务费用"科目,按借贷双方的差额,借记或贷记"银行存款"等科目。

二、应收账款的核算

(一)应收账款概述

应收账款是指企业因销售商品、提供劳务等业务,应向购货单位或个人收取的款项,是企业因销售商品、提供劳务等经营活动所形成的债权。

会计上所指的应收账款有其特定的范围。首先,应收账款是指因销售活动形成的债权,不包括应收职工欠款、应收债务人的利息等其他应收款;其次,应收账款是指流动资产性质的债权,不包括长期的债权,如购买的长期债券等;最后,应收账款是指本企业应收客户的款项,不包括本企业付出的各类存出保证金,如投标保证金和租入包装物保证金等。

应收账款通常应按实际发生额计价入账。计价时还需要考虑商业折扣和现金折扣等因素。

1. 商业折扣

商业折扣是指企业根据市场供需情况,或针对不同的顾客,在商品标价上给予的扣除。

商业折扣是企业最常用的促销手段。企业为了扩大销售、占领市场,对于批发商往往给予商业折扣,采用销量越多、价格越低的促销策略,即通常所说的"薄利多销"。

商业折扣一般在发生时即已确定,它仅仅是确定实际销售价格的一种手段,不需在买卖双方任何一方的账上反映,所以商业折扣对应收账款的入账价值没有什么实质性的影响。因此,在存在商业折扣的情况下,企业应收账款入账金额应按扣除商业折扣以后的实际售价确认。

2. 现金折扣

现金折扣是指债权人为鼓励债务人在规定的期限内付款,而向债务人提供的债务扣除。现金折扣通常发生在以赊销方式销售商品及提供劳务的交易中。企业为了鼓励客户提前偿付货款,通常与债务人达成协议,债务人在不同期限内付款可享受不同比例的折扣。现金折扣一般用符号"折扣/付款期限"表示。例如买方在 10 天内付款可按售价给予 2% 的折扣,用符号"2/10"表示;在 20 天内付款按售价给予 1% 的折扣,用符号"1/20"表示;在 30 天内付款,则不给折扣,用符号"n/30"表示。

存在现金折扣的情况下,应收账款入账金额确认有两种方法,一种是总价法,另一种是净价法。

总价法是将未减去现金折扣的金额作为实际售价,记作应收账款的入账价值。现金折扣只有客户在折扣期内支付货款时,才予以确认。在这种方法下,销售方把给予客户的现金折扣视为融资的理财费用,会计上作为财务费用处理。我国的会计实务中采用此方法。

净价法是将扣减现金折扣后的金额作为实际售价,据以确认应收账款的入账价值。这种方法是把客户取得折扣视为正常现象,认为客户一般都会提前付款,而将由于客户超过折扣期限而多收入的金额,视为提供信贷获得的收入。

(二)应收账款的核算

企业销售商品、产品或提供劳务发生应收账款,在没有折扣的情况下,按应收的全部金额入账。存在商业折扣的情况下,应按扣除商业折扣后的金额入账。存在现金折扣的情况下,采用总价法入账,发生的现金折扣作为财务费用处理。进行有关的会计核算时,销售商品、产品或提供劳务等应收取的款项,借记"应收账款"科目,贷记"主营业务收入""应交税费——应交增值税(销项税额)"等科目。收回应收账款时,按实收金额,借记"银行存款"等科目,贷记"应收账款"科目。

【例 13-4】 顺风物流公司向海通公司销售甲产品 400 件,其单位售价 500 元,已开出增值

税发票中注明该批商品增值税税额为 26 000 元,款项尚未收到。据此,应做会计分录为:

借:应收账款——海通公司　　　　　226 000
　　贷:主营业务收入　　　　　　　　　　200 000
　　　　应交税费——应交增值税(销项税额)　26 000

接到银行通知,收到海通公司转来所欠款项时,应做会计分录为:

借:银行存款　　　　　　　　　　　226 000
　　贷:应收账款——海通公司　　　　　　226 000

企业在销售商品、产品或提供劳务时,为客户代垫的包装费、运杂费等费用,也应记入"应收账款"科目的借方,同时记入"现金"或"银行存款"等科目的贷方;当企业收回代垫费用时,做相反的分录。

三、预收账款的核算

预收账款是在货物交易或提供劳务合同中规定,供货方预先收取客户的部分或全部货款并允诺在未来某时间发货而产生的一项负债。这种交易以合同为前提,预收货款时,并没有交易实质,因此,预收客户的货款就构成了企业的一项负债,该笔负债是用以后付出的货物来偿还的。如果供货方在合同规定的期限内没有发货,应当返回预收的款项,因为预收账款是在销售环节产生的负债。

会计实务中,预收账款较少的企业,可以将预收账款和应收账款合并,只设"应收账款"科目,在"应收账款"的贷方核算销售环节产生的债权债务。

【例13-5】 2019年6月3日,顺风物流公司与海通公司签订供货合同,供货金额120 000元,应纳增值税15 600元,顺风物流公司预支20 000元款项,剩余款项在交货后付清。2019年6月5日顺风物流公司向海通公司发出全部商品。2019年6月16日,顺风物流公司收到海通公司开来的转账支票115 600元。编制会计分录如下:

(1)2019年6月3日收到海通公司的预支款项20 000元:

借:银行存款　　　　　　　　　　　20 000
　　贷:预收账款——海通公司　　　　　　20 000

(2)2019年6月5日按合同规定,向海通公司发出货物,确认收入实现:

借:预收账款——海通公司　　　　　135 600
　　贷:主营业务收入　　　　　　　　　　120 000
　　　　应交税费——应交增值税(销项税额)　15 600

(3)2019年6月16日收到海通公司补付的货款115 600元:

借:银行存款　　　　　　　　　　　115 600
　　贷:预收账款——海通公司　　　　　　115 600

【例13-6】 假设顺风物流公司不设"预收账款"科目,通过"应收账款"科目核算有关业务,依上例资料编制会计分录如下:

(1)2019年6月3日收到海通公司的预支款项20 000元:

借:银行存款　　　　　　　　　　　20 000
　　贷:应收账款——海通公司　　　　　　20 000

(2)2019年6月5日按合同规定,向海通公司发出货物,确认收入实现:

借:应收账款——海通公司　　　　　135 600

贷:主营业务收入　　　　　　　　　　　　　　　　120 000
　　　应交税费——应交增值税(销项税额)　　　　15 600
(3)2019 年 6 月 16 日收到海通公司补付的货款 115 600 元：
借:银行存款　　　　　　　　　　　　　　　　　　115 600
　　贷:应收账款——海通公司　　　　　　　　　　115 600

实务中不设"预收账款"科目,通过"应收账款"科目核算有关业务的会计处理减少了科目的设置,也不必区分每一笔业务的应收、预收情况,核算简便。但在期末编制资产负债表时,应当根据其明细账分别计算应收账款金额和预收账款金额,不能根据应收账款期末余额直接填列。

单元二　物流企业成本费用核算

一、费用的确认

(一)费用的范围

物流企业的费用是指物流企业在日常经营活动中发生的、会导致所有者权益减少的、与向所有者分配利润无关的经济利益总流出。费用也有广义和狭义之分。广义的费用是指企业在销售商品、提供劳务等日常活动中一定期间发生的经济利益的流出,表现为资产的流出或损耗,或负债的增加。从确定利润的角度看,费用包括经营费用和损失。经营费用是指企业在正常经营活动中发生的各项耗费,例如营业成本和管理费用等。损失是指与企业正常经营活动没有直接关系的经济事项,例如灾害造成的损失等。狭义的费用仅指与本期营业收入相配比的经营费用。

(二)费用的确认原则

由于确认费用的同时也确认了资产的减少和负债的增加,它直接关系到企业未来的利益,所以必须可靠地确认各项费用。对费用的确认必须坚持以下三个原则：

(1)权责发生制原则。它要求本期负担的费用一定是在本期发生的。

(2)划分资本性支出与收益性支出原则。它要求费用的确认必须是为获得本期收入而发生的那一部分支出。

(3)配比原则。它要求在当期的营业收入确认后,必须同时确认为获取营业收入而发生的相关耗费。

(三)费用的分类

企业的费用按照经济用途分为成本费用和期间费用,主要包括主营业务成本、其他业务成本、税金及附加、销售费用、管理费用、财务费用及所得税费用等。

1. 成本费用

企业为生产产品、提供劳务等发生的可归属于产品成本、劳务成本等的费用,应在确认销售商品收入、提供劳务收入等时,将已销售商品、已提供劳务的成本等计入当期损益。成本费用包括主营业务成本、其他业务成本、税金及附加等,其中主营业务成本、其他业务成本称为营业成本。物流企业的主营业务成本是与物流服务相关的主营业务收入(如运输、仓储、配送、流通加工、信息处理等)相配比的各类费用。

2. 期间费用

期间费用是指企业日常活动发生的不能计入特定核算对象的费用,在发生时直接计入当期损益,称为期间费用。期间费用包括销售费用、管理费用和财务费用。

3. 所得税费用

所得税费用是指企业按应纳税所得额计算的所得税。流转环节的"税金及附加"和利润环节的"所得税费用"以及计入采购环节和管理环节的税金合称为企业的税费。

二、营业成本的核算

营业成本是指为获得营业收入而付出的产品、商品的价值。它与营业收入密切相关,按照配比原则,在确认营业收入的当期必须同时确认营业成本。与主营业务收入相对应,企业为获得主营业务收入而发生的耗费是主营业务成本,在工业企业表现为销售产成品、自制半成品和工业性劳务的成本;在商品流通企业表现为销售商品的成本,在物流企业表现为提供物流服务如运输、仓储、配送、流通加工、信息处理等的成本。无论在工业企业、商品流通企业、物流企业或其他行业企业,它都通过"主营业务成本"科目核算。商品销售后,在反映"主营业务收入"的当期应随时或在期末集中结转销售成本,借记"主营业务成本"科目,贷记"库存商品"科目。

物流企业属于服务性行业,除物流服务的流通加工有工业作业特征外,其他物流功能服务发生相关费用时,如直接人工、直接材料等,直接计入"主营业务成本"。也有很多服务业,将主营业务成本和期间费用合并为"营业支出"科目。

企业一般在确认销售商品、提供劳务等主营业务收入时,或在月末,将已销售商品、已提供劳务的成本结转入主营业务成本。借记"主营业务成本"科目,贷记"库存商品""劳务成本"等科目。期末,一般将"主营业务成本"科目结转到"本年利润"科目的借方,借记"本年利润"科目,贷记"主营业务成本"科目,结转后"主营业务成本"科目无余额。一般在实际工作中,主营业务成本的结转集中在月末,理论教材大部分是确认收入时结转成本。

【例 13-7】 2019 年 8 月 15 日,顺风物流公司销售一批流通加工商品,开出的增值税专用发票上注明售价为 200 000 元,增值税税额为 26 000 元;商品已经发出,并已向银行办妥托收手续,该批商品的成本为 150 000 元。顺风物流公司编制会计分录如下:

(1)销售实现时:

借:应收账款　　　　　　　　　　　　　　226 000
　　贷:主营业务收入　　　　　　　　　　　　200 000
　　　　应交税费——应交增值税(销项税额)　　26 000

(2)结转成本:

借:主营业务成本　　　　　　　　　　　　150 000
　　贷:库存商品　　　　　　　　　　　　　　150 000

期末将主营业务收入的合计数和主营业务成本的合计数分别结转入本年利润账户。

三、期间费用的核算

期间费用是企业当期发生的费用中的重要组成部分,是指本期发生的、不能直接或间接归入某种产品成本的、应直接计入损益的各项费用,包括管理费用、营业费用和财务费用。

(一)管理费用

管理费用是指企业行政管理部门为组织和管理生产经营活动而发生的各种费用,包括企业在筹建期间内发生的开办费,董事会和行政管理部门在企业经营管理中发生的或者应由企业统一负担的公司经费、工会经费、职工教育经费、业务招待费、印花税等相关税金、技术转让费、无形资产摊销、咨询费、诉讼费、提取的坏账损失、聘请中介机构费、矿产资源补偿费、研究与开发费、排污费、存货盘亏或盘盈、融资租赁发生的履约成本、劳动保险费、待业保险费、董事会费以及其他管理费用。

（1）工会经费指按职工工资总额的2%计提并拨给工会使用的经费。

（2）职工教育经费指按职工工资总额的8%计提,用于职工培训学习的费用。

（3）公司经费包括行政管理部门职工薪酬、物料消耗、低值易耗品摊销、办公费和差旅费、经营租赁费、折旧费及其他公司经费。

（4）劳动保险费指离退休职工的退休金、价格补贴、医疗费（包括离退休人员参加医疗保险的医疗保险基金）、易地安家费、职工退职金、职工死亡丧葬补助费、抚恤费、按规定支付给离休干部的各项经费以及实行社会统筹办法的企业按规定提取的统筹退休基金。

（5）待业保险费是指企业按照国家规定交纳的待业保险基金。

（6）董事会费是指企业最高权力机构及其成员为执行其职能而发生的费用,如差旅费、会议费等。

企业发生的管理费用,在"管理费用"科目核算,并在"管理费用"科目中按费用项目设置明细科目,进行明细核算。期末,"管理费用"科目的余额转入"本年利润"科目,结转后无余额。

【例13-8】 顺风物流公司2019年6月8日召开"双十一"动员大会发生业务招待费20 000元,取得的专用发票上注明的增值税税额为1 200元,用银行存款支付。顺风物流公司应编制如下会计分录：

借：管理费用——业务招待费　　　　　20 000
　　应交税费——应交增值税(进项税额)　1 200
　　贷：银行存款　　　　　　　　　　　　　21 200

【例13-9】 顺风物流公司行政部门2019年10月份发生如下费用共440 000元,其中：行政人员薪酬300 000元,行政部专用办公设备折旧费90 000元,报销行政人员差旅费10 000元（假定报销人员均未预借差旅费）,其他办公、水电费40 000元（均用银行存款支付）。顺风物流公司应编制如下会计分录：

借：管理费用　　　　　　　　　　　　440 000
　　贷：应付职工薪酬——工资　　　　　　300 000
　　　　累计折旧　　　　　　　　　　　　90 000
　　　　银行存款　　　　　　　　　　　　50 000

【例13-10】 顺风物流公司2019年8月31日将"管理费用"科目余额600 000元转入"本年利润"科目。顺风物流公司应编制如下会计分录：

借：本年利润　　　　　　　　　　　　600 000
　　贷：管理费用　　　　　　　　　　　　600 000

（二）营业费用（销售费用）

营业费用或销售费用是指企业在销售产品、提供劳务等日常经营过程中发生的各项费用以及为销售本企业商品而专设的销售机构（含销售网点、售后服务网点等）的各项经营费用,包括运输费、装卸费、包装费、保险费、展览费、广告费、租赁费（不包括融资租赁费）、提供售后服务的费用、委托代销费用,以及为销售本公司商品而专设的销售机构的职工工资、福利费等经常性费用。

企业发生的营业费用,应设置"销售费用"科目核算。该科目借方登记企业所发生的各项销售费用,贷方登记期末转入"本年利润"科目的销售费用。"销售费用"科目下按费用项目设置明细账进行明细核算。期末应将"销售费用"科目的余额转入"本年利润"科目,结转后应无余额。

企业发生的专设销售机构相关的不满足固定资产准则规定的固定资产确认条件的日常修理费用和大修理费用等固定资产后续支出,也在"销售费用"科目核算。

企业在销售商品过程中发生的包装费、保险费、展览费和广告费、运输费、装卸费等费用,借记"销售费用"科目,贷记"库存现金""银行存款"科目。

【例13-11】 2019年9月,顺风物流公司发生广告费,取得的增值税发票上注明价款80 000元,增值税为4 800元,以银行存款支付。编制会计分录如下:

借:销售费用　　　　　　　　　　　　　　　　80 000
　　应交税费——应交增值税(进项税额)　　　　4 800
　贷:银行存款　　　　　　　　　　　　　　　　84 800

【例13-12】 顺风物流公司销售部2019年7月份共发生费用160 000元,其中:销售人员薪资80 000元,销售部专用办公设备折旧费50 000元,业务费30 000元(均用银行存款支付)。编制会计分录如下:

借:销售费用　　　　　　　　　　　　　　　　160 000
　贷:银行存款　　　　　　　　　　　　　　　　30 000
　　　应付职工薪酬——工资　　　　　　　　　　80 000
　　　累计折旧　　　　　　　　　　　　　　　　50 000

【例13-13】 顺风物流公司2019年8月31日将"销售费用"科目余额320 000元转入"本年利润"科目。顺风物流公司应编制如下会计分录:

借:本年利润　　　　　　　　　　　　　　　　320 000
　贷:销售费用　　　　　　　　　　　　　　　　320 000

(三)财务费用

财务费用是指企业筹集生产经营所需资金而发生的费用,包括利息净支出(减利息收入)、汇兑净损失(减汇兑收益)、金融机构手续费、企业发生的现金折扣或收到的现金折扣、未确认融资费用摊销、分期收款销售方式下"未实现融资收益"的摊销以及筹集生产经营资金发生的其他费用等。

企业应通过"财务费用"科目核算财务费用的发生和结转情况。该科目借方登记企业发生的各项财务费用,贷方登记期末结转入"本年利润"科目的财务费用,结转后该科目应无余额。该科目应按财务费用项目进行明细核算。

为购建或生产满足资本化条件的资产发生的应予资本化的借款费用,在"在建工程""制造费用"等科目核算,不在"财务费用"科目核算。

企业发生的财务费用,借记"财务费用"科目,贷记"银行存款""未确认融资费用"等科目。发生的应冲减财务费用的利息收入、汇兑差额、现金折扣,借记"银行存款""应付账款"等科目,贷记"财务费用"科目。

【例13-14】 顺风物流公司2019年6月30日收到银行通知,获得利息收入1 000元。假定所获利息不符合利息资本化条件,作为冲减财务费用处理。应编制如下会计分录:

借：银行存款　　　　　　　　　　　　　　　　　1 000
　　贷：财务费用　　　　　　　　　　　　　　　　　　1 000

【例 13-15】　顺风物流公司于 2019 年 5 月 1 日向银行借入生产经营用短期借款 1 000 000 元，期限 9 个月，年利率 6%，该借款本金到期后一次归还，利息分月预提，按季支付。假定所有利息均不符合利息资本化条件。账务处理如下：

计算利息金额：　　1 000 000×(6%÷12)元=5 000 元
借：财务费用　　　　　　　　　　　　　　　　　5 000
　　贷：应付利息　　　　　　　　　　　　　　　　　　5 000

【例 13-16】　顺风物流公司 2019 年 8 月 31 日将"财务费用"科目余额 20 000 元转入"本年利润"科目。顺风物流公司应编制如下会计分录：

借：本年利润　　　　　　　　　　　　　　　　　20 000
　　贷：财务费用　　　　　　　　　　　　　　　　　　20 000

四、税费的核算

物流企业在进行经营管理活动时应负担的相关税费主要包括 3 个方面的内容：与收入相关的税费、在管理费用中列支的税费、所得税费用。

(一) 与收入相关的税费

与收入相关的税费一般称为流转税，主要包括增值税、消费税、城市维护建设税、资源税和教育费附加等。除增值税不在"税金及附加"科目核算外，其他流转环节的税金均通过"税金及附加"科目核算。

企业应当设置"税金及附加"科目来核算企业销售商品、销售材料、提供劳务等日常营业活动中所负担的税金及附加。该科目的借方登记按照规定计算出的企业日常营业活动应负担的税金及附加，贷方反映期末结转入"本年利润"科目的税金及附加，结转后该科目应无余额。

【例 13-17】　顺风物流公司 2019 年 8 月 2 日取得应纳消费税的销售商品收入 100 000 元，该产品适用的消费税税率为 10%。顺风物流公司应编制如下会计分录：

借：税金及附加　　　　　　　　　　　　　　　　10 000
　　贷：应交税费——应交消费税　　　　　　　　　　　10 000

交纳消费税时：
借：应交税费——应交消费税　　　　　　　　　　10 000
　　贷：银行存款　　　　　　　　　　　　　　　　　　10 000

【例 13-18】　2019 年 9 月，顺风物流公司当月实际应交增值税 200 000 元，应交消费税 100 000 元，城建税税率为 7%，教育费附加为 3%。

计算应交城建税和教育费附加：
城建税：　　　(200 000 + 100 000)×7%元=21 000 元
教育费附加：　(200 000 + 100 000)×3%元=9 000 元

该公司应编制与城建税、教育费附加有关的会计分录如下：

借：税金及附加　　　　　　　　　　　　　　　　30 000
　　贷：应交税费——应交城市维护建设税　　　　　　　21 000
　　　　应交税费——应交教育费附加　　　　　　　　　9 000

交纳城建税和教育费附加时：

```
借:应交税费——应交城市维护建设税         21 000
    应交税费——应交教育费附加            9 000
    贷:银行存款                         30 000
```

(二)在管理费用中列支的税费

在各种税费中,房产税、车船使用税(不包括运输船舶的使用税)、土地使用税、印花税在管理费用中列支。企业应交纳的房产税、车船使用税、土地使用税借记"管理费用"账户,贷记"应交税费"账户;印花税在发生时直接借记"管理费用"账户,贷记"银行存款"账户。

【例13-19】 2019年9月,顺风物流公司当月实际应交房产税28 000元,应编制如下会计分录:

```
借:管理费用                          28 000
    贷:应交税费——应交房产税           28 000
实际交纳房产税时:
借:应交税费——应交房产税              28 000
    贷:银行存款                       28 000
```

(三)所得税费用

企业所得税是指国家对企业经营所得或其他所得征收的一种税收,它体现了国家与企业之间的分配关系。企业所得税税率一般为25%,对符合条件的小微企业实行20%的优惠税率,对国家需要重点扶持的高新技术企业实行15%的优惠税率。

1.应交所得税的计算

应交所得税是指企业按照税法规定计算确定的针对当期发生的交易和事项,应交纳给税务部门的所得税金额,即当期应交所得税。应纳税所得额是在企业税前会计利润(即利润总额)的基础上调整确定的,计算公式为:

$$应纳税所得额 = 税前会计利润 + 纳税调整增加额 - 纳税调整减少额$$
$$应交所得税 = 应纳税所得额 \times 所得税税率$$

纳税调整增加额主要包括税法规定允许扣除项目中,企业已计入当期费用但超过税法规定扣除标准的金额(如超过税法规定标准的职工福利费、工会经费、职工教育经费、业务招待费、公益性捐赠支出、广告费和业务宣传费等),以及企业已计入当期损失但税法规定不允许扣除项目的金额(如税收滞纳金、罚金、罚款)。

纳税调整减少额主要包括按税法规定允许弥补的亏损和准予免税的项目,如前五年内未弥补亏损和国债利息收入等。

从理论上讲,企业的利润总额就应该是企业的所得额,但由于财务会计与税收是经济领域中的两个不同的分支,分别遵循不同的法规、服务不同的目的,因此,按照财务会计方法计算的利润总额与按照税收法规计算的应纳税所得额,对同一企业在同一期间会产生差异。差异按照不同的性质分为永久性差异和暂时性差异。本教材仅讲述永久性差异,暂时性差异在物流企业实务中很少用到。

2.永久性差异

永久性差异是由于会计标准和税法在计算收益、费用或损失时的口径不同,所产生的税前利润总额与应纳税所得额的差异,它在某一会计期间发生,不会在以后各期转回,且永久性差异不具有连续性,只对本期的调整有影响。永久性差异主要有以下类型:

(1)可免税收入。有些项目的收入会计上列为收入,但税法则不作为应纳税所得额。例如,企业购买国库券的利息收入依法免税,但会计核算上将国债利息收入列为投资收益纳入利润总额。又如企业从国内其他单位分回的已纳税利润,若其已纳的税额是按 25% 的税率计算的,则分回的已纳税利润按税法规定不再缴纳所得税,但会计核算上将此投资收益纳入利润总额。这类计入了利润总额的税前利润应在计算应纳税所得额时扣除,不交纳所得税。

(2)不可抵减的费用、损失。有些支出按会计标准规定核算时确认为费用或损失,在计算利润总额时可以扣除,但按税法规定在计算应纳税所得额时不允许扣除。这些项目主要有两种情况:一是范围不同,即会计上作为费用或损失的项目,在税法上不作为扣除项目处理;二是标准不同,即有些在会计上作为费用或损失的项目,税法上可作为扣除项目,但规定了计税开支的标准限额,超限额部分在会计上仍列为费用或损失,但税法不允许抵扣应税利润。

范围不同的项目主要有:

①违法经营的罚款和被没收财物的损失。会计作为营业外支出处理,但税法上不允许扣减应税利润。

②各项税收的滞纳金和罚款。会计作为营业外支出处理,但税法上不允许扣减应税利润。

③各种非救济公益性捐赠和赞助支出。会计作为营业外支出处理,但税法上不允许扣减应税利润。

标准不同的项目主要有:

①利息支出。会计上可在费用中据实列支,但税法规定向非金融机构借款的利息支出,高于按照金融机构同类、同期贷款利率计算的数额的部分,不准扣减应税利润。

②工资性支出。会计上将工资、奖金全部列为成本费用,但税法规定由各省、自治区、直辖市人民政府规定计税工资标准,超过计税标准的工资性支出应缴纳所得税。

③"三项经费"。会计上根据实发工资总额计提三项经费。工会经费、职工福利费分别按照计税工资总额的 2%、14% 计算扣除,超过部分不得扣减应税利润。财政部与税务总局联合发布了《关于企业职工教育经费税前扣除政策的通知》(财税〔2018〕51 号),明确自 2018 年 1 月 1 日起,企业发生的职工教育经费支出,不超过工资薪金总额 8% 的部分,准予在计算企业所得税应纳税所得额时扣除;超过部分,准予在以后纳税年度结转扣除。

④公益、救济性捐赠。会计上列为营业外支出,但税法规定在年度应纳税所得额 12% 以内的部分准予扣除,超过部分不得扣除,应缴纳所得税。

⑤业务招待费的扣除标准。按照发生额的 60% 扣除,但最高不得超过当年销售(营业)收入的 0.5%。

3.所得税的会计处理

为核算所得税,应设置"所得税费用"科目。"所得税费用"科目核算企业确认的应从当期利润总额中扣除的所得税费用。本科目可按"当期所得税费用""递延所得税费用"进行明细核算。期末,应将本科目的余额转入"本年利润"科目,结转后本科目无余额。

"应交税费——应交所得税"科目核算企业按照税法计算确定的当期应交所得税金额。

【例 13-20】 顺风物流公司 2019 年度利润总额为 400 万元,其中包括本年收到的国债利息收入 60 万元。该企业适用的所得税税率为 25%。当年的营业外支出中有 10 万元为税收滞纳金支出,有 30 万元为非公益性捐赠。除上述事项外,顺风物流公司无其他纳税调整事项。

分析:国债利息收入 60 万元免税,属于纳税调整减少额;税收滞纳金支出 10 万元和非公益性捐赠 30 万元,税法不允许扣减,属于纳税调整增加额。

应纳税所得额=(400-60+10+30)万元=380 万元

$$应纳所得税税额=380×25\%万元=95万元$$

根据上面的计算,顺风物流公司应编制如下会计分录:

借:所得税费用　　　　　　　　　　　　　950 000
　　贷:应交税费——应交所得税　　　　　　　　950 000

交纳所得税时:

借:应交税费——应交所得税　　　　　　　950 000
　　贷:银行存款　　　　　　　　　　　　　　　950 000

单元三　物流企业利润核算

一、利润的概念及组成

(一)利润的概念

利润是企业在一定期间的经营成果,是企业的收入减去有关的成本与费用后的差额。收入大于相关的成本与费用,企业就可获取盈利;收入小于相关的成本与费用时,企业就会发生亏损。

企业生产经营的最终目的,就是要努力扩大收入,尽可能地降低成本与费用,努力提高企业盈利水平,增强企业的获利能力。企业只有最大限度地获取利润,才能为投资者提供尽可能高的投资报酬,为社会创造尽可能多的财富,从而促进社会生产的不断发展,更好地满足人们日益增长的物质和文化生活的需要。

因此,获利能力的高低,是衡量企业优劣的一个重要标志。

(二)利润的组成

根据企业会计准则的有关规定,企业的利润一般包括营业利润和营业外收入、营业外支出几个部分。如果企业能够按规定获取补贴收入,则也应作为当期的利润总额的组成部分。

根据净利润计算的步骤,利润又分为营业利润、利润总额和净利润三个部分。

1. 营业利润

营业利润是企业利润的主要来源,它又分主营业务利润和其他业务利润两个部分。

主营业务利润又称基本业务利润,是指企业的主营业务收入减去主营业务成本与主营业务应负担的流转税及附加费后的余额。

$$营业利润=营业收入-营业成本-税金及附加-销售费用$$
$$-管理费用-财务费用-资产减值损失$$
$$+公允价值变动收益(-公允价值变动损失)$$
$$+投资收益(-投资损失)+资产处置收益(-损失)+其他收益$$

其中,营业收入是指企业经营业务所确认的收入总额,包括主营业务收入和其他业务收入。营业成本是指企业经营业务所发生的实际成本总额,包括主营业务成本和其他业务成本。资产减值损失是指企业计提各项资产减值准备所形成的损失。

公允价值变动收益(或损失)是指企业交易性金融资产等公允价值变动形成的应计入当期损益的利得(或损失)。

投资收益(或损失)是指企业以各种方式对外投资所取得的收益(或发生的损失)。

资产处置收益(或损失)指企业出售划分为持有待售的非流动资产(金融工具、长期股权投资和投资性房地产除外)或处置组时确认的处置利得(或损失),以及处置未划分为持有待售的固定资产、在建工程、生产性生物资产及无形资产而产生的处置利得(或损失)。

其他收益指计入其他收益的政府补助等。

2.利润总额

利润总额是指税前利润,也叫会计利润,就是企业在所得税前一定期间内全部经营活动的总成果。其计算公式为:

$$利润总额 = 营业利润 + 营业外收入 - 营业外支出$$

其中,营业外收入是指企业发生的与其日常活动无直接关系的各项利得。营业外支出是指企业发生的与其日常活动无直接关系的各项损失。

3.净利润

净利润又称为税后利润,就是企业利润总额减去所得税费用后的余额。其计算公式为:

$$净利润 = 利润总额 - 所得税费用$$

其中,所得税费用是指企业确认的应从当期利润总额中扣除的所得税费用。

二、营业外收支的核算

营业外收支是指与企业的生产经营活动无直接关系的各项收支。营业外收支虽然与企业生产经营活动没有多大的关系,但从企业主体来考虑,同样带来收入或形成企业的支出,也是增加或减少利润的因素,对企业的利润总额及净利润产生较大的影响。

(一)营业外收入

1.营业外收入概述

营业外收入是指与企业生产经营活动没有直接关系的各种收入。营业外收入并不是由企业经营资金耗费所产生的,不需要企业付出代价,实际上是一种纯收入,不可能也不需要与有关费用进行配比。因此,在会计核算上,应当严格区分营业外收入与营业收入的界限。

营业外收入主要包括非流动资产毁损报废利得、盘盈利得、罚没利得、捐赠利得、非货币性资产交换利得、债务重组利得、与收益相关的政府补助、确实无法支付而按规定程序经批准后转作营业外收入的应付款项等。

(1)非流动资产毁损报废利得,指因自然灾害等发生毁损,已丧失使用功能而报废非流动资产所产生的清理的净收益。

(2)盘盈利得,主要指对于现金等清查盘点中盘盈的现金等,报经批准后计入营业外收入的金额。

(3)罚没利得,指企业取得的各项罚款,在弥补由于违反合同或协议而造成的经济损失后的罚款净收益。

(4)捐赠利得,指企业接受捐赠产生的利得。

(5)非货币性资产交换利得,指在非货币性资产交换中换出资产为固定资产、无形资产的,换入资产公允价值大于换出资产账面价值的差额,扣除相关费用后计入营业外收入的金额。

(6)债务重组利得,指重组债务的账面价值超过清偿债务的现金、非现金资产的公允价值、所转股份的公允价值或重组后债务账面价值之间的差额。

(7)政府补助,指企业从政府无偿取得的货币性资产或非货币性资产,但不包括政府作为企业所有者投入的资本。

2. 营业外收入的核算

企业应通过"营业外收入"科目核算营业外收入的取得及结转情况。该科目贷方登记企业确认的各项营业外收入,借方登记期末结转入本年利润的营业外收入。结转后该科目应无余额。该科目应按照营业外收入的项目进行明细核算。

企业确认营业外收入,借记"固定资产清理""银行存款""库存现金""应付账款"等科目,贷记"营业外收入"科目。期末,应将"营业外收入"科目余额转入"本年利润"科目,借记"营业外收入"科目,贷记"本年利润"科目,结转后营业外收入无余额。

【例13-21】 顺风物流公司2019年8月31日,将报废固定资产清理的净收益50 000元转作营业外收入。

借:固定资产清理　　　　　　　　　　　　50 000
　　贷:营业外收入　　　　　　　　　　　　　50 000

【例13-22】 顺风物流公司2019年9月5日,收到海通公司的捐款100 000元。

借:银行存款　　　　　　　　　　　　　　100 000
　　贷:营业外收入　　　　　　　　　　　　　100 000

【例13-23】 顺风物流公司2019年10月完成政府下达的物流职业技能培训任务,收到政府补助资金300 000元,应编制如下会计分录:

借:银行存款　　　　　　　　　　　　　　300 000
　　贷:营业外收入　　　　　　　　　　　　　300 000

【例13-24】 顺风物流公司2019年10月31日将"营业外收入"科目余额630 000元转入"本年利润"科目。顺风物流公司应编制如下会计分录:

借:营业外收入　　　　　　　　　　　　　630 000
　　贷:本年利润　　　　　　　　　　　　　　630 000

(二)营业外支出

1. 营业外支出概述

营业外支出是指不属于企业生产经营费用,与企业生产经营活动没有直接的关系,但应从企业实现的利润总额中扣除的各项损失。营业外支出主要包括非流动资产毁损报废损失、盘亏损失、罚款支出、公益性捐赠支出、非货币性资产交换损失、债务重组损失、非常损失等。

(1)非流动资产毁损报废损失,指因自然灾害等发生毁损,已丧失使用功能而报废非流动资产所产生的清理的净损失。

(2)盘亏损失,主要指对于固定资产清查盘点中盘亏的固定资产,在查明原因处理时按确定的损失计入营业外支出的金额。

(3)罚款支出,指企业由于违反税收法规、经济合同等而支付的各种滞纳金和罚款。

(4)公益性捐赠支出,指企业对外进行公益性捐赠发生的支出。

(5)非货币性资产交换损失,指在非货币性资产交换中换出资产为固定资产、无形资产的,换入资产公允价值小于换出资产账面价值的差额,扣除相关费用后计入营业外支出的金额。

(6)债务重组损失,是指债务人以低于债务账面价值的现金清偿某项债务,债权人应将重组债权的账面价值与收到的现金之间的差额,确认为当期损失。

(7)非常损失,指企业对于因客观因素(如自然灾害等)造成的损失,在扣除保险公司赔偿后应计入营业外支出的净损失。

2. 营业外支出的核算

企业应通过"营业外支出"科目核算营业外支出的发生及结转情况。该科目借方登记企业发生的各项营业外支出,贷方登记期末结转入本年利润的营业外支出。结转后该科目应无余额。该科目应按照营业外支出的项目进行明细核算。

企业发生营业外支出时,借记"营业外支出"科目,贷记"固定资产清理""待处理财产损溢""库存现金""银行存款"等科目。期末,应将"营业外支出"科目余额转入"本年利润"科目,借记"本年利润"科目,贷记"营业外支出"科目。

【例13-25】 顺风物流公司2019年7月将已经发生的原材料意外灾害损失(已扣除保险公司赔偿)5 000元转作营业外支出。

借:营业外支出　　　　　　　　　　　　　　5 000
　　贷:待处理财产损溢——待处理流动资产损溢　5 000

【例13-26】 顺风物流公司2020年1月29日,捐给武汉红十字会银行存款1 000 000元,用于抗击新型冠状病毒肺炎疫情。

借:营业外支出　　　　　　　　　　　　　　1 000 000
　　贷:银行存款　　　　　　　　　　　　　　1 000 000

【例13-27】 顺风物流公司2019年10月31日将"营业外支出"科目余额950 000元转入"本年利润"科目。顺风物流公司应编制如下会计分录:

借:本年利润　　　　　　　　　　　　　　　950 000
　　贷:营业外支出　　　　　　　　　　　　　950 000

三、结转本年利润的会计处理

企业一般应按月计算利润,按月计算利润确实有困难的企业,可以按季或按年计算利润。为了反映企业利润的形成过程和组成内容,企业应当设置"本年利润"科目,对企业每期实现的净利润(或发生的净亏损)进行核算。

在会计期末,企业应当将"主营业务收入""其他业务收入""营业外收入"等收入类科目的期末余额,分别转入"本年利润"科目,借记"主营业务收入""其他业务收入""营业外收入"等科目,贷记"本年利润"科目;与此同时,企业还应当将"主营业务成本""税金及附加""其他业务成本""管理费用""财务费用""营业费用""营业外支出""所得税费用"等费用类科目的期末余额,分别转入"本年利润"科目,借记"本年利润"科目,贷记"主营业务成本""税金及附加""其他业务成本""管理费用""财务费用""营业费用""营业外支出""所得税费用"等费用(包括有关支出)类科目。另外,如果"投资收益"科目期末余额反映净收益,则应借记"投资收益"科目,贷记"本年利润"科目;如果"投资收益"科目期末余额反映净损失,则应借记"本年利润"科目,贷记"投资收益"科目。

期末,企业应将本期的收入和支出相抵后结出累计余额。"本年利润"科目贷方余额表示至本期止的净利润,借方余额表示至本期止的亏损总额。

会计年度终了,应当将本年所有的净利润(即"本年利润"科目的贷方余额)全部转入"利润分配"科目的贷方(如为亏损做相反分录)。"本年利润"科目在年末结转之后应当无余额。

四、利润分配的核算

(一)利润分配的概念及分配顺序

利润分配是企业根据国家有关规定和投资者的决议,对企业当年可供分配的利润进行分配。企业本年实现的净利润加上年初未分配利润(或减去年初未弥补亏损)和其他转入后的余额,为可供分配的利润。

通常可供分配利润按如下顺序进行分配:

1. 弥补以前年度亏损

企业发生的亏损,可以用以后年度实现的税前利润进行弥补。但连续弥补的年限不得超过五年。超过五年的,用税后净利润弥补。

2. 提取法定盈余公积

法定盈余公积按照净利润(减弥补以前年度亏损)的10%提取(非公司制企业也可按照超过10%的比例提取),当企业法定盈余公积累计额已达注册资本的50%时可不再提取。

3. 提取任意盈余公积

企业从净利润中提取任意盈余公积时,可以自行决定提取比例。

4. 向投资者分配利润

企业根据净利润的具体情况,按照一定的比例向投资者分配净利润或现金股利。

(二)利润分配的账户设置

为了核算企业的利润分配(或亏损的弥补)和历年利润分配(或亏损的弥补)后的积存余额,企业应设置"利润分配"科目。借方登记按规定实际分配的利润数,或年终从"本年利润"科目的贷方转来的全年亏损总额;贷方登记年终从"本年利润"科目借方转来的全年实现的净利润总额。年终贷方余额表示历年积存的未分配利润,如为借方余额,则表示历年积存的未弥补亏损。

该科目一般应设置"提取法定盈余公积""应付现金股利(或利润)""提取任意盈余公积""未分配利润""盈余公积补亏""转作股本的股利"等明细科目。净利润分配结束时,将"利润分配"科目所属其他明细科目的余额转入本科目的"未分配利润"明细科目。结转后,本科目除"未分配利润"明细科目外,其他明细科目无余额。

(三)利润分配的账务处理

企业按规定提取的盈余公积,借记"利润分配——提取法定盈余公积(提取任意盈余公积)"科目,贷记"盈余公积——法定盈余公积(任意盈余公积)"科目。

企业经股东大会或类似机构决议,分配给股东或投资者的现金股利或利润,借记"利润分配——应付现金股利或利润"科目,贷记"应付股利"科目。

经股东大会或类似机构决议,分配给股东的股票股利,应在办理增资手续后,借记"利润分配——转作股本的股利"科目,贷记"股本"科目。如有差额,贷记"资本公积——股本溢价"科目。

企业用盈余公积弥补亏损,借记"盈余公积——法定盈余公积(任意盈余公积)"科目,贷记"利润分配——盈余公积补亏"科目。

企业实际支付股利(或利润)时,借记有关科目,贷记"银行存款"等科目。

【例13-28】顺风物流公司2019年实现净利润500 000元,按10%提取法定盈余公积,按

5%提取任意盈余公积。顺风物流公司编制会计分录如下:

(1)结转本年利润:

借:本年利润 500 000
　　贷:利润分配——未分配利润 500 000

(2)提取法定盈余公积和任意盈余公积:

借:利润分配——提取法定盈余公积 50 000
　　利润分配——提取任意盈余公积 25 000
　　贷:盈余公积——法定盈余公积 50 000
　　　　盈余公积——任意盈余公积 25 000

【例 13-29】 顺风物流公司 2019 年经股东大会批准,用以前年度提取的盈余公积弥补亏损 100 000 元。

借:盈余公积 100 000
　　贷:利润分配——盈余公积补亏 100 000

【例 13-30】 顺风物流公司 2020 年 1 月,经股东会议决议宣告向股东分配现金股利 6 000 000 元。

(1)宣告发放时:

借:利润分配——应付现金股利 6 000 000
　　贷:应付股利 6 000 000

(2)实际发放时:

借:应付股利 6 000 000
　　贷:银行存款 6 000 000

【例 13-31】 顺风物流公司 2019 年年终"利润分配"账户的其他明细账户余额为:"提取法定盈余公积"明细账户借方 70 000 元,"提取任意盈余公积"明细账户借方 14 000 元,"应付现金股利"明细账户借方 20 000 元。将"利润分配"账户的其他明细账户余额结转到"利润分配——未分配利润"账户。

借:利润分配——未分配利润 104 000
　　贷:利润分配——提取法定盈余公积 70 000
　　　　　　　　——提取任意盈余公积 14 000
　　　　　　　　——应付现金股利 20 000

技能训练 26

1.训练项目:计算物流企业利润。

2.训练目的:通过利润计算步骤,掌握在权责发生制下,成本、费用、收入和利润的边界及相互关系。

3.训练资料:

顺风物流公司的销售展场 2016 年 1 月发生如下经济业务:2016 年 1 月 1 日支付 2016 年上半年房租 18 000 元;本月买进小家电 20 件,每件进价 500 元,共支付 10 000 元;本月销售小家电 15 件,每件售价 2 000 元,共收到 30 000 元;本月支付销售人员工资 5 000 元,支付 2015 年 10 月向银行借款的利息 8 000 元,支付本月电费及物管费 1 200 元,支付当月品牌加盟费 1 600 元。

4.要求：

根据上述资料,归类数据并回答以下的问题。

(1)当月是盈利还是亏损？（凭第一感觉）

(2)销售成本是多少？

(3)期间费用——管理费用、销售费用、财务费用各多少？

(4)所得税前利润或亏损是多少？

第三部分

企业物流成本的核算与控制

企业物流成本是与物流企业成本不同维度的概念。前者更强调的是物流功能属性，后者更强调的是物流企业属性。如前所述，企业物流成本按成本项目划分，可以划分为物流功能成本和存货相关成本。其中物流功能成本包括物流活动过程中所发生的包装成本、运输成本、仓储成本、装卸搬运成本、流通加工成本、物流信息成本和物流管理成本。

物流企业成本核算从财务角度阐释了物流各项费用的来龙去脉及账户归属，因此企业物流成本核算不再重复相关账户核算的内容，仅强调物流各功能成本的特性及优化措施。

物流企业成本核算从总体上解决了物流企业的成本、费用、收入、利润等核算上的问题，但不能揭示单项物流功能成本的具体情况，对物流企业的各项主营业务成本在物流收入中的占比和竞争力也无法体现。因此，需要对物流功能成本进行单独分析和核算。本部分内容从物流成本项目的角度对包装成本、运输成本、仓储成本、装卸搬运成本、流通加工成本、物流信息成本等功能成本的核算和管理进行了阐释，对准确分析和降低物流成本，提高物流企业经济效益具有重要意义。

模块十四
物流功能成本核算面临的问题及解决思路

单元一　企业物流成本归集核算

一、企业物流成本核算

（一）企业物流成本核算的意义

企业物流成本核算的意义体现在以下几个方面：

（1）通过对企业物流成本的全面核算，弄清物流成本的大小，从而提高企业内部对物流重要性的认识。

长期以来，人们不重视物流的一个最主要原因是人们只看到了物流这座冰山的一角，一直未能看清物流成本全貌。现行会计制度将物流成本的各个构成部分分散在众多的成本费用科目中，从当前的账户和会计报表中，人们很难甚至根本无法看清物流耗费的实际状况。通过建立企业物流成本计算制度，准确及时地计算物流成本，可以为企业提供详细真实、及时全面的物流成本数据，为挖掘物流成本潜力、创造更多利润提供依据。

（2）通过对某一具体物流活动的成本核算，弄清物流活动中存在的问题，为物流运营决策提供依据。

随着现代经营理念的引入，很多企业更加专注于提高核心竞争力，把不具备竞争优势的物流业务全部或部分外包出去，这其中往往要计算投入产出比，在此基础上做出有效决策。建立物流成本核算制度，准确及时计算物流成本，可以使企业较详尽地了解自身物流成本支出的情况,在此基础上,根据获得的委托物流成本的有关信息,通过自身物流成本和委托物流成本二者的比较,同时考虑其他相关因素,使企业对自营或是外包物流做出科学合理的决策。

(3)通过物流成本核算,为物流企业制定物流服务收费价格及有效的客户管理提供依据。

成本是制定价格的主要依据,而物流成本是制定物流服务价格的主要依据。我国物流业发展时间短,市场不规范,物流服务价格及质量标准不一,恶性的价格竞争使物流业及生产流通企业的利益同时受到损害。建立企业物流成本核算制度,通过物流成本统计,以期为确定国家指导性的物流服务价格与质量标准提供依据,从而减少恶性竞争,促进物流业的健康发展。

(4)通过物流成本核算,弄清物流设施设备的成本消耗情况,为企业改善物流系统、更新物流设施设备提供决策依据。

物流设施设备是从事物流活动不可缺少的物质基础,物流设施设备要消耗大量的资金,成为物流成本的重要组成部分。因此,在实际的物流活动中,就必须认真对物流设施设备进行核算,弄清设施设备的消耗情况,为企业改善物流系统、更新物流设施设备提供决策依据。

(5)通过物流成本核算,分清各物流部门的责任成本,为各物流部门的绩效评估提供依据。

当前,很多企业在进行内部责任成本核算,并制定了产品或服务的内部转移价格,其目的就是进行绩效考核,提高各部门的成本意识和服务意识。要对物流相关部门进行考核,就需要企业物流成本和利润的相关数据。

(6)使企业与其他企业物流成本的比较成为现实。

通过建立企业物流成本核算制度,准确及时地计算物流成本,不仅有可能使企业了解其他企业物流成本的水平,而且使行业平均物流成本的确立成为可能,从而为企业与其他企业及行业物流成本的比较提供参考依据。

(二)目前企业物流成本核算方面存在的主要问题

随着物流重要性的日益突出,很多企业为不断提高物流管理的专业化水平设立了专门的物流管理部门,也有企业尝试在正常的产品成本核算体系之外,建立物流成本的核算体系,来获取物流成本数据,为物流管理决策提供数据依据。但对多数企业而言,系统科学的物流成本核算体系尚未建立,物流管理决策更多地依赖于定性分析。目前企业在物流成本核算方面主要存在以下问题。

1. 会计制度中没有专门的物流费用科目

物流活动在企业会计制度中没有单独的会计科目,费用被归集为诸如主营业务成本、其他业务成本、管理费用、销售费用、财务费用、营业外支出等。这种归集方法存在的问题是同一项物流成本分散在不同的会计科目中,无法确认和分配运作的责任。如果将一个企业的成本费用细分为发生在管理领域的费用和发生在生产领域的费用两部分,仍不能满足物流细分功能的分析需要。而企业的损益计算,更是沿着组织预算的思路,对费用进行分类和归集。它无法克服许多与物流绩效相结合,而通常又跨组织单位发生的费用间的矛盾。

在通常的企业财务决算表中,物流费核算的是企业向外部运输业者所支付的运输费及向仓库支付的商品保管费等传统的物流费用。对于企业内与物流中心相关的人员费、设备折旧费、资金利息等各种费用则与企业其他经营费用统一计算。由此可见,仅靠常用的会计方法,难以取得所需的足够数据来核算物流成本。从现代物流管理的角度来看,企业难以正确把握实际的企业物流成本。

2. 物流成本核算的范围、内容不全面,只涉及部分物流费用

从核算范围上看,目前企业日常物流成本计算的范围只着重于采购物流、销售物流环节,忽

视了其他物流环节的核算。按照现代物流的内涵,物流应包括供应物流、企业内物流、销售物流、回收物流、废弃物物流等,与此相应的物流费用包括供应物流费、企业内物流费、销售物流费、回收物流费、废弃物物流费等。从核算内容上看,在我国现行的企业会计制度中没有单独的物流项目,一般所有成本都列在费用一栏中,因而,较难对企业发生的各种物流费用做出准确、全面的计算与分析。相当一部分企业只把企业支付给外部运输、仓储企业的费用列入物流专项成本,而企业内部发生的物流费用则是与企业其他经营费用混在一起,统一计算,并未列入物流成本核算科目。另外,我国库存水平高,库存资金占压严重,库存周转速度缓慢,库存资金占用问题是我国物流环节中存在的很尖锐的问题,而目前的企业物流成本计算中未对该部分资金成本做出衡量。先进国家的实践经验表明,除了企业向外部支付的物流成本外,企业实际发生的物流成本往往数倍于外部支付额。物流会计核算范围、内容的不全面导致实际物流成本的低估与模糊,影响了会计信息的真实性,不利于利益相关者及企业内部管理者的决策。

3. 物流成本信息的披露与其他成本费用的披露相混杂

从物流成本信息的披露看,由于物流活动贯穿于企业经营活动的始终,因而对于相关物流费用的计算基本上并入产品成本核算之中,与其他成本费用混合计入相关科目。例如,采购环节发生的运输费、装卸费、包装费、仓储费、运输途中的合理耗损等被计入材料采购成本,并随着材料的消耗而计入产品成本或期间费用,而材料的存储费等则计入管理费用,制造过程中发生的物流费用被计入制造费用并最终分配计入产品成本,销售环节的物流费用与营销费用一起被计入了销售费用,在商品退货以及处理废弃物等环节发生的有关费用则被计入了管理费用、其他业务成本等科目。这种物流成本信息与其他信息的混杂,不利于物流成本管理与绩效评价。

4. 企业分散计算和控制物流成本

各企业对物流成本的计算和控制通常是分散进行的,各企业根据自己不同的理解和认识来把握物流成本,不同企业对物流成本内涵的理解、对物流成本计算方法的运用各不相同,这样就带来了管理上的问题,不仅企业本身的物流成本管理工作受到影响,而且使企业间物流成本比较的意义也大打折扣。

(三)企业物流成本核算的要求

1. 选取合适的物流成本计算对象

成本计算对象是指企业或成本管理部门为归集和分配各项成本费用而确定的、以一定时期和空间范围为条件而存在的成本计算实体。物流成本计算对象有成本费用承担实体、成本计算期和成本计算空间三个基本构成要素。物流成本计算对象的选取,主要取决于物流范围、物流成本项目、物流成本支付形态以及企业物流成本控制的重点。一般来讲,物流成本计算对象有以下几种选择:以物流成本项目作为成本计算对象;以物流范围作为成本计算对象;以物流成本支付形态作为成本计算对象;以客户作为成本计算对象;以产品作为成本计算对象;以部门作为成本计算对象;以营业网点作为成本计算对象。

2. 正确划分应计入物流成本和不应计入物流成本的费用界限

企业活动是多方面的,企业耗费和支出用途也是多方面的,其中只有一部分费用可以计入物流成本。一般来说,企业的全部经济活动可分为生产经营活动、投资活动和筹资活动。投资活动的耗费不能计入物流成本。只有生产经营活动和与流动资金有关的筹资活动的成本才可能计入物流成本。筹资活动和投资活动不属于生产经营活动,在会计上,它们的耗费不能计入产品成本,属于筹资成本和投资成本。物流活动贯穿于企业经营活动,因此投资以及与流动资金筹资无关的筹资活动所发生的耗费不能计入物流成本,这部分耗费包括对外投资的支出、耗费和损失,对内长期资产投资的支出、耗费和损失等。

生产经营活动的成本包括正常的成本和非正常的成本。在会计上,只有正常的生产经营活动成本才可能计入产品成本,非正常的经营活动成本不计入产品成本而应计入营业外支出。非正常的经营活动成本包括灾害损失、盗窃损失等非常损失,滞纳金、违约金、罚款等。物流成本就其范围而言,贯穿企业生产经营活动的始终,包括供应物流、企业内物流、销售物流、回收物流和废弃物物流,从成本项目构成看,既包括与物流运作和管理有关的物流功能成本,也包括与存货有关的物流成本支出。因此,物流成本既包括计入产品成本的正常生产经营活动耗费,也包括部分不计入产品成本的非正常经营活动耗费,例如存货的非常损失、跌价损失等都应计入存货风险成本。

企业正常的生产经营活动成本又分为产品成本和期间费用。这两部分成本费用支出正是物流成本的主要构成内容。所以,计算物流成本首先应从产品成本和期间费用有关的会计科目出发,按物流成本的内涵,逐一归集和计算物流成本。

3. 正确划分不同会计期物流成本的费用界限

物流成本的计算期有月度、季度和年度三种,一般要求每月计算一次。因此,应计入物流成本的费用,要在各月之间进行划分,以便分月计算物流成本。为了正确划分各会计期的物流成本费用界限,在会计核算上,要求企业严格贯彻权责发生制原则,不能将本月费用作为下月费用处理,也不能将下月费用作为本月费用处理。

4. 正确划分不同物流成本对象的费用界限

对于应计入本会计期物流成本的费用还应在各成本对象之间进行划分:凡是能分清应由某个成本对象负担的直接成本,应直接计入该成本对象;各个成本对象共同发生、不易分清应由哪个成本对象负担的间接费用,应采用合理的方法分配计入有关的成本对象,并保持一贯性。

二、企业物流成本的计算方法

(一)基本思路

(1)现行会计核算中已经反映,可以从会计信息中分离和计算的物流成本,企业在按照会计制度的要求进行正常成本核算的同时,可根据本企业的实际情况,选择在期中同步登记相关物流成本辅助账户,通过账外核算得到物流成本资料,或在期末(月末、季末、年末)通过对成本费用类科目再次进行归类整理,从中分离出物流成本。

(2)现行会计核算中没有反映,需要企业在会计核算体系之外单独计算的那部分物流成本,即存货占用自有资金所产生的机会成本,需要在期末根据有关存货统计资料按一定的公式来计算。

(二)具体方法和步骤

1. 可从现行成本核算体系中予以分离的物流成本

对现行成本核算体系中已经反映但分散于各会计科目之中的物流成本,应按以下步骤计算。

(1)设置物流成本辅助账户,按物流成本项目设置运输成本、仓储成本、包装成本、装卸搬运成本、流通加工成本、物流信息成本、物流管理成本、资金占用成本、物品损耗成本、保险和税收成本二级账户,并按物流范围设置供应物流、企业内物流、销售物流、回收物流和废弃物物流三级账户。对于内部物流成本,还应按费用支付形态设置材料费、人工费、维护费、一般经费、特别经费费用专栏。上述物流成本二级账户、三级账户及费用专栏设置的次序,企业可根据实际情

（2）对企业会计核算的全部成本费用科目，包括管理费用、销售费用、财务费用、生产成本、制造费用、其他业务成本、营业外支出、材料采购、应交税费等科目及明细项目逐一进行分析，确认物流成本的内容。

（3）对于应计入物流成本的内容，企业可根据本企业实际情况，选择在期中与会计核算同步登记物流成本辅助账户及相应的二级、三级账户和费用专栏，或在期末（月末、季末、年末）集中归集物流成本，分别反映出按物流成本项目、物流范围和物流成本支付形态作为归集成本动因的物流成本数额。

（4）期末（月末、季末、年末）汇总计算物流成本辅助账户及相应的二级、三级账户和费用专栏成本数额，填写物流成本表。

2. 无法从现行成本核算体系中予以分离的物流成本

对于现行成本核算体系中没有反映但应计入物流成本的费用，即存货占用自有资金所产生的机会成本，其计算步骤如下：

（1）期末（月末、季末、年末）对存货按在途和在库两种形态分别统计出账面余额。

（2）按照公式"存货资金占用成本＝存货账面价值×企业内部收益率（或一年期银行贷款利率）"计算出存货占用自有资金所产生的机会成本，并按供应物流、企业内物流和销售物流分别予以反映。

（3）根据计算结果，填写物流成本表。

3. 物流间接成本的分配原则

在计算物流成本时，对于单独为物流作业及相应的物流功能作业所消耗的费用，直接计入物流成本及其对应的物流功能成本；对于间接为物流作业消耗的费用、为物流作业和非物流作业同时消耗的费用、为不同物流功能作业共同消耗的费用及为不同物流范围阶段消耗的费用，应按照从事物流作业或物流功能或物流范围阶段作业人员比例、物流工作量比例、物流设施面积或设备比例及物流作业所占资金比例等确定。

单元二　作业成本法

目前，以制造成本核算为基础的传统会计方法仍是首选的核算技术。因为仅仅为了方便企业物流成本的计算，就立即完全放弃已比较成熟的财务会计制度，显然是不可能的，也是不必要的。但是，由于其对企业物流成本的计算是不完全的，甚至影响了物流合理化的发展，我们有必要引入一种属于更广泛的完全成本法范畴的成本核算方式——作业成本计算。

企业将所有与完成物流功能有关的成本纳入以作业为基轴的成本分类中，将间接成本和日常费用等资源成本正确地分摊到各类作业上，进而计算出物流服务的成本，作为成本控制的标准。总之，一项特殊的成本除非它是置于物流组织管理控制下的，否则不应分配给物流部门。

作业成本法是以作业作为成本计算对象，以成本动因理论为基础，通过对作业进行动态追踪，反映、计量作业和成本，评价作业业绩和资源利用情况的成本计算和管理方法。它以作业为中心，根据作业对资源耗费的情况，将资源的成本分配到作业中，然后根据产品和服务所耗用的作业量，最终将成本分配到产品与服务中去。前文讲述的制造成本法，是以产品为主要成本计算对象，主要适用于工业企业的产品成本计算，也可用于物流企业的流通加工业务的成本核算。

而物流企业中的"产品"通常是指一项或多项物流服务。

一、作业成本法理论知识

(一)作业成本法的基本概念

1. 作业

作业是指企业为提供一定量的产品或劳务所消耗的人力、技术、原材料、方法和环境等的集合体,或者说,作业是企业为提供一定的产品或劳务所发生的、以资源为重要特征的各项业务活动的统称。

作业是汇集资源耗费的第一对象,是资源耗费与产品成本之间的连接中介。作业成本法将作业作为成本计算的基本对象,并将作业成本分配给最终产出(如产品、服务或客户),形成产品成本。物流作业包括运输作业、仓储作业、包装作业、装卸搬运作业、流通加工作业、信息处理作业等,由这些作业构成物流整体作业。

作业可分为增值作业和非增值作业。增值作业可提高产品价值,是企业应大力提倡的部分,如合理的运输、包装,这部分的消耗是生产所必需的;非增值作业也消耗资源,它对企业提供最终产品或服务的目的本身并不直接做出贡献,是应被逐步消除的对象,如企业内部不合理的搬运消耗。

2. 物流资源

资源表明了作业所消耗的成本资源。例如,物流流通加工是加工车间的一个作业,特定的机器、工具、工作人员等就是使这项工作顺利进行的资源。当一项资源只服务于一种作业时,分配成本到相应的作业比较简单;当一项资源服务于多种作业时,就必须通过资源动因把资源的消耗恰当地分配给相应的作业。

3. 成本动因

成本动因是导致企业成本发生的各种因素。它是引起成本发生和变动的原因,或者说是决定成本发生额与作业消耗量之间内在数量关系的根本因素。例如直接人工小时、机器小时、产品数量、生产准备次数、材料移动次数、返工数量、订购次数、收取订单数量、检验次数等。成本动因按其对作业成本的形成及其在成本分配中的作用可分为资源动因和作业动因。

资源动因也称为作业成本计算的第一阶段动因,资源动因是指将资源成本分配到作业中心的标准,它反映了作业中心对资源的耗用情况。按照作业成本会计的规则,作业量的多少决定着资源的耗用量,资源耗用量的多少与作业量有直接关系,与最终的产品数量没有直接关系。资源消耗量与作业量的这种关系称为资源动因。

作业动因也称为作业成本计算的第二阶段动因,主要用于将各作业中心成本库中的成本在各产品之间进行分配。它是各项作业被最终产品消耗的原因和方式,它反映的是产品消耗作业的情况,是将作业中心的成本分配到产品、劳务或顾客中的标准,是资源消耗转化为最终产品成本的中介。例如,机器包装作业的多少取决于要钻孔的数量,可以按机器包装服务的产品实际钻孔的数量把机器包装作业成本分配给各种产品,因此钻孔数量就是机器包装作业成本的作业动因。

4. 作业中心与作业成本库

作业中心是成本归集和分配的基本单位,它由一项作业或一组性质相似的作业组成。一个作业中心就是生产流程的一个组成部分。根据管理上的要求,企业可以设置若干个不同的作业中心,其设立方式与成本责任单位相似。作业中心与成本责任单位的不同之处在于:作业中心的设立是以同质作业为原则,是相同的成本动因引起的作业的集合。例如,为保证产品质量,对A产品花费的质量监督成本和对B产品花费的质量监督成本虽然不同,但它们都是由监督时所消耗的时间引起的,因而性质上是相同的,可以归集到一个作业成本中心中。由于作业消耗资源,所以伴随作业发生,作业中心也就成为一个资源成本库,也称为作业成本库。

(二)作业成本法的基本原理

作业成本法的理论基础是成本驱动因素理论,即企业间接制造成本的发生是企业产品生产所必需的各种作业所"驱动"的结果,其发生额的多少与产品产量无关,而只与"驱动"其发生的作业数量相关,成本驱动因素是分配成本的标准。例如,接收货物的订单驱动收货部门的成本发生;发送货物的订单驱动发货部门的成本发生。

作业成本法的基本原理是,根据"作业耗用资源,产品耗用作业;生产导致作业的产生,作业导致成本的发生"的指导思想,以作业为成本计算对象,首先依据资源动因将资源的成本追踪到作业,形成作业成本,再依据作业动因将作业的成本追踪到产品,最终形成产品成本。

在该模型中,作业成本法是一个二阶段分配过程,分别是资源向作业分配和作业向成本对象分配。资源动因是表示作业对于资源需求的强度和频率的最恰当的单一数量度量标准,它用来把资源的成本分配到作业。作业动因是表示成本对象或者其他劳务对于作业需求的强度和频率的最恰当的单一数量度量标准,它用来把作业成本分配到成本对象或者其他劳务。成本动因是从本质上的定义,它是一个抽象的概念,本身不具备任何可操作性。资源动因、作业动因是从实务和操作角度定义动因。

(三)作业成本法的特点

作业成本法与制造成本法相比有如下特点:

(1)以作业为间接费用归集对象,并将作业成本作为计算产品成本的基础。该方法首先汇集各作业中心耗费的各种资源,再将各作业中心的成本按各自的成本动因分配给各成本计算对象。

(2)注重间接计入费用的归集和分配。该方法设置多样化的作业成本库,并采用多样化的成本动因作为成本分配标准,使间接费用的归集更细致、全面,从而提高了成本费用的归属性和产品成本的准确性。作业成本法将直接费用和间接费用都视为产品消耗作业所付出的代价同等对待。对直接费用的确认和分配,与制造成本法并无差异,对间接费用的分配则依据作业成本动因,采用多样化的分配标准,从而使成本的可归属性大大提高。而传统的成本计算只采用单一的标准进行间接费用的分配,无法正确反映不同产品生产中不同技术因素对费用发生的不同影响。因此,从间接费用分配的准确性来讲,作业成本法计算的成本信息比较客观、真实、准确。

(3)关注成本发生的因果关系。由于产品的技术要求、项目种类、工艺复杂程度不同,其耗用的间接费用也不同,但制造成本法认为产品是根据其产量均衡地消耗企业的资源,因此,在制造成本法下,产量高、生产工艺复杂的产品的成本往往低于其实际耗用成本。而作业成本法则是先确定产品要消耗哪些作业,再确定生产作业消耗了何种资源,进而直接追踪作业发生的决定因素,是以作业动因将归集在作业成本库中的间接费用分配到产品成本中,不是依产量均衡地分配。作业成本管理把着眼点放在成本发生的前因后果上,通过对所有作业活动进行动态跟踪和反映,可以更好地发挥决策、计划和控制作用,以促进企业管理水平的不断提高。

二、物流作业成本的核算

(一)物流作业成本的核算程序

作业成本法把物流业务成本的核算深入到作业层次,将整个物流业务运作过程细分为多个作业,如运输作业和仓储作业等;以作业为单位归集成本,并把作业的成本按作业动因分配到各个物流业务,根据单位作业成本和物流项目耗用的作业量即得物流项目的作业成本。基于作业的物流成本核算可分为以下四步。

1. 界定企业物流系统中涉及的各项作业

作业是工作的各个单位,作业的类型和数量会随着企业的不同而不同。例如,在一个顾客服务部门,作业包括处理顾客订单、解决产品问题以及提供顾客报告三项作业。

2. 确认企业物流系统中涉及的资源

资源是成本的源泉,一个企业的资源包括直接人工、直接材料、生产维持成本(如采购人员的工资成本)、间接制造费用以及生产过程以外的成本(如广告费用)。资源的界定是在作业界定的基础上进行的,每项作业涉及相关的资源,与作业无关的资源应从物流成本核算中剔除。

企业物流常见作业及耗用资源如表14-1所示。

表14-1 物流作业及其耗用资源明细

作业	资源
采购	采购订单处理费用;业务招待费;差旅费
运输	运输第三方运费;车辆折旧费;汽油费
仓储	出入库检验费;仓库租赁费;资金占用费;折旧费
装卸	搬运费;设备折旧费
流通加工	包装材料费;设备折旧费;加工费;检验费
配送	分拣费用;设备折旧费;运输费

3. 确认资源动因,将资源分配到作业

作业决定着资源的耗用量,这种关系称作资源动因。资源动因联系着资源和作业,它把总分类账上的资源成本分配到作业。资源动因必须是可以量化的,如人工工时、距离、时间、次数等。

4. 确认作业动因,将作业成本分配到产品或服务中

作业动因反映了成本对象对作业消耗的逻辑关系,例如,问题最多的产品会产生最多的顾客服务的电话,故按照电话数的多少(此处的作业动因)把解决顾客问题的作业成本分配到相应的产品中去。

(二)物流作业成本法核算举例

顺风物流公司的某仓储部门同时服务于甲、乙两个客户,现采用作业成本法对其生产费用组织核算。月末时其物流总成本,资源成本库,甲、乙客户订单及占用资源表,作业动因表分别如表14-2至表14-5所示。

表 14-2　顺风物流公司物流总成本

2019 年 6 月

支付形态	支付明细	相关费用/元
维护费	固定资产折旧	320 000
材料费	材料费	40 000
人工费	订单处理人员(6 人)	30 000
	货物验收人员(6 人)	24 000
	货物进出库作业人员(8 人)	40 000
	仓储管理人员(6 人)	24 000
一般经费	办公费	20 000
合计/元		498 000

表 14-3　顺风物流公司资源成本库

2019 年 6 月

费用项目	订单处理	货物验收	仓储管理	货物进出库	合计/元
人工费/元	30 000	24 000	24 000	40 000	118 000
折旧费/元	28 000	28 000	116 000	148 000	320 000
材料费/元	12 000	4 000	12 000	12 000	40 000
办公费/元	2 400	2 400	4 800	10 400	20 000
合计/元	72 400	58 400	156 800	210 400	498 000

表 14-4　顺风物流公司甲、乙客户订单及占用资源表

2019 年 6 月

项目(单位)	甲客户	乙客户	合计
月订单总数/份	400	240	640
占用托盘总数/个	1 400	600	2 000
货物进出库总工时	1 000	600	1 600
占用仓库面积/平方米	20 000	12 000	32 000

表 14-5　作业动因表

作业	成本动因
订单处理	订单数量
货物验收	托盘数量
货物进出库	人工工时
仓储管理	占用仓库面积

作业成本法计算步骤如下:

(1)确定作业内容。

可以确定上述案例包括订单处理、货物验收、仓储管理和货物进出库四个作业。

(2)确定资源成本库。

本案例资源成本库如表14-3所示。

(3)确定作业动因。

此案例的作业动因如表14-5所示。

(4)计算作业成本。

首先,计算作业分配系数:

$$作业分配系数 = 作业成本 \div 作业量$$

然后,再根据作业分配系数求出计算对象的某一项物流作业成本,再求和即得计算对象的作业成本:

$$作业成本 = 作业分配系数 \times 作业动因数$$

根据案例数据求出作业分配系数,如表14-6所示。

表14-6　顺风物流公司作业分配系数表

2019年6月

作业	订单处理	货物验收	仓储管理	货物进出库	合计
作业成本	72 400	58 400	156 800	210 400	498 000
作业量	640 (订单数)	2 000 (托盘数)	32 000 (面积)	1 600 (人工工时)	—
作业分配系数	113.125	29.2	4.9	131.5	—

根据表14-6的作业分配系数,即可求出甲、乙客户的实际服务成本,如表14-7所示。

表14-7　顺风物流公司甲、乙客户实际服务成本表

2019年6月

| 作业 | 作业分配系数 | 实际耗用成本动因数 | | 实际成本/元 | |
		甲客户	乙客户	甲客户	乙客户
订单处理(订单数)	113.125	400	240	45 250	27 150
货物验收(托盘数)	29.2	1 400	600	40 880	17 520
仓储管理(面积)	4.9	20 000	12 000	98 000	58 800
货物进出库(人工工时)	131.5	1 000	600	131 500	78 900
合计/元				315 630	182 370
总计/元				498 000	

单元三　企业物流成本表

企业物流成本表是按照特定形式反映企业一定期间各项物流成本信息的报表,按披露物流成本信息内容的不同,可分为企业物流成本表和企业自营物流成本支付形态表。企业在分离和核算各类物流成本之后就可以填写统一格式的物流成本表,完成物流成本的核算。国家标准

《企业物流成本构成与计算》(GB/T 20523—2006)中物流成本计算以物流成本项目、物流范围和物流成本支付形态三个维度作为成本计算对象,即可以用来计算成本的物流成本表包括成本项目、范围和支付形态三个维度,具体包括主表企业物流成本表和附表企业自营物流成本支付形态表。该标准从物流的成本项目(纵列)、范围和支付形态(横列)三个维度构成企业物流成本表,其中横列再细分为自营物流成本与委托物流成本两栏,又从成本项目和内部支付形态两个维度构成企业自营物流成本支付形态表,并规定了企业物流成本表的统一格式。

一、企业物流成本表

(一)企业物流成本表格式

企业物流成本表是按成本项目、物流范围和成本支付形态三维形式反映企业一定期间各项物流成本信息的报表。它是根据物流成本的三维构成,按一定的标准和顺序,把企业一定期间的项目物流成本、范围物流成本和支付形态物流成本予以适当的排列,并对在日常工作中形成的大量成本费用数据进行整理计算后编制而成的。

企业物流成本表对企业物流成本计算对象的三个维度进行了整合,物流成本信息的使用者可以从该表中了解到详尽的企业物流成本信息,包括:不同物流功能成本及存货相关成本的发生额,不同物流范围的成本发生额;单项物流成本项目在不同物流范围的成本明细额、单一物流范围所发生的不同的成本项目明细额;内部自营物流成本及其具体的成本项目和物流范围成本发生额,委托物流成本及其支出明细。同时,企业物流成本表还能够提供进行物流成本评价的基本资料,它是企业物流成本评价的基础。企业物流成本表的基本格式如表14-8所示。

(二)物流成本表的编制方法及要求

1. 企业物流成本表的编制方法

企业物流成本表的填列是以物流成本的计算结果为主要依据,是在汇总各同类物流成本项目的基础上进行填列的,而物流成本的计算是以会计成本费用类账户明细资料为依据的。所以,物流成本的计算和企业物流成本表的填列大致遵循以下程序:

(1)获取成本费用类明细账资料,按明细科目逐一分析该项费用是否属于物流成本内容,对于属于物流成本内容的,设物流成本明细账户。

(2)对于可直接记入上述明细物流成本账户的,直接记入;对于不能直接记入的,则分情况按一定的标准对成本进行分摊,分别计算记入。

(3)按企业物流成本表内容的要求,汇总同一物流成本明细项目,按汇总结果,填列企业物流成本表。例如:对于生产制造和流通企业而言,委托运输成本和委托装卸搬运成本,可根据会计明细账中的"销售费用——运费""销售费用——装卸费"分别汇总填列。

2. 企业物流成本表的填制要求

企业物流成本表的编报期分月报、季报和年报。生产企业和流通企业一般应按供应物流、企业内物流、销售物流、回收物流和废弃物物流五个范围阶段逐一进行填列。按范围形态填列时,若某阶段未发生物流成本或有关成本项目无法归属于特定阶段的,则按实际发生阶段据实填列或填列横向合计数即可。对于物流企业,不需按物流范围进行填列,按成本项目及成本支付形态填写物流成本即可。

表 14-8　企业物流成本表（主表）

编制单位：　　　　　　　　　　　　　　　　年　　月　　　　　　　　　　　　　　　　单位：元

成本项目		范围及支付形态	供应物流成本			企业内物流成本			销售物流成本			回收物流成本			废弃物物流成本			物流总成本		
			自营	委托	小计	自营	委托	小计	自营	委托	小计	自营	委托	小计	自营	委托	小计	自营	委托	合计
物流功能成本	物流运作成本	运输成本																		
		仓储成本																		
		包装成本																		
		装卸搬运成本																		
		流通加工成本																		
		小计																		
	物流信息成本																			
	物流管理成本																			
	合计																			
存货相关成本	流动资金占用成本																			
	存货风险成本																			
	存货保险成本																			
	其他成本																			
	合计																			
物流总成本																				

二、企业自营物流成本支付形态表

企业自营物流成本支付形态表是按内部支付形态和成本项目两个维度填列的报表，该报表不考虑委托第三方物流企业进行物流服务的情况，仅对企业自营物流成本进行分类填制。企业自营物流成本支付形态表如表 14-9 所示。

表 14-9　企业自营物流成本支付形态表

编制单位：　　　　　　　　　　　　　　　　年　　月　　　　　　　　　　　　　　　　单位：元

成本项目		内部支付形态	材料费	人工费	维护费	一般经费	特别经费	合计
物流功能成本	物流运作成本	运输成本						
		仓储成本						
		包装成本						
		装卸搬运成本						
		流通加工成本						
		小计						
	物流信息成本							
	物流管理成本							
	合计							

续表

成本项目	内部支付形态	材料费	人工费	维护费	一般经费	特别经费	合计
存货相关成本	流动资金占用成本						
	存货风险成本						
	存货保险成本						
	其他成本						
	合计						
物流总成本							

(一) 填写注意事项

对于运输成本、仓储成本、装卸搬运成本、物流信息成本、物流管理成本,对应的支付形态一般为人工费、维护费和一般经费;对于包装成本、流通加工成本,对应的支付形态一般为材料费、人工费、维护费和一般经费;对于流动资金占用成本、存货风险成本和存货保险成本,对应的支付形态一般为特别经费。

凡成本项目中各明细项目有相应支付形态的,均需填写;无相应支付形态的则不填写。

(二) 编制方法

(1) 根据会计明细账发生额汇总填列。

例如,计算"仓储成本——人工费"时,需要对"销售费用——工资"明细账进行分析,分析在销售费用列支的工资额中,有多少数额或多大比例是仓储作业人员的工资支出。同时,还需要进一步收集和分析与"仓储成本——人工费"有关的其他费用。

(2) 根据会计明细账发生额分析计算后汇总填列。

例如,在企业经营和管理中,应当列入"物流管理成本——一般经费"的内容较多,因此,在填列该项内容之前,需要将属于"物流管理成本——一般经费"的内容进行汇总。

技能训练 27

1. 训练项目:作业成本法。

2. 训练目的:运用作业成本法,将物流成本分解到服务对象,并计算出每个客户的实际物流成本。通过分析所计算的数据,思考在物流成本控制方面有哪些需要改进的地方。

3. 训练资料:

顺风物流仓储分部 A 同时服务于甲、乙两个客户(甲客户为自营业务,乙客户为第三方卖家),2020 年 2 月末,其物流总成本、资源成本库、甲、乙客户订单及占用资源表,作业动因表分别如表 14-10 至表 14-13 所示。

表 14-10 顺风物流仓储分部 A 物流总成本

支付形态	支付明细	相关费用/元
维护费	固定资产折旧	40 000
材料费	材料费	10 000

续表

支付形态	支付明细	相关费用/元
人工费	订单处理人员	8 000
	货物验收人员	6 000
	货物进出库作业人员	12 000
	仓储管理人员	8 000
一般经费	办公费	16 000
合计/元		100 000

表 14-11　顺风物流仓储分部 A 资源成本库

费用项目	订单处理	货物验收	仓储管理	货物进出库	合计/元
人工费/元	8 000	6 000	8 000	12 000	34 000
折旧费/元	6 000	5 000	22 000	7 000	40 000
材料费/元	3 000	2 000	3 000	2 000	10 000
办公费/元	3 000	2 000	6 000	5 000	16 000
合计/元	20 000	15 000	39 000	26 000	100 000

表 14-12　顺风物流仓储分部 A 甲、乙客户订单及占用资源表

项目(单位)	甲客户	乙客户	合计
月订单总数/份	600	400	1 000
占用托盘总数/个	700	300	1 000
货物进出库总工时	1 100	900	2 000
占用仓库面积/平方米	1 000	2 000	3 000

表 14-13　顺风物流仓储分部 A 作业动因表

作业	成本动因
订单处理	订单数量
货物验收	托盘数量
货物进出库	人工工时
仓储管理	占用仓库面积

4. 要求：

根据上面提供的成本核算资料，完成表 14-14，并根据计算的数据，分析顺风物流仓储分部 A 在物流成本控制方面有哪些需要改进的地方。

表 14-14　顺风物流仓储分部 A 甲、乙客户实际服务成本表

总费用	订单处理	货物验收	仓储管理	货物进出库	合计
100 000 元					
作业量	订单数共 份	托盘数共 个	仓储面积共 平方米	出入库工时共 工时	—
分配系数					—
甲客户	份订单	个托盘	平方米	工时	—
乙客户	份订单	个托盘	平方米	工时	—
甲客户成本/元					
乙客户成本/元					
合计					

技能训练 28

1. 训练项目：作业成本法。

2. 训练目的：运用作业成本法，计算物流企业流通加工产品的物流成本，通过分析所计算的数据，思考在物流成本控制方面有哪些需要改进的地方。

3. 训练资料：

顺风物流公司有一生产支持中心仓库，其年成本（主要是人工成本）为 50 万元。企业有一小批产品 A，年产量为 1 000 单位，耗用直接人工 1 000 小时。企业直接人工总时数为 400 000 小时。该仓库有 12 名员工，其中 6 名负责外购部件的接运；3 名负责原材料的清点、入库和记账；3 名负责将材料送至生产地点。据仓库负责人介绍，决定接、送料的关键因素是接、送料的次数。所以仓库资源动因是接、送次数。作业中心成本分配如表 14-15 所示。

表 14-15　作业中心成本分配表

作业中心	人数/人	总成本/元
接收外购部件	6	250 000
接收原材料	3	125 000
发送材料	3	125 000

该公司当年共接收了 25 000 次外购件、10 000 次原材料，进行了 5 000 次生产运送，由此仓库每项作业的单位成本如表 14-16 所示。

表 14-16　仓库作业的单位成本

作业中心	分配标准	单位成本
接收外购部件	每年次数(2.5 万次)	10 元/次
接收原材料	每年次数(1 万次)	12.5 元/次
发送材料	每年次数(0.5 万次)	25 元/次

4. 要求：

假设 A 产品需要耗用 200 次外购部件、50 次原材料接收、10 次生产运送，则 A 产品应负担的物流成本是多少？从计算数据中分析企业在物流成本控制方面应该做哪些改进。

模块十五 功能成本和存货相关成本的特点与优化

单元一 采购成本的计算与优化

采购是工商企业向供应商购买商品的一种商业行为。企业采购一般包括生产企业采购和流通企业采购,企业采购过程可以由工商企业自己完成,也可以由外部企业代理完成。

一、采购成本

采购过程不但伴随着物质资料所有权的转移,同时伴随物流、信息流和资金流等活动,与产品生产和商品销售过程密切相关,在工商企业的经营活动中占有重要的地位。

采购成本在企业经营成本中占有较大的比重,是企业管理的重要项目,准确及时核算采购成本,分析采购成本,对于企业降低采购成本、提高利润具有重要的意义。

(一)采购成本的含义

采购成本是指采购活动中所发生的各种费用,是所消耗的各种物化劳动和活劳动的总和。采购过程中所发生的材料费用、人工费用、维护费用、一般经费、特别费用、对外委托费用等的集合就构成了采购成本。采购成本的高低直接关系到企业利润的大小,采购成本的控制已经成为企业成本控制的一个重点。物流成本按物流活动的成本项目可以分为物流功能成本和存货相关成本,采购成本是存货相关成本的主要组成部分。

(二)采购成本的特点

采购成本和企业其他成本相比具有以下特点。

1. 采购成本具有隐蔽性

采购成本就像是一座冰山,我们常常只看到上面的物资材料成本,而采购过程中发生的订货成本、运输成本及缺货成本等具有隐蔽性。由于企业没有专门的会计科目核算采购成本,采购过程中发生的一些隐蔽成本就被忽视掉了。比如,采购物资数量较少,不能满足生产或销售的需要,进而导致停产或断销所造成的损失也应该计入采购成本中。由于采购成本的隐蔽性,要求企业在对采购成本进行核算时,应该对采购成本进行全面分析。

2. 采购成本与其他物流成本存在着"效益背反"关系

采购成本与其他物流成本之间存在着"效益背反"关系:降低采购成本的同时会引起其他物流成本的增加,增加采购成本会引起其他成本的下降。比如,为了降低库存成本,就要减少库存商品的数量。为了维持生产和销售的进行,减少了采购批量,就要增加采购商品的次数,提高了订货成本,虽然降低了库存成本但提高了采购成本。相反,若增加采购批量,减少采购次数,虽降低了采购成本,但提高了库存成本。因此,采购成本并不是越低越好,而是要结合企业其他物流活动,达到物流总成本的最小化。

3. 采购成本对提高企业效益具有较大的潜力

物流作为企业"第三利润源",降低物流成本尤其是降低采购成本,对于提高企业效益起着不可低估的作用。一方面由于采购成本占企业产品成本的比重最大,一般能占到50%,甚至更多,降低的空间较大;另一方面是由于采购成本的降低为企业提供直接的经济利润。采购部门不仅仅是一个购入原材料的部门,同时也是企业的利润中心之一。

二、采购成本的构成

我们把所有的采购费用分为四大类:订货成本、物资材料购置成本、物流运输成本和缺货成本。在四项成本中,物资材料购置成本所占比重最大:

(一)订货成本

订货成本是指从发出订单到收到存货整个过程中所发生的成本。订货成本主要包括采购人员的工资、采购设备场所的折旧、采购办公用品的消耗、订单处理成本、供应商选择成本、谈判成本、差旅费、住宿费、信息费、运输费、保险费以及装卸费等。

1. 订货成本的构成

订货成本根据成本的性质分为两大部分,一部分与订货次数无关,称为订货的固定成本,比如采购人员的工资;另一部分与订货次数有关,称为订货的变动成本,比如差旅费等。年订货成本的公式为:

$$年订货成本 = F + K \times D/Q$$

式中:F——固定总成本;

K——每次订货的变动成本;

D——年需求量;

Q——每次采购的批量。

2. 订货成本的特征

订货成本较之其他成本具有以下特征:

(1)订货成本主要取决于采购次数。订货成本中的固定成本所占比重很小,直接对订货成本造成影响的是采购次数,即采购的次数越多,订货成本越高;反之,减少采购次数会降低订货成本。

(2)订货成本的内容构成复杂。由于订货成本涉及的因素很多,如采购人员的工资、采购设备场所的折旧、采购办公用品的消耗、订单处理成本、供应商选择成本、谈判成本、差旅费、住宿费、信息费、运输费、保险费以及装卸费等,需要利用大量的历史统计数据来计算,所以确定订货成本并不是一件容易的事情。

(3)订货成本具有较大的差异性。不同的企业订货成本可能存在着很大的差别。比如有稳定供应商的企业,订货成本中就没有了供应商的选择费用、差旅费用、住宿费用、谈判成本等,从而大大降低了订货成本的支出。

(二)物资材料购置成本

物资材料购置成本是指企业购买物资材料的价格成本。物资材料购置成本是采购成本的最重要的支出,也是会计制度中"材料采购"科目最主要的构成部分。

$$材料的价格成本 = 单价 \times 数量 + 相关手续费、税金等$$

在企业物资材料采购数量一定的前提下,采购物流成本控制的核心是采购价格的控制,它是降低成本的关键。

（三）物流运输成本

随着社会分工和专业化的发展，企业生产所需的原材料或零售业销售的商品绝大部分是需要从其他企业购买的，企业之间存在着很强的依附关系。为了实现物品的空间转移，就必定要发生运输，因此运输成本是企业采购成本的重要组成部分。运输是采购物流的重要环节，企业必须实现采购过程的专业化分工，选择合理的运输线路和运输工具，节约运费，从而降低采购成本。同时，在同质、同价的情况下，要选择离本企业运距短的供方，这样不仅供需双方联系方便，到货迅速、及时，而且可以减少库存，降低库存费用，合理运输。运输成本通常也记入"材料采购"科目。

（四）缺货成本

缺货成本是指由于采购的物资不能保证正常的生产和销售，因为缺货而导致的各项费用的支出，包括停工待料费用、加班费用、场所设备的折旧费用、因延迟交货而支付的罚金、失去客户的损失等。

缺货分为企业外部缺货和内部缺货。当企业商品不能满足用户需求时造成的缺货叫作外部缺货；而当企业商品不能满足内部某一部门的需要时造成的缺货叫作内部缺货。外部缺货可导致延期付货成本、当前利润损失和未来利润损失、信誉损失；内部缺货则可能导致停工待料损失和完工日期的延误。

三、影响采购成本的因素

影响采购成本的因素很多，可以归为采购时间、采购数量、采购原材料的质量和价格、与供应商之间的关系及采购人员的素质和责任心等五个方面。

（一）采购时间

进行商品采购时，应该抓住采购时间。采购时间过早，会导致原材料或商品积压、库存时间增加，加大原材料或商品的保存成本；采购的时间如果过晚，将会造成生产或销售中断，会产生停工或缺货损失。这样，就要求采购部门根据库存、生产或销售情况及订货提前期等，利用一定科学方法，如订货点法、定期订货法等来确定最佳的采购时间，要求既能保证生产或销售的顺利进行，又要减少不必要的成本开支。

采购的时机对采购成本也具有较大的影响，原材料或商品价格会经常随着季节、市场供求情况而变动。因此，采购人员应注意价格变动的规律，把握好采购时机。

（二）采购数量

原材料或商品的采购数量直接决定了在采购过程中的价格谈判能力。采购的数量越多，争取价格优惠的可能性就越大；采购的数量如果少，享受价格优惠的机会就小。因此，企业在进行原材料或商品采购时，应尽量实现采购数量的规模化。现在出现了连锁企业的集中采购、多个企业的联合采购等现象，就是由于单个分店或单个企业的采购数量较少，达不到规模化，无法享受商业折扣。

（三）原材料或商品的质量和价格

原材料或商品的质量是影响采购成本的重要因素。在生产企业，采购的原材料的质量决定了最终产品的质量，如果原材料质量不合格，生产出的产品质量也会不合格，最终将会给企业带来较大的经济损失；反之，将会使本企业产品具有较高的质量，提升产品的价格和竞争力。

另外，原材料或商品的价格也是影响采购成本的重要因素。原材料或商品的购置成本是采购成本的重要组成部分,在采购数量一定的前提下,购置成本的大小就取决于原材料或商品的单价。单价高,购置成本高,进而采购成本相应就高,导致最终产品售价高;反之,单价低,采购成本低,售价低。

(四)与供应商的关系

企业与供应商的关系好坏对企业的采购成本的大小具有重要的影响。如果与供应商建立了稳定的合作关系,在原材料或商品的采购过程中将会减少很多采购成本的支出。比如寻找货源的成本、谈判的成本、库存成本、对供应商筛选的成本,等等。如果没有稳定的供应关系,每次采购活动的发生,都将会发生寻找货源的成本、谈判的成本、对供应商筛选的成本等。同时,还可能出现寻找不到采购的原材料或商品的情况,致使生产或销售的中断,对企业造成很大的损失。

(五)采购人员的素质和责任心

采购人员的素质和责任心可以说是影响采购成本最重要的因素。采购人员要求具有较高的综合素质,比如采购人员对采购商品具有的知识水平决定了采购商品的质量和含有的技术水平,和供应商的谈判能力决定了采购价格、交货方式和时间等,对供应市场的分析和判断能力决定了货源的获取,对原材料或商品的发展趋势的预测能力决定了采购商品适应需求的能力。

另外,采购人员的责任心也是影响采购成本的重要因素。一个具有很强责任心的采购员,在采购过程中一切以企业整体利益为重,会把好原材料或商品的质量关,努力降低原材料或商品的价格,尽力降低成本的支出,同时还会维护企业的形象,为企业建立稳定的供应关系。相反,一个责任心较差的采购员,会以私利为先,甚至产生采购贪污、吃回扣等现象,破坏企业形象,增加企业成本支出。因此,对采购人员的选拔,不仅要注重其个人能力,还要注重其是否有责任心。

四、采购成本优化的途径

通过对采购成本的分析,我们知道降低采购成本并不等于寻求最低的采购价格。在实际工作中,企业追求的是采购最优成本,可以通过多方面途径降低采购成本,实现采购总成本最低。

(一)做好需求分析和成本分析

采购是对未来需求提供的保证,未来需求是采购的依据,因此企业应该做好需求分析。未来需求分析的目的是要从根本上弄清未来一段时期需要什么、什么时候需要的问题。为了保证需求分析的准确性,要根据企业的需求历史或者生产计划等进行统计分析,寻找出存在的需求规律,根据需求规律预测下一个时期的需求商品、需求种类和需求数量。做好需求分析是采购活动有效进行的前提。

在做好需求分析后,企业供应部门要以需求分析为依据,进行成本预测和控制,力求成本最小化。成本分析力求做到细致准确,需要对不同的商品进行分析。成本分析可以分为采购价格分析和其他采购成本分析。通过掌握原材料或商品的成本构成情况和变动规律,确定明确的成本标准,从而对采购成本的支出进行预算,并为降低成本找到方向。如果没有明确的成本核算标准,那么对供应商的报价难以把握,在谈判时处于劣势,而且,由于不知成本的具体构成,也不知如何加强成本的控制。由于采购成本与库存成本间的效益背反现象,进行采购成本分析时还要考虑库存成本。

在需求分析和成本综合分析的基础上决定采购批量、次数、库存数量等,通过库存和采购建立起完善的供应系统,从而确保采购物资适合、适量、适时,尽可能降低采购成本。

(二)做好自制或外购的选择

购买与自制费用的核算可采用费用转折点法。相关内容请参阅采购管理书籍,本教材从略。

(三)运用当前采购成本分析技术方法

目前成本分析的常用工具有:生产成本计划表、盈亏平衡分析、经济订购批量法、学习曲线、生命周期成本计算和所有权总成本。相关内容请参阅采购管理书籍,本教材从略。

(四)选取采购策略

企业在进行原材料或商品采购时,不同的企业选取的采购策略不同,比如连锁企业采取集中采购策略,中小型企业选择联合采购策略。企业应根据自身具体情况选取采购策略。

1. 集中采购策略

大型生产企业或连锁企业在进行采购时可以采取集中采购策略。目前我国生产企业进货还比较分散,一些企业的进货权分散到项目部甚至项目部的下属部门,每批的进货数量较小。如果企业统一采购,然后根据各工程的需要统一调配,不仅可以做到大批量采购,获取价格优势,节约进货成本,还可以减少采购机构的重复建立,避免资源浪费的现象发生。另外,集中采购对连锁零售业也同样适用。由于零售业面临的是最终消费者,消费者的需求呈现多品种、小批量的特点,单个店面分散采购的数量少、品种多,若总部集中采购,就会把每个品种的数量集中起来,形成较大的批量。例如沃尔玛、家乐福等国际大型零售业以及我国的红旗连锁、舞东风等全国性零售业也都采取了集中采购策略,大大降低了企业成本。

2. 联合采购策略

联合采购是多个企业之间建立采购联盟的行为。联合采购在帮助采购企业扩大采购批量,赢取谈判力,有效避免企业因采购量小而导致的议价能力低等问题,降低采购价格和采购成本等方面起着重要的作用。

中小型企业由于生产或销售规模较小,通过联合采购,一方面可以把众多的数量较小的订单汇集成一个数量较大的订单,从而增强了谈判实力,获取采购规模优势,争取到和大企业、大公司一样的采购价格,从而降低采购价格。另一方面,通过联合采购可以大大降低流通成本和保障产品质量。联合采购的对象是中小型生产企业或商业企业,这样就可以跳过一级、二级等批发商,通过直接与制造商交易,减少中间层次,摆脱多余的转手成本。

信息技术的快速发展、互联网的普及,为中小型企业进行联合采购提供了桥梁。联合采购的优势及重要性对众多中小型企业的作用将越来越明显。

3. 第三方采购策略

第三方采购是指企业将产品与服务采购外包给第三方公司。随着分工的专业化不断加强,为了把企业资源用于核心业务上,企业还可以采取第三方采购策略。国外的经验表明,与企业自己进行采购相比,第三方采购往往可以提供更多的价值和购买经验,可以帮助企业更专注核心竞争力。

(五)引入JIT采购模式

JIT采购是JIT系统的重要组成部分,也是JIT系统得以顺利运行的前提保证。JIT采购也称准时化采购,它的基本思想是:供应商在用户需要的时候,将合适的品种、合适的数量、合适的质量的商品送到用户需求的地点。JIT采购方式与传统的面向库存的采购方式不同,它是一种直接面向需求的采购模式。它的采购送货是直接送到需求点上。

实施JIT采购方式可以减少大量采购活动,如订货、修改订货、收货、装卸、开票、质量检验、点数、入库以及运转等,还可以节约企业大量时间、资金,消除了浪费,从而提高了企业的物资供应工作的质量和效率,有效地降低了采购成本。

(六)全球采购

全球采购是指国际组织、大型跨国零售集团或生产制造企业,通过在国外设立采购中心,直接采购外国商品的过程。由于世界经济发展的一体化,各国经济的发展突破了国界。在进行原材料或商品采购时,不应只看到国内市场,还应关注国际市场,寻找价格更低、质量更好的原材料或商品,从而进行全球采购,降低产品成本。

当今比较成熟的全球采购的组织形式有两种:一是按地理布局,根据全球不同地区和国家设立不同的区域采购事业部,管理该区域内的所有采购业务活动;二是按采购业务类别布局,针对不同的采购业务类别设立业务事业部,管理该业务在全球的经营活动。企业根据自己的实际需要进行选取。

(七)建立稳定的供应关系

从卖方、传统的供应商、认可的供应商,到与供应商维持伙伴关系,进而结为战略联盟,对成本资料的分享方式是不同的。如果与供应商的关系普通,一般而言,是不容易得到原材料或商品详细的成本构成资料的;只有与供应商维持较密切的关系,彼此互信合作时,才能得到原材料或商品详细的成本构成资料,而且会使供应商参与到企业生产或销售的过程中。

JIT采购方式并不适用于所有的企业,因为JIT采购模式的实现是以建立稳定的供应关系为前提、以信息的共享为保证的。

(八)采购信息化

采购信息化是指利用互联网和电子商务技术进行采购的行为。通过采购的信息化,采用现代电子技术在网上进行招标采购。网络信息传递快、传播范围广,能使供应商在较短的时间获取招标信息,较快地进行信息反馈。采购信息化既能提高采购效率、缩短采购时间,又能扩大采购的地理范围,有助于引入较多供应商,降低招标价格,同时由于减少了很多的采购活动,使采购成本费用支出降低。

单元二 运输成本的计算与优化

一、运输成本

运输成本是指完成运输活动所发生的一切相关费用,包括所支付的运输费用,以及与运输行政管理和维持运输工具有关的费用。

(一)运输成本的构成

运输成本包括以下几个方面。

1. 变动成本

变动成本是指与每一次运输直接相关的费用,通常指线路运输成本,包括人工成本、维修养护费用、燃油成本、装卸成本以及取货和送货成本。只有在进行运输、产生运输服务时,变动费用才存在。运输数量越多,运输路线越长,费用就越高。费用一般与运输里程和运输量成正比。承运人在确定运价时,不能让其低于变动成本,一般按运价确定的运费至少等于变动成本。

2. 固定成本

固定成本是指短期内不随运输水平的变化而变化的成本。这主要包括运输基础设施,如铁路、站台、通道、机器设备等的建造及设立的成本和管理系统费用。这些成本的大小不受运输里程和运输量的直接影响,但必须通过营运而得到补偿,通过变动成本的贡献率来弥补。

3. 联合成本

联合成本是指决定提供某种特定的运输服务而产生的不可避免的费用(如回程费用)。例如,当承运人决定用汽车将货物从地点 A 运往地点 B 时,意味着这项决定中已产生了从地点 B 至地点 A 的回程运输的"联合"成本。这种联合成本要么必须由最初从地点 A 至地点 B 的运输补偿,要么必须找一位有回程货的托运人以得到补偿。联合成本对运输费用有很大的影响,因为承运人收取的运费中必须包括隐含的联合成本,它的确定要考虑托运人有无适当的回程货,或者这种回程运输费用由原先的托运人来弥补。

4. 公共成本

公共成本是承运人代表所有的托运人或某个分市场的托运人支付的费用,如港站、路桥费或管理部门收取的费用,通常是按照装运数量分摊给托运人。

(二)影响运输成本的因素

1. 输送距离

距离是影响运输成本的主要因素,因为它直接对劳动力、燃料和维修保养等变动成本发生作用。输送距离越长,城市间的输送距离所占的比例越高,则单位运输成本越低,因为承运人可以使用更高的速度,使城市间每公里单位费用相对较低,并且行驶更远的距离但使用的燃料和劳务费用相同;而市内运输通常会频繁地停车,还要增加额外的装卸成本。

2. 运输量

大多数运输活动中存在着规模经济,运输量的大小也会影响运输成本。每单位重量的运输成本随运输量增加而减少,这是因为提取和交付活动的固定费用以及行政管理费用可以随运输量的增加而被分摊到更多的货物上。这种关系给管理部门的启示是,小批量的载货应该整合成更大的载货量,以期利用规模经济。

3. 货物的疏密度

货物的疏密度是指货物的重量和体积之比,它把重量和空间方面的因素结合起来考虑。因为运输成本通常表示为每吨公里所花费的金额,对运输车辆,通常受空间的限制比受重量的限制要大。若货物的疏密度小,车辆的容积充分使用后仍达不到车辆装载能力,单位重量所分摊的运输成本就高;若货物的疏密度大,能更好地利用装载车辆的容积,使车辆能装载更多数量的货物,就使运输成本分摊到更多重量上去,降低了每单位重量的运输成本。所以,通常密度小的产品每单位重量的运输成本比密度大的产品要高。

4. 装载能力

装载能力是指货物的具体尺寸及其对运输工具的空间利用程度的影响。由于某些货物具有古怪的尺寸和形状,以及超重或超长等特征,因而通常不能很好地进行装载。例如,谷类、矿石及石油等可以完全地装满容器,能很好地利用空间;而机械设备等的空间利用程度则不高。装载能力还受到装运规模的影响,大批量货物往往能相互嵌套,便于装载,而小批量的产品则有可能难以装载或可能浪费装载能力。例如,整车的塑料桶可以相互嵌套,而一个个塑料桶单独装载就会浪费装载能力。

5. 搬运的难易

同质的货物或使用通用装卸搬运设备搬运的货物比较容易搬运,需要使用特别的装卸搬运设备搬运的货物则会提高总的运输成本。此外,货物在运输和储存时所采用的包装方式(如用带子捆起来、装箱或装在托盘上等)也会影响运输成本。

6. 责任

运输途中,有可能发生货物丢失、变质,甚至出现事故,承运人需要考虑货物的易损坏性、易腐性、易盗性、易自燃性或自爆性等。承运人的责任关系到货物损坏风险及运输事故导致的索赔,所以承运人承担的责任越大,需要的运输费用也就越高。承运人必须通过向保险公司投保来预防可能发生的索赔,托运人可以通过改善保护性包装或通过减少货物丢失损坏的可能性来降低其风险,最终降低运输成本。

7. 市场

市场因素对运输成本也有重要影响。影响比较大的市场因素主要包括三个方面:一是竞争因素,即同种运输方式间的竞争以及不同种运输方式间的竞争,对运输成本产生影响;二是运输的季节性,旺季和淡季会导致运输费率及运输成本的变化;三是运输的方向性,运输流量的不平衡会导致运输成本增加。

(三)各种运输方式的成本特征

1. 公路运输成本

汽车运输业的成本结构,包括较高的可变成本和较低的固定成本。70%～90%的成本是可变的,10%～30%是固定的,对于公路系统的公共投资是形成这种低固定成本结构的主要原因。公路的平均每吨公里运输成本也随运输距离的延长而逐渐降低,除了运输距离之外,最能影响公路运输成本的是装载率。一般而言,随着装载量增加,公路运输平均每吨运输成本会下降。在给定的距离上,汽车从半载到满载的总成本并不会增加很多,因为至少作为成本中两个重要的部分的人工费和维修费几乎是不变的,虽然燃料费会增加,但并非成比例地增加。因此装载率提高的边际成本将低于平均成本,从而引起平均成本下降。还有,车辆载重力即车辆额定载重的大小对运输成本也有影响。随着车辆载重吨位增加,公路运输的吨公里成本在降低,其原因是大型车辆的人工、燃油、检修和其他费用相对于小型车辆更为节省,有较高的设备产出率。近几十年来,随着车辆的大型化和专业化,汽车运输的能力和经济运距都已经大大增加。

2. 铁路运输成本

铁路运输与公路运输的成本特征形成鲜明的对比。铁路运输的固定成本高,可变成本相对较低,这种成本结构使得铁路运输存在明显的规模经济,将高固定成本分摊到更大的运输量和更远的运距上,将会明显降低单位运输成本。铁路运输成本可以被分为运营成本、固定设施成本和移动载运工具的拥有成本三类。运营成本主要包括与运输量相关的变动成本,如燃料动力、配件等经常性支出以及维修配件、运营人员的工资等经常性支出;固定设施成本包括铁路运输需要的轨道、车站和编组场等,被认为是一种沉没成本,建成后不能移动,在一定程度上不能再被用于其他任何用途;移动设备拥有成本包括机车车辆投资的费用、部分折旧费和维护费用等。

3. 水运成本

水运成本可大致分为三个部分,即航行成本、运营成本和资本成本。航行成本是指仅与一次航行有关的费用,主要包括港口费、燃料和油料费用等,它们与轮船的大小、动力推进器的类型等有关。运营成本是指与轮船是否处于应用状态有关的费用,主要包括工资、修理维护费、保险费以及管理费。如果船舶处于非运营状态,则这些费用可以减少或不发生。资本成本主要是指折旧和利息,当然这部分费用的核算方式根据不同性质的企业和管理方式而有所区别。在我国,航行成本和运营成本各占总成本的40%左右,资本成本占总成本的11%~20%。水运最大的经济性是由船舶大小和航程远近决定的。吨位越大的船每吨公里平均运输成本越低,但其条件是必须有足够大的运输量和相应的港口吞吐能力。另外,航程越远,单位成本中所摊到的港口费用越低,水运的经济性也越好。

4. 航空运输成本

航空运输企业的成本核算一般是按飞行小时计算成本,但作为最终产品的经济分析,也必须将其成本换算为货物吨公里成本。航空运输成本受飞机类型、市场情况以及管理水平的影响。航空运输成本可分为直接飞行成本和间接飞行成本两部分。直接飞行成本主要包括飞行费用(空勤人员工资及津贴、航空燃料及润滑油消耗、飞机保险费等)、修理费用、折旧费及其他直接飞行费。间接飞行成本主要包括订舱费、行李及货物服务费、广告费和管理费等。航空运输存在着飞机容量经济和运距经济。飞机容量经济是指大型飞机的运输成本低于小型飞机。运距经济是指随着飞行距离的延长,单位运输成本下降,主要原因是随着飞行距离的延长,起降滑行、上升降落时间在总飞行时间中的比重下降,相关的成本比重也在下降。在机型、飞行距离和其他费用不变的情况下,影响单位运输成本的最主要因素是装载系数,装载系数是实际吨公里与定额吨公里的比例,飞行的总成本与飞机是否满载关系不是太大,所以平均单位成本是装载系数的函数,它随装载系数的提高而下降。显然,在运输量有限的情况下飞机容量经济和提高装载系数的目标可能会发生矛盾,选用大型飞机,装载系数将受到影响,为提高装载系数减少航班次数,又会增加货物等待时间成本。此外,机场或航线上的拥挤程度对飞行成本也有影响。当发生拥挤现象时,飞机会排队等候起飞,或在空中盘旋等待着陆,时间的延误无疑会降低飞机的运营效率,使飞行成本增加。

5. 管道运输成本

管道运输最显著的特征是其规模经济特性。石油或天然气管道在运距不变的情况下,管道直径越大平均成本越低。国外有研究表明,管道运输能力增加一倍,单位吨公里的运输成本可降低30%。但为了充分发挥管道的规模经济特性,必须有足够的货源以保证管道能在多年内保持足量的运输。管道运输的固定成本大大高于变动成本,即使在很大的产出范围内都是这样,与其他运输方式相比,管道的这种特性最为明显。我国两大石油企业中石化和中石油的管道运输业务常年都处于亏损状态就是最典型的例子。

(四)运输成本的计算

运输成本的计算项目因运输方式不同有较大差别,下面以公路运输为例说明运输成本的计算方法。

1. 公路运输成本的计算方法

①工资及职工福利费:根据"工资分配汇总表"和"职工福利费计算表"中各种车型分配的金额计入成本。

②燃料:根据"燃料发出凭证汇总表"中各种车型耗用的燃料金额计入成本。运输车辆在本企业以外的油库加油,其领发数量不应作为企业购入和发出处理的,应在发生时按照运输车辆领用数量和金额计入成本。

③轮胎:轮胎外胎采用一次摊销法的,根据"轮胎发出凭证汇总表"中各种车型领用的金额计入成本;采用按行驶胎公里提取法的,根据"轮胎摊提费计算表"中各种车型应负担的摊提额

计入成本。发生轮胎翻新费时,根据付款凭证直接计入各种车型成本或通过待摊费用分期摊销。内胎、垫带根据"材料发出凭证汇总表"中各种车型领用金额计入成本。

④修理费:辅助生产部门对运输车辆进行保养和修理的费用,根据"辅助营运费用分配表"中分配给各种车型的金额计入成本。

⑤折旧费:根据"固定资产折旧计算表"中按照车辆种类提取的折旧金额计入各分类成本。

⑥养路费及运输管理费:车辆应缴纳的养路费和运输管理费,应在月终计算成本时,编制"营运车辆应缴纳养路费及管理费计算表",据此计入运输成本。

⑦车船使用税、行车事故损失和其他费用:如果是通过银行转账、应付票据、现金支付的,根据付款凭证等直接计入有关的车辆成本;如果是在企业仓库内领用的材料物资,根据"材料发出凭证汇总表""低值易耗品发出凭证汇总表"中各车型领用的金额计入成本。

⑧营运间接费用:根据"营运间接费用分配表"计入有关运输车辆成本。

2. 公路运输成本计算表的编制

物流运输企业月末应编制运输成本计算表,以反映运输总成本和单位成本。运输总成本是指成本计算期内成本计算对象的成本总额,即各个成本项目金额之和。单位成本是指成本计算期内各成本计算对象完成单位周转量的成本额,这里的周转量是一个复合单位,如千吨公里。

二、运输成本优化控制

(一)运输合理化的影响因素

影响物流运输合理化的因素很多,起决定作用的有五个方面,称作合理运输的"五要素"。

1. 运输距离

运输过程中,运输时间、运输货损、运费等若干技术经济指标都与运输距离有一定的关系,运距长短是运输是否合理的一个最基本的因素。

2. 运输环节

每增加一个运输环节,势必要增加运输的附属活动,如装卸、包装等,各项技术经济指标也会因此发生变化,因此减少运输环节,尤其是同类运输工具的环节,对合理运输有一定的促进作用。

3. 运输工具

各种运输工具都有其优势领域,对运输工具进行优化选择,最大限度地发挥运输工具的特点和作用,是运输合理化的重要的一环。

4. 运输时间

在全部物流时间中运输时间占绝大部分,尤其是远程运输,因此,运输时间的缩短对整个流通时间的缩短起决定性的作用。此外,运输时间缩短,还有利于加速运输工具的周转,充分发挥运力效能,提高运输线路通过能力,不同程度地改善不合理运输。

5. 运输费用

运费在全部物流费用中占很大的比例,运费高低在很大程度上决定整个物流系统的竞争能力。实际上,运费的相对高低,无论对货主还是对物流企业都是运输合理化的一个重要的标志。运费的高低也是各种合理化措施是否行之有效的最终判断依据之一。

(二)运输成本的优化措施

1. 合理装载,提高实载率

合理装载是充分利用运输工具的载重量和容积,合理安排装载的货物及载运方法以提高运输工具实载率的一种有效措施。通过合理装载和提高实载率,可以充分利用车船的额定能力,减少运力浪费。

实载率是一定时期内车船实际完成的货物周转量(以吨公里计)占车船载重吨位与行驶里程的乘积的百分比。在计算车船行驶里程的时候,不但计算载货行驶里程,也计算空驶里程。

合理装载有如下几种方式:

(1)拼装整车运输。由同一发货人将不同品种发往同一站、同一收货人的少量货物组合在一起,以整车方式运输至目的地;或将同一方向到站的少量货物集中在一起,以整车方式运送到适当的中转地,然后分运至目的地。实际作业中,通常表现为零担拼整直达、零担拼整接力直达或中转分运、整车分卸、整装零担等方式。

(2)组织轻重配装,即把实重货物和轻泡货物组装在一起,既可充分利用车船装载容积,又能利用装载重量,以提高运输工具的效率。

(3)实行解体运输。对一些体积大、笨重、不易装卸又容易碰撞致损的货物,如自行车、缝纫机和科学仪器、机械等,可以在装载前先行拆分,分别包装,以缩小所占空间,并易于装卸,以提高运输工具的效率。

(4)多样堆码方法。根据车船的货位情况和不同货物的包装情况,采取各种有效的堆码方法,如多层装载、骑缝装载、紧密装载等,以提高运输工具的效率。

2. 实现运输工具的合理分工

(1)根据运距的长短进行铁路和公路分流。

目前对杂货及煤炭等较普遍地使用铁路运输。一般认为,公路的经济里程为 200~500 公里,随着高速公路的发展,高速公路网的形成,新型货车与特殊货车的出现,公路运输的经济里程有时可达 1 000 公里以上。在公路运输的经济里程范围内,应尽可能地利用公路运输,这样有两个好处:一是对于比较紧张的铁路运输,用公路分流后,可以有一定程度的缓解,从而提高这一地区运输通过能力;二是充分利用公路运输门到门运输的能力和速度快且灵活机动的优势,实现铁路运输难以达到的服务水平。当然实现运输工具的合理分工不仅仅表现在铁路运输和公路运输的选择,还涉及其他一切运输工具,在决定运输工具的时候,需要进行认真的分析。

(2)实行联合运输(综合一贯制运输)。

综合一贯制运输,是把卡车的机动灵活和铁路、海运的成本低廉(即便利和经济)及飞机的快速特点组合起来,完成"门到门"运输,通过优势互补,实现运输效率化、低廉化,缩短运输时间的一贯运输方式。如卡车—铁路—卡车,卡车—船舶—卡车,卡车—飞机—卡车,卡车—船舶—铁路—船舶—卡车,卡车—船舶—卡车—飞机—卡车等。

3. 分区产销合理运输

分区产销合理运输,就是在组织物流运输时,对某种货物,使其一定的生产区固定于一定的消费区。根据产销情况和交通运输条件,在产销平衡的基础上,按近产近销的原则,使货物走最少的里程。这种形式适用于品种单一、规格简单或生产集中和消费集中、调运量大的货物,如煤炭、木材、水泥、粮食、建材等。实行这种运输,对于加强产、供、运、销的计划性,消除过远、迂回、对流等不合理运输,充分利用地方资源,促进生产布局合理,降低物流费用等都有十分重要的作用。

实行分区产销合理运输,首先要调查物资产销情况、供应区域、运输路线和运输方式,为制订合理调运方案提供信息。其次,划定物资调运区域,将某种物资的生产区和销售区固定。如工业产品以生产地为中心,以靠近生产地的区域为销售区域;农副产品以消费城市为中心,同附近的生产地建立固定的产销关系,从而形成一个合理的调运规划。再次,绘制合理的运输流向图,即根据已制定的调运区域范围,按运程最短和产销平衡的原则,制定合理的运输流向图。最后,制订合理的运输调运方案。

4. 实行直达运输和直拨运输

(1)直达运输是指通过减少中转过载换载,从而提高运输速度,节省装卸费用,降低中转损耗。直达运输的优势在一次运输批量和用户一次需求量达到整车时表现得最为突出。对生产资料来说,由于某些物资体大而笨重,一般由生产厂矿直接供应给消费单位(生产消费),实行直达运输,如煤炭、钢材、建材等。在商业部门,有些商品规格简单,可以由生产工厂直接运到零售商、大型商店或用户,如纸张、肥皂等;对于规格、花色比较复杂的商品,可由生产工厂供应到批发商,再由批发商配送到零售商或用户。外贸部门多采取直达运输,对出口商品实行由产地直达口岸的办法。值得注意的是,直达运输的合理性是在一定条件下成立的,当批量大到一定程度时,直达才是合理的,在小批量时用直达运输,成本将会高于中转运输。

(2)直拨运输是指企业在组织货物调运时,对当地生产或由外地送达的商品不运进批发站仓库,而直接将商品发送给基层批发、零售商甚至直接发给最终用户,以减少运输中转环节。这种运输方式在运输时间和运输成本方面都能取得经济效益。实际作业中,通常采用就厂直拨、就车站直拨、就仓库直拨、就车船直拨等具体方式,即"四就"直拨运输。其与直达运输的不同之处是直拨运输里程较近、批量较小,而直达运输主要指中、长里程运输和大批量运输。

5. 通过流通加工,使运输合理化

有不少产品,由于产品本身形态及特性问题,很难实现运输的合理化,如果进行适当加工,就能够有效解决合理运输问题。例如:将造纸木材在产地预先加工成干纸浆,然后压缩体积运输,就能解决造纸木材运输不满载的问题;轻泡产品预先捆紧包装成规定尺寸,装车就容易提高装载质量;水产品及肉类预先冷冻,就可提高车辆装载率并降低运输损耗。

6. 发展社会化的运输体系

运输社会化的含义是发展运输的大生产优势,按专业分工,打破一家一户自成运输体系的状况。一家一户的运输小生产,车辆自有,自我服务,不能形成规模,且一家一户运输量需求有限,难于自我调剂,因而经常容易出现空驶、运力选择不当(因为运输工具有限,选择范围太窄)、不能满载等浪费现象,且配套的接、发货设施,装卸搬运设施也很难有效地运行,所以浪费颇大。实行运输社会化,可以统一安排运输工具,避免对流、倒流、空驶、运力不当等多种不合理形式,不但可以追求组织效益,而且可以追求规模效益,所以发展社会化的运输体系是运输合理化非常重要的措施。

(三)运输成本控制策略

1. 压缩单位商品的运输成本

压缩单位商品的运输成本能力取决于运输活动过程中由谁控制商品运输和对商品运输过程的控制力度。供应商、购货商、运输服务商决策管理过程相互独立,小型生产企业自营运输,都不利于对运输成本的控制。下面从单位商品的运输成本角度分析在运输过程中成本压缩空间的大小。影响单位货物运输成本的因素很多,为简化起见,只从运输距离和单车运载的货物数量两个重要元素展开分析。在通常情况下,单位货物的运输成本与运输距离成正比,与运输商品的数量成反比。所以理想的运输服务系统应该是在运输距离固定的情况下,追求运输货物数量的最大化;而在运输货物数量不足的情况下,追求运输距离的最小化。最佳的解决方案是将长距离、小批量、多品种的货物运输整合起来,统一实施调度分配,并按货物的密度分布情况和时间要求在运输过程的中间环节适当安排一些货物集散地,用以进行货运的集中、分拣、组配,实行小批量、近距离运输和大批量、长距离的干线运输相结合的联合运输模式。

货物运输可以压缩成本空间的情况有:

(1)如果长途货物回程运输实现有效配载,则单位货物的运输距离由往返减为单程,距离减半,成本减小50%。

(2)如果供货商到购货商的货物采购运输由一对一独立完成的运输模式改为一次集中提货、多点投递的配送模式,并对配送路径进行优化,可以将单位货物的运输距离成倍降低,运输成本也将大幅度地下降。

2. 适当设立配送中心

当供货商与一批具有较强购买能力、彼此之间较近的购货商群体的距离超过一定极限时,小型车辆的长距离运输成本将显著增加,由此便产生了对配送中心的需求。比如,在与10家购货商群体距离不到20 km的位置设置一个配送中心,配送中心距离供货商200 km,每家购货商需一小型配送车满载的货物。在没有配送中心的情况下,完成1家购货商的运输总往返距离为400 km,而设立配送中心后,这批货物可以由干线运输工具一次运到配送中心,运输距离为400 km,又从配送中心到各个购货商的往返运输距离总和小于40 km,这样总往返运输距离压缩在800 km以内,总成本降低为20%。

3. 采用集运方式控制物流成本

在物品运输中,运输批量越大,费率就越低,这样就促使企业采用大批量运输工具。将小批量物品合并成大批量进行运输是减小单位运输成本的有效方式。

(1)运输车辆合并。

在拣取和送出的货物都达不到整车载重量的情况下,为提高运载效率可以安排同一辆车到多个地点取货和送货。为实现运输车辆合并的规模经济,需要对行车路线和时间表进行整体规划。

(2)运输时间合并。

企业可以在一定时期内积累客户订单,这样可以一次性运送大批量的物品,而不是小批量多次运送。通过运输时间合并,对大批量的运输路径进行规划,使单位运输费用降低,企业也可以获得运输中的规模效益。当然,随着发货时间的延长,会造成服务水平的降低。因此,要在运输成本和其对服务水平造成的影响之间进行权衡。运输成本是显而易见的,而服务水平下降造成的损失却比较难估计。

(3)自发集运。

把一个市场区域中到达不同客户的小批量运输结合起来,叫自发集运。自发集运的难点是每日要有足够的数量。为了抵消数量的不足,通常可以采用以下三种方法:一是集运的货物可以被送到一个中间散件货点以节约运输费用,在那里再被分开运到各自的目的地;二是企业可以选择货物集运,在某几个特定的日期,按计划将货物运至目的地;三是公司可以利用第三方物流来取得本公司不可能取得的规模效应。

(4)共同运输。

共同运输是指由一个货运代理人、公共仓储或运输公司为在相同市场中的多个货主安排集运。提供共同运输的公司通常具备大批量送货目的地的长期送货集运。在这种安排下,集运公司还要为满足客户需要提供如分类、排序、进口货物的单据处理等服务。

(5)共同配送。

共同配送是几个配送中心联合起来,共同制订计划,共同使用配送车辆,共同为某一地区的用户实行配送。采用共同配送,既能减少企业的物流设施投资,也能充分合理利用物流资源。

4. 推进信息化

政府应建设公共的网络信息平台,采用互联网等先进技术,实现资源共享、数据共用、信息互通,降低运输信息获取的成本和错误,推广应用智能化运输系统,提高运输调度的水平以及减少运输过程中货物的丢失和损坏。

单元三 仓储成本的计算与优化

一、仓储成本的核算

仓储成本是指在储存、管理、保养、维护物品的相关物流活动中发生的各种费用,即伴随着物流仓储活动消耗的物化劳动和活劳动的货币表现。大多数仓储成本不随存货水平变动而变动,而是随存储地点的多少而变。仓储成本包括仓库租金、仓库折旧、设备折旧、装卸费用、货物包装材料费用和管理费等。

(一)仓储成本的特点

1. 重要性

仓储成本是物流总成本的重要组成部分,降低仓储成本将会给社会和企业带来可观的经济效益。因此仓储成本的管理成为"第三利润源"的重要源泉之一。

2. 效益背反性

在现实中,最高的物流服务水平和最低的物流成本两者是不可能同时成立的,它们之间存在着一种效益背反性。高水平物流服务要求有大量的库存、足够的运费和充足的仓容,这势必产生较高的物流成本;而低物流成本要求的是少量的库存、低廉的运费和较少的仓容,这又必然减少服务项目,降低服务水平和标准。

3. 复杂性

在现行的会计制度下对物流成本的核算缺乏统一的标准,如仓储成本中的仓储保管费用、仓储办公费用、仓储物资的合理损耗等一般计入企业的经营管理费用,而不是仓储成本。此外,对于内部所发生的仓储成本有时因涉及面广、环节多而无法划归相应科目,因此,增加了仓储成本的复杂性。

(二)仓储成本的构成

货物的仓储成本主要是指货物保管的各种支出,其中一部分为仓储设施和设备的投资,另一部分则为仓储保管作业中的活劳动和物化劳动的消耗,主要包括工资和能源消耗等。根据货物在保管过程中的费用支出,可以将仓储成本分成以下几类。

1. 保管费

保管费是为存储货物所开支的货物养护、保管等费用,它包括用于货物保管的货架、托盘的费用开支,仓库场地的房地产税等。

2. 仓库管理人员的工资和福利费

仓库管理人员的工资一般包括固定工资、奖金和各种生活补贴。福利费可按标准提取,一般包括住房基金、医疗以及退休养老支出等。

3. 能源费、水费、耗损材料费

包括动力、电力、燃料、生产设备原料等,仓库用水,装卸搬运生产使用的工具,绑扎、衬垫、苫盖材料的损耗等。

4. 折旧费或租赁费

仓储企业有的是以自己拥有所有权的仓库以及设备对外承接仓储业务,有的是以向社会承包租赁的仓库及设备对外承接业务。自营仓库的固定资产每年需要提取折旧费,对外承包租赁的固定资产每年需要支付租赁费。折旧费或租赁费是仓储企业的一项重要的固定成本,构成仓储企业的成本之一。对仓库固定资产按折旧期分年提取,主要包括库房、堆场等基础设施的折旧和机械设备的折旧等。

5. 修理费

修理费主要用于设备、设施和运输工具的定期大修理,每年可以按设备、设施和运输工具投资额的一定比例提取。

6. 装卸搬运费

装卸搬运费是指货物入库、堆码和出库等环节发生的装卸搬运费用,包括搬运设备的运行费用和搬运工人的成本。

7. 管理费用

管理费用指仓储企业或部门为管理仓储活动或开展仓储业务而发生的各种间接费用,主要包括仓库设备的保险费、办公费、人员培训费、差旅费、招待费、营销费等。

8. 仓储损失

仓储损失是指保管过程中货物损坏而需要仓储企业赔付的费用。造成货物损失的原因一般包括:仓库本身的保管条件,管理人员的人为因素,货物本身的物理、化学性能,搬运过程中的机械损坏等。实际中,应根据具体情况,按照企业的制度标准,分清责任,合理计入成本。

9. 外部协作费

外部协作费是指仓储企业在提供仓储服务时使用外部服务所支付的费用,包括业务外包、与其他相关单位合作发生的成本,如铁路线、码头等设施和设备的租赁费。

10. 流通加工成本

流通加工成本是指货物包装、选择、整理和成组等业务所发生的费用。

(三)仓储成本的核算项目

1. 材料费

材料费主要是仓储过程中使用的衬垫、苫盖材料及包装材料、器具用品等相关的费用,可以根据材料的出入库记录,将此间各种材料的领用数量分别乘以单价,便可得出仓储材料费。

2. 人工费

人工费可以按向相关的物流人员仓储实际支付的工资、资金、补贴的金额,以及由企业统一负担部分(如福利基金、教育培训费等)按人数分配后得到的金额计算。

3. 物业管理费

物业管理费主要是指对公共事业所提供的公益服务(自来水、电、煤气、取暖)等支付的费用。严格地讲,每一个物流设施都应安装计量表直接计费。对没有安装计量表的,可以从整个企业支出的物业管理费中按物流设施的面积和物流人员的比例核算得出。

4. 管理费

对于差旅费、邮资费等使用目的明确的费用,直接计入物流成本;对于不能直接计入的,也可按人员人数比例分摊计算。

5. 折旧费及资金利息

折旧费及资金利息包括按实际使用年限核算的折旧费和企业内利息。折旧费可按设施设备的折旧年限、折旧率计算,利息可根据物流相关资产的贷款利率计算。

6. 对外支付的保管费用

对外支付的保管费用应全额计入仓储成本。

计算仓储成本时,将各项成本分离出来,加总就可得到仓储总成本,如果采取一定的分配办法,还可计算出单位仓储成本。

(四)仓储成本计算方法

一般来说,仓储成本的计算可以采用以下三种方法。

1. 按支付形态计算仓储成本

把仓储成本分别按仓储搬运费、仓储保管费、材料费、人工费、仓储管理费、仓储占用资金利息等支付形态分类,就可以计算出仓储成本的总额。这种计算方法是从月度损益表中管理费用、财务费用、营业费用等各个科目中,取出一定数值乘以一定的比例(物流部门比例,分别按人数平均、台数平均、面积平均、时间平均等计算出来),算出仓储部门的费用,再将算出的成本总额与上一年度的数值做比较,分析增减的原因,最后制订修改方案。

2. 按仓储项目核算仓储成本

按上述的支付形态进行仓储成本分析,虽然可以得出总额,但是不能充分说明仓储的重要性。若要了解仓储的实际形态,了解在哪些功能环节上有浪费,降低仓储成本,就应按仓储项目核算仓储成本。

与按支付形态进行仓储成本计算相比,这种方法更能进一步找出妨碍实施仓储合理化的症结,而且可以核算出标准仓储成本,以便确定合理化目标。

3. 按适用对象核算仓储成本

按适用对象核算仓储成本,即分别按商品、地区、客户等的不同而计算成本,由此可以分析不同的对象对仓储成本的影响。如按商品核算仓储成本就是指把按项目计算出来的仓储费,以不同的基准,分配给各类商品,以此计算仓储成本,并可以分析各类商品的盈亏。

二、仓储成本的优化

仓储成本优化是用最经济的办法实现储存的功能。储存的功能是对需求的满足,实现存货的"时间价值",这就必须有一定的仓储量,这是仓储成本优化的前提与本质。但是仓储的不合理又往往表现为对储存功能的过分强调,过分投入储存力量和其他的储存劳动。所以仓储成本优化的实质是在保证储存功能实现的前提下尽量少投入,这是一个投入与产出的关系问题。

(一)降低仓储成本的措施

仓储成本管理是仓储企业管理的重点,对提高整体管理水平、提高经济效益有重大影响。由于仓储成本与物流成本的其他构成要素,如运输成本、配送成本,以及服务质量和水平之间存在二律背反的现象,因此,降低仓储成本要在保证物流总成本最低以及不降低企业的总体服务质量和目标水平的前提下进行,常见的措施有:

1. 采用"先进先出"方式,减少仓储物的保管风险

"先进先出"是储存管理的准则之一,它能保证每个仓储物的储存期不至过长,减少仓储物的保管风险。有效的先进先出方式主要有:

(1) 贯通式(重力式)货架系统。

利用货架的每层形成贯通的通道,从一端存入物品,另一端取出物品,物品在通道中自行按先后顺序排队,不会出现越位等现象。贯通式(重力式)货架系统能非常有效地保证先进先出。

(2) "双仓法"储存。

给每种被储物都准备两个仓位或货位,轮换进行存取,再配以必须在一个货位出清后才可以补充的规定,则可以保证实现先进先出。

(3) 计算机存取系统。

采用计算机管理,在存货时向计算机输入时间记录,编入一个简单的按时间顺序输出的程序,取货时计算机就能按时间给予指示,以保证先进先出。这种计算机存取系统还能将先进先出保证不做超长时间的储存和快进快出结合起来,即在保证一定先进先出的前提下,将周转快的物资随机存放在便于存储之处,以加快周转,减少劳动消耗。

2. 提高储存密度,提高仓容利用率

这样做的主要目的是减少储存设施的投资,提高单位存储面积的利用率,以降低成本、减少土地占用。具体有下列三种方法:

(1) 采取高垛的方法,增加储存的高度。采用高层货架仓库、集装箱等都可比一般堆存方法大大增加储存高度。

(2) 缩小库内通道宽度以增加储存有效面积。具体方法有:采用窄巷道式通道,配以轨道式装卸车辆,以减少车辆运行宽度要求,采用侧叉车、推拉式叉车,以减小叉车转弯所需的宽度。

(3) 减少库内通道数量以增加有效储存面积。具体方法有:采用密集型货架,采用不依靠通道可进车的可卸式货架,采用各种贯通式货架,采用不依靠通道的桥式起重机装卸技术,等等。

3. 采用有效的储存定位系统,提高仓储作业效率

储存定位的含义是被储存物位置的确定。如果定位系统有效,能大大节约寻找、存放、取出的时间,节约不少物化劳动及活劳动,而且能防止差错,便于清点及实行订货点等的管理方式。储存定位系统可采取先进的计算机管理,也可采取一般人工管理。行之有效的方式主要有:

(1) "四号定位"方式。

"四号定位"是用一组四位数字来确定存取位置的固定货位方法,是我国手工管理中采用的科学方法。这四个号码是:库号、架号、层号、位号。这就使每一个货位都有一个组号,在物资入库时,按规划要求,对物资编号,记录在账卡上,提货时按四位数字的指示,很容易将货物拣选出来。这种定位方式可对仓库存货区事先做出规划,并能很快地存取货物,有利于提高速度,减少差错。

(2) 电子计算机定位系统。

电子计算机定位系统是利用电子计算机储存容量大、检索迅速的优势,在入库时,将存放货位输入计算机,出库时向计算机发出指令,并按计算机的指示人工或自动寻址,找到存放货位,拣选取货的方式。一般采取自由货位方式,计算机指示入库货物存放在就近易于存取之处,或根据入库货物的存放时间和特点,指示合适的货位,取货时也可就近就便。这种方式可以充分利用每一个货位,而不需要专位待货,有利于提高仓库的储存能力,当吞吐量相同时,可比一般仓库减少建筑面积。

4. 采用有效的盘点方式，提高仓储作业的准确程度

对储存物资数量和质量的盘点有利于掌握仓储的基本情况，也有利于科学控制库存。在实际工作中稍有差错，就会使账物不符，所以必须及时且准确地掌握实际储存情况，经常与账卡核对，确保仓储物资的完好无损，这是人工管理或计算机管理必不可少的。此外，经常盘点也是掌握被存物资数量状况的重要工作。盘点的有效方式主要有：

(1) "五五化"堆码。

"五五化"堆码是我国手工管理中采用的一种科学方法。储存物堆垛时，以"五"为基本计数单位，堆成总量为"五"的倍数的垛形，如梅花五、重叠五等。堆码后，有经验者可过目成数，大大加快了人工点数的速度，而且很少出现差错。

(2) 光电识别系统。

在货位上设置光电识别装置，通过该装置对被存物的条形码或其他识别装置（如芯片等）扫描，并将准确数目自动显示出来。这种方式不需人工清点就能准确掌握库存的实有数量。

(3) 电子计算机监控系统。

用电子计算机指示存取，可以避免人工存取容易出现差错的弊端，如果在储存物上采用条形码技术，使识别计数和计算机联结，每次存、取一件物品时，识别装置自动将条形码识别并将其输入计算机，计算机会自动做出存取记录。这样只需向计算机查询，就可了解所存物品的准确情况，因而无须再建立一套对仓储物实有数的监测系统，减少查货、清点工作。

5. 加速周转，提高单位仓容产出

储存现代化的重要课题是将静态储存变为动态储存，周转速度一快，会带来一系列的好处：资金周转快、资本效益高、货损货差小、仓库吞吐能力增加、成本下降，等等。具体做法诸如采用单元集装存储，建立快速分拣系统，都有利于实现快进快出、大进大出。

6. 采取多种经营，盘活资产

仓储设施和设备的巨大投入，只有在充分利用的情况下才能获得收益，如果不能投入使用或者只是低效率使用，只会造成成本的加大。仓储企业应及时决策，采取出租、借用、出售等多种经营方式盘活这些资产，提高资产设备的利用率。

7. 加强劳动管理

工资是仓储成本的重要组成部分，劳动力的合理使用，是控制人员工资的基本原则。我国是具有劳动力优势的国家，工资较为低廉，较多使用劳动力是合理的选择。但是对劳动进行有效管理，避免人浮于事、出工不出力或者效率低下也是成本管理的重要方面。

8. 降低经营管理成本

经营管理成本是企业经营活动和管理活动的费用和成本支出，包括管理费、业务费、交易成本等。加强该类成本管理，减少不必要支出，也能实现成本降低。当然，经营管理成本费用的支出时常不能产生直接的收益和回报，但也不能完全取消，但是加强管理是很有必要的。

(二) 仓储成本的优化

1. 选择合适的仓储类型

企业可以通过建造自有仓储、租赁仓储或采用合同制仓储来获得仓储空间。三种仓储优缺点比较如下：

(1) 自有仓储。

自有仓储的优点是：可以很大程度地控制仓储活动；期限长、利用率高的自有仓储，等于形成一种规模经济，其成本可能低于租赁仓储和合同制仓储；可以为企业树立良好形象，增强客户

信任感。

自有仓储的缺点是：位置固定，难以适应变化的市场需要；容量固定、占用大量的资金，造成企业一部分资源浪费；前期建设资金规模大，资金难以筹集，机会成本较高。

(2)租赁仓储。

租赁仓储的优点是：企业不需要自建仓储的巨大投资，可避免财务风险；满足企业库存高峰时的大量额外需求；使用租赁仓储，企业可以灵活改变库存策略。

租赁仓储的缺点是：在一定租赁期内，租赁的仓储空间是一定的，不会因企业库存量的改变而改变，容易造成浪费。

(3)合同制仓储。

合同制仓储的优点是：企业不需要自建仓储的巨大投资，可避免财务风险；合同制仓储与自有仓储结合形成仓储设施网络，扩大企业的市场覆盖范围，增强企业经营的灵活性；设施设备的利用效率高，具有规模效应，可以降低企业的成本；可以得到全方位的专业化仓储服务，避免管理上的麻烦与困难。

合同制仓储的缺点是：可能存储不同的商品，需要保护性的包装，增加了企业包装成本；企业容易对物流活动失去直接控制。

2. 制定正确的混合仓储空间策略

当企业对仓储空间的需求不稳定，具有季节波动时，如企业根据高峰时期的需求量来确定自有仓储或长期租赁仓储的存储空间，那么在库存水平较低时便会出现仓储空间利用率低的情况，增加企业物流成本。解决的方案是采用混合仓储空间策略，也就是将多种仓储空间获取方式相结合，既利用公共仓储的灵活性，又利用自有仓储的成本效益，有效地适应需求的变化，优化仓储成本。

由于自有仓储空间或长期租赁仓储空间的仓储成本既包括固定成本又包括可变成本，短期使用合同制仓储的成本都属于可变成本，因此当自有仓储空间或长期租赁仓储空间的规模在一定范围时，随着自有仓储空间或长期租赁仓储空间的规模扩大，组合的总成本会不断下降；当自有仓储空间或长期租赁仓储空间的规模超过该范围之后，随着自有仓储空间或长期租赁仓储空间的规模扩大，组合的总成本会不断上升，因此成本曲线上会出现一个低点，该点所代表的组合成本是所有组合中最低的。

3. 合理选择不同吞吐量的仓储类型和作业模式

当企业通过自有仓储进行仓储活动时，仓储成本是企业自有仓储内部产生的成本；当企业通过租赁仓储或合同制仓储的形式实施仓储活动时，仓储成本是外部提供仓储服务收取的费用。不同仓储系统表现出不同水平的固定成本和变动成本，所以不同吞吐量下，采用不同的仓储类型与作业模式会带来不同的仓储成本。

4. 降低各项仓储作业成本

(1)降低装卸搬运成本。

经济合理地选择装卸搬运设备；在高峰期间可以使用租赁的方式获取装卸搬运设备，以减少设备的投资；合理规划仓库的布局，优化搬运顺序和路线，提高装卸搬运作业的组织调度工作水平，尽量减少装卸搬运的次数和距离；选择适当的作业方式和作业方法，根据货物种类、形状等决定散装还是以托盘、集装箱进行作业。

(2)降低备货作业成本。

进行合理分区，选择合理备货作业方式，加强场地管理，提高作业效率。

(3)运用技术手段,简化验货与出入库作业。

计算机扫描仪的使用可以提高准确度和检查速度,此外,条形码和计算机信息管理系统的使用还可以大大提高出入库作业的效率。

(4)降低流通加工成本。

通过采取备货—贴价格标签—验货的程序提高作业效率,具体步骤是在分拣出库产品前预先印刷好产品价格标签,然后在分拣产品时就把预先印好的标签贴在出库产品上,并进行产品检验。

单元四　配送成本的计算与优化

配送是指在经济合理区域范围内,根据客户要求,对物品进行拣选、加工、包装、分割、组配等作业,并按时送达指定地点的物流活动。配送是物流中一种特殊的、综合的活动形式,是商流与物流紧密结合,包含了商流活动和物流活动,也包含了物流中若干功能要素的一种形式。从物流来讲,配送几乎包括了所有的物流功能要素,是物流的一个缩影或在某一范围内物流全部活动的体现。一般的配送集装卸、包装、保管、运输于一身,通过这一系列活动完成。特殊的配送则还要以流通加工活动为支撑。严格来讲,整个物流活动,没有配送环节就不能成为完整的物流活动。

一、配送成本的计算

配送成本是指在配送活动的备货、储存、分拣、配货、配装、送货等环节所发生的各项费用的总和,是配送过程中所消耗的各种活劳动和物化劳动的货币表现。

配送的主体活动是配送运输、分拣、配货及配载。分拣、配货是配送的独特要求,也是配送独有的特点。以送货为目的的配送运输是最后实现配送的主要手段,从这一点出发,常常将配送简化看成运输中的一种。

(一)配送成本的特征

1. 配送成本的隐蔽性

就配送成本而言,一般通过"销售费用""管理费用"科目可以看出部分配送费用情况,但这些科目反映的费用仅仅只是全部配送成本的一部分,即企业对外支付的配送费用,并且这一部分费用往往是混同在其他有关费用中而并不是单独设立"配送费用"科目进行独立核算。

2. 配送成本削减具有乘数效应

假定销售额为 1 000 元,配送成本为 100 元,如果配送成本降低 10%,就可以得到 10 元的利润。假如这个企业的销售利润率为 2%,则创造 10 元的利润,需要增加 500 元的销售额,即降低 10%的配送成本所起的作用相当于销售额增加 50%。原因是配送成本不会有相配比的配送收入产生,所以配送成本会直接等额扣减销售利润而不是仅仅扣减销售收入,所以会产生乘数效应。

3. 配送成本的效益背反

效益背反在配送活动中也是存在的。譬如,尽量减少库存据点以及库存,必然引起库存补充频繁,从而增加运输次数,同时,仓库的减少会导致配送距离变长,运输费用进一步增大。此时一个要素成本降低,另一个要素成本增大,产生成本效益背反状态。因配送可理解为小型运输,如果运输费的增加超过保管费的降低部分,总成本反而会增加,这样减少库存据点以及降低库存成本变得毫无意义。

(二)配送成本的构成

配送成本有狭义与广义之分。广义的配送成本指配送中心为了开展配送业务所发生的各种直接和间接费用。根据配送中心的配送流程及配送环节,广义的配送成本实际上包含配送运输费用、分拣费用、配装费用、仓储保管费用、包装费用、流通加工费用、装卸搬运费用等。可见广义的配送成本的构成是最复杂的,几乎涉及了物流成本的各个构成项目。因此在核算分析时,要根据企业的实际情况以及所选择的成本核算方法具体分析,要避免配送成本费用重复交叉、夸大或减小费用支出。而狭义的配送成本是指配送环节所特有的主要成本费用,包括配送运输费用、分拣费用、配装费用和流通加工费用,即:配送成本=配送运输成本+分拣成本+配装成本+流通加工成本。

1. 配送运输成本

配送运输成本是指配送车辆在完成配送货物过程中发生的各种车辆费用和配送间接费用。配送运输成本在配送总成本构成中所占比例很大,应进行重点管理,车辆运输成本的具体内容可参见单元二。

2. 分拣成本

分拣成本是指分拣机械及人工在完成货物分拣过程中所发生的各种费用,包括分拣的直接费用和间接费用两种。

第一,分拣直接费用。分拣直接费用包括:

(1)工资:工资是指按规定支付给分拣作业工人的标准工资、奖金、津贴等。

(2)职工福利费:职工福利费是指按规定的工资总额和提取标准计提的职工福利费。

(3)修理费:修理费是指分拣机械进行保养和修理所发生的费用。

(4)折旧费:折旧费是指分拣机械按规定计提的折旧费。

(5)其他费用:其他费用是指不属于以上各项的费用。

第二,分拣间接费用。分拣间接费用是指配送分拣管理部门为管理和组织分拣生产,需要由分拣成本负担的各项管理费用和业务费用。

上述分拣直接费用和间接费用则构成了配送环节的分拣成本。

3. 配装成本

配装成本是指在完成配装货物过程中所发生的各种费用,包括直接费用和间接费用两种。

第一,配装直接费用。配装直接费用包括:

(1)工资:工资是指按规定支付的配装作业工人的标准工资、奖金、津贴。

(2)职工福利费:职工福利费是指按规定的工资总额和提取标准计提的职工福利费。

(3)材料费:材料费是指配装过程中消耗的各种材料,如包装纸、箱、塑料等。

(4)辅助材料费:辅助材料费是指配装过程中耗用的辅助材料,如标志、标签等。

(5)其他费用:其他费用是指不属于以上各项的费用,如配装工人的劳保用品费等。

第二,配装间接费用。配装间接费用是指配装管理部门为管理和组织配装生产,由配装成本负担的各项管理费用和业务费用。

4. 流通加工成本

流通加工成本主要有流通加工设备费用、流通加工材料费用、流通加工劳务费用和流通加工其他费用。除上述费用外,还包括在流通加工中耗用的电力、燃料、油料以及管理费用等。

广义的配送成本除了以上四个部分外,还包括储存保管费用、包装费用和装卸搬运费用。如,某些规模较小的配送中心,其所有成本基本上都可以归集为配送成本。

(三)配送成本的核算

1. 配送运输成本的计算

参见前面运输成本的计算。

2. 分拣成本的核算

(1)分拣成本的计算方法。

①工资及职工福利费。根据"工资分配汇总表"和"职工福利费计算表"中分配的金额计入分拣成本。

②修理费。辅助生产部门对分拣机械进行保养和修理的费用,根据"辅助生产费用分配表"中分配的分拣成本的金额计入成本。

③折旧费。根据"固定资产折旧计算表"中按照分拣机械提取的折旧金额计入成本。

④其他费用。根据"低值易耗品发出凭证汇总表"中分拣成本领用的金额计入成本。

⑤分拣间接费用。根据"配送管理费用分配表"计入分拣成本。

(2)分拣成本计算表。

物流配送企业月末应编制配送分拣成本计算表,以反映配送分拣总成本。配送分拣总成本是指成本计算期内成本计算对象的成本总额,即各个成本项目金额之和。

3. 配装成本的核算

(1)配装成本的计算方法。

①工资及职工福利费。根据"工资分配汇总表"和"职工福利费计算表"中分配的配装成本的金额计入成本。

②材料费用。根据"材料发出凭证汇总表"、"领料单"及"领料登记表"等原始凭证,将配装成本耗用的金额计入成本。

在直接材料费用中,材料费用数额是根据全部领料凭证汇总编制的"耗用材料汇总表"确定的;在归集直接材料费用时,凡能分清某一成本计算对象的费用,应单独列出,以便直接记入该配装对象的成本计算单中;属于几个配装成本对象共同耗用的直接材料费用,应当选择适当的方法,分配记入各配装成本计算对象的成本计算单中。

③辅助材料费用。根据"材料发出凭证汇总表""领料单"中的金额计入成本。

④其他费用。根据"原材料发出凭证汇总表""周转材料发出凭证汇总表"中配装成本领用的金额计入成本。

⑤配装间接费用。根据"配送间接费用分配表"计入配装成本。

(2)配装成本计算表。

物流配送企业月末应编制配送环节配装成本计算表,以反映配装总成本。配装作业是配送的独特环节,只有进行有效的配装,才能提高送货水平,降低送货成本。

4. 流通加工成本的计算

参见第二部分模块十一生产费用的归集和核算相关内容。

二、配送成本的优化

(一)加强配送的计划性

在配送活动中,临时配送、紧急配送或无计划的随时配送都会大幅度增加配送成本。临时配送由于事先计划不周,未能考虑正确的配装方式和恰当的运输路线,到了临近配送截止日期时,不得不安排专车,单线进行配送,造成车辆不满载、里程多。紧急配送往往只要求按时送货,来不及认真安排车辆配装及配送路线,从而造成载重和里程的浪费。而为了保持服务水平,又不能拒绝紧急配送,但是如果管理得当,紧急配送也可纳入计划。随时配送对订货要求不做计划安排,有一笔送一次,这样虽然能保证服务质量,但是不能保证配装与路线的合理性,也会造成很大浪费。

为了加强配送的计划性,需要制定配送申报制度。所谓配送申报制度,就是零售商店订货申请制度。解决这个问题的基本原则是:在尽量减少零售店存货、尽量减少缺货损失的前提下,相对集中各零售店的订货。应针对商品的特性,制定相应的配送申报制度。

(1)对鲜活商品,应实行定时定量申报。

定时定量配送为保证商品的鲜活,零售店一般一天申报一次,商品的量应控制在当天全部销售完为度。实行定时定量申报的商品,在商品量确定以后,分店除特殊情况外,不必再进行申报。由配送中心根据零售店的定量,每天送货。

(2)对普通商品,应实行定期申报。

定期配送是指零售店定期向配送中心订货,订货量为两次订货之间的预计需求量。实行定期申报的优点有:一是各零售店的要货相对集中,零售店同时发出订货申请,配送中心将订货单按商品分类、汇总、统一完成配送;二是零售店不必经常清点每种产品的盘存量,减少了工作量;三是零售店向众多单个消费者销售商品,不确定因素多,实行定期申报,零售店只需预测订货周期较短时间内的需求量,降低了经营风险。零售店定期发出订货申请,配送中心定期送货。送货的时间间隔与订货的时间间隔一致,例如,每七天订一次,每七天送一次货。问题的关键是如何确定合理的时间间隔。时间太长,每次的发货量必定很多,这无疑将配送中心的存货分散到零售店储备;时间太短,每次发的货太零星,既增加了配送难度,也增加了配送次数。一个合理的时间间隔应该在使零售店保持较少的库存而又不缺货的前提下,集中零售店的订货。在实际操作中应通过大数据来分析和根据经验来确定。

(二)确定合理的配送路线

配送路线合理与否对配送速度、成本、效益影响很大,因此,采用科学方法确定合理的配送路线是配送的一项重要工作。确定配送路线可以采用各种数学方法和在数学方法基础上发展和演变出来的经验方法。无论采用何种方法都必须满足一定的约束条件。一般的配送,约束条件有:

(1)满足所有零售店对商品品种、规格、数量的要求。
(2)满足零售店对货物到达时间范围的要求。
(3)在交通管理部门允许通行的时间内进行配送。
(4)各配送路线的商品量不超过车辆容积及载重量的限制。
(5)在配送中心现有的运力允许的范围之内配送。

(三)进行合理的车辆配载

各零售店的销售情况不同,订货的品种也往往不一致。这就使一次配送的货物可能有多个品种,这些商品不仅表现在包装形态、运输性能不一,而且表现在密度差别较大,有的甚至相差甚远。密度大的商品往往达到了车辆的载重量,但体积空余很多;密度小的商品达到车辆的最大体积时,达不到载重量。单装实重或轻泡商品都会造成浪费。如果实行轻重商品配装,既会使车辆达到满载,又充分利用车辆的体积,大大降低运输费用。最简单的配载是轻重两种商品搭配。分别测定两种商品的密度和体积,通过二元一次方程式,求得满载满容的最佳搭配。

在很多情况下,要配装的商品品种很多,每种商品的密度和单件体积可能都不相同,能提供的车辆种类较多,车辆的技术指标也不同,这时只能采用以下方法解决。一是利用计算机,将商品的密度、体积及车辆的技术指标值储存起来,配装时,输入将要配装的全部商品的编号及目前可以使用的车辆的编号,由计算机输出配装方案,指示配装人员使用什么型号的车辆,装载什么商品,每种商品装多少。二是在没有计算机时,从待配送商品中选出密度最大和最小的两种,利用上述二元一次方程式手算配装。当车辆的体积和载重尚有余地时,从其他待配送商品中再选密度最大及最小的两种。依此类推,直到满载满容。这种渐次逼近法虽然没有计算机算得迅速,但是由于每次都选密度最大和最小的两种搭配,最终的搭配结果是平均密度与车辆载重量和体积的比值最接近,所以具有科学性。

(四)量力而行建立计算机管理系统

在物流作业中,分拣、配货要占全部劳动的60%,而且容易发生差错。如果在拣货配货中运用计算机管理系统,应用条码技术,就可使拣货快速、准确,配货简单、高效,从而提高生产效率,节省劳动力,降低物流成本。

单元五　装卸搬运成本的计算与优化

装卸搬运一般是伴随着商品运输和储存而附带发生的作业,它本身并不能产生新的价值和新的效用。随着经济的发展,物流产业在商品流通领域发挥的作用越来越大,装卸搬运不仅成为决定物流速度的关键,而且是影响物流费用高低的重要因素。在确保服务质量的前提下,实现装卸搬运合理化及装卸搬运成本的优化控制,对物流系统整体功能的发挥、降低物流费用、提高物流速度,都具有重要意义。

一、装卸搬运成本的计算

装卸搬运成本是指物流企业在物流作业过程中,为实现物品的移动和定位进行装卸搬运而发生的各种费用的总和。

(一)装卸搬运的概念

装卸和搬运是两个不同的概念,我国国家标准《物流术语》(GB/T 18354—2006)是这样界定的:装卸是指物品在指定地点以人力或机械装入运输设备或卸下的活动;搬运是指在同一场所内,对物品进行水平移动为主的物流作业。一般来说,在同一地域范围内(如车站范围、工厂范围、仓库内部等)以改变"物"的存放、支承状态的活动称为装卸,以改变"物"的空间位置的活动称为搬运,两者全称装卸搬运。在实际操作中,装卸与搬运是密切相连、不可分割的,两者是伴随在一起发生的。因此,在物流管理中并不过分强调两者差别而是作为一种活动来对待。

装卸搬运是对物品进行搬运,以改变其存放状态和空间位置。要完成这种移动,就要有移动的物品和实现这种移动所需要的人员、工作程序、设备、工具、容器、设施及设施布置等构成的作业体系。所以构成装卸搬运的基本内容有三项,即物品、移动和方法体系。其中,物品是装卸搬运的对象,不同的物品由于其规格、重量、包装等各不相同,采用的移动和方法体系也不同;物品的移动既可以采用上下、水平、斜行移动或其他混合移动的方式,也可以是装货、卸货、堆垛、拆垛、分拣、配货等作业;不同的移动对应着相应的方法和作业体系。

(二)装卸搬运成本的计算

1. 装卸搬运成本的概念

装卸搬运成本是指物流企业在物流作业过程中,为实现物品的移动和定位进行装卸搬运而产生的各种费用的总和。装卸搬运是物流作业的重要组成部分,装卸搬运成本在物流成本中占有较大比例,如何做好装卸搬运的成本管理,是现代物流企业管理的重要内容。

2. 装卸搬运成本计算对象及计算单位

装卸搬运成本的计算对象可视具体情况而定,可按机械作业和人工作业分别作为成本计算对象,核算其成本。以机械装卸作业为主、人工作业为辅的作业活动,可不单独核算人工装卸成本;以人工装卸作业为主、机械装卸作业为辅的作业活动,也可不单独核算机械装卸成本。

各类装卸搬运成本计算期,通常以月为单位,并按日历的月、季、年计算各种业务成本。

装卸搬运活动的计算单位有装卸自然吨和装卸操作吨。一装卸自然吨是指一吨货物不论经过几个操作过程,均以一吨计算。一装卸操作吨是指一个完整操作过程所装卸、搬运的一吨货物。

3. 装卸搬运成本计算项目和计算方法

(1)工资及福利费。

工资及福利费是指按规定支付给装卸工人、装卸机械司机的计时工资、计件工资、加班工资、各种工资性津贴及按规定比例计提的职工福利费。

(2)燃料和动力费用。

每月终了根据油库转来的装卸搬运机械领用的燃料凭证,计算实际消耗数量与金额,计入成本。电力可根据供电部门的收费凭证或企业的分配凭证,直接计入装卸搬运成本。

(3)轮胎费。

由于装卸搬运机械的轮胎磨耗与行驶里程无明显关系,故其费用不宜采用按胎公里分摊的方法处理,应在领用新胎时将其价值直接计入成本。如果一次领换轮胎数量较大,可作为待摊费用或预提费用,按月分摊计入装卸搬运成本。

(4)修理费。

由专职装卸搬运维修工或维修班组进行维修的工料费,应直接计入装卸搬运成本;由维修车间进行维修的工料费,通过"辅助营运费用"账户归集和分配计入装卸搬运成本。装卸搬运机械的大修理预提费用,可分别按预定的计提方法(如按操作量计提)计算,并计入装卸搬运成本。

(5)折旧费。

装卸搬运机械按规定方法计提折旧费。可直接引入财务会计的相应装卸搬运机械设备的折旧费计入装卸搬运成本。

(6)工具及劳动保护费。

装卸搬运机械领用的随车工具、劳保用品和耗用的工具,在领用时可将其价值一次计入成本。

(7)租赁费。

按照合同规定,将本期成本应负担的租金计入本期成本。

(8)外付装卸搬运费。

在费用发生和支付时直接计入成本。

(9)运输管理费。

本月计提或实际缴纳的运输管理费计入本期成本。

(10) 事故损失。

将应由本期装卸搬运成本负担的事故净损失,结转计入本期成本。

(11) 其他费用。

由装卸搬运基层单位直接开支的其他费用和管理费用,在发生和支付时,直接列入成本。

4. 装卸搬运总成本和单位成本的计算

将计算期内各装卸搬运成本计算对象的成本加总即得总成本,再除以计算单位的数量,就得到单位装卸搬运成本。

装卸搬运单位成本的计算公式如下:

装卸搬运单位成本(元/千操作吨)＝装卸搬运成本总额÷装卸作业量

【例15-1】 顺风物流公司2019年6月完成机械装卸作业量为400千操作吨,人工装卸作业量为200千操作吨,总作业量为600千操作吨,如该公司机械作业总成本为480 000元,人工作业总成本为300 000元,装卸搬运单位成本计算如下:

机械装卸单位成本＝480 000元÷400千操作吨＝1 200元/千操作吨

人工装卸单位成本＝300 000元÷200千操作吨＝1 500元/千操作吨

二、装卸搬运成本优化控制

装卸搬运成本优化是以降低装卸搬运成本、提高装卸搬运的效率为目标,防止无效的装卸搬运,实现装卸搬运的合理化。

(一) 防止无效装卸

无效装卸具体反映在以下几个方面。

(1) 过多的装卸次数。

物流过程中,货损发生的主要环节是装卸环节,过多的装卸次数必然导致损失的增加。从发生的费用来看,一次装卸的费用相当于几十千米的运输费用,因此,每增加一次装卸,费用就会有较大比例的增加。此外,装卸又是降低物流速度的重要因素。

(2) 过大的包装装卸。

包装过大过重,在装卸时反复在包装上消耗较大的不必要的劳动。

(3) 无效物质的装卸。

进入物流过程中的货物,有时混杂着没有使用价值或对用户来讲使用价值不对路的各种掺杂物。在反复装卸时,实际对这些无效物质反复消耗劳动,因而形成无效装卸。

(二) 装卸搬运的合理化

1. 优化装卸搬运作业

(1) 减少装卸搬运次数,缩短搬运距离。

减少装卸搬运作业次数,缩短搬运距离,也就减少了装卸搬运作业量,从而减少了装卸搬运成本,还能加快物流速度。采取的措施是:装卸搬运设备的参数要和建筑物的参数、特点相匹配;配备适应性强的物流设备;提高装卸搬运作业的组织调度水平;做好车间、库房、铁路专用线、主要通道的布局,缩短作业距离。

(2) 利用重力因素,实现装卸作业的省力化。

在装卸搬运时应尽可能消除货物重力的不利影响;同时,尽可能利用重力进行装卸搬运,以减轻劳动力和其他能量的消耗。消除重力影响的简单例子,是在进行人力装卸时"持物不步行",即货物的重量由台车、传送带等负担,人的力量只用于使载货车辆水平移动。

(3)充分利用机械,实现"规模装卸"。

为了更多地降低单位装卸工作量的成本,对装卸机械来讲,也有"规模"的问题,装卸机械的能力达到一定规模,才会有最优效果。追求规模效益的方法,主要是通过各种集装,实现间断装卸时一次操作的最合理装卸量,从而使单位装卸成本降低,也可通过散装实现连续装卸的规模效益。

(4)实现装卸作业的机械化、标准化。

装卸搬运的机械化能把工人从繁重的体力劳动中解放出来。对于危险品的装卸作业,机械化能保证人和货物的安全,这也是装卸搬运机械化程度不断得以提高的动力。

标准化有利于节省装卸搬运作业的时间,提高作业效率。在货物的集装化中,应制定托盘、集装箱等的使用标准。

根据仓储各种物资的物理化学性质、形态、包装类型和各类机械设备的使用性能、操作要求,制定出各种作业的技术安全操作规程和标准,并在实际作业中严格执行。

(5)合理规划装卸搬运方式的作业过程。

装卸搬运作业过程是指对整个装卸作业的连续性进行合理的安排,以缩短运距和减少装卸次数。

装卸搬运作业现场的平面布置是直接关系到装卸、搬运距离的关键因素,装卸搬运机械要与货场长度、货位面积等互相协调。要有足够的场地集结货物,并满足装卸搬运机械工作的要求,场内的道路布置要为装卸搬运创造良好的条件,有利于加速货位的周转。

提高装卸搬运作业的连续性应做到:作业现场装卸搬运机械合理衔接;不同的装卸搬运作业在相互联结使用时,力求使它们的装卸搬运速率相等或接近;充分发挥装卸搬运调度人员的作用,一旦发生装卸搬运障碍或停滞,立即采取有力的补救措施。

(6)推广组合化装卸。

在装卸搬运作业过程中,根据不同物料的种类、性质、形状、重量的不同来确定不同的装卸作业方式。处理物料装卸搬运的方法有三种:普通包装的物料逐个进行装卸,叫作分块处理;将颗粒状物料不加小包装而原样装卸,叫作散装处理;将物料以托盘、集装箱、集装袋为单位进行组合后装卸,叫作集装处理。对于包装的物料,尽可能进行集装处理,实现单元化装卸搬运,可以充分利用机械进行操作。

(7)提高货物装卸搬运的灵活性。

提高货物装卸搬运的灵活性,这也是对装卸搬运作业的基本要求。装卸搬运作业的灵活性是指货物的存放状态对装卸搬运作业的方便(或难易)程度,亦称为货物的"活性"。在物流过程中,为了对货物活性进行度量,常用"活性指数"来表示,它表明货物装卸搬运的方便程度。工厂的物料处于散放状态的活性指数为0,集装、支垫、装载和在传送设备上移动的物料,其活性指数分别为1、2、3、4。我们把作业中的某一步作业比它前一步作业的活性指数高的情形,即该项作业比它前一项作业更便于装卸搬运的状况,称为"活化"。装卸搬运的工序、工步设计使货物的活性指数逐步提高,则称"步步活化"。通过合理设计工序、工步,以做到步步活化作业的同时,还要采取相应措施和方法尽量节省劳力,降低能耗。这些方法和措施的实例有:作业场地要尽量硬化;在满足作业要求的前提下,货物净重与其单元毛重之比尽量接近于1;能进行水平装卸、滚动装卸的,尽量采用水平装卸和滚动装卸。因此,对装卸搬运工艺的设计,应使货物的活性指数逐步增加。

2.减少装卸搬运损失

装卸搬运是比较容易发生货损和事故的环节,为了减少装卸搬运损失,降低装卸搬运成本,装卸作业的管理应注意下列要求。

(1)应有统一的现场指挥。

作业现场应该指定一人统一指挥,指挥时有明确固定的指挥信号,防止作业混乱,发生事故。作业现场的装卸搬运人员和机具操作人员,要严守劳动纪律,服从指挥。非作业人员不得在作业区域内逗留。

(2)必须按操作规程作业。

机械作业时,必须严格执行操作规程和相关规定,要有专人负责操作设备和起吊拴吊工作,严格按设备规定负荷作业和车船允许载荷装载。人力装卸搬运时,应量力而行,配合协调,绝不可冒险违章操作。

(3)要保证物资、包装不受损坏。

严格注意稳挂、稳吊、轻抬、轻放,避免不适于钩、吊、挂、橇的操作,以免造成物资变形、残损、散失和包装损坏。要注意包装上的标志,发现物资包装有渗漏损坏时,必须立即修补加固。

单元六 包装成本的计算与优化

一、包装成本的计算

包装成本主要包括包装材料费用、包装机械费用、包装技术费用、包装辅助费用及包装人工费用。

(一)包装基本知识

现代物流研究发现,产品包装与物流之间的关系比产品包装与生产之间的关系要密切得多,在新经济时代,产品包装在物流过程中所起的作用随着消费者个性化需求的出现而显得更为重要。

所谓包装,是指在流通过程中为保护产品、方便储存、促进销售,按一定技术而采用的容器、材料及辅助物等的总体名称,也指为了达到上述目的而采用容器、材料及辅助物的过程中施加一定技术方法等的操作活动。具体来讲,包装包含了两层含义:一是静态的含义,指抵抗外力、保护宣传商品、促进商品销售的物体,如包装容器等;二是动态的含义,指包扎、捆裹产品的工艺操作过程。

包装的功能主要包括以下几个方面:

(1)保护,主要是使产品在流通过程中其价值和使用价值不受外界因素的损害;

(2)便利,主要是为产品的流通和消费提供方便;

(3)促销,合理的包装可以增强产品的美感,引起消费者注意,从而产生购买行为;

(4)信息传递,包装最明显的信息传递作用是识别包装的物品,此外,精美的包装也可以传递企业文化,提高企业形象。

(二)包装成本的计算

1. 包装成本的构成

包装成本是发生在包装过程中的成本费用的总和,主要包括包装材料费用、包装机械费用、包装技术费用、包装人工费用及包装辅助费用。

包装材料费用,是在包装过程中使用各种材料而发生的费用支出。包装机械费用,主要指包装机械的维修费和折旧费。包装技术费用,主要包括包装技术设计费用和包装技术实施费用。包装人工费用,是指支付给所有的包装工人和其他有关人员的工资、奖金、津贴、补贴、福利费等人工费用的总和。包装辅助费用,是指包装标记、标志的设计费用、印刷费用,辅助材料费用,赠品费,悬挂物费用的支出,以及相关的能源消耗费用等。

2. 包装材料费用的计算

包装材料的购入和发出,其成本计算方法在前面供应物流的核算中已全面讲述。需要注意的是,包装材料通常不记入原材料科目,而是记入周转材料科目下面的低值易耗品和包装物两个明细科目。

3. 包装机械费用的计算

包装机械费用主要是指包装机械的维修费和折旧费。其成本计算方法参照前面企业内物流成本核算中固定资产核算部分。

4. 包装技术费用的计算

包装技术费用主要包括两个部分:包装技术设计费用和包装技术实施费用。

(1)包装技术设计费用。

包装技术设计费用,是指在包装技术设计过程中所发生的与设计包装技术有关的一切费用,主要有设计人员人工费、设计用材料成本、其他与设计有关的费用等。

设计人员人工费主要包括设计人员的工资、奖金、津贴、补贴、加班加点工资及特殊情况下支付的工资等。设计用材料成本,是指包装技术设计过程中领用的材料成本,其成本与企业当期领用的包装材料成本相同。其他与设计有关的费用,应以实际支出额计入设计费用。

(2)包装技术实施费用。

包装技术实施费用包括实施包装技术所需的内包装材料费和一些辅助包装费用。

内包装材料费,以企业在实施内包装过程中实际领用所发生的材料的实际成本计算。常见的内包装材料有塑料泡沫、干燥纸、防潮纸、充气塑料等。为简化计算,企业平时可以用计划成本进行计算,期末再将计划成本调整为实际成本。包装技术的其他费用是指为了实施包装技术而发生的,不属于内包装材料费的其他一些费用,如水电费等,可按实际耗用量及单价计算计入成本。

5. 包装人工费用及辅助费用的计算

包装人工费用的计算,必须有相关的原始凭证,如考勤记录、工时记录、工作量记录等,财务部门根据劳动合同的规定和企业规定的工资标准、工资形式、奖励津贴等制度,计算每个包装工人及相关人员的工资总额。支付给所有包装工人及其他有关人员的工资总额为包装人工费用。

包装辅助费用包括包装标记的设计印刷费用、相关的辅助材料费用、悬挂物费用及赠品费等。其中,包装标记、标志的设计印刷费用,按发生的实际支出计算;相关辅助材料费用按领用的实际成本计算;悬挂物费用、赠品费按企业自制或取得时的实际成本计入包装成本。

二、包装成本优化控制

包装费用的高低直接影响着物流企业的经济效益,因此物流企业应加强包装成本费用的管理及优化,具体可以从以下几个方面着手。

1. 包装材料的选择

包装材料费用在包装成本中所占比例最大,在保证产品质量不降低的前提下,可按成本效益原则,选择价格较低的材料,以降低包装成本。

2. 加强包装机械化

劳务费在包装成本中所占的比例仅次于材料费。包装的机械化在降低包装费用方面有以下几个方面的作用:提高包装作业效率和包装质量;大大改善包装工作的劳动条件,减轻劳动强度;可缩减劳动工资费用,从而降低物流费用。

3. 实现包装的标准化

实现包装标准化,可以保证包装质量,并使包装的外部尺寸与运输工具、装卸机械相配合,不仅方便物流过程的各项作业,同时也降低了物流过程的费用。

4. 回收和利用旧包装

将使用过的商品容器和包装辅助材料,通过各种渠道和各种方式收集起来,然后由相关部门进行处理。旧包装物的回收和利用可以相对节约包装材料,节约人工费支出,节约因包装而造成的电力等能源的消耗。

5. 组织散装运输,降低包装费用

散装是对粮食、水泥等颗粒或粉末状的商品,在不进行包装的情况下,运用专门的散装设备来实现的运输,又称之为无包装运输。目前,我国相应商品的散装率还比较低,与西方发达国家有较大的差距,在条件允许的情况下,应大力推广散装运输。

6. 包装的改造和创新

应加强包装方面的科研工作,开发出价格更便宜、质量更优良的新包装材料,以替代那些质次价高的旧材料。

单元七 流通加工成本的计算与优化

流通加工是现代物流系统构架中的重要结构之一,是一种低投入高产出的加工方式,往往以简单加工解决大问题。有的流通加工通过改变装潢使商品档次提高而充分实现其价值,有的流通加工将产品利用率一下提高20%～50%,这是采取一般方法提高劳动生产率所难以企及的。根据我国近些年的实践,流通加工为企业提供的利润,并不亚于从运输和储存中挖掘的利润,它是物流中的重要利润源。在各个国家,流通加工实际上都已经广泛地开展,日本、美国等物流发达的国家则更为普遍。作为物流环节的流通加工,是一项具有广阔前景的经营形式,必将为物流领域带来巨大的效益。

流通加工之所以有生命力,重要优势之一是有较高的投入产出比,有效起着补充完善作用。如果流通加工成本过高,则不能实现以较低投入获得更高使用价值的目的。因此,开展流通加工活动,必须重视流通加工成本的核算与管理。

一、流通加工成本的计算

流通加工成本是指在一定时期内,企业为完成货物流通加工业务而发生的全部费用,包括流通加工业务人员费用、流通加工材料消耗、加工设施折旧费、维修保养费、燃料与动力消耗费等。流通加工成本是在物流系统中进行流通加工所消耗的物化劳动和活劳动的货币表现。

(一)流通加工的作用及形式

1.流通加工与生产型加工的区别

流通加工是在物品从生产领域向消费领域流动的过程中,为了促进销售、维护产品质量和提高物流效率,对物品进行简单的加工,包括对物品施加包装、分割、计量、组装、价格贴附、标签贴附等简单作业。流通加工和一般的生产型加工在加工方法、加工组织、生产管理方面并无显著区别,但是在加工对象、加工程度方面区别较大,主要表现在以下几个方面:

(1)流通加工的对象是进入流通过程的商品,具有商品的属性。生产加工对象不是最终产品,而是零配件、半成品,并使物品发生物理、化学变化。

(2)流通加工过程大多是简单加工,而不是复杂加工。一般来讲,如果必须进行复杂加工才能形成人们所需的产品,那么就需要由生产加工来完成。生产过程理应完成大部分加工活动,流通加工对生产加工是一种辅助及补充。流通加工绝不是对生产加工的取消或代替。

(3)从价值观点来看,生产加工的目的在于创造价值及使用价值,而流通加工则在于完善其使用价值,并在不做大改变的情况下提高价值。

(4)流通加工的组织者是从事流通工作的人员,能密切结合流通的需要进行加工活动。从加工单位来看,流通加工由商业或物资流通企业完成,而生产加工则由生产企业完成。

2.流通加工的作用

流通加工有以下几个方面的作用:

(1)提高加工材料利用率。利用流通加工环节进行集中下料,可将生产厂直接运来的简单规格产品按使用部门的要求下料。集中下料可以优材优用、小材大用、合理套裁,以取得很好的技术经济效果。

(2)方便用户。用量小或临时需要的使用单位缺乏进行高效率初级加工的能力,而依靠流通加工可使其省去进行初级加工的设备及人力,从而方便了用户。目前发展较快的初级加工有:将水泥加工成混凝土,将原木或板材加工成门窗,冷拉钢筋及冲制异形零件,钢板预处理,整形、打孔等。

(3)提高加工效率及设备利用率。建立集中加工点,采用效率高、技术先进、加工量大的专门机具和设备,可提高加工质量,提高设备利用率和加工效率,从而降低加工费用及原材料成本。例如,一般的使用部门在对钢板下料时采用气割的方法,留出较大的加工余量,这样出材率低,加工质量也不好;而集中加工利用高效率的剪切设备,在一定程度上可以避免上述缺点。

(4)充分发挥各种输送方式的优势。流通加工环节将实物的流通分成两个阶段。一般来说,从生产厂到流通加工点这段输送距离长,而从流通加工点到消费环节这段距离短。第一阶段是在数量有限的生产厂与流通加工点之间进行定点、直达、大批量的远距离输送,可以采用船舶、火车等大量输送的手段;第二阶段则是利用汽车和其他小型车辆来输送经过流通加工后的多规格、小批量、多用户的产品。这样可以充分发挥各种输送手段的优势,加快输送速度,节省运力和运费。

(5)改变功能,提高收益。在流通加工过程中可以进行一些改变产品某些功能的简单加工。其目的除上述几点外,还在于能够提高产品销售的经济效益。在物流领域中,流通加工可以成为创造高附加值的活动。这种高附加值的形成主要是着眼于满足用户的需要来提高服务功能而取得的,是贯彻物流战略思想的表现,是一种低投入、高产出的加工形式。

3. 流通加工的类型

由于加工目的和作用不同,流通加工的类型多种多样,主要有以下几种:

(1)为弥补生产领域加工不足的深加工。许多产品在生产领域的加工只能达到一定程度,这是由于存在许多限制因素限制了生产领域不能完全实现终极的加工。例如,钢铁厂的大规模生产只能按标准的规格生产,以使产品有较强的通用性,使生产能有较高的效率和效益。再如木材如果在产地制成木制品的话,就会造成运输的极大困难,所以原生产领域只能加工到圆木、板方材这个程度,进一步的下料、切裁、处理等加工则由流通加工完成。这种流通加工实际是生产的延续,是生产加工的深化,对弥补生产领域加工不足有重要意义。

(2)为满足需求多样化进行的服务性加工。从需求的角度看,需求存在着多样化和变化两个特点,为满足这种要求,经常是用户自己设置加工环节。例如,生产消费型用户的再生产往往从原材料初级处理开始。就用户来讲,现代生产的要求,是生产型用户能尽量减少流程,尽量集中力量从事较复杂的、技术性较强的劳动,而不愿意将大量初级加工包揽下来。这种初级加工带有服务性,由流通加工来完成,生产型用户便可以缩短自己的生产流程,提高生产技术密集程度。对一般消费者而言,则可省去烦琐的预处置工作,从而集中精力从事较高级的、能直接满足需求的劳动。

(3)为保护产品所进行的加工。在物流过程中,直到用户投入使用前都存在对产品的保护问题,防止产品在运输、储存、装卸、搬运、包装等过程中遭受损失,以保证商品的使用价值能顺利实现。和前两种加工不同,这种加工并不改变进入流通领域的"物"的外形及性质。这种加工主要采取稳固、改装、冷冻、保鲜、涂油等方式。

(4)为提高物流效率、方便物流的加工。有一些产品本身的形式使之难以进行物流操作,如:鲜鱼的装卸、储存操作困难;过大设备装卸搬运困难;气体运输、装卸困难等。进行流通加工,可以使物流各环节易于操作,如鲜鱼的冷冻、过大设备解体、气体液化等,这种加工往往改变"物"的物理状态,但并不改变其化学特性,并最终仍能恢复原物理状态。

(5)为促进销售的流通加工。流通加工可以从若干方面起到促进销售的作用。如:将过大包装或散装物分装成适合一次销售的小包装的分装加工;将原以保护产品为主的运输包装改换成以促进销售为主的装饰性包装,以起到吸引消费者、指导消费的作用;将零配件组装成用具、车辆以便于直接销售;将蔬菜、肉类洗净切块以满足消费者的要求,等等。这种流通加工可能是不改变"物"的本体,只进行简单改装的加工,也有许多是组装、分块等深加工。

(6)为提高加工效率的流通加工。许多生产企业的初级加工,由于数量有限,加工效率不高,也难以投入先进的科学技术。流通加工以集中加工的形式,解决了单个企业加工效率不高的弊病。以一家流通加工企业代替了若干生产企业的初级加工工序,促使生产水平的发展。

(7)为提高原材料利用率的流通加工。流通加工利用其综合性强、用户多的特点,可以实行合理规划、合理套裁、集中下料,这就能有效提高原材料利用率,减少损失浪费。

(8)衔接不同的运输方式,使物流合理化的流通加工。在干线运输及支线运输的结点,设置流通加工环节,可以有效解决大批量、低成本、长距离干线运输和多品种、少批量、多批次末端运输以及集货运输之间的衔接问题,在流通加工点与大生产企业间形成大批量、定点运输的渠道,又以流通加工中心为核心,组织对多用户的配送。也可在流通加工点将运输包装转换为销售包装,从而有效衔接不同目的的运输方式。

(9)以提高经济效益、追求企业利润为目的的流通加工。流通加工的一系列优点,可以形成一种"利润中心"的经营形态,这种类型的流通加工是经营的一环,在满足生产和消费要求的基础上取得利润,同时在市场和利润引导下使流通加工在各个领域中能有效地发展。

(10)生产流通一体化的流通加工形式。依靠生产企业与流通加工的联合,或者生产企业涉足流通,或者流通企业涉足生产,形成对生产与流通加工进行合理分工、合理规划、合理组织,统筹进行生产与流通加工的安排,这就是生产流通一体化的流通加工形式。这种形式可以促进产品结构及产业结构调整,充分发挥企业集团的经济技术优势,是目前流通加工领域的新形式。

(二)流通加工成本构成

流通加工成本是指在物流系统中进行流通加工所消耗的物化劳动和活劳动的货币表现。流通加工成本由以下几个方面构成。

1. 流通加工设备费用

流通加工设备因流通加工形式、服务对象不同而不同。物流中心常见的流通加工设备有剪板加工需要的剪板机、印贴标签条码的喷印机、拆箱需要的拆箱机等。购置这些设备所支出的费用,通过流通加工费的形式转移到被加工的产品中去。

2. 流通加工材料费用

在流通加工过程中需要消耗一些材料,如一些包装材料,而消耗这些材料所需要的费用就是流通加工材料费用。

3. 流通加工人工费用

在流通加工过程中从事加工活动的管理人员、工人和其他相关人员的工资、奖金等费用的总和,即构成了流通加工成本的人工费用。

4. 流通加工其他费用

在流通加工过程中,除了要消耗直接材料以外,还要耗费加工作业必需的电力、燃料等费用,这些也是流通加工费用的构成。

一般情况下为了简化核算,对流通加工成本设置直接材料、直接人工和制造费用三个成本项目。

(三)流通加工成本的核算

流通加工成本的核算主要包括流通加工费用的核算(包括直接材料、直接人工、制造费用的核算)和流通加工费用的分配两个部分,可参见前面生产费用的归集和分配。具体有以下几个核算步骤:

(1)流通加工直接材料费用的核算。

(2)流通加工直接人工费用的核算。

(3)流通加工制造费用的核算。

(4)流通加工费用在完工产品和期末在产品之间的分配。

详细的计算方法可参见工业成本会计中的品种法、分批法和分步法的计算方法。

二、流通加工成本的优化

流通加工成本优化是指,在满足社会需求这一前提的同时,合理组织流通加工生产,并综合考虑运输与加工、加工与配送、加工与商流的有机结合,以达到最佳的加工效益。

(一)不合理流通加工的几种形式

流通加工过程中出现的问题大多来自于各种不合理的配置,而改变这些配置可以对流通加工进行优化。流通加工中存在的不合理形式主要有:

1. 流通加工地点设置不合理

流通加工地点设置布局情况,是影响整个流通加工是否有效的重要因素。一般而言,为衔接单品种大批量生产与多样化需求的流通加工,加工地点设置在需求地区,才能实现大批量的干线运输与多品种末端配送的物流优势。如果将流通加工地点设置在生产地区,其不合理之处在于:第一,多样化需求要求的多品种、小批量产品由产地向需求地的长距离运输不合理;第二,在生产地增加了一个加工环节,同时增加了近距离运输、装卸、储存等一系列活动物流成本。在这种情况下,不如由原生产单位完成这种加工而无须设置专门的流通加工环节。

2. 流通加工方式不当

流通加工方式包括流通加工对象、流通加工工艺、流通加工技术、流通加工程度等。流通加工方式的确定实际上是与生产加工的合理分工,如果分工不合理,本来应由生产加工完成的,却错误地由流通加工去完成,本来应由流通加工完成的,却错误地由生产加工去完成,都会造成加工的不合理性。

流通加工不是对生产加工的代替,而是一种补充和完善。所以,一般而言,如果工艺复杂、技术装备要求较高,或加工可以由生产加工延续或轻易解决等,都不宜再设置流通加工,尤其不宜与生产加工争夺技术要求较高、效益较高的最终生产环节。

3. 流通加工冗余环节增加

有的流通加工过于简单,对生产者及消费者作用不大,甚至有时因流通加工的盲目性,不仅未能解决品种、规格、质量、包装等问题,还使实际环节增加,不合理措施的采用,使物流成本提高。

4. 流通加工成本过高

流通加工之所以能够有生命力,其重要优势之一是有较大的产出投入比,因而有效地起着补充和完善的作用。如果流通加工成本过高,则不能实现以较低投入实现更高使用价值的目的,难以实现物流成本的优化。

(二)流通加工成本优化措施

针对流通加工过程中的不合理过程或环节,应该采取有效的措施使之合理化。流通加工合理化是指实现流通加工的最优配置。不仅要做到避免各种不合理加工,又要使流通加工存在合理化的同时实现较高的经济价值。为避免各种不合理现象,对是否设置流通加工环节、在什么地点设置、选择什么类型的加工、采用什么样的技术装备等,都需要做出正确的抉择。根据目前国内外在流通加工方面所积累的经验,我国流通加工的合理化应该采取以下措施。

1.加工和配送结合

这是将流通加工设置在配送点中,一方面按配送的需要进行加工,另一方面加工又是配送业务流程中分货、拣货、配货之一环,加工后的产品直接投入配货作业。这就无须单独设置一个加工的中间环节,使流通加工有别于独立的生产,而使流通加工与中转流通巧妙地结合在一起。同时,由于配送之前有加工,可使配送服务水平大大提高。这是当前对流通加工做合理选择的重要形式,在煤炭、水泥等产品的流通中已表现出较大的优势。

2.加工和配套结合

在对配套要求较高的流通中,配套的主体来自各个生产单位,但是完全配套有时无法全部依靠现有的生产单位进行。适当进行流通加工,可以有效促成配套,大大提高流通的桥梁与纽带作用。

3.加工和运输结合

流通加工能有效衔接干线运输与支线运输,促进两种运输形式的合理化。利用流通加工,在支线运输转干线运输或干线运输转支线运输这本来就必须停顿的环节,不进行一般的支转干或干转支,而是按干线或支线运输合理的要求进行适当加工,从而大大提高运输及运输转载水平。

4.加工和商流结合

通过加工有效促进销售,使商流合理化,也是流通加工合理化的有效措施之一。通过简单地改变包装形成方便的购买量,通过组装加工解除用户使用前进行组装、调试的难处,都是有效促进商流的显著措施。

5.加工和节约结合

节约能源、节约设备、节约人力、节约耗费是流通加工合理化重要的考虑因素,也是目前我国设置流通加工,考虑其合理化的较普遍形式。

对于流通加工合理化的最终判断,要看其是否能实现社会和企业本身的两个效益,是否实现效益的最优化。对流通加工企业而言,在注重企业的微观效益的同时,更应该侧重于树立社会效益第一的观念。

通过对流通加工的合理化可以在很大程度上优化流通加工的成本。

单元八 其他物流成本

一、客户服务成本

随着经济发展的全球化,在物流是"第三利润源"的观念逐渐被接受和证明的环境里,现代物流在我国越来越被各个行业所重视。面对激烈的市场竞争,物流企业如何在巩固老客户的基础上开拓新客户,如何为不同客户提供个性化的服务,如何降低客户服务成本,需要企业加以特别的关注。

(一)客户服务的概念和组成要素

物流企业提供给各种企业和社会群体的是物流服务,从某种意义上说,"服务"是物流的性质,而一流的客户服务已成为高水平物流服务企业的标志。客户服务不仅决定了原有的客户是否会继续维持下去,而且决定了有多少潜在客户会成为现实的客户。

那么什么是客户服务呢？一些学者认为,客户服务是发生在买方、卖方及第三方之间的一个过程,这个过程使交易中的产品或服务增值。这种增值意味着双方都得到价值的增加。在我国,普遍认为客户服务是:在合适的时间(right time)和合适的场合(right place),以合适的价格(right price)和合适的方式(right channel or way)向合适的客户(right customer)提供合适的产品或服务(right producter or service),使用户的合适需求得到满足、价值得到提高的活动过程。其中,为合适的客户提供合适的产品和服务,以合适的方式提供产品和服务,使客户实现合适的需求是客户服务的核心内容。

(二)客户服务成本的概念和构成

客户服务成本是广义物流成本的重要组成部分,是一种隐性成本,是指当物流客户服务水平令客户不满时产生的销售损失。该成本影响着客户对企业物流服务的感受、客户满意水平及最终能否产生客户信任。

客户服务成本不仅包括失去现有客户所产生的相关损失,还包括失去潜在客户所带来的损失。曾有调查显示,每个不满意的客户平均会向9个人诉说这种不满,而这种诉说有可能使这些听众放弃选择该企业产品或服务的想法,从而使企业丧失原本可以获得的潜在的销售机会,丧失提高市场份额的机会。

(三)物流客户服务质量与成本的关系

概括起来,客户服务与成本的关系有以下四种类型。

(1)服务质量不变,成本下降。在客户服务质量不变的前提下考虑降低成本,这是一种尽量降低成本来维持一定服务水平的办法。如一份科学的产品说明书可以让很多客户自行解决大量的问题,这就意味着客户服务人工成本的降低;客户能在网上解决问题,则意味着电话服务成本的降低。

(2)服务质量提高,成本增加。为了提高客户服务质量,不惜增加服务成本,这是许多企业提高服务水平的做法,是企业在特定客户或其特定商品面临竞争时,所采取的具有战略意义的方针。

(3)服务质量提高,成本不变。在成本不变的前提下提高客户服务水平,这是一种追求效益的办法,也是一种有效的利用物流成本性能的办法。从企业的长远发展来看,这种办法有利于提高企业的竞争力。

(4)服务质量较高,成本较低。用较低的服务成本,实现较高的客户服务质量,这是增加销售、提高效益、具有战略意义的办法,也迎合了消费者的心态。要实现高服务低成本的局面,企业须从基础做起,详细规划产品的每个环节,提高科技含量。

企业应通盘考虑商品战略和地区销售战略、流通战略和竞争对手、客户服务成本、客户服务系统所处的环境以及客户服务系统负责人所采取的方针等具体情况,选择企业所适合的类型。

物流客户服务成本是十分难以估计和衡量的,也几乎无法通过会计核算取得准确的客户服务成本资料。通常采取以下办法解决这一难题:根据一定的策略制定出最适合的物流客户服务水平,然后在达到该物流客户服务水平的前提下,寻求其他物流成本及狭义物流成本之和的最小化。

二、物流信息系统成本

(一)物流信息系统

我国国家标准《物流术语》对物流信息(logistics information)的定义是：反映物流各种活动内容的知识、资料、图像、数据、文件的总称。从物流信息包含的内容和对应的功能方面，可对其进行狭义和广义两方面的考察。

从狭义范围来看，物流信息是指与物流活动(如运输、保管、包装、装卸、流通等)有关的信息。在物流活动的管理与决策中，如运输工具的选择、运输线路的确定、最佳库存量的确定、订单管理、如何提高服务水平等，都需要详细和准确的物流信息。

从广义范围来看，物流信息不仅指与物流活动有关的信息，而且包含与其他活动有关的信息，如商品交易信息和市场信息等。在现代经营管理活动中，物流信息与商品交易信息、市场信息相互交叉、融合，有着密切的联系。如零售商根据对消费者需求的预测以及库存状况制订订货计划，向批发商或直接向生产厂家发出订货信息。批发商在接到零售商的订货信息后，根据实际库存水平，向物流部门发出发货配送信息。广义的物流信息不仅能连接整合从生产厂家、经过批发商和零售商最后到消费者的整个供应链的作用，而且在应用现代信息技术的基础上能实现整个供应链活动的效率化，具体说就是利用物流信息对供应链各个企业的计划、协调、各种服务和控制活动进行更有效的管理。

(二)物流信息系统成本

1. 物流信息系统成本的概念

物流信息系统在现代物流系统中的巨大作用和耗费大的特点，决定了物流信息系统成本是现代物流成本中的一个重要组成部分，有必要对物流信息系统成本进行核算管理。

物流信息系统成本是企业在收集、储存、加工、输出有用物流信息以及系统建设和维护、人员培训等过程中发生的各种费用。如各种单据在传递、打印等过程中的费用，各种信息技术和设备的购置和维护费用、管理费用等。

2. 物流信息系统成本的构成

物流信息系统成本的来源主要是物流信息系统建设和物流信息系统使用两个方面所产生的各种费用支出。物流信息系统建设成本大多形成企业的资产项目；物流信息系统使用成本大多数是支持企业日常物流工作的开支。

(1)物流信息系统建设成本。

物流信息系统建设成本包括硬件建设费用、软件开发费用和人员培训费用。

①物流信息系统硬件建设成本，主要包括企业物流信息中心控制系统硬件建设等基础设施的购置费用，如设备的购买。

②物流信息系统软件开发成本，主要包括软件自行开发成本和软件购置成本。软件自行开发成本可以分解为软件信息调研成本、人工成本和物料成本。软件购置成本指企业购买用于物流信息系统作业的软件所支付的费用。

③人员培训费用。物流信息系统建设成本中有很大一部分是人员培训费用。物流信息系统建设的人员培训费主要包括培训人员的工时费、材料费、被培训人员的工时费等。人员培训是物流信息系统建设的一个重要内容。如果一个企业购买了先进设备，但是不重视设备使用人

员的技术培训,结果使设备闲置或者不能被充分利用,就其本质而言是最大的浪费。

(2)物流信息系统使用成本。

物流信息系统使用成本主要包括物流信息系统生产成本、物流信息传递成本和物流信息处理成本。

①物流信息系统生产成本。物流信息系统生产成本的产生来自于物流系统内部信息和物流系统外部信息的使用。来自于物流系统内部的信息主要包括物料流转信息、物流作业层信息、物流控制层信息和物流管理层信息,这部分信息的成本主要表现在产生源头物流信息的人工费用和设备使用费用;来自于物流系统外部的信息主要有供货人信息、顾客信息、订货合同信息、交通运输信息以及来自有关企业内部生产、财务等部门的与物流有关的信息,这部分信息的成本主要是信息采集成本。

②物流信息传递成本。物流信息传递成本是物流信息使用中的一项重要成本。物流现代化主要表现在物流信息传递上的高速、准确、高效方面。这部分的支出,主要表现在通信费用、能源动力费用和设备使用维护费用方面。

③物流信息处理成本。物流现代化最为核心的内容就是物流信息处理现代化。有了好的物流信息源和好的物流信息传递方式,没有好的物流信息处理,也不会产生良好的经济效益。所以,物流信息处理是物流信息现代化的最终环节和根本内容。

物流信息处理成本主要有直接物流信息处理成本和间接物流信息处理成本。直接物流信息处理成本是指支持日常工作中物流信息处理活动的各种费用开支。直接物流信息处理活动就是从大量产生的物流信息中分清有用信息和无用信息、有意义信息和无意义信息。直接物流信息处理成本与物流信息量成正相关关系:物流信息量越大,直接物流信息处理成本就会越高。间接物流信息处理成本是指由于物流信息处理不当造成物流信息失真而增加的物流费用。

3.物流信息系统成本的内容

物流信息系统成本应包括以下内容。

(1)POS系统的成本。

POS系统的成本指企业采用POS系统发生的费用,主要包括系统的开发或购置费、系统的使用及维护费、有关人员的培训费等。其中系统的开发或购置费可分期计入成本;系统的使用及维护费可在发生当期直接计入有关成本;有关人员的培训费若数额较大,可分期摊入成本,数额不大可直接计入当期损益。

(2)信息识别成本。

信息识别成本是指物流企业采用先进的信息识别技术,准确、快速地获取数据所发生的相关耗费,主要包括购买条形码识读及打印设备、射频设备及其他信息识别设备的成本和在使用这些设备的过程中所发生的材料费、人工费等。如果这些信息识别设备的购买成本较高,可作为固定资产以每期提取折旧费的形式计入成本。而在使用过程中发生的材料费、人工费等可直接计入当期损益。

(3)物流软件费用。

物流软件费用是指企业为了提高信息传递速度和管理水平而购买或开发信息系统各种管理软件,如ERP、LMIS(物流管理信息系统)等的费用,主要包括软件的购买或开发费用、软件的使用和维护费、有关人员的培训费等。

(4) 网站搭建及维护和使用的费用。

网站搭建及维护和使用的费用是指企业为了利用电子商务开展经营活动,提高企业的经营效率和服务水平而进行电子商务网站搭建所发生的耗费(包括相关的计算机设备)以及为了使网站能够正常运行所发生的维护费和使用费及有关人员的培训费。网站的搭建费一般分期摊入有关成本,而维护和使用费在发生的当期直接计入有关成本。有关人员的培训费若数额较大,可分期摊入成本,数额不大可直接计入当期损益。

(5) 运用电子订货系统(EOS)和电子数据交换系统(EDIS)的费用。

运用 EOS 和 EDIS 的费用是指企业为了能够与供应链上的其他企业(主要是供应商和客户)进行标准数据的传送和交流,做到及时配送和及时补货而引进电子订货系统(EOS)和电子数据交换系统(EDIS)的费用。该项费用如果较大,一般分期摊入成本。而每期发生的 EDIS 的使用费,可直接计入当期损益。

(6) 运用全球卫星定位系统(GPS)和地理信息系统(GIS)的费用。

运用全球卫星定位系统(GPS)和地理信息系统(GIS)的费用主要包括系统的购置费、系统维护和使用费、有关人员的培训费等。系统的购置费可按受益期分期摊入成本;系统的维护和使用费则可在发生的当期直接计入有关成本;而有关人员的培训费可根据数额的大小分期摊销或计入当期损益。

技能训练 29

1. 训练项目:仓储成本的计算。
2. 训练目的:运用比率分配方法将不同会计科目中应归属于仓储成本的费用进行归类计算。
3. 训练资料:

顺风物流公司 2019 年 12 月份按支付形态划分的仓储成本核算表如表 15-1 所示,请计算仓储成本。

表 15-1　顺风物流公司仓储成本核算表

项目	管理等费用/元	仓储成本/元	计算基础/(%)	备注
1. 仓库租赁费	50 040		100	金额
2. 材料消耗费	15 092		100	金额
3. 工资津贴费	315 668		30	人数比率
4. 燃料动力费	6 322		52	面积比率
5. 保险费	5 124		52	面积比率
6. 修缮维护费	9 798		52	面积比率
7. 仓储搬运费	14 057		52	面积比率
8. 仓储保管费	19 902		52	面积比率
9. 仓储管理费	9 638		42	仓储费比率
10. 易耗品费	10 658		42	仓储费比率
11. 资金占用利息	11 930		42	仓储费比率
12. 税金等	16 553		42	仓储费比率
仓储成本合计				仓储费占费用总额比率

4. 要求：

运用不同的分配比率计算会计科目中应归属于仓储成本的部分，并计算出仓储成本，分析仓储成本的各项组成比例是否合理，思考现行会计制度和物流成本核算之间有哪些需要解决的问题。

技能训练 30

1. 训练项目：运输成本的计算。

2. 训练目的：计算运输成本中的固定成本和变动成本，并计算出单位运输成本。

3. 训练资料：

顺风物流公司的运载卡车核载 8 吨。该车全部用贷款 145 000 元购买，贷款期限 5 年，年息 6.58%，利息总额 25 309.12 元。固定资产运输路线是四川成都青白江至云南丽江，行程 1 000 公里左右。运价单程约 300 元/吨，平均运价为 0.3 元/吨公里，往返一趟平均 7 天，每月总收入约为 300 元/吨×8 吨×8(每月 4 个来回，8 个单程)＝19 200 元。每个单程加油 2 000 元、燃油税 320 元、过路费 500 元。司机的工资为运价的 10%，每月需支付司机工资 19 200 元×10%＝1 920 元(每辆车配备 2 名司机，每名司机的月工资仅为 1 920 元÷2＝960 元)。修理费每月 2 000 元，货运信息费(货运中介收取)每月 800 元，车船使用税每月 48 元，交强险每月 258 元，商业险每月 665 元，不考虑增值税。

4. 要求：

请依据以上资料信息进行运输成本核算并填写表 15-2，分析运输成本的构成比例是否合理，有哪些需要优化的地方。

表 15-2　顺风物流公司运输成本核算表

		成本项目	成本/元	备注
单程长途干线成本	车辆固定成本	车辆折旧费		
		司机工资、福利等		
		车辆保险		
		车辆使用税		
		固定成本合计		
	变动成本	燃油费		
		燃油税		
		修理费		
		过桥过路费		
		货运信息费		
		罚款		
		变动成本合计		
	单程长途干线成本合计			
	折算为吨公里			

技能训练 31

1. 训练项目:运输成本的计算。
2. 训练目的:运用总成本最低法对运输方式进行决策。
3. 训练资料:

顺风物流公司欲将其产品从坐落位置 A 的工厂运往坐落位置 B 的公司的自有仓库,年运量 D 为 700 000 件,每件产品的价格 C 为 30 元,每年的存货成本为产品价格的 30%。Q 为年存货量。企业希望选择总成本最小的运输方式。各种运输方式有关参数如表 15-3 所示。其中,在途运输的年底库存成本为 $30\% \times CDT/365$,两端储存点的存货成本各为 $30\% \times CQ/2$,但其中的 C 有差别:工厂端的储存点 C 为产品价格,购买者端的储存点 C 为产品价格和运输费率之和。

表 15-3　各种运输方式有关参数

运输方式	费率 R/(元/件)	运达时间 T/天	平均存货量 $\dfrac{Q}{2}$/件
铁路	0.10	21	100 000
水路	0.15	14	50 000×0.93
公路	0.20	14	50 000×0.84
航空	1.40	2	25 000×0.81

4. 要求:

计算总成本最低的运输方式,思考运输方式合理化要注意哪些问题。

模块十六 物流成本控制

单元一 物流成本预算与编制

物流成本预算是指根据物流成本决策所确定的方案、预算期的物流任务、降低物流成本的要求以及有关资料,通过一定的程序,运用一定的方法,以货币形式规定预算期物流各环节耗费水平和成本水平,并提出保证成本预算顺利实现所采取的措施。

一、物流成本预算概述

(一)物流成本预算的含义

物流成本预算是一系列专门反映企业未来一定预算期内预计物流成本总额和物流成本项目支出内容的总称,也是以货币形式及其他数量形式反映的有关企业未来一定时期内全部物流活动的行动计划与相应措施的数量说明。

物流成本预算通过采用一定的方法在物流活动发生前对物流成本支出进行预算,是对成本的事前控制。

(二)物流成本预算的作用

物流成本预算作为物流系统成本计划的数量反映,是控制物流活动的重要依据和考核物流部门业绩的标准。它具有以下几方面的作用:

1. 物流成本预算具有战略性

物流成本预算是对将要发生即未来的物流活动进行成本预测,从而可以掌握未来物流成本状况,对未来物流成本控制具有充分的主动性,进而可以通过预算来监控战略目标的实施进度,这样有助于控制开支。

2. 物流成本预算是建立具体目标的依据

物流成本预算是运用货币量度来表达,具有高度的综合能力,经过综合平衡以后可以使各级各部门的目标与企业的整体目标一致。企业内部各级各部门之间是相互依存、相互影响的,在工作中只有协调一致才能最大限度地实现企业降低物流成本的总目标。各级各部门只有明确了工作目标,才能促使它们通过各种途径去完成各自的责任目标,从而最终实现企业物流成本总目标。

通过建立总物流成本预算,然后把总目标分解到企业内部各级各部门。各级物流运营部门明确成本管理和控制目标后,根据本部门的具体职责和任务,依据总物流成本目标制定自己部门的物流成本目标,从而控制物流成本,避免了企业各级各部门从本部门的利益出发增加物流总成本的支出。比如采购部门为了降低本部门的采购成本支出,实行大批量、少次数订货,但增加了仓储部门的任务量,增加了仓储成本。

3. 物流成本预算是进行业绩评价的标准

科学的预算目标值可以成为企业对各部门业绩进行评价的指标。将各级各部门发生的实际物流成本与预算成本相比较,评价部门物流工作的执行情况、完成任务情况。在物流成本预算为业绩评价提供参照值的同时,管理者也可以根据预算成本的实际执行结果去不断修正、优化业绩评价体系,确保评价结果更加符合实际,真正发挥评价与激励的作用。

总之,通过物流成本预算可以比较及时和准确地预测物流成本的未来信息,从而使物流成本管理者明确工作的目标和方向,起到评价与激励的作用。

(三)物流成本预算的内容

物流成本的预算应根据物流系统成本控制与绩效考核的需要,分解到各部门、各个物流功能、各物流成本项目等,并在日常的成本核算过程中分别实施对这些形式的物流成本的核算,以便比较物流成本预算与实际物流成本发生额之间的差异,达到预算管理的目的。因此,物流成本预算的编制内容与物流成本的核算内容类似。

1. 物流成本功能预算

物流成本功能预算,即按物流成本的功能编制的物流成本预算,它包括包装成本预算、运输成本预算、仓储成本预算、装卸搬运成本预算、流通加工成本预算、物流信息和物流管理费用预算等。这种形式的物流成本预算有利于加强对各个物流功能环节的管理和控制,能够将预算同物流部门及其工作人员有机结合起来,提高物流部门及其工作人员的积极性;有利于物流成本的降低和各个功能环节作业水平的提高。

(1)包装成本预算的编制。

包装成本是指商品包装过程中所发生的费用,它可分为直接包装费和间接包装费。直接包装费是指与商品包装业务量大小直接有关的各种费用,包括直接材料费、直接人工费和直接经费。间接包装费是指与各种商品包装有关的共同费用,如间接人工费和间接经费等。由于直接包装费随包装件数的增减而成比例增减,因此,直接包装费一般属于变动费用。相反,间接包装费则属于固定费用,但也有一部分间接包装费是半变动费用,如电费、煤气费、水费等。

在编制某类商品的包装成本预算时,先分析各类费用的变化特点,将其分类或分解成变动费用和固定费用两类,然后编制预算数据。直接包装费可按商品的包装件数乘以该商品每件的直接包装费计算确定。间接包装费可根据历史水平,结合计划期业务量的变动确定一个费用总额,然后按标准在各种包装对象之间进行分摊。

(2)运输成本预算的编制。

运输成本包括营业运输费和自营运输费两个部分。营业运输费是指利用营业性运输工具进行运输所支付的费用,自营运输费则是用自备运输工具进行运输所发生的费用,这两种费用在支付对象、支付形式及项目构成方面都有较大的差别。因而,必须区别对待,分别编制预算。

关于营业运输费预算的编制,在进行营业运输时,其运输费是直接以劳务费的形式支付给承运单位(运输企业)的。营业运输费实质上是一种完全的变动费用,因此这种运输费预算的编制较为简单。如果企业采用汽车运输,运输费可按汽车标准运费率乘以运输吨千米数计算确定;如果采用火车运输,运输费可按铁路标准运费率乘以运输吨千米数计算确定;水路、航空运输等的运输费,依此类推计算。

自营运输费尽管费用项目比较复杂,但在构成上可分为:随运输业务量增减成比例增减的变动运输费,如燃料费、维修费、轮胎费等;不随运输业务量成比例变化的固定运输费,如运输工具的折旧费、保险费、养路费等。为了有效地实施预算控制,在编制自营运输费预算之前,首先需区分变动运输费和固定运输费,然后分别编制变动运输费和固定运输费预算,最后汇总形成运输费用预算数据。

(3) 仓储成本预算的编制。

仓储成本预算也是物流成本预算的重要组成部分。根据所使用的仓库是否归本企业所有,可将仓储形式分为自营仓储和营业仓储。由于自营仓储与营业仓储所支付的费用在形式与内容上都有很大的差别,不可等同对待,所以在编制仓储费预算时,也要分别编制营业仓储费预算和自营仓储费预算。

如果使用营业性仓储设备储存保管商品,只需向仓储企业支付一笔保管费,对于委托仓储的单位来说,所支付的保管费就是仓储费。仓储费的大小,往往因储存商品的价值大小、保管条件的好坏以及仓库网点所处的地理位置不同而有所不同。

自营仓储费预算的编制较营业仓储费预算复杂。这是因为自营仓储费包括的内容比营业仓储费多,计算起来比较麻烦。为编制自营仓储费预算,首先也要区分变动仓储费和固定仓储费。属于变动仓储费的一般有转库搬运费、检验费、包装费、挑选整理费、临时人工工资及福利费、库存物资损耗等;属于固定仓储费的一般有仓储设备折旧费、修理费、管理人员的工资及福利费、保险费等。仓储费用中也有一部分是半变动费用,如其他人工费、材料费、动力费、水费、取暖费等。

自营仓储费预算可按月、季和年度编制。不论是月度、季度还是年度预算,费用的计算方法基本相同。可根据上年统计数据结合考虑预算期的变化因素进行计算,然后编成预算表。

(4) 装卸搬运成本预算的编制。

装卸搬运费是指伴随商品包装、运输、保管、流通加工等业务而发生的商品在一定范围内进行水平或垂直移动所需要的费用,可以分为包装装卸搬运费、运输装卸搬运费、保管装卸搬运费和流通加工装卸搬运费等。如果在实际业务中单独计算装卸搬运费或进行这种分离很困难,也可以将装卸搬运费预算分别计算在相应的费用中,这样装卸搬运成本预算就包括在相应的费用预算中。

可以独立计算的装卸搬运费预算,也需区分变动费用和固定费用,分别编制预算,再汇总形成装卸搬运成本预算数据。

(5) 信息流通费预算的编制。

信息流通费是指因处理、传输有关的物流信息而产生的费用,包括与订货处理、储存处理、为客户服务等有关的费用。在企业中,要将传输、处理的信息分为与物流有关的信息和物流以外的信息是十分困难的,但是把信息的传输、处理所需要的费用进行上述分类,从物流成本的计算上讲却是十分重要的。物流信息流通费预算可以按其在全部信息费用中所占比例,结合物流业务量进行编制。

(6) 物流管理费预算的编制。

物流管理费是指进行物流的计划、组织、控制、监督、考核等活动所需要的费用。它既包括企业物流管理部门的管理费,也包括作业现场的管理费。物流管理费多属于固定成本,其预算可按部门分别编制后汇总形成物流管理费预算数据。

2. 物流成本范围预算

物流成本范围预算以物流活动的范围作为物流成本预算编制的主体,是对物流的起点和终点以及起点与终点间的物流活动过程的选取,具体包括供应物流、企业内物流、销售物流、回收物流和废弃物物流成本预算。这种形式的预算可使管理者一目了然地了解各个物流范围成本的全貌,并据此进行比较分析,评价和考核各个物流范围阶段成本支出的发生情况,了解哪个或哪些物流范围阶段是成本发生的聚集点,并通过趋势分析和与其他企业的横向比较,把握成本改善的阶段取向。同时,进一步明确企业内供、产、销链条上不同部门的职责和要求,为确定成本控制和降低的责任部门提供依据。

按物流范围编制物流成本预算时,应注意几个问题:

(1)预计增减比例的确定。该增减比例要考虑到物流业务量的变化,一般来讲,当业务量预计增加时,物流成本预算也会有所增加;同时还要考虑物流成本控制和降低的因素。

(2)对每一项物流成本预算,应采用一定的技术方法对其进行细化。例如,将供应物流成本预算细化为材料费、人工费、折旧费、办公费等。

(3)不同领域的物流成本预算除了可按年度编制以外,也可先按季、月编制,然后汇总编制年度预算。如果企业物流量较大,且不同月份的物流业务量增减变化较为明显,最好先按季分月编制预算。

3. 物流成本形态预算

物流成本形态预算,即按照物流成本的支付形态编制的物流成本预算,它包括材料费、人工费、维护费、一般经费和特别经费预算等。这种形式的物流成本预算有利于评价、分析一定时期内企业物流的财务状况,但不利于企业的物流管理。

二、物流成本预算的编制

(一)预算编制的程序

预算编制的程序模式有自上而下式、自下而上式和上下结合式三种方式,它们分别适用于不同的企业环境和管理风格,各具特点。

1. 自上而下式

这种方式是由企业物流管理部门按照战略管理需要制定预算,各物流分部只是预算执行主体。其最大好处在于能保证企业整体利益,同时考虑企业战略发展需要。但在这种方式下,权力高度集中在管理部门,不能发挥各分部自身的管理主动性和创造性,给员工的感觉是"上面强加给我们的预算",不利于"人本管理"及企业未来长远的发展。

2. 自下而上式

这种方式是由各物流分部编制并上报预算,管理部门只对预算负有最终审批权。其优点是有利于提高分部的主动性,充分体现了分权和"人本管理",能使员工感觉到"这是我们自己的预算"。但是这种方式也存在不足,太多的参与和讨论会导致犹豫不决和耽搁,同时不利于分部营利潜能的最大限度发挥。如分部经理往往会故意压低其预算,只在上期基础上"适当"增长,以保持逐期增长的业绩。

3. 上下结合式

这种方式综合了上述两种方式的优点,在预算编制过程中,经历了自上而下和自下而上的往复。一般而言,预算目标应自上而下下达,预算编制则应自下而上地体现目标的具体落实,各责任部门通过编制预算,需要明确"应该完成什么,应该完成多少"的问题。这种方式的优点是能够有效保证企业物流总目标的实现,又能发挥各分部的主动性,统一、明确地分解目标,体现了公平、公正的原则。

(二)成本预算编制步骤

成本预算的编制主要包括以下步骤:

1. 收集和整理相关资料

首先要收集和整理本企业的历史成本数据、定额、财务报表等,也需要通过多种方式收集和整理行业标杆企业或竞争企业的有关数据资料。

2. 分析上期预算的执行结果

如果企业在此之前已有成本预算,还需要分析上一期预算的实际执行情况,从而了解企业的预算方法和企业预算的执行情况。

3. 确定成本费用的控制限额

要根据企业的经营计划和利润指标来确定成本费用的控制限额。

4. 选择合适的方法编制成本预算

通常有弹性预算和零基预算两种预算编制方法。

三、编制物流成本预算的常用方法

(一)弹性预算

1. 弹性预算的含义

弹性预算又称变动预算法,是在变动成本法的基础上,以未来不同业务水平为基础编制预算的方法,是与固定预算相对而言的。采用固定预算方法为企业物流成本费用编制预算时,其中的变动费用明细项目是以预算期某一给定的业务量水平为基础来确定其预计金额的。这种固定预算编制方法有着明显的缺点:当实际业务量与编制预算时所依据的业务量发生差异时,各费用明细项目的实际数与预算数就失去了可比的基础。

实际工作中,由于市场行情的变化或季节性等原因,各月份的实际业务量常常与预算产生差异,导致无法准确地评价和考核物流费用预算的执行情况,从而难以对其实施预算控制。因此,为了保证物流成本预算控制的有效性,需要编制弹性预算。

弹性预算是针对固定预算的上述问题,按照多种物流经营活动水平以及收入、成本、费用与物流经营活动之间的数量关系来编制预算。具体来说,就是在编制物流成本费用预算时,预先估计预算期业务量可能发生的变化,编制出一套能适应多种业务量水平的成本费用预算,以便分别反映在各种业务量水平下所应开支的费用水平。

2. 弹性预算的特点

弹性预算的特点是在企业物流规模和业务量水平不断发生变化时,预算数额能够随着业务量水平的变化而做机动的调整,使之仍然能够准确真实地反映在某一特定物流经营规模和业务量水平上所应发生的成本费用或应当取得的收入。因此,即使预算期内实际业务量与预计的业务量不一致,通过编制弹性预算,也能够提供与实际业务量水平相适应的预算额,从而能够使预算指标与实际业绩进行比较,有利于对这些物流活动进行有效的控制。

3. 弹性预算的基本原理

成本按成本习性可分为变动成本和固定成本两个部分。由于固定成本在其相关范围内,其总额一般不随业务量的增减而变动,因此在按照实际业务量对预算进行调整时,只需调整变动成本即可。公式如下:

$$y = a + bx$$

式中：y——成本总额(元)；

a——固定成本总额(元)；

b——单位变动成本(元)；

x——业务量。

由于物流成本费用中均包含变动费用和固定费用两部分，因此在编制弹性预算时，应首先将有关预算中的全部成本费用分为固定和变动两部分。只要在相关范围内，固定费用就不随业务量的增减而变动，因此，不论业务量多少都无须变动原先的预算数；对于变动费用，则应按不同的业务量对原定的预算数进行适当调整。

4. 物流成本弹性预算的编制

物流成本弹性预算的编制过程如下：确定各物流成本费用的成本依存度；选取恰当的业务量计量对象；确定各项成本与业务量之间的数量关系；选用表达方式，计算预算成本。

(1) 确定各物流成本费用的成本依存度。

成本依存度是指成本总额对业务量的依存关系。弹性预算的编制以成本依存度的划分为基础，因此物流企业在做成本弹性预算时必须先确定各成本项目的成本依存度，将它们划分为变动成本、固定成本和混合成本。

①变动成本是随业务量增长而成正比例增长的成本，如运输成本中的燃油费、包装成本中的直接材料费。

②固定成本是不受业务量增减影响的成本，如物流设施设备的折旧。

③混合成本是随业务量增长而增长，但与业务量增长不成正比例的成本，如物流机械设备的维修费。

(2) 选取恰当的业务量计量对象。

编制弹性预算即要随业务量水平变化，计算出不同的计划成本费用。因此，应选择代表性强的业务量作为计量对象，并要求所选取的计量对象与预算中的变动部分有直接联系。

物流企业经常选取的业务量有小时订单处理量、运输吨千米、直接人工工时、设备运转时间等。

(3) 确定各项成本与业务量之间的数量关系。

逐项研究、确定各项成本与业务量之间的关系。混合成本要分解为固定成本和变动成本。变动成本则进一步确定单位业务量的变动成本。

(4) 选用表达方式，计算预算成本。

①列表法。先确定业务量变化范围，划分出若干个业务量水平。再分别计算各项成本项目的预算成本，汇总列出一个预算表格。确定业务量变动范围时应满足业务量实际变动需要，确定的方法主要有：把业务量范围确定在正常业务量的 70%～110% 之间；把历史上的最低业务量和最高业务量分别作为业务量范围的下限和上限；对企业预算期的业务量做出悲观预测和乐观预测，分别作为业务量的下限和上限。

②公式法。将所有物流服务成本项目分解为固定成本和变动成本，确定预算成本计算公式 $y = a + bx$ 中的系数。其中，a 为混合成本中的固定成本之和，b 为单位变动成本，x 为业务量。利用这一公式可计算任一水平业务量的预算成本费用。

【例 16-1】 顺风物流公司流通加工某种产品,预计单位变动成本 400 元,其中直接材料成本 300 元,直接人工成本 60 元,每件变动制造费用 40 元;预计固定制造成本总额为 200 000 元。根据上述资料,按弹性预算法编制不同业务量水平下的成本预算,如表 16-1 所示。

表 16-1 弹性预算表

金额单位:元

成本项目		单位变动成本/(元/件)	流通加工商品的不同生产量			
			800 件	900 件	1 000 件	1 100 件
变动成本	直接材料	300	240 000	270 000	300 000	330 000
	直接人工	60	48 000	54 000	60 000	66 000
	变动制造费用	40	32 000	36 000	40 000	44 000
	小计		320 000	360 000	400 000	440 000
固定成本			200 000	200 000	200 000	200 000
预算总成本			520 000	560 000	600 000	640 000

表 16-1 是用列表法来说明弹性成本预算的编制过程。此例的业务量适用范围为 800～1 100 件,如业务量在这一范围内,固定成本相对不变,而变动成本与业务量成比例变动。其中,1 000 件为正常业务量。该企业产品成本预算也可用公式表示:

$$y = 200\ 000 + 400x$$

(二)零基预算

1. 零基预算的含义

零基预算是"以零为基础的编制预算和计划的方法",是指在编制成本费用预算时,不考虑以往会计期间所发生的费用项目或费用数额,而是以所有的预算支出为零作为出发点,一切从实际需要与可能出发,逐项审议预算期内各项费用的内容及其开支标准是否合理,在综合平衡的基础上编制成本费用预算的一种方法。

2. 零基预算的基本思路

零基预算是和增量预算相对应的。传统的预算编制一般采用调整法,调整法一般是以基期的各种物流费用项目的实际开支数为基础,结合预算期内可能会使各种物流费用项目发生变动的有关因素,如业务量的增减等,确定预算期内应增减的数额,即在原有的基础上增加或减少一定的百分率来编制物流预算。调整法编制预算是以前期预算实际执行结果为基础,受基期的影响大,易使预算中某些不合理的因素得以长期沿袭,从而使这些不合理的费用开支继续存在,无法发挥预算的作用。为了克服调整法的弊端,美国于 20 世纪 60 年代提出了零基预算。

零基预算不同于传统预算编制方法,它对于任何一项预算支出不是以过去或现有水平为基础,而是以零为起点,重新研究分析每项预算是否有必要支出和支出数额的大小。所以这种预算编制方法更切合实际情况,从而使预算充分发挥其控制实际支出的作用。

零基预算要求预算主管重新评价所有项目和方案,一切预算收支都建立在成本效益分析的基础上,对每项物流活动对实现企业目标的意义和效果进行重新审查,重新对各项物流活动进行优先次序排列,依据每项物流活动的重要程度和优先次序分配资金和其他资源,以此达到效益最大化。

3. 零基预算的编制步骤

编制物流成本零基预算大体可以分为以下三个步骤:

(1) 提出物流成本预算目标。

物流成本预算目标即由企业物流各部门和员工根据本企业在预算期内的总体经营目标和各部门应当完成的任务，在充分沟通酝酿的基础上提出必须安排的物流费用项目，并为每一物流费用项目编制一套开支方案，明确费用开支的目的和确切金额。

(2) 进行成本效益分析。

成本效益分析即对每一个预算项目的所得与花费进行比较，以其计算、对比的结果衡量评价各预算项目的经济效益，在权衡各个物流费用开支项目轻重缓急的基础上，决定对所有预算项目资金分配的先后顺序。

(3) 分配资金，落实预算。

分配资金即根据以上确定的预算项目的先后次序，将企业物流活动在预算期内可动用的资金或其他经济资源在有关项目之间进行合理分配，既保证优先预算项目的资金需要，又要使预算期内各项物流经营活动得以均衡协调发展。

【例 16-2】 顺风物流公司物流部门根据企业下年度利润目标、销售目标和成本目标以及物流部门具体承担的物流经营任务的要求，提出计划期各项费用及其水平，如表 16-2 所示。如果企业可供物流部门使用的资金为 800 000 元，采用零基预算法编制下一年度物流费用预算，具体过程如下。

第一步，由物流部门根据企业下年度利润目标、销售目标和成本目标，以及物流部门具体承担的物流经营任务的要求，提出计划期各项费用及其水平，如表 16-2 所示。

表 16-2 物流部门计划期各项费用

单位：元

项目	金额	项目	金额
物流部门人员工资及福利费	200 000	仓库保管费	30 000
物流设施设备折旧费	50 000	广告宣传费	350 000
生产要素采购费用	40 000	物流信息费	120 000

第二步，根据有关历史资料，对各种费用进行成本效益分析。

物流部门人员工资及福利费、物流设施设备折旧费属于约束性固定成本，是企业必不可少的开支项目。生产要素采购费用和仓库保管费属于变动性物流费用，与特定的业务量相联系，是完成计划规定的物流业务活动必不可少的开支。

广告宣传费和物流信息费需做进一步分析。根据以往有关的平均费用金额和相应的平均收益金额，计算成本效益比例，如表 16-3 所示。

表 16-3 广告宣传费和物流信息费的成本效益分析

项目	平均费用金额/元	平均收益金额/元	成本效益比例/(%)
广告宣传费	20 000	400 000	5
物流信息费	30 000	300 000	10

第三步，安排各项费用的开支顺序。

(1) 生产要素采购费用和仓库保管费是必须支出项目，需全额保证，列为第一层次。

(2) 物流设施设备折旧费和人员工资及福利费，需全额保证，列为第二层次。

(3)广告宣传费成本收益水平高于物流信息费,列为第三层次。
(4)物流信息费列为第四层次。
第四步,分配现有资金和落实预算。
企业物流部门费用预算总额为 800 000 元,则分配结果如表 16-4 所示。

表 16-4 物流部门零基预算报告

单位:元

费用项目	优先级	预算费用
生产要素采购费用	第一层次	40 000
仓库保管费		30 000
物流部门人员工资及福利费	第二层次	200 000
物流设施设备折旧费		50 000
以上费用合计		320 000
广告宣传费	第三层次	320 000
物流信息费	第四层次	160 000

其中:

广告宣传费=(800 000-320 000)×2/3 元=320 000 元

物流信息费=(800 000-320 000)×1/3 元=160 000 元

4. 零基预算的优点

零基预算的优点是不受历史资料和现行预算的限制,对一切物流业务活动及其费用开支都要像组织第一次创立一样,以零为起点来考虑其必要性和重要程度,然后重新分配企业的物流预算资金。因此,这种预算方式有利于提高员工的成本控制意识,可以有效地压缩经费开支,提高资金的使用效果和合理性。当然,零基预算法的工作量较增量预算繁重,所以企业可以每隔几年编制一次物流成本零基预算,而在其他时间仍编制增量预算。

单元二 物流成本控制方法

物流成本控制是进行物流成本管理的一项重要工作,通过成本控制,及时纠正成本管理中存在的问题,从而保证物流成本管理目标的实现。现代物流成本控制是企业全员控制、全过程控制、全环节控制和全方位控制,是经济和技术相结合的控制。物流成本控制按成本发生的时间先后划分为事前控制、事中控制和事后控制。物流成本预算及编制是物流成本事前控制的常见形式,而物流成本绩效考核及评价是典型的事后控制。

一、物流成本控制的含义及作用

企业所拥有的物流资源,包括人员、设备和资金都是有限的。企业对物流管理的目的就是要使用有限的物流资源尽可能地实现较好的物流效果。对物流资源的使用进行控制是防止物流资源发生浪费的根本途径。

(一)物流成本控制的含义

物流成本控制就是在物流成本形成过程中,对物流作业过程进行规划、指导、限制和监督,使之符合有关成本的各项法规、政策、目标、计划和定额,及时发现偏差,采取措施纠正偏差,使各项费用消耗控制在预定的范围内。事后进行分析评价,并总结推广先进经验和实施改进措施,在此基础上修订并建立新的成本目标,促进企业不断降低物流成本,达到以较少的劳动消耗取得较大经济效益的目的。

物流成本控制工作的关键是在物流活动发生前对物流活动所要耗费的资源拟定严格的成本标准,根据实际发生成本与标准成本的比较、分析,从而达到控制物流成本、降低物流成本的目的。

(二)物流成本控制的作用

物流成本控制在企业物流成本管理中发挥着巨大的作用,对降低物流成本、提高企业经济效益至关重要。物流成本控制的作用表现在以下几个方面:

1. 能够降低成本,促进资金的合理利用

由于物流成本在企业成本中占有较大的比重,而且物流成本的降低具有乘数效应,通过对物流成本的控制,减少物流资源的浪费,提高物流资源的使用效率,能大大降低企业物流成本的支出。由于企业的资金有限,物流成本降低就会使部分资金被节省下来用在其他方面,优化资金的使用,从而提高企业的经济效益。

2. 加强对物流各部门的业绩考核和监督

物流成本控制可以加强企业管理部门对物流各部门的业绩考核和监督。由于在物流活动发生前已经应用一定的方法制定了物流标准成本,物流资源的使用和成本的支出受到标准成本的制约。通过对物流活动的实际发生成本和标准成本进行对比,业绩的好坏就非常明了了,这就避免了物流过程中职责不清、费用不明的现象。

3. 激发职工对物流成本控制的责任感

由于在物流成本控制过程中,做到了职责分明、绩效考核的公正合理,所以各部门根据自己的职责和标准会加大对物流成本的控制工作,达到降低物流成本的目的。

二、物流成本控制的原则与程序

(一)物流成本控制的原则

1. 经济原则

所谓经济原则是指因推进物流成本控制而发生的成本,不应超过因缺少控制而丧失的收益。为建立某项控制,要花费一定的人力或物力,付出一定的代价。这种代价不能太大,不应超过建立这项控制所能节约的成本。

2. 全面原则

物流成本控制中实行的全面原则,有以下几个方面的含义:

(1)全过程控制。物流成本控制不限于生产过程,而是从生产向前延伸到投资、设计,向后延伸到用户服务成本的全过程。

(2)全方位控制。物流成本控制不仅对各项费用发生的数额进行控制,而且对费用发生的时间和用途加以控制,讲究物流成本开支的经济性、合理性和合法性。

(3)全员控制。物流成本控制不仅要有专职物流成本管理机构的人员参与,而且要发挥广大员工在物流成本控制中的重要作用,使物流成本控制更加深入和有效。

3. 责权利相结合原则

只有切实贯彻责、权、利相结合的原则,物流成本控制才能真正发挥其效益。显然,企业高层管理者在要求企业内部各部门和单位完成物流成本控制职责的同时,必须赋予其在规定的范围内有决定某项费用是否可以开支的权力。如果没有这种权力,也就无法进行物流成本的控制,此外,还必须定期对物流成本绩效进行评估,据此实行奖惩,以充分调动各单位和员工进行物流成本控制的积极性和主动性。

4.目标控制原则

目标控制原则是指企业管理当局以既定的目标作为管理人力、物力、财力和各项重要经济指标的基础,将实际发生的有关情况与制定的目标进行比较,并建立相应的奖惩机制,以此来对企业的经济和物流活动进行约束和指导。

5.重点控制原则

重点控制原则,就是要求管理人员不要把精力和时间分散在全部成本差异上平均使用力量,而应该突出重点,把注意力集中在那些属于不正常的不符合常规的关键性的差异上。企业日常出现的物流成本差异往往成千上万,头绪繁杂,管理人员对异常差异实行重点控制,有利于提高物流成本控制的工作效率。

(二)物流成本控制的基本程序

1.制定物流成本标准

物流成本标准是物流成本控制的准绳,是对各项物流费用开支和资源耗费所规定的数量限度,是检查、衡量、评价实际物流成本水平的依据。物流成本标准应包括物流成本计划中规定的各项指标。但物流成本计划中规定的一些指标通常都比较综合,不能满足具体控制的要求,这就必须规定一系列具体的标准。确定这些标准可以采用计划指标分解法、预算法、定额法等。在采用这些方法确定物流成本控制标准时,一定要进行充分的调查研究和科学计算,同时还要正确处理物流成本指标与其他技术经济指标的关系,从完成企业的总体目标出发,经过综合平衡,防止片面性,必要时还应进行多种方案的择优选用。

2.监督物流成本的形成

根据控制标准,对物流成本形成的各个项目,经常地进行检查、评比和监督。不仅要检查指标本身的执行情况,而且要检查和监督影响指标的各项条件,如物流设施设备、工具、工人技术水平、工作环境等,所以物流成本日常控制要与企业整体作业控制等结合起来进行。

物流相关费用的日常控制,不仅要有专人负责和监督,而且要使费用发生的执行者实行自我控制,还应当在责任制中加以规定。只有这样,才能调动全体职工的积极性,使成本的日常控制有群众基础。

3.及时揭示并纠正不利偏差

揭示物流成本差异即核算确定实际物流成本脱离标准的差异,分析差异的成因,明确责任的归属。针对物流成本差异发生的原因,分析情况,分清轻重缓急,提出改进措施,加以贯彻执行。

对于可以由物流活动责任人克服困难并加以解决的小偏差,提请当事人解决即可;而对于重大偏差,特别是由外部原因引起的偏差纠正,要采取相应的系统措施。

4.评价和激励

评价物流成本目标的执行结果,根据物流成本业绩实施奖惩。

三、物流成本控制的内容

物流成本控制主要有三种形式,即以物流成本的形成阶段作为控制对象、以物流服务的不同功能作为控制对象、以物流成本的不同项目作为控制对象。企业进行物流成本控制过程中,这三种形式并非孤立存在,而是紧密关联在一起,控制某种形式的成本,也会影响另一形式的物流成本。

根据物流服务的不同功能,物流成本控制可以分为运输成本的控制、仓储成本的控制、包装成本的控制、采购成本的控制、装卸搬运成本的控制等功能控制和采购投资等环节控制。

(一)运输成本的控制

运输成本占物流成本的比重较大,有关调查结果表明运输成本占物流总成本的40%左右,是影响物流成本的重要因素。运输费用的控制主要从运输距离、运输工具、装载率及运输时间等几个方面进行。

1. 运输距离的控制

在进行商品运输时,运输距离对运输时间、运输费用、运输货物的损失、车辆周转等都有一定的影响。运输距离越长,运输时间越长,运输费用越高,货物损失越大,车辆周转越慢,单位商品的运输成本就越高。因此,运输距离的控制首先要考虑运输距离。为了控制运输成本,在运输商品数量一定的情况下,在运输的过程中应尽量做好运输线路的规划,尽可能实现运输路径最优化,追求运输距离的最短化。企业应尽可能实行近产近销,避免舍近求远。

2. 运输工具的控制

各种运输工具都有其优势领域,对运输工具进行优化选择,最大限度地发挥运输工具的特点和作用,是控制运输成本的重要方面。

由于运输工具的费用与其安全性、便利性、效率之间存在着相互制约的关系,航空运输时间是最短的,但是服务价格也是最高的。因此企业在选择最优运输工具时,必须要对货物的特性、客户的要求、运输工具的优劣等各种因素进行综合、系统的分析、评价,选出合理、经济的运输工具。一般来说,价格高而且体积重量较小的产品会优先选择空运,反之,则海运和陆运为常用的运输方式。

3. 运输装载率的控制

单车运载的商品数量越大,单位商品的运输成本越低,所以在运输距离固定的情况下,应尽量提高运输车辆的装载率。运输车辆装载率包含两方面的含义:装载货物的载重吨位和装载容积。充分利用车辆装载率要同时考虑到装载重量和体积。因此,提高装载率的基本思路是:一方面要最大限度地利用车辆载重吨位;另一方面要充分使用车辆装载容积。

对运输车辆装载率的控制就是要避免运输车辆装载不合理、利用不充分的现象。在商品运输中,可以考虑将不同重量、不同体积的商品进行配装,既满足了车辆载重要求,又能满足车辆容积要求。

4. 运输时间的控制

在全部物流时间中绝大部分是运输时间,尤其是远程运输。通过控制运输时间,使运输时间缩短,有利于加速运输工具的周转,充分发挥运力效能。因此,控制运输时间对整个流通时间的缩短起着决定性的作用。

运输不及时,不仅容易失去销售机会,造成货物脱销或积压,同时商品在运输过程中停留时间过长,也容易引起商品的货损货差,增加物流管理费用,降低运输效率。为了实现运输时间的控制,要想方设法加快物流各环节的衔接,提高作业效率,做好运输整体规划,尽量压缩待运时间,缩短商品运输时间。

5. 运输环节的控制

围绕着商品运输活动，还要进行商品的装卸、搬运、包装、流通加工等工作，每增加一个环节，势必要增加运输的时间、货物损失、成本的支出。比如在运输过程中，装卸搬运活动是发生频率最高，而且是对货物造成损失最大的一个环节。因此减少运输环节对控制物流成本也具有一定的促进作用。在运输商品时，应尽量消除不必要的环节，减少其他环节的运作，同时也要消除相向运输、迂回运输等不合理的运输现象。

（二）库存成本的控制

在运输成本大体保持不变的情况下，通过加快存货的周转速度，降低库存费用，可以有效降低物流总成本，因此控制库存成本对降低物流成本具有积极的作用。对库存成本的控制主要从库存存货种类及数量、库存存货结构、在途物资等方面进行。

1. 库存存货种类及数量的控制

企业库存存货是为了保证企业生产和销售的需要。对于大多数企业来说，其所经营的产品少则几十种，多则成千上万种，每种产品的库存数量及所配套材料要求因商品种类不同而异。企业的存货，包括原材料、辅助材料、在产品、产成品等，有些种类的存货对企业来说很重要，不能缺少，则必须库存，且库存数量大；有些存货并不重要，企业可能不进行库存或库存量小。因此企业的首要任务就是正确确定库存和非库存的存货，对于非库存存货尽量不进行库存或尽量减少库存量，对存货的库存进行科学管理。库存数量过多会导致库存成本增加，数量过少，又不能满足生产和销售需要，因此要对库存存货进行需求和供应分析，确定合理的库存量。

2. 库存存货结构的控制

企业对存货的需求，既有数量的要求，又有品种、型号、花色、样式等方面的要求，即存货结构的要求。因此，企业在对库存存货进行控制时，不仅要考虑存货的数量，还要考虑存货的库存结构。

3. 对在途存货时间的控制

在途存货是指企业已经订购或发出但还没有到达目的地的商品。商品在途时间的长短会在一定程度上影响存货的数量。交货时间越短，库存量就越少；交货时间越长，库存数量就越多。

（三）配送成本的控制

从物流成本的构成比重上看，配送成本占物流总成本的比重也是较高的，为 35%～60%。因此，控制配送成本对降低物流成本、提高物流收益有重大意义。

1. 加强配送的计划性

在配送活动中，如果缺乏计划性，就会导致很多额外配送成本的发生。例如，紧急配送、临时配送或无计划的随时配送等现象，都会引起配送费用的增加。比如紧急配送强调的是按时送货，在较短的时间内企业来不及周密安排车辆配装及配送的路线，从而造成车辆不满载，配送车辆装载率低，单位产品的配送成本高。因此，加强配送的计划性是控制配送成本的重要途径。

做好配送计划就是要根据客户的需要，周密地安排配送的时间、路线、商品的种类和数量、货物的装载情况、车辆回转的时间、临时配送车辆和人员的调配等。

2. 加强车辆配载的控制

由于企业各分店的销售情况不同或顾客需求有差别，一次配送的货物可能有多个品种，各种商品在包装形态、体积、重量等方面存在较大的差别。比如有些商品体积小、重量大，这部分商品在配送时达到了车辆的载重量，但车辆的体积空余很大；有些商品体积大、重量轻，这部分商品在配送时能够达到车辆的最大体积,但达不到车辆的载重量。上述两种情况都会对配送车辆的使用造成一定的浪费。因此需要加强车辆配载的控制,实行轻重配装,既能使车辆满载,又能充分利用车辆的有效体积,这样会大大降低配送费用。

3. 确定合理的配送路线

配送路线决定着配送过程中的运输距离和配送时间。对配送路线进行优化的前提是:满足所有分店或客户对货物发到时间的要求,对商品品种、规格和数量的要求。配送路线的优化就是在满足上述前提下寻求配送的最短途径。配送路线的优化可以采用各种数学方法和在数学方法基础上发展或演变出来的经验方法。

4. 设施设备的适度化

配送设施和设备都较昂贵,且成本回收期长。在设施设备的选择上应以"适宜"为标准,企业根据自己的需要,有选择地购置设施和设备,一方面充分利用劳动力成本的优势,另一方面通过引进必要的设施和设备提高劳动率,降低货物损失。

(四)包装成本的控制

据统计,包装成本占流通费用的10%,有些商品特别是生活消费品,其包装费用所占比例可高达50%。因而加强包装费用的控制,可以降低物流成本,进一步提高物流企业经济效益。对包装成本的控制可以从包装材料、包装规格、包装技术、包装的回收利用等方面进行。

1. 包装材料的选择

不同的包装材料对成本降低起到了决定性的作用。根据包装商品的特性,选择合适的包装材料,既能达到包装效果,又能减少浪费。因此,企业在选择包装材料时,应遵循成本效益分析原则,在达到相同功能的前提下,选择价格较低的包装材料。比如使用绿色包装材料,加强包装材料的回收利用,降低材料的购买费用。目前欧美国家的很多企业注重开发符合环境要求的绿色包装材料来代替传统包装材料。在进行商品包装时,尽量选用易于处理的材料或容易回收的包装材料,例如,用纸浆成型包装逐步替代难于分解的传统塑料包装。

2. 包装规格的标准化

商品包装标准化是对同类或同种商品包装执行"七个统一",即统一材料、统一规格、统一容量、统一标记、统一结构、统一封装方法和统一捆扎方法等。商品包装标准的统一,可以简化包装作业,提高包装过程的效率,降低包装材料损耗和人工费用,同时也方便物流过程中的装卸和运输,使企业内的包装容器可以互通互用,减少了设备和人员的使用,也降低了包装开发设计和技术费的支出。

3. 引进包装技术和包装设备

包装技术是为了防止包装物在运输、装卸搬运过程中发生损失而采用的方法。比如为了防止货物发生霉变,引入冷冻技术;为了防止货物由于外界振动而破损,引入防震包装技术;为了防止包装货物发生氧化,采用真空包装技术等。包装技术的采用起到了保护商品,便于运输、装卸搬运作业等作用,在降低了货物损失的同时也大大提高了作业效率。实现机械化包装可以大幅度地提高效率,加快包装的速度,缩短商品的等待时间。

4. 加大包装材料的回收利用

我国产品包装中存在着两大突出的问题:一方面是包装费用的不断增加;一方面是包装资源的严重浪费。统计数据表明,我国每年的包装废弃物中,整个包装产品的回收率还不到总产量的20%,其中除纸箱、啤酒瓶和塑料周转箱回收情况稍好外,其他包装的回收率都相当低。因此,加大包装回收和旧包装的利用成为企业降低包装费用的一种有效途径。

(五)采购成本的控制

采购成本从源头影响着物流总成本。采购成本下降不仅体现在企业现金流出的减少,而且直接体现在产品成本的下降、利润的增加,以及企业竞争力的增强。因此,控制好采购成本并使之不断下降,对一个企业的经营业绩至关重要。

1. 建立严格的采购制度

采购制度是采购工作有效进行的有力保证。严格、完善的采购制度,不仅能规范企业的采购活动、提高效率、杜绝部门之间责任模糊,还能预防采购人员的不良行为。

(1)建立物料采购的申请制度。

建立物料采购的申请制度,根据企业的实际情况进行审核,避免采购商品不符合需要或采购数量过大或过小;同时也能防止采购人员的不正当采购行为和不同部门间的利益冲突。

(2)建立采购评价制度。

采购评价制度包括对采购绩效的评价制度、对采购人员的评价制度和对供应商的评价制度。采购绩效评价制度是对每一次采购活动进行的评估制度,比如质量指标、价格指标、时间指标、费用指标等评价指标;采购人员的评价制度是对采购人员进行全面考评的制度,由于采购人员的行为直接影响着采购的绩效,因此对采购人员的考核制度一定要全面,而且要有力度;对供应商的评价制度是企业选择供应商的重要依据,也可以设立一些指标或进行现场实地调查获得信息。

(3)建立供应商管理制度。

对企业的供应商要建立档案。每一个供应商档案应经严格的审核才能归档,供应商信息要全面。同时,供应商档案应定期或不定期地更新,由专人管理,并定期对已归档的供应商进行考核,把供应商进行归类,淘汰不合格的供应商,为企业的采购提供参考信息。同时还需要不断引入新的供应商。

2. 实行批量采购

采购数量决定了在采购过程中企业的议价能力。采购数量少,降低价格的议价能力就弱;采购数量大,降低价格的议价能力就强。连锁企业的兴起就在于它能充分发挥集中采购、统一进货的优势。因此企业应尽可能地增大采购的数量以获取价格折扣,但采购数量过大也会影响到企业其他成本费用的支出,所以企业可以考虑联合采购、委托采购等方式。

3. 抓住适当的采购时机

采购时机是影响物流总成本的重要因素。采购过早会使库存量增加,减慢产品的周转速度,加大库存费用;采购过晚会导致库存不足,带来缺货损失。企业应根据自己的需求和库存情况,利用一定的方法来确定采购的时机,比如利用定期订货法、订货点等方法确定适当的采购时机。

抓住采购时机还包括抓住采购物品的价格涨跌周期。采购资金是采购成本最重要的部分,而且是最大的一部分,由于市场环境的不断变化,采购物品的价格也处于不断变化中,因此在其他条件不变的情况下,企业应该在价格低谷时采购,避免价格上升造成成本增加。

4. 确定合理的采购批量

若采购批量太大,超出企业需求,就会造成产品积压,增加库存任务;反之,采购批量过小,增加采购次数,可能会造成缺货损失。寻找最佳采购批量是企业进行采购成本控制的重要途径。因此,企业应根据生产或销售的数量、库存的能力、供应能力、时间等各方面的情况,采用科学的方法确定适当的采购批量,以控制采购成本。

(六)装卸搬运成本的控制

由于装卸搬运作业是衔接运输、保管、包装、配送、流通加工等各物流环节的桥梁,所以装卸搬运作业是所有物流活动中发生频率最高的物流活动。在物流过程中,发生货物损失的主要环节是装卸环节。而在整个物流过程中,装卸作业活动又是不可缺少的,而且是反复进行的,超过其他任何物流活动,因而过多的装卸次数必然导致损失的增加。

对装卸搬运成本的控制可以从以下三个方面进行:

1. 减少装卸次数

通过事前的统筹规划,剔除一些没有必要的装卸作业活动。

2. 优化装卸搬运作业过程

通过对物流活动的前后分析,进行流程优化,缩短装卸搬运的距离。

3. 提高装卸搬运的效率

对装卸搬运设施进行合理选择,提高装卸搬运的机械化程度,提高效率、降低货物损失。

四、物流成本控制的计量方法

物流成本控制的计量方法有很多,主要有目标成本法和标准成本法。

(一)目标成本法

目标成本法起源于20世纪60年代初期日本丰田汽车公司。为了更有效地实现供应链管理的目标,使客户需求得到最大程度的满足,成本管理从战略的高度分析,与战略目标相结合,使成本管理与企业经营管理全过程的资源消耗和资源配置协调起来,从而产生了适应供应链管理的目标成本法。

1. 目标成本法的含义

目标成本法以给定的竞争价格和预期将要实现的利润为基础来决定产品的成本。目标成本法是产品生产在后,价格和利润决定在前,即企业首先确定客户会为产品或服务支付的价格和企业期望产生的利润,其次计算出产品或服务所应花费的成本,最后根据制定的目标成本进行产品或服务的开发设计。目标成本法使成本管理模式发生了转变:从"客户收入=成本价格+平均利润贡献"转变到"客户收入-目标利润贡献=目标成本"。

企业根据市场调查得到的价格,扣除所需要得到的利润以及为继续开发产品所需的研究经费,计算出产品在制造、分销和加工处理过程中所允许的最大成本,即目标成本,用公式表示是:

$$C = P - S$$

式中:C——目标成本;

P——目标销售价格;

S——目标利润。

(1)目标销售价格。

目标销售价格是指客户所接受的价格。在确定目标销售价格的过程中,必须考虑顾客的接受程度,目标销售价格应根据市场细分中目标顾客的购买能力来确定。

(2)目标利润。

目标利润是企业期望达到的利润水平。企业目标利润的确定首先要考虑本企业或整个集团的利润目标计划,每个产品或服务都对本企业的利润目标计划负有责任;其次要结合现实情况,在竞争激烈的市场中,产品的利润就会低一些,相反就高一些,为了使企业制定的目标利润具有可实施性,企业可以参照之前的同种产品,也可参照其他企业的同类产品,切忌把目标定得过高。

(3) 目标成本。

一旦确立了目标销售价格和目标利润,企业就能够计算出目标成本并进行目标成本规划。企业在设计、开发、生产产品的过程中依据目标成本进行。

2. 目标成本法的特点

(1) 目标成本法是一种全过程、全方位、全人员的成本管理方法。全过程是指供应链产品从生产到售后服务的一切活动,包括供应商、制造商、分销商在内的各个环节;全方位是指从生产过程管理到后勤保障、质量控制、企业战略、员工培训、财务监督等企业内部各职能部门各方面的工作,以及企业竞争环境的评估、内外部价值链、供应链管理、知识管理等;全人员是指从高层经理人员到中层管理人员、基层服务人员、一线生产员工。

(2) 目标成本法建立在企业内部和外部环境结合的基础之上,用系统的理论把影响企业经营运行的各种因素考虑到企业的产品生产过程中。因此,目标成本法较之传统成本方法来说,是一个开放系统的方法。传统成本法是一个基于企业内部的封闭系统方法,忽视了企业与其所处环境之间的相互作用。目标成本法强调企业适应外部环境的重要性,把价格、利润和成本三个关系紧密又互相影响的因素结合在一起,提高了企业产品的服务,适应环境、顾客的需要。

3. 目标成本的作用

通过对目标成本的确认,使目标成本发挥以下作用:

(1) 充分调动企业各个部门或各级组织以及职工个人的工作主动性、积极性,使上下级之间、部门之间、个人之间相互配合,围绕共同的成本目标而努力做好本职工作。

(2) 目标成本是有效地进行成本比较的一种尺度。将成本指标层层分解落实,使其与实际发生的生产费用进行对比,揭示差异,查明原因,采取措施,以防止损失和浪费的发生,起到控制成本的作用。

(3) 确认目标成本的过程,也是深入了解和认识影响成本各因素的主次关系及其对成本的影响程度的过程,这将有利于企业实行例外管理原则,将管理的重点转移到影响成本差异的重要因素上,从而加强成本控制。

4. 目标成本的制定方法

目标成本的制定大体上可以分为四个步骤:目标成本的测算、目标成本的可行性分析、目标成本的分解、目标成本的追踪考核与修订。

(1) 目标成本的测算。

目标成本测算包括总目标成本测算和单项目标成本测算两个方面。总目标成本测算可以根据预计服务收入减去目标利润后的差额来确定,即目标成本=预计服务收入-目标利润;各项服务、作业的单项目标成本测算方法主要有倒扣测算法、比价测算法和量本利分析法。

① 倒扣测算法。

倒扣测算法是根据通过市场调查确定的顾客或服务对象可接受的单位价格(如售价、劳务费率等),扣除企业预期达到的单位产品利润和根据国家规定的税率预计的单位产品税金以及预计单位产品期间费用而倒算出单位产品目标成本的方法。其计算公式如下:

单位目标成本=预计单价-单位目标利润-预计单位税金-预计单位期间费用

例如:某产品预计单位售价为2 000元;单位产品目标利润为400元,国家规定该产品税率为10%,预计单位期间费用为300元。根据倒扣测算法计算公式,可求得该产品的单位目标成本为1 100元。实际工作中,因我国已普遍实行增值税,具体测算单位税金的工作比较复杂。

②比价测算法。

比价测算法是将新产品与曾经生产过的功能相近的老产品进行对比,凡新老产品结构相同的零部件,按老产品现有成本指标测定;而新老产品不同的部件,应按预计的新的材料消耗定额、工时定额、费用标准等加以估价测定。这种方法适用于对老产品进行技术改造的目标成本的测定。该方法也适用于物流作业或服务的新老更替的目标成本的计算。

【例 16-3】 某企业在 A-1 型产品的基础上,通过技术改造,推出 A-2 型新产品,原 A-1 型产品单位成本为 100 元,共由甲、乙、丙、丁 4 个零件组成。A-2 型产品中的甲零件选材,改用工程塑料代替不锈钢材料,每件节约成本 3 元;乙零件提高抛光精度,每件增加成本 2 元;丁零件进行烤漆工艺处理,每件增加成本 3 元;丙零件材料与工艺无变化。

据此可推定 A-2 型产品的单位目标成本为:

$$(100-3+2+3)元 = 102 元$$

③量本利分析法。

量本利分析法是指在利润目标、固定成本目标和销量目标既定的前提下,对单位变动成本目标进行估算的方法。依据成本、销售量、利润三者的关系式,即:

$$利润 = 单位售价 \times 销售量 - 单位变动成本 \times 销售量 - 固定成本$$

可导出目标单位变动成本的计算式,即:

$$目标单位变动成本 = 单位售价 - (利润 + 固定成本)/销售量$$

【例 16-4】 某车间加工一种新产品投放市场,据分析,其单价不能高于同类产品单价的 120%,即单价不能超过 50 元。预计加工该产品的固定性加工费用(如设备折旧费用等)全年为 3 000 元,该产品的目标利润为 20 000 元,据市场调查估算的销售量为 1 150 件。试估算该产品的目标单位变动成本。

据上式,该产品的目标单位变动成本为:

$$50 元 - (20\ 000 + 3\ 000)/1\ 150 元 = 30 元$$

目标变动成本和目标固定成本之和就是目标成本。

(2)目标成本的可行性分析。

目标成本的可行性分析是指对初步测算得出的物流目标成本是否切实可行做出分析和判断,包括分析预计服务收入、物流目标利润和目标成本。

(3)目标成本的分解。

目标成本的分解是指将目标成本自上而下按照企业的组织结构逐级分解,落实到有关的责任中心。目标成本的分解通常不是一次完成的,需要一定的循环,不断修订,有时甚至需要修改原来设立的目标。

(4)目标成本的追踪考核与修订。

此项工作包括对企业财务目标和非财务目标完成状况的追踪考核、调查客户的需求是否得到满足、分析市场变化对物流目标成本有何影响等事项,并根据上述各阶段目标成本的实现情况对其进行修订。

(二)标准成本法

进行物流成本控制除了采用目标成本法外,标准成本法也是一种常用的方法。

1. 物流标准成本的含义

标准成本是指经过调查分析和运用技术测定等科学方法制定的、在有效经营的条件下物流活动开展进行时应当发生的成本,是一种预定的目标成本。以此为基础,把成本的实际发生额区分为标准成本和成本差异两部分。

标准成本有理想标准成本和可行标准成本。理想标准成本是企业的理想状态，一般是难以达到的，企业一般把理想标准成本作为衡量实际成本水平的基准，使实际成本水平一步步接近理想标准成本。可行标准成本是企业在现有条件下经过一定努力有可能达到的成本标准，具有可行性。

选择物流成本标准水平是一件很困难但非常重要的决策，因为成本水平过高或过低都会影响职工的工作积极性，不能充分挖掘职工的潜力。所以应该根据企业实际情况选择可行标准成本作为物流成本控制的依据。

2. 标准成本法的含义

标准成本法是以预先运用技术测定等科学方法制定的标准成本为基础，将实际发生的成本与标准成本进行比较，核算和分析成本差异的一种成本计算方法，也是加强成本控制、评价经营业绩的一种成本控制方法。

标准成本法的核心是按标准成本记录和反映产品成本的形成过程和结果，并借以实现对成本的控制。标准成本法包括制定标准成本、计算和分析成本差异、处理成本差异三个环节。其中标准成本的制定是采用标准成本法的前提和关键，据此可以达到成本事前控制的目的；成本差异计算和分析是标准成本法的重点，借此可以促进成本控制目标的实现，并据以进行经营业绩考评。

标准成本法具有以下特点：标准成本制度只计算各种产品的标准成本，不计算各种产品的实际成本；实际成本与标准成本发生的各种差异，分别设置各种差异账户进行归集，以便对成本进行日常控制和考核；可以与变动成本法相结合，达到成本管理和控制的目的。

3. 物流标准成本法的内容

(1) 标准成本控制的步骤。

企业实施标准成本控制时，一般包括以下几个步骤：

① 制定单位物流作业的标准成本。

② 根据实际作业量和成本标准计算物流作业的标准成本。

③ 汇总计算物流作业的实际成本。

④ 计算标准成本和实际成本的差异。

⑤ 分析成本差异发生的原因。

⑥ 向成本负责人和单位管理者提供成本控制报告。

(2) 标准成本的范围及计算公式。

物流标准成本的制定通常包括直接材料标准成本、直接人工标准成本和物流间接费用标准成本的制定。

在制定时，其中每一个项目的标准成本均应分为用量标准和价格标准。其中，用量标准包括单位产品材料消耗量、单位产品直接人工工时等，价格标准包括原材料单价、工资率、小时制造费用分配率等。

① 直接材料标准成本是指在物流活动中耗费的材料成本。直接材料标准成本应根据物流服务直接材料的用量标准和物流直接材料的价格标准确定，其计算公式如下：

$$直接材料标准成本 = 用量标准 \times 价格标准$$

其中，用量标准即标准消耗量，是用统计方法、工业工程法和其他技术方法确定的，包括理想消耗和正常损失两部分；价格标准是预计下一年度实际需要支付的进料单位成本，包括发票价格、运费、检验费和正常损耗等成本。

②直接人工标准成本应根据物流服务直接人工的用量标准和物流直接人工的工资率标准确定,其计算公式如下:

$$直接人工标准成本＝标准工资率×工时标准$$

在制定直接人工标准成本时,如果是计件工资,标准工资率就是计件工资单价;如果是计时工资,标准工资率就是单位工时工资,可由标准工资总额除以标准总工时得到。而工时标准则需要根据现有物流运作技术条件,测算提供某项物流服务所需的时间,包括调整设备时间、直接服务操作时间、工间休息时间等。

③物流间接费用标准成本分为变动间接费用标准成本和固定间接费用标准成本。

变动间接费用标准成本可根据变动物流服务作业数量标准和变动物流服务作业价格标准确定。作业数量标准可采用单位作业直接人工工时标准、机械设备工时标准或其他标准,但需与变动物流间接费用之间存在较好的线性关系。价格标准即每小时变动间接费用的标准分配率,可根据变动间接费用预算除以数量标准总额得到。

固定间接费用标准成本可根据固定作业数量标准和固定作业价格标准确定。作业数量标准和价格标准的确定与变动间接费用相同。

将以上确定的直接材料、直接人工和间接费用的标准成本按物流作业加以汇总,就可确定有关物流作业全部的标准成本。

(3)物流标准成本差异分析。

企业在日常的活动过程中,由于受各种因素的影响,会使实际物流成本数额与标准物流成本数额不同,从而产生差异,即实际成本与标准成本之间的差额,又称标准成本差异。通过物流标准成本的制定和成本差异的计算、分析,可以对物流成本的发生进行事中控制。

由于物流标准成本都是根据消耗的数量与价格两个基本因素计算而来,因而差异的分析,也要从消耗数量与价格两个因素入手。按物流成本项目,成本差异相应地也应包括物流直接材料成本差异、物流直接人工成本差异和物流间接费用成本差异三部分。物流间接费用成本差异又按形成原因不同分为变动性物流间接费用成本差异和固定性物流间接费用成本差异。

①直接材料成本差异的计算与分析。

直接材料成本差异是指物流活动中耗费的直接材料实际成本与标准成本之间的差额。

$$直接材料成本差异＝直接材料实际成本－直接材料标准成本$$
$$＝实际用量×实际价格－标准用量×标准价格$$

其中:

$$标准用量＝实际产量×单位产品材料耗用量标准$$

由于直接材料成本是材料价格与材料用量之积,因此直接材料成本差异是由材料价格和材料用量差异构成。

a. 直接材料用量差异:按标准价格计算的材料实际耗用数量与标准耗用数量之间的成本差额。计算公式如下:

$$直接材料用量差异＝(实际数量－标准数量)×标准价格$$

材料数量差异形成的原因有多种,比如采用了新的包装或流通加工技术、设备,工人技术操作水平和责任心的变化,材料的质量、材料的保管等,这些一般都会影响材料耗费的数量。企业通过分析直接材料用量差异的形成原因,可明确有关部门的责任,控制材料的耗费数量。

b. 直接材料价格差异。直接材料价格差异是指物流活动中的直接材料按实际数量计算的实际价格同标准价格之间的差异。

计算公式如下：

$$直接材料价格差异＝（实际价格－标准价格）×实际数量$$

直接材料价格差异发生的原因很多，如材料市场价格的变动、材料供应商的变动、订货数量的大小和订货批次的多少、运输方式与线路的不同、对材料进行的紧急订货等，任何一项脱离制定标准成本的预定要求都将形成价格差异。因此对直接材料价格差异的形成和责任，应当根据具体情况做具体的分析，有的属于外部原因，有的则属于企业本身的责任。只有明确原因，分清责任，才能发挥价格差异计算分析的作用。

【例 16-5】 顺风物流公司在运输 A 产品的过程中，对 A 产品进行了包装，其中材料耗用定额为 10 公斤，每公斤甲材料标准价格为 3 元，本月投入生产 A 产品 600 件，实际消耗甲材料 6 500 公斤，甲材料实际每公斤 4 元。试对 A 产品包装成本差异进行分析。

$$成本总差异＝（6\,500×4－600×10×3）元＝（26\,000－18\,000）元＝8\,000 元$$
$$材料用量差异＝（6\,500－600×10）×3＝1\,500 元$$
$$材料价格差异＝（4－3）×6\,500 元＝6\,500 元$$

通过计算可知，实际发生的物流成本高出标准成本 8 000 元。由于用量增加致使物流成本增加了 1 500 元，材料价格上升导致物流成本增加了 6 500 元。显然材料价格大幅上涨是造成总成本差异最主要的原因，在今后的工作中，应控制材料的耗费，尽量降低原材料的采购价格。

②直接人工成本差异的计算与分析。

直接人工成本差异是指物流活动中的直接人工实际成本与标准成本之间的差额。其计算公式如下：

$$直接人工成本差异＝实际工资－标准工资$$
$$＝实际工时×实际工资率－标准工时×标准工资率$$

其中：

$$标准工时＝单位产品工时耗用量标准×产品的实际产量$$

直接人工成本＝直接人工工资率×直接人工工时耗用量，因此，直接人工成本差异包括直接人工效率差异和直接人工工资率差异两部分。

a.直接人工效率差异。直接人工效率差异是实际工时按标准工资率计算的人工成本与标准人工成本之间的差异，它反映了工人劳动效率的变化。计算公式如下：

$$直接人工效率差异＝（实际工时－标准工时）×标准工资率$$

产生人工效率差异的原因主要有：工人的责任心及技术的熟练程度、机器设备的运转情况、企业劳动组织和人员配备是否合理、企业对员工的激励、工作环境等。

b.直接人工工资率差异。直接人工工资率差异是实际人工成本与实际人工工时按标准工资率计算的人工成本之间的差异。计算公式如下：

$$直接人工工资率差异＝（实际工资率－标准工资率）×实际工时$$

产生人工工资率差异的主要原因有：企业对员工工资的调整及变更、对工人安排和使用的变化、奖金和津贴的变更等。

【例 16-6】 顺风物流公司流通加工 A 产品，本期包装量为 200 件，实际耗用工时为 6 000 小时，平均每件 30 小时，平均每小时工资率为 25 元，标准工资率为 20 元，单位产品耗用工时标准为 35 小时。请对顺风物流公司流通加工 A 产品进行成本差异分析。

$$成本总差异＝（6\,000×25－200×35×20）元＝（150\,000－140\,000）元＝10\,000 元$$

人工效率差异＝(6 000－200×35)×20元＝－20 000元
人工工资率差异＝(25－20)×6 000元＝30 000元

通过计算可知,实际成本高于标准成本10 000元,由于人工效率提高导致成本比标准成本减少了20 000元,由于工资上升使成本增加了30 000元,今后的成本控制重点应是降低工资率。

③物流间接费用成本差异。

由于物流间接费用标准成本分为变动物流间接费用和固定物流间接费用两部分,所以物流间接费用成本差异也分为变动物流间接费用成本差异和固定物流间接费用成本差异。

a.变动物流间接费用成本差异。变动物流间接费用成本差异分为耗费差异和效率差异。

耗费差异＝实际工时×(变动物流间接费用实际分配率－变动物流间接费用标准分配率)
效率差异＝(实际工时－标准工时)×变动物流间接费用标准分配率

两者相加就是变动物流间接费用成本差异。

b.固定物流间接费用成本差异。固定物流间接费用成本差异分为耗费差异、闲置能量差异和效率差异。

耗费差异＝固定物流间接费用实际数－固定物流间接费用标准分配率×使用时间
闲置能量差异＝固定物流间接费用预算数－实际工时×固定物流间接费用标准分配率
效率差异＝实际工时×固定物流间接费用标准分配率
　　　　－标准工时×固定物流间接费用标准分配率

三者相加就是固定物流间接费用成本差异。

五、物流成本控制的过程

以物流成本形成过程为对象的物流成本控制,就是从物流系统(或企业)投资建立、产品设计(包括包装设计)、材料物资采购和存储、产品制成入库和销售,一直到售后服务等发生物流成本费用的各个环节,实施有效的成本控制。

(一)投资阶段的物流成本控制

投资阶段的物流成本控制主要是指企业在厂址选择、设备购置、物流系统布局规划等过程中对物流成本所进行的控制。其内容包括:

(1)合理选择厂址。厂址选择合理与否,往往从很大程度上决定了以后物流成本的高低。例如,把廉价的土地使用费和人工费作为选择厂址的第一要素时,可能会在远离原料地和消费地的地点选点建厂,这对物流成本的高低会造成很大的影响。除了运输距离长以外,还需要在消费地点设置大型仓库,而且运输工具的选择也受到了限制。如果在消费地附近有同行业的企业存在,在物流成本上就很难与之竞争,即使考虑到人工费和土地使用费的因素在内,也很难断定是否有利。所以工厂选址时应该重视物流这一因素,事先要搞好可行性研究,谋求物流成本的降低。

(2)合理设计物流系统布局。物流系统布局的设计对物流成本的影响是非常大的,特别是对全国性甚至全球性的物流网络设计而言,物流中心和配送中心的位置选择、运输和配送系统的规划、物流运营流程的设计等,对于整个系统投入运营后的成本耗费有着决定性的影响。在物流系统布局规划时,应通过各种可行性论证,比较、选择多种方案,确定最佳的物流系统结构和业务流程。

(3)优化物流设备的购置。优化物流设备投资是为了提高物流工作效率和降低物流成本。

企业往往需要购置一些物流设备,采用一些机械化、自动化的措施。但在进行设备投资时,一定要注意投资的经济性,要研究机械化、自动化的经济临界点。对于一定的物流设备投资来说,其业务量所要求的条件必须适当。一般来说,业务量增加时,采用机械化和自动化有利,而依靠人工作业则成本提高。相反,如果超过限度搞自动化,将会极大地增加资金成本,同样是不可取的。

(二)产品设计阶段的物流成本控制

物流过程中发生的成本大小与物流系统中所服务产品的形状、大小和重量等密切相关,而且不局限于某一种产品的形态,还与这些产品的组合、包装形式、重量及大小有关。因此,实施物流成本控制有必要从设计阶段抓起,特别是对于制造企业来说,产品设计对物流成本的重要性尤为明显。具体而言,设计阶段的物流成本控制主要包括如下几方面的内容:

(1)产品体积和形态的优化组合。产品体积和形态对物流成本有着直接的影响。如方便面规格和包数的不同,直接影响了纸箱成本的核算,改变了生产的批量,同时对运输工具也提出了较大的要求,进而影响到物流成本控制。因此,在设计产品的形态和体积的时候,还必须考虑如何降低纸箱的成本,如何扩大生产批量,如何减小运输成本等后续影响。

(2)产品批量的合理化。当把数个产品集合成一个批量保管或发货时,就要考虑到物流过程中比较优化的容器容量,如一个箱子装多少件产品?箱子设计成多大?每个托盘上堆码多少个箱子?等等。

(3)成品损耗率。企业在设计产品时,还必须考虑产品的包装材料、耐压力、搬运、装卸、运输途中的损耗对产品设计的影响。

(三)供应阶段的物流成本控制

供应与销售阶段是物流成本发生的直接阶段,这也是物流成本控制的重要环节。供应阶段的物流成本控制,主要包括以下内容。

(1)优选供应商。企业应该在多个供应商中考虑供货质量、服务水平和供货价格的基础上,充分考虑其供货方式、运输距离等对企业物流成本的综合影响,从多个供应商中选取综合成本较低的供应商,以有效降低企业的物流成本。

(2)运用现代化的采购管理方式。JIT采购和供应可以减少供应库存量,降低库存成本。另外,供应链采购、招标采购、全球采购、集中采购等采购管理方式的运用,特别对于集团企业或连锁经营企业来说,是非常重要的降低供应物流成本的管理模式。

(3)控制采购批量的再订货点。每次采购批量的大小,对订货成本与库存持有成本有着重要的影响。采购批量大,则采购次数减少,总的订货成本就可以降低,但会引起库存持有成本的增加;反之则反。因此,企业在采购管理中,对订货批量的控制是很重要的。企业可以通过相关数据分析,计算其主要采购物资的最佳经济订货批量和再订货点,从而使得订货成本与库存持有成本之和最小。

(4)供应物流作业的效率化。企业进货采购对象及其品种很多,接货设施和业务处理要讲求效率。例如,总公司的各分公司需购多种不同物料时,可以分别购买、各自订货;也可由总公司根据各分公司进货要求,由总公司统一负责采购和仓储的集中管理,在各分公司有用料需要时,由总公司仓储部门按照固定的线路,把货物集中配送到各分公司。这种有组织的采购、库存管理和配送管理,可使企业物流批量化,减少繁杂的采购流程,提高配送车辆和各分公司的进货工作效率。

(5)采购途耗的最省化。供应采购过程中往往会发生一些途中损耗,运输途耗也是构成企业供应物流成本的一个组成部分。运输中应采取严格的预防保护措施,尽量减少途耗,避免损失、浪费,降低物流成本。

(6)供销物流互补化。销售和供应物流经常发生交叉,这样可以采取共同装货、集中发货的方式,把销售商品的运输与外地采购的物流结合起来,利用回程车辆运输的方法,提高货物运输车辆的使用效率,从而降低运输成本。同时,还有利于解决交通混乱现象,促使发货、进货业务集中化、简单化,促进搬运工具、物流设施和物流业务的效率化。

(四)生产物流的成本控制

生产物流成本也是物流成本的一个重要组成部分。生产物流的组织与企业生产的产品类型、生产业务流程以及生产组织方式等密切相关,因此,生产物流成本的控制是与企业的生产管理方式不可分割的。在生产过程中有效控制物流成本的方法主要包括生产工艺流程的合理布局,合理安排生产进度,减少半成品和在制品库存,实施物料领用控制、节约物料使用等。

(五)销售阶段的物流成本控制

销售物流活动作为企业市场销售战略的重要组成部分,不仅要考虑提高物流效率、降低物流成本,而且要考虑企业销售政策和服务水平。在保证客户服务质量的前提下,通过有效的措施,推行销售物流的合理化,以降低销售阶段的物流成本,主要的措施包括以下几点:

(1)加强订单管理,与物流相协调。订单的重要特征表现在订单的大小、订单的完成效率等要素上。订单的大小和完成效率往往会有很大的区别,有的企业,很多小批量、多次数订单往往会在数量上占了订单总数的大部分,它们对物流和整个物流系统的影响有时会很大。因此,为了提高物流效率、降低物流成本,在订单上必须充分考虑商品的特征和订单周期及其他经营管理要素的需要。

(2)销售物流的大量化。这是通过延长备货时间,以增加运输量,提高运输效率,减少运输总成本。例如,公司把产品销售配送从"当日配送"改为"三日配送"或"周指定配送"就属于这一类。这样可以更好地掌握货物配送数量,大幅度提高配货满载率。为了鼓励运输大量化,日本采取一种增大一次物流批量折扣的办法,促进销售,降低小批量手续费,节约的成本由双方分享。现在,这种以延长备货时间来加大运输量或减少配送数量的做法已经被许多企业所采用。需要指出的是,这种做法必须在能够满足客户对送货时间及服务质量的要求的前提下进行。

(3)商流与物流相分离。现在商流与物流分离的做法已经被越来越多的企业所采纳。其具体做法是订货活动与配送活动相分离,由销售系统负责订单的签约,而由物流系统负责货物的运输和配送。运输和配送的具体作业,可以由自备车完成,也可以通过委托运输的方式来实现,这样可以提高运输效率,节省运输费用。此外,还可以把销售设施与物流设施分离开来,如对企业所属的各销售网点(分公司)的库存实行集中统一管理,在最理想的物流地点设立仓库,集中发货,以压缩物流库存,解决交叉运输,减少中转环节。这种"商物分流"的做法,把企业的商品交易从大量的物流活动中分离出来,有利于销售部门集中精力搞销售。而物流部门也可以实现专业化的物流管理,甚至面向社会提供物流服务,以提高物流的整体效率。

(4)增强销售物流的计划性。以销售计划为基础,通过一定的渠道把一定量的货物送到指定地点。如某些季节性消费品,随着季节的变化可能会出现运输车辆过剩或不足,或装载效率下降等。为了调整这种波动性,可事先同客户商定时间和数量,制订出运输和配送计划,使公司按计划供货。在日本啤酒行业,这种方法被称为"定期、定量直接配送系统"的计划性物流。

(5)实现差异化管理。面对日益增长和竞争日益激烈的物流市场,一些物流企业所表现出来的现状,主要特征是同质化服务和低价格竞争。各个物流企业所提供的服务内容基本雷同,缺乏本质性的区别,各个企业都以降低服务价格为核心的促销手段展开竞争。物流企业差异化战略指的是各个物流企业结合自身的实力和市场需求,提供和其他物流企业不同的、具有独特性的产品和服务。物流企业差异化战略,以价值创造为逻辑思路,以提高顾客满意度为核心要求,这样不仅有利于提高物流企业的服务水平,提高顾客的满意度和忠诚度,而且可以避免物流企业无序竞争和盲目发展,从而使物流企业在经济发展中发挥更大的作用。

(6)物流共同化。物流共同化是指通过建立企业间的结合共同组建物流体系,来处理企业营运中有关物品流动的相关作业,解决单一企业对物流系统投资的不经济或低效率等问题。共同化物流与社会化物流不同,它是通过签订合同,为一家或数家企业(客户)提供长期服务。这种配送中心由社会化配送中心来进行管理,也有由企业自行管理的,但主要是提供服务。共同化物流系统对企业的好处是可以最大限度地利用有限资源,降低风险和运营成本,维持一定的物流服务水准,共同进货以获取规模效益,并尽快实现物流管理现代化。因此,物流的共同化也是物流发展的一个新趋势。

技能训练 32

1.训练项目:弹性预算的编制。

2.训练目的:运用列表法进行弹性预算的编制。

3.训练资料:

顺风物流公司流通加工中心的费用资料如下:

(1)直接人工:基本工资为3 000元,另加每工时的津贴0.10元。

(2)材料费:每工时负担0.15元。

(3)折旧费:5 000元。

(4)维护费:生产能力在3 000~6 000工时范围内,基数为2 000元,另加每工时应负担0.08元。

(5)水电费:基数1 000元,另加每工时负担0.20元。

4.要求:

试根据上述资料为公司在3 000~6 000工时的范围内,采用列表法编制一套能适应多种业务量的弹性预算。(间隔为1 000工时。)

技能训练 33

1.训练项目:物流绩效评价。

2.训练目的:运用物流绩效评价指标对物流绩效进行评价。

3.训练资料:

小王是顺风物流公司的绩效考核专员。7月初,公司计划对北京分公司运输部门6月份运营绩效进行考核,小王搜集到了如下数据和信息(统计周期为6月1日至6月30日,6月份工作日为25天;数据为虚构,不具有真实参考价值):

(1)运输部门共有运输车辆100辆,6月份实际工作车辆为2 400车·日;6月份车辆处于完好状态的累计数为2 350车·日。

(2)6月份总行驶里程48万公里,载重行程30万公里。

(3)其中车牌为京ABBAAA的配送车辆,在25个工作日中,发生事故1次,6月份总行驶里程5 000公里,当月违章1次,当月维修费用1 000元;6月份平均每百公里油耗24 L,车辆标准油耗20 L。

4.要求：

请以小组为单位,自行设计表格,运用物流绩效指标体系中的指标进行计算并分析运输部门运营绩效的状况。

技能训练 34

1.训练项目：标准成本法。

2.训练目的：运用标准成本法计算成本差异并进行成本控制分析。

3.训练资料：

顺风物流公司的物流成本计算采用标准成本计算系统。A 产品有关成本资料如表 16-5 所示。

表 16-5　A 产品有关成本资料

项目	标准价格	标准数量	标准成本/元
直接材料	3 元/千克	10 千克	30
直接人工	4 元/小时	4 小时	16
变动间接费用	1.5 元/小时	4 小时	6
固定间接费用	1 元/小时	4 小时	4
单位产品标准成本			56

该企业本月生产销售 A 产品 2 450 件。购入原材料 30 000 千克,实际成本 88 500 元,本月生产消耗原材料 25 500 千克,实际耗用工时 9 750 小时,应付工人工资 40 000 元,本月实际发生变动间接费用 15 000 元,实际发生固定间接费用 10 000 元。

4.要求：

计算 A 产品的成本差异,并分析 A 产品在成本控制方面应该特别注意哪些方面的问题。

参 考 文 献

[1] 中华人民共和国财政部. 企业会计准则：2018年版[M]. 上海：立信会计出版社，2018.
[2] 中华人民共和国财政部. 企业会计准则应用指南：2018年版[M]. 上海：立信会计出版社，2018.
[3] 中国注册会计师协会. 会计[M]. 北京：中国财政经济出版社，2018.
[4] 李杰，景冬梅，丛颖. 基础会计[M]. 长沙：湖南师范大学出版社，2019.
[5] 涂云友，蒋海燕. 会计基础[M]. 2版. 成都：西南财经大学出版社，2008.
[6] 杨玉红，原美荣. 基础会计学[M]. 2版. 北京：北京交通大学出版社，2016.
[7] 李爱红，施先旺，马荣贵. 会计学基础：基于企业全局视角[M]. 北京：机械工业出版社，2018.
[8] 王素珍，安永红，刘秀英. 财务会计[M]. 青岛：中国海洋大学出版社，2019.
[9] 戴德明，林钢，赵西卜. 财务会计学[M]. 8版. 北京：中国人民大学出版社，2015.
[10] 施海丽，胡国庆. 财务会计模拟实训[M]. 北京：高等教育出版社，2016.
[11] 熊晴海，马妙娟. 财务会计1[M]. 8版. 大连：大连理工大学出版社，2016.
[12] 胡良华，唐建宇. 财务会计2[M]. 8版. 大连：大连理工大学出版社，2016.
[13] 沈亚香，顾玉芳. 财务会计实训[M]. 3版. 上海：立信会计出版社，2019.
[14] 焦桂芳，潘云标. 中级财务会计[M]. 北京：高等教育出版社，2017.
[15] 王华，石本仁. 中级财务会计[M]. 3版. 北京：中国人民大学出版社，2015.
[16] 刘繁荣，等. 物流成本分析与控制[M]. 长沙：湖南师范大学出版社，2014.
[17] 何海军. 物流成本管理[M]. 北京：教育科学出版社，2014.
[18] 吴峻，张有志. 物流运输管理[M]. 北京：中国人民大学出版社，2012.
[19] 仪玉莉. 运输管理[M]. 北京：高等教育出版社，2012.
[20] 张翠花. 运输业务组织与实施[M]. 北京：化学工业出版社，2012.
[21] 关善勇. 运输管理实务[M]. 北京：北京师范大学出版社，2011.
[22] 赵婷婷，万强. 运输作业与管理[M]. 北京：中国传媒大学出版社，2011.
[23] 申纲领. 物流案例与实训[M]. 北京：北京大学出版社，2010.
[24] 金廷芳. 物流运输管理实务[M]. 广州：华南理工大学出版社，2008.
[25] 孙宗虎，李世忠. 物流管理流程设计与工作标准[M]. 北京：人民邮电出版社，2007.
[26] 付伟. 物流公司规范化管理工具箱[M]. 北京：人民邮电出版社，2007.
[27] 朱伟生，张洪革. 物流成本管理[M]. 北京：机械工业出版社，2003.
[28] 陈良勇. 物流成本管理[M]. 北京：北京交通大学出版社，2008.
[29] 牛红霞. 物流成本管理[M]. 北京：化学工业出版社，2008.
[30] 曾益坤. 物流成本管理[M]. 北京：知识产权出版社，2006.